Variable Vergütungssysteme in Kreditinstituten

Europäische Hochschulschriften
Publications Universitaires Européennes
European University Studies

Reihe V
Volks- und Betriebswirtschaft

Série V Series V
Sciences économiques, gestion d'entreprise
Economics and Management

Bd./Vol. 2910

PETER LANG
Frankfurt am Main · Berlin · Bern · Bruxelles · New York · Oxford · Wien

Oliver Kruse

Variable Vergütungssysteme in Kreditinstituten

Eine Akzeptanzstrategie zur Gestaltung und Implementierung am Beispiel einer deutschen Großbank

PETER LANG
Europäischer Verlag der Wissenschaften

Die Deutsche Bibliothek - CIP-Einheitsaufnahme

Kruse, Oliver:

Variable Vergütungssysteme in Kreditinstituten : eine Akzeptanzstrategie zur Gestaltung und Implementierung am Beispiel einer deutschen Großbank / Oliver Kruse. - Frankfurt am Main ; Berlin ; Bern ; Bruxelles ; New York ; Oxford ; Wien : Lang, 2002

(Europäische Hochschulschriften : Reihe 5, Volks- und Betriebswirtschaft ; Bd. 2910)

Zugl.: Paderborn, Univ., Diss., 2001

ISBN 3-631-39573-6

D 466

ISSN 0531-7339

ISBN 3-631-39573-6

www.peterlang.de

Vorwort

Der Gang der Untersuchung wurde von zahlreichen Anregungen und Diskussionen begleitet. Zunächst gilt mein besonderer Dank meiner akademischen Lehrerin, Frau Prof. Dr. Bettina Schiller, die mir stets als kompetente Ansprechpartnerin zur Verfügung stand. Ein herzliches Dankeschön auch Herrn Prof. Dr. Wolfgang Weber für die von ihm übernommene Zweitkorrektur.

Die vorliegende Arbeit entstand im Rahmen eines Förderungsprogramms während meiner Tätigkeit im Zentralen Stab Personal in der Commerzbank AG. Hier bin ich allen Mitarbeitern zu Dank verpflichtet, insbesondere jedoch Rainer Dahms, Bodo Lindena, Ernst Baumann, Thorge Günther, Stefan Tress sowie Harald Stender, ohne deren Hilfe und Interesse diese Arbeit nicht zustande gekommen wäre.

Ferner möchte ich an dieser Stelle allen Professoren und Mitarbeitern im Bereich Wirtschaftsrecht des Fachbereichs 5 für deren Unterstützung und Verständnis, Carsten Gubelt und Christoph Venghaus für Ihre Diskussionsbereitschaft sowie Waldemar Lorenz für die Hilfe bei der Erstellung der Grafiken danken.

Großen Dank schulde ich zudem meiner Mutter, die ihre eigenen Bedürfnisse für mich oftmals in den Hintergrund stellte und daher einen größeren Anteil an meiner Entwicklung besitzt, als sie sich vielleicht selbst vorstellen kann.

Schließlich danke ich meiner Frau Karin von ganzem Herzen, die mich in jeder Hinsicht unterstützt hat, obgleich sie unter dem mit der Arbeit verbundenen Freizeitverlust am meisten zu leiden hatte. Daher ist Ihr und unserer Tochter Jule diese Arbeit gewidmet.

Inhaltsverzeichnis

Abbildungsverzeichnis

Abkürzungsverzeichnis

Abb.	Abbildung
AT	außertariflich
Aufl.	Auflage
AZ	Arbeitszufriedenheit
AZR	Aktenzeichen für Revisionen
BAKred	Bundesaufsichtsamt für das Kreditwesen
BAG	Bundesarbeitsgericht
BAT	Bundes-Angestelltentarifvertrag
B. Bl.	Betriebswirtschaftliche Blätter
Bd.	Band
BetrVG	Betriebsverfassungsgesetz
BFuP	Betriebswirtschaftliche Forschung und Praxis
BGB	Bürgerliches Gesetzbuch
BGH	Bundesgerichtshof
BGHZ	Entscheidungen des Bundesgerichtshofs in Zivilsachen
BPersVG	Bundespersonalvertretungsgesetz
bum	bank und markt
DAG	Deutsche Angestelltengewerkschaft
DB	Der Betrieb
DEB	Deckungsbeitrag
ELOV	Ergebnis- und Leistungsorientierte Vergütung
f.	folgende Seite
Fußn.	Fußnote
GG	Grundgesetz

H.	Heft
HBM	Harvard Business Manager
HBR	Harvard Business Review
HGB	Handelsgesetzbuch
HWFü	Handwörterbuch der Führung
HWO	Handwörterbuch der Organisation
HWP	Handwörterbuch des Personalwesens
Hrsg.	Herausgeber
IuG.	Individual- und Gruppenanwendbarkeit
Jg.	Jahrgang
JAP	Journal of Applied Psychology
KSCHG	Kündigungsschutzgesetz
MbO	Management by Objectives
mm	Manager Magazin
o.	ohne
o.V.	ohne Verfasserangabe
RdNr.	Randnummer
S.	Seite
Sp.	Spalte
Spr.AuG	Gesetz über Sprecherausschüsse der Leitenden Angestellten
TQM	Total Quality Management
u.	und
ÜT	Übertarifzulage

v.	von
vgl.	vergleiche
Verf.	Verfasser
WiSt	Wirtschaftswissenschaftliches Studium
ZfgK	Zeitschrift für das gesamte Kreditwesen
ZfO	Zeitschrift für Organisation
ZfP	Zeitschrift für Personalforschung
ZE	Zielerreichung

0 Einführung

0.1 Problemstellung und Zielsetzung

Variable Vergütungssysteme zählen zu den populärsten Führungs- und Anreizsystemen des Personalmanagements.[1] Auch in Kreditinstituten gelten sie mittlerweile als erfolgversprechendes Mittel, um auf den Wandel im Finanzdienstleistungsmarkt reagieren zu können. Während bis vor wenigen Jahren leistungsorientierte Vergütungskonzepte im deutschen Kreditgewerbe keine nennenswerte Rolle spielten, sind sie in letzter Zeit verstärkt eingeführt worden. Zum gegenwärtigen Zeitpunkt kommen variable Vergütungssysteme immer öfter sowohl in Großbanken, in Kreditgenossenschaften als auch in Sparkassen zum Einsatz. Im Zuge ihrer Umsetzungen kristallisierte sich heraus, dass zur Realisierung der Vorteile eines solchen Systems, wie etwa einer Steigerung der Leistungsmotivation, das Konzept an sich eine Reihe von Anforderungen zu erfüllen hat. Besonders die Akzeptanz als „Generalanforderung"[2] seitens der Mitarbeiter[3] hat sich in der Praxis in diesem Zusammenhang als die „Achillesferse" der Systeme erwiesen. Obgleich diesbezüglich keine veröffentlichten empirischen Ergebnisse vorliegen und repräsentative Resultate wahrscheinlich auch nur schwer generiert werden können[4], scheint obige Bezeichnung der Akzeptanz keinesfalls übertrieben. So verweist Schierenbeck auf das Beispiel von Salomon Brothers, die ihr Vergütungssystem für Händler aufgrund „heftiger unternehmensinterner Kritik" bereits nach sechs Monaten wieder fallen lassen mussten.[5] Fischer konstatiert, dass nicht alle neu konzipierten Vergütungssysteme ihre Ziele erreichen konnten, weil die Akzeptanz der Vergütungsregelungen hinter den Erwartungen zurückgeblieben ist.[6] Damit ist gleichfalls Becker zuzustimmen, der die Akzeptanz bzw. Nicht-Akzeptanz variabler Entgelte seitens der betroffenen Mitarbeiter als Problem hervorhebt.[7]

Anhand der vorherigen Ausführungen wird die Bedeutung der Akzeptanz für variable Vergütungssysteme bereits in Ansätzen sichtbar. Es bleibt also zu klären, wieso diese Konzepte teilweise in der bankbetrieblichen Praxis bei den Mitarbeitern auf wenig Akzeptanz stoßen und was getan werden kann, um diese zu verbessern, ohne andere Restriktionen, wie etwa das Postulat der Wirtschaftlichkeit, zu verletzten. In diesem Punkt besteht die Zielsetzung der folgenden Arbeit, wobei die entwickelte Akzeptanzstrategie als Ganzes für neu zu konzipierende Vergütungssysteme genutzt werden kann. Darüber hinaus können jedoch auch einzelne Handlungsanweisungen

---

1 Vgl. zu dieser Einschätzung: Wienkamp, H. (1996), S. 280.
2 Rinker, A. (1997), S. 69.
3 Aus Gründen der besseren Lesbarkeit wird in dieser Arbeit auf geschlechtsspezifische Doppelnennungen verzichtet.
4 Vgl. zu diesem Aspekt etwa Grunow, D.(1976), S. 7f., der feststellen musste, dass schon für Teile v. Vergütungssystemen empirische Daten nur schwer erhältlich sind, weil es oft an der Bereitschaft v. Unternehmen mangelt, an derartigen Untersuchungen teilzunehmen. Dies ist insbesondere für die hier im Mittelpunkt stehende Fragestellung zu erwarten, wenn Befürchtungen seitens der Unternehmensleitung bestehen, dass die Akzeptanz eines Systems nicht gewährleistet sein könnte.
5 Vgl. Schierenbeck, H. (1996b), S. 210f. u. darüber hinaus zudem Bucksteeg, T. (1994), S. 101, der über einen ähnlich gelagerten Fall berichtet.
6 Vgl. Fischer, K. (1995), S. 330.
7 Vgl. Becker, F. G. (1988), S. 84.

herausgegriffen werden, um die Akzeptanz bestehender Systeme in bestimmten Bereichen zu verbessern. Damit soll auf die aktuelle Situation im Kreditgewerbe reagiert werden, in der nach einer Kienbaum-Erhebung gut ein Drittel der Banken bereits mit einem variablen Vergütungssystem arbeiten und annähernd ein weiteres Drittel plant, ein derartiges System zu installieren.[8]

Konkret werden in der vorliegenden Arbeit die nachstehenden Ziele verfolgt:

- Bestimmung der Bedeutung variabler Vergütungssysteme für Kreditinstitute sowie Analyse des Stellenwertes der Mitarbeiterakzeptanz für derartige Konzepte
- Identifizierung und Untersuchung von Ursachen, die verantwortlich sein können für eine fehlende Akzeptanz beim Einsatz variabler Vergütungssysteme
- Diskussion eines realistischen Akzeptanzgrades
- Entwicklung einer Strategie zur Verbesserung der Akzeptanz unter Berücksichtigung der akzeptanzrelevanten Faktoren und Zusammenhänge
- Überprüfung des Leistungsvermögens der Strategie einschließlich seiner unterstellten Annahmen anhand eines Fallbeispiels

Vergleicht man diese Zielsetzungen mit den in letzter Zeit erschienenen Publikationen zu variablen Vergütungssystemen in Banken, ergeben sich erhebliche Unterschiede. Stehen in der Literatur vor allem Aspekte des Controlling in Verbindung mit der mikroökonomisch fundierten Agency-Theorie im Vordergrund,[9] greift diese Arbeit hauptsächlich auf motivationstheoretische und sozialpsychologische Erkenntnisse zurück. Damit sollen keineswegs die Bedeutung eines leistungsfähigen Controllings oder die Erkenntnisse der Agency-Theorie für variable Vergütungssysteme in Frage gestellt werden; für die konkrete Ableitung von Gestaltungsempfehlungen zur Verbesserung der Akzeptanz erscheinen jedoch die hier im Fokus stehenden einstellungs- und motivationstheoretischen Forschungsansätze besser geeignet.[10]

0.2 Gang der Untersuchung

Die Bearbeitungssystematik ergibt sich im Wesentlichen aus den zuvor aufgeführten Zielen, wobei die Arbeit in vier Kapitel unterteilt wird.

Im **ersten Teil** steht die Bestimmung des Stellenwertes von variablen Vergütungssystemen für Kreditinstitute im Mittelpunkt. Hierfür werden zunächst die Entwicklungstendenzen auf dem Finanzdienstleistungsmarkt dargestellt. Anschließend wird

---

8 Hören, M. v. (1999), S. 89.

9 Vgl. dazu die Arbeit v. Schierenbeck, H./Arnsfeld (1996) u. die Diss. v. Rinker, A. (1997). Beide verweisen bereits auf den besonderen Stellenwert der Akzeptanz, sehen jedoch die Kernproblematik in der Festlegung geeigneter Bezugsgrößen zur Leistungsbewertung.

10 Vgl. hierzu die Auffassung v. Rinker, A. (1997), S. 51, der konstatiert, dass eine konkrete Ableitung v. Gestaltungsempfehlungen mit Hilfe der Agency-Theorie nicht erwartet werden kann.

untersucht, welche Auswirkungen sich für Kreditinstitute aus den Veränderungen ergeben und inwieweit die Einführung von variablen Vergütungssystemen dazu beitragen kann, den sich aus dem Wandel ergebenden Herausforderungen zu begegnen. Dabei interessiert, welche Funktionen solche Systeme übernehmen können, welche Anforderungen sie diesbezüglich zu erfüllen haben und welcher Stellenwert der Akzeptanz in diesem Zusammenhang einzuräumen ist.

Ziel des **zweiten Teiles** ist es, eine Strategie zur Verbesserung der Akzeptanz von variablen Vergütungssystemen zu entwickeln. Zu diesem Zweck wird anfänglich festgelegt, was speziell für diese Arbeit unter dem Begriff der Akzeptanz zu verstehen ist. Mit Hilfe eines einstellungsorientierten Modells sind dann die Ursachen zu identifizieren und zu analysieren, die für eine fehlende Mitarbeiterakzeptanz verantwortlich sein können. Auf Grundlage dieser Erkenntnisse wird schließlich die Strategie entwickelt, die unter Beachtung eines realistischen Akzeptanzgrades gleichfalls die akzeptanzrelevanten Restriktionen, Faktoren und Zusammenhänge berücksichtigt.

Im **dritten Teil** wird der Schwerpunkt auf die für die Strategie bedeutsamste Entwicklungsstufe, die Phase der Konzeption gelegt, so dass an dieser Stelle die akzeptanzgerechte Ausgestaltung variabler Vergütungssysteme im Fokus steht. Um in diesem Zusammenhang eine in sich schlüssige Ausgestaltung zu erreichen, wird in drei Schritten vorgegangen: In einem ersten wird versucht, bezüglich des Geltungsbereichs Hinweise dafür zu geben, für welche Mitarbeiter bzw. Mitarbeitergruppen das Vergütungssystem relevant sein sollte. Im zweiten Schritt werden dann gleichfalls die für ein solches Konzept notwendigen Instrumente diskutiert und Anregungen für ihre akzeptanzgerechte Ausgestaltung gegeben. Im letzten Schritt wird dargestellt, was bei der Verknüpfung von individueller Leistung und variabler Vergütung zu beachten ist.

Im **vierten Teil** wird anhand eines Fallbeispiels die Leistungsfähigkeit der Strategie analysiert. Ausgewählt wurde dafür das Vergütungssystem einer Großbank, nämlich das der Commerzbank AG. In Anlehnung an den zweiten und dritten Teil dieser Arbeit wird zunächst die ursprüngliche Ablaufstruktur des Planungsprozesses einschließlich seiner Systemausgestaltung beschrieben und jeweils hinsichtlich seiner Akzeptanz erörtert. Danach werden Maßnahmen vorgestellt und diskutiert, die im Zuge der Kontroll- und Anpassungsphase bankseitig zur Reduzierung von Akzeptanzbarrieren umgesetzt bzw. eingeleitet wurden. Aufbauend auf einer zusammenfassenden Beurteilung des Systems bezüglich seiner zur Zeit bestehenden Akzeptanz werden schließlich Vorschläge zur weiteren Verbesserung der Akzeptanz herausgearbeitet.

1 Die Bedeutung variabler Vergütungssysteme für Kreditinstitute

Ziel dieses Teils ist es, den Stellenwert von variablen Vergütungssystemen für Kreditinstitute zu bestimmen. Hierfür werden zunächst die Entwicklungstendenzen auf dem Finanzdienstleistungsmarkt, also die angebots- und nachfrageseitigen Veränderungen, dargestellt. Danach wird untersucht, welche Folgen und Konsequenzen sich für Kreditinstitute aus den Veränderungen ergeben und inwieweit variable Vergütungssysteme dazu beitragen können, den sich aus dem Wandel ergebenden Herausforderungen zu begegnen. Dabei wird betrachtet, welche Funktionen derartige Systeme übernehmen können, welche Anforderungen sie diesbezüglich zu erfüllen haben und welche Bedeutung der Akzeptanz an dieser Stelle einzuräumen ist.

1.1 Entwicklungstendenzen auf dem Finanzdienstleistungsmarkt und ihre Auswirkungen für die Kreditinstitute

Der Finanzdienstleistungsmarkt befindet sich zur Zeit in einem „tiefgreifenden Wandel"[11] bzw. in einem „Umbruch, wie es ihn bislang noch nicht gegeben hat"[12], der in Zukunft schneller und schubartiger als bisher voranschreiten wird.[13] Dafür sind unterschiedliche, sich gegenseitig beeinflussende Faktoren verantwortlich, die im Folgenden dargestellt und bezüglich ihrer unmittelbaren Auswirkungen und mittelbaren Konsequenzen für die Kreditinstitute untersucht werden. Aus analytischen Gründen wird dabei zwischen Veränderungen auf der Angebots- und der Nachfrageseite differenziert. Aufgrund ihrer engen Verknüpfung und durch nicht immer eindeutige Ursache- Wirkungszusammenhänge ist eine überschneidungsfreie Trennung einzelner Faktoren innerhalb der beiden aber auch zwischen den beiden Gliederungspunkten nicht möglich.[14] So ist etwa die Entstehung neuer Vertriebswege gleichfalls durch das Aufkommen neuer Anbieter wie auch durch Änderungen in den Kundenbedürfnissen bedingt.[15]

Versucht man vorab grob die Veränderungen auf dem Finanzdienstleistungsmarkt zu skizzieren, lässt sich feststellen, dass er sich von einem Verkäufer- zu einem Käufermarkt entwickelt hat und sich die Marktmacht in Zukunft noch weiter zugunsten der Kunden verschieben wird. Damit verbunden ist beispielsweise, dass die Geschäftsinitiative nicht mehr vom Kunden auszugehen braucht, sondern dass die Kreditinstitute ihrerseits auf ihre Kunden zuzugehen haben.[16] Für diese Entwicklung sind sowohl angebotsseitige als auch nachfragebedingte Ursachen verantwortlich.

---

[11] Reuter, W. (1999), S. 82.
[12] Köhler, A.-B./Risch, S./Sommer, C. (1998), S. 257.
[13] Vgl. Kohlhaussen, M. (1998), S. 255f.
[14] Vgl. Büschgen, H. E. (1998), S. 55.
[15] Vgl. Arbeitskreis „Planung in Banken" (1992), S. 81, sowie die Ausführungen unter Punkt 1.1.1.3.
[16] Vgl. Backhaus, K./Kleine, D. W. (1996), S. 20.

1.1.1 Veränderungen auf der Angebotsseite

1.1.1.1 Entwicklung des stationären Vertriebspotentials

Da der Vertrieb von Bankdienstleistungen über Geschäfts- und Zweigstellen in naher Zukunft für Banken weiterhin der dominierende Vertriebsweg bleiben wird,[17] ist es im Rahmen der Angebots- und Wettbewerbsbetrachtung bedeutsam, wie sich das herkömmliche, stationäre Vertriebspotential - also die Anzahl der Institute mit ihren Zweigstellen – in letzter Zeit entwickelt hat, um daraus Prognosen für die Zukunft abzuleiten. Betrachtet man die Anzahl der Kreditinstitute im Zeitablauf seit 1990[18], so bleibt zu konstatieren, dass die Zahl der Institute stetig rückläufig ist (Vgl. dazu und im Folgenden die Abb. 1). Im Gegensatz dazu hat sich die Anzahl der Zweigstellen im Zuge der deutschen Wiedervereinigung über den gesamten Zeitraum betrachtet absolut sogar erhöht.[19] Erst ab 1993 kam es zu einer geringfügigen Reduzierung des Zweigstellennetzes, so dass die stationären Vertriebspotentiale im Wesentlichen gleich geblieben sind.[20]

	1990	1991	1992	1993	1994	1995	1996	1997
Anzahl der Kreditinstitute	4.719	4.460	4.200	4.038	3.872	3.784	3.674	3.577
Anzahl der Zweigstellen	44.345	44.863	49.186	49.118	48.721	48.224	47.741	47.086

Abb. 1: Zahl der Kreditinstitute und ihrer Zweigstellen[21]

Dass es sich dabei um eine vergleichsweise dichte Versorgung[22] handelt, wird deutlich, wenn man sich vor Augen führt, wie viel Einwohner im Jahre 1997 statistisch gesehen in Deutschland auf eine Bankstelle entfielen und diesen Wert im internationalen Vergleich betrachtet. Während in Deutschland eine Filiale 1.375 Einwohner betreute, wurden beispielsweise in Japan (1.828 Einwohner), in Großbritannien (1.675 Einwohner) oder in den USA (3.643 Einwohner) ungleich mehr Einwohner von einer Filiale versorgt.[23] Infolge dieser großen Zahl von Filialen sehen sich die deutschen Institute einem erhöhten Wettbewerbsdruck ausgesetzt, der z.B. Sparkassen und Genossenschaftsbanken dazu veranlasst, in gehobene, also einkommensstarke

---

17 Vgl. zu dieser Auffassung etwa Weber, M. (1998), S. 77, o. Krämer, H.-P. (1997), S. 22.

18 Auf die Darstellung der Entwicklung vor 1990 wird verzichtet, da sie zum einen für diese Arbeit keine weiteren Erkenntnisse bringt, zum anderen würde der Vergleich durch unterschiedliche Erfassungsweisen u. einem vor 1990 anders lautenden Zweigstellenbegriff verzerrt. Vgl. dazu die zur Tabelle gemachten Ausführungen der Deutsche Bundesbank (1999b), S. 104.

19 Hierbei darf aber nicht übersehen werden, dass sich durch die Wiedervereinigung natürlich auch das Nachfragepotential erhöht hat, so dass eine relative Erhöhung nur bedingt stattgefunden hat.

20 Dabei ist jedoch zu berücksichtigen, dass damit keine Aussage über die Qualität des Vertriebspotentials getroffen werden kann, so werden teilweise herkömmliche Zweigstellen zu mitarbeiterfreien Automaten-Zweigstellen umfunktioniert. Vgl. dazu Epple, M. H. (1991), S. 547.

21 Vgl. Deutsche Bundesbank (1999b), S. 104. Es wurden jeweils die Zahlen am Jahresende zugrunde gelegt, einschließlich der Institute u. Zweigstellen in den neuen Bundesländern, aber ohne die Deutsche Postbank AG u. deren Filialen.

22 Vgl. Kohlhaussen, M. (1998), S. 256.

23 Vgl. Bank für Internationalen Zahlungsausgleich (1998), S. 118.

und vermögende Kundensegmente vorzudringen, die im Allgemeinen nicht zu ihrer traditionellen Kundschaft gehörten.[24]

Aufgrund des erwarteten, weiterhin nur mäßigen Rückgangs der Zweigstellenanzahl[25] ist, vor dem Hintergrund des bestehenden hohen Ausgangsniveaus, also nicht von einer Entschärfung der Wettbewerbssituation zwischen den Kreditinstituten auszugehen. Ganz im Gegenteil, sie könnte sich noch verschlechtern, wenn in Zukunft verstärkt Auslandsbanken – begünstigt durch die Globalisierung der Finanzmärkte und eingeleiteten Deregulierungsmaßnahmen innerhalb der EU – versuchen, auf den deutschen Markt zu drängen und im Zuge dessen anstreben, ihren Marktanteil von derzeit rund 5 % auszubauen.[26]

1.1.1.2 Vordringen von Non- und Nearbanks

Der Wettbewerb auf dem Finanzdienstleistungsmarkt wird zusätzlich verschärft durch das Vordringen sogenannter Near- und Non-Banks. Während zur ersten Gruppe banknahe Institutionen des finanziellen Sektors, wie z.B. Versicherungs- oder Kreditkartengesellschaften zählen, handelt es sich bei Non-Banks um Unternehmen aus dem Nichtbankensektor, etwa Warenhäuser oder Mineralölgesellschaften, die Bankgeschäfte betreiben, um den Verkauf ihrer Waren zu fördern.[27] Eine exakte Abgrenzung zwischen Kreditinstituten und Near-Banks wird dabei zusehends schwieriger, da sich u.a. aufgrund des Allfinanzgedankens das Leistungsprogramm der beiden Gruppen immer mehr angleicht. So vertreiben z.B. Kreditinstitute Versicherungen oder Versicherungsgesellschaften bieten originäre Bankleistungen an.[28]

Welche Auswirkungen sich für traditionelle Kreditinstitute aus dieser neuen Konkurrenz in Zukunft ergeben können, wird im Kraftfahrzeuggewerbe deutlich, wo heute schon 42% aller Neufahrzeuge durch Autobanken – hierbei handelt es sich um Tochtergesellschaften der Automobilkonzerne – finanziert oder verleast werden.[29] Gegenüber traditionellen Kreditinstituten haben Non- und Nearbanks insbesondere den Vorteil, dass sie ihre Produkte preiswerter anbieten können, wofür es mehrere Gründe gibt: Zum einen brauchen sie oftmals kein kostspieliges, stationäres Vertriebsnetz zu unterhalten bzw. sie können auf gegebene Vertriebsnetze zurückgreifen – so können Autokredite bei den Vertragshändlern der Automobilhersteller abgeschlossen werden. Zum anderen werden Finanzprodukte, die dem Absatz originärer Waren dienen, teilweise subventioniert, wie häufig bei den bereits erwähnten Kredit- oder Leasingangeboten von Autobanken zum Erwerb eines Kraftfahrzeuges.[30]

---

[24] Vgl. Stein, J. H. v./Gruber, D. (1999), S. 7.

[25] Vgl. Epple, M. H. (1991), S. 548, der v. einem „leichten" Rückgang ausgeht o. Heitmüller; H.-M. (1998), S. 402, der annimmt, dass in 15 Jahren in den meisten europäischen Ländern 80% der Geschäftsstellen noch vorhanden sein werden, weil die persönliche Beratung zwischen Kunde u. Berater an Bedeutung gewinnen wird.

[26] Vgl. zu dieser Prozentzahl u. zur Einschätzung der Zukunftsperspektive v. Auslandsbanken: Müller, B. R. (1999), S. 22-26.

[27] Vgl. Swoboda, U. C. (1997), S. 27.

[28] Vgl. Michael, C. (1999), S. 12, der v. einer Annäherung der Leistungsprofile ausgeht.

[29] Vgl. Reber, C./Theilmann, O. (1998), S. 11.

[30] Vgl. Stracke, G. (1988), S. 590.

1.1.1.3 Neue Vertriebswege

Eng mit dem Auftauchen branchenähnlicher und branchenfremder Anbieter ist auch die Erschließung neuer Vertriebswege verbunden, in dem Sinne, dass der stationäre Vertrieb der Kreditinstitute durch mobile sowie elektronische Vertriebswege ergänzt wird.[31] So hat u.a. die Versicherungsbranche in Verbindung mit einem Wandel der Kundenbedürfnisse dazu beigetragen, dass gleichfalls Kreditinstitute ihre Außendienstaktivitäten auf- bzw. ausgebaut haben.[32] Mit noch größerer Dynamik konnten sich Formen des Vertriebs mittels Technik etablieren, wofür der rasche Fortschritt in der Informationstechnologie wie auch die höhere Technikakzeptanz breiter Kundenschichten die Voraussetzungen waren. Aufgrund dieser veränderten Rahmenbedingungen ist z.B. der Erfolg von Direktbanken und Discount-Brokern zu erklären, bei denen Bank- bzw. Wertpapiergeschäfte via Telefon, Telefax oder Internet abgewickelt werden können.[33]

Hierbei ergeben sich insbesondere aus dem Vordringen der neuen Informationstechnologie für die Banken große Herausforderungen, da die Servicegüte und die Produktqualität, neben der Mitarbeiterqualifikation, maßgeblich von den technischen Möglichkeiten einer Bank abhängen. Gleichzeitig belasten sie aber die Gewinn- und Verlustrechnungen der Banken zunehmend, u.a. weil die Nutzungsdauer der Datentechnik immer kürzer wird.[34] Hinzu kommt, dass mit fortschreitender Technisierung Unternehmen aus dem technischen Sektor der Markteintritt erleichtert wird und diese zu einer weiteren Verschärfung des Wettbewerbs beitragen.[35]

1.1.2 Veränderungen auf der Nachfrageseite

Neben die zuvor dargestellten Ursachen auf der Angebotsseite, die für eine Verschiebung vom Verkäufer- zum Käufermarkt verantwortlich sind, treten zusätzlich noch solche, dessen Ursprünge auf der Nachfrageseite zu suchen sind. Als Nachfrager kommen bei Universalbanken vor allem Firmen- und Privatkunden in Frage, bei denen jeweils die verschiedensten Ursachen die Nachfrage nach Bankleistungen verändern. Im Folgenden werden schwerpunktmäßig die Ursachen dargestellt, die unmittelbar für das Privatkundengeschäft relevant sind, wobei vor allem Veränderungen in den wirtschaftlichen Verhältnissen, der Bevölkerungsstruktur sowie der Wandel gesellschaftlicher Werte in Betracht kommen.[36]

---

31 Vgl. Müller-Gebel, K. (1999), S. 51.

32 Vgl. Süchting, J./Paul, S. (1998), S. 689.

33 Vgl. Reuter, W. (1999), S. 83, der auf Prognosen v. Marktforschern hinweist, die davon ausgehen, dass sich die Kundenzahl der Direktbanken u. Discountbrokern v. 500 000 (1998) auf vier Millionen im Jahre 2002 erhöhen wird.

34 Vgl. Kohlhaussen, M. (1998), S. 256.

35 Vgl. Heitmüller, H.-M. (1997), S. 458.

36 Vgl. zur Auswahl dieser Ursachen: Swoboda, U. C. (1997), S. 29-36; Tegeder, P. (1996), S. 22-29.

Der Grund für diese Konzentration liegt darin, dass die Ursachen im Firmenkundengeschäft[37] im Wesentlichen die gleichen Folgen und Konsequenzen nach sich ziehen,[38] so dass es ausreichend erscheint, beispielhaft die relevanten Ursachen für eine Kundengruppe darzustellen. Keinesfalls soll mit dieser Konzentration suggeriert werden, dass variable Vergütungssysteme nur für eine Sparte einzuführen sind. Im Gegenteil, da sich aus den unterschiedlichen Ursachen die gleichen Folgen und Konsequenzen ergeben, sollten sie in beiden Geschäftsfeldern gleichermaßen zur Anwendung kommen.[39]

1.1.2.1 Wandel der wirtschaftlichen Verhältnisse

Betrachtet man die wirtschaftlichen Verhältnisse seit Beginn der neunziger Jahre, sind größere Einschnitte in den Entwicklungen der privaten Einkommen erkennbar. Die privaten Haushalte sahen sich zunehmenden Belastungen ausgesetzt, die u.a. aus der wirtschaftlichen Umstrukturierung der neuen Bundesländer oder aus der Konsolidierung der öffentlichen Haushalte resultierten.[40] Daraus ergaben sich Folgen für die Geldvermögensbildung (vgl. dazu die Abb. 2).

Richtet man den Blick auf das in Deutschland vorhandene Geldvermögen privater Haushalte, lässt sich ein stetiges Wachstum erkennen und daraus zunächst auf gute Entwicklungsmöglichkeiten für Kreditinstitute schließen. Betrachtet man allerdings die Geldvermögensbildung, gemessen am verfügbaren Einkommen der Haushalte, wird deutlich, dass diese von gut 13 % (1991) auf 10 % (1997) zurückgegangen ist, so dass in Zukunft eine weniger starke Geldvermögensbildung zu erwarten ist. Gerade letztere ist aber für Banken interessant, da insbesondere durch die Akquisition „neuer Gelder" Ertragssteigerungen möglich sind, während eine Expansion des Geldvermögens z.B. auch durch Wertsteigerungen beim Wertpapiervermögen induziert sein kann und der Bank dann nur geringe zusätzliche Ertragschancen eröffnet. Hinzu kommt, dass die Banken von der Zunahme des Geldvermögens relativ gesehen weniger stark profitieren konnten als ihre Mitbewerber aus der Versicherungs-

---

37 Zu den Ursachen im Firmenkundengeschäft vgl. Engell, C. (1997), S. 15-29. Er macht speziell die folgenden Trends für einen Wandel im Firmenkundengeschäft verantwortlich:
   1. Disintermediation, also die Verdrängung der Finanzinstitute als Vermittlungs- u. Kapitalsammelstelle
   2. Securization, damit wird die Verbriefung v. Forderungen bezeichnet
   3. In-House-Banking, also die Erledigung v. Bankgeschäften durch die Firmenkunden in eigener Regie
   4. Trend zum Allfinanzanbieter
   5. Commercial Banking, also die Abwicklung aller transaktionsgebundenen Finanzdienstleistungen
   6. Corporate Finance, darunter wird die Beratung u. Vermittlung v. Beteiligungen o. Finanzierungen verstanden.

38 Genauso wie im Privatkunden- hat auch im Firmenkundengeschäft der Wettbewerb zugenommen, mit den entsprechenden Folgen für Kosten u. Erträge. Aus diesem Grund sind die Banken gleichermaßen im Firmenkundengeschäft gezwungen, ihre Produktivität zu steigern, wobei den Mitarbeitern ebenfalls eine zentrale Rolle zufällt. Vgl. dazu Juncker, K. (1993), S. 73f. u. S. 97-99 sowie die Ausführungen unter Punkt 1.1.3.

39 Daneben sprechen auch Akzeptanzgesichtspunkte für eine Einbeziehung aller Geschäftsbereiche. Vgl. zu diesem Aspekt Schuster, L. (1996), S. 142 sowie die Überlegungen unter Punkt 3.1.

40 Vgl. Deutsche Bundesbank (1999a), S. 33.

branche. Dies unterstreicht nochmals die Gefahr, die sich durch das weitere Vordringen von Non- und Nearbanks auf dem Finanzdienstleistungsmarkt ergibt.[41]

	1991	1992	1993	1994	1995	1996	1997
Geldvermögen insgesamt darunter:	3359,0	3577,0	3933,0	4155,0	4500,0	4795,0	5176,0
Bei Banken	1428 (43)	1529 (43)	1666 (42)	1693 (41)	1783 (40)	1867 (39)	1917 (37)
Bei Versicherungen	704 (21)	748 (21)	823 (21)	898 (22)	983 (22)	1067 (22)	1163 (23)
In Rentenwerten	510 (15)	513 (14)	535 (14)	575 (14)	674 (15)	690 (15)	706 (13)
In Investment-Zertifikaten	150 (5)	197 (6)	245 (6)	316 (8)	344 (8)	377 (8)	446 (9)
In Aktien	179 (5)	172 (5)	228 (6)	223 (5)	250 (6)	302 (7)	427 (8)
Geldvermögensbildung (insgesamt)	241,0	249,0	246,0	234,0	234,0	241,0	230,0
Geldvermögensbildung in % des verfügbaren Einkommens	13,1	12,7	12,1	11,2	10,7	10,7	10,1

Abb. 2: Entwicklung und Aufteilung des Geldvermögens privater Haushalte in Mrd. DM bzw. (in Klammern) Anteile in Prozent[42]

Unterstellt man, dass die Geldvermögensbildung künftig weiter abnimmt – und davon ist zumindest mittelfristig aufgrund unveränderter volkswirtschaftlicher Rahmenbedingungen auszugehen[43] –, wird im Zuge dessen auch die Nachfrage nach Bankdienstleistungen in ihrem gesamten Volumen gebremst und eine stetige Geschäftsausweitung des gesamten Marktes verhindert. Nicht ohne Grund spricht Bernet vom „saturierten" Finanzdienstleistungsmarkt,[44] der aufgrund zu erwartender demographischer Veränderungen noch enger werden wird,[45] wie das folgende Kapitel zeigt.

---

41 Vgl. zu diesem Aspekt die Ausführungen unter Punkt 1.1.1.2.

42 Vgl. Deutsche Bundesbank (1999a), S. 36 u. 43 sowie eigene Berechnungen.

43 Vgl. dazu den Sachverständigenrat (1998), S. 148-153, der in seiner Prognose für 1999 zum Schluss kommt, dass die wirtschaftliche Entwicklung niemanden zufrieden stellen kann.

44 Bernet, B. (1997), S. 349.

45 Vgl. zu dieser Einschätzung: Stracke, G. (1988), S. 599.

1.1.2.2 Demographische Entwicklungen

Gemäß den Prognosen des Statistischen Bundesamtes zur Entwicklung der Bevölkerung in Deutschland wird zum einen die Einwohnerzahl in immer geringerem Maße wachsen, bis sie ab 2004 dann sogar stetig abnimmt. So wird für 2040 eine Bevölkerungszahl von ca. 74 Millionen erwartet, was gegenüber 1998 einem Rückgang von ca. 8 Millionen entsprechen würde.[46] Zum anderen ändert sich die Altersstruktur dahingehend, dass die Personenzahl im Rentenalter stark zunimmt und die Anzahl der Bevölkerung im arbeitsfähigen und Kindesalter sich weiter rückläufig entwickeln wird. Dies verdeutlicht auch die in der Abb. 3 dargestellte Alterspyramide.

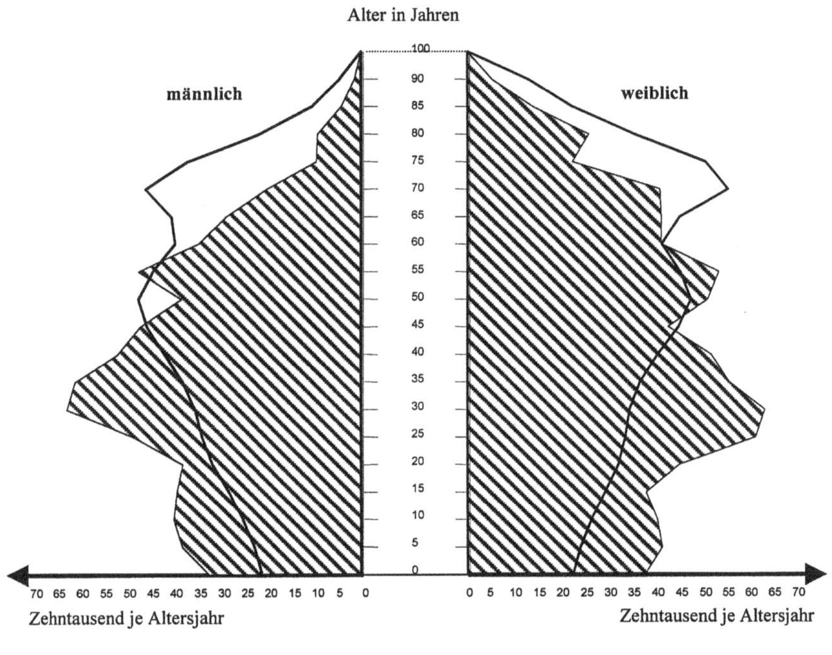

Abb. 3: Altersstruktur der Bevölkerung in Deutschland und deren künftige Entwicklung[47]

[46] Vgl. dazu die im Anhang 1 beigefügte Prognose des Statistischen Bundesamt, die in ihrer Modellrechnung (Basisjahr 1994) eine jährliche Zuwanderung v. 200.000 Menschen sowie eine konstante Geburtenhäufigkeit unterstellen.

[47] Vgl. dazu die im Anhang 1 angeführte Prognose des Statistischen Bundesamtes.

Es lässt sich voraussehen, das die steigende Zahl an Senioren die gesetzliche Rentenversicherung an ihre Grenzen stoßen lassen wird[48] und somit zu einem steigendem Vorsorgebedarf führt. Weiterhin wird sich die in Zusammenhang mit Erbschaftsfällen schon zu beobachtende Zunahme von empfangenen Vermögensübertragungen von 4,6 Mrd. (1991) auf 10,9 Mrd. (1997)[49] weiter fortsetzen. Wenn sich aus diesen Entwicklungen für Kreditinstitute auch zusätzliche Ertragschancen ergeben, können jene Trends doch nicht über die daraus resultierenden Herausforderungen hinwegtäuschen. In der Konsequenz ist damit eine Verringerung der Kundenanzahl verbunden, die dazu führen wird, dass sich die Kreditinstitute gegenüber einer größeren Zahl von Anbietern in einem nur langsam wachsenden Markt behaupten müssen. Die Gewinnung und Erhaltung von Kundenverbindungen wird hierdurch aufwendiger. Kreditinstitute können zukünftig nur erfolgreich sein, wenn sie optimal auf die Kundenwünsche eingehen. Verschiebungen in der Altersstruktur verbunden mit der Entwicklung vollkommen unterschiedlicher Lebensentwürfe erschweren dies, weil die Bedürfnisse der Kunden zunehmend differieren und zahlreicher werden, wodurch eine Befriedigung der Bedürfnisse für Banken dementsprechend kostspieliger wird.[50]

1.1.2.3 Gesellschaftlicher Wertewandel

Letzteres geht eng einher mit dem Prozess des gesellschaftlichen Wertewandels, der für die Bankwirtschaft vielfältige Veränderungen mit sich gebracht hat. Unter „Werten" versteht man lebensübergreifende zentrale Orientierungsleitlinien, die der Einstellungsbildung und der Verhaltenssteuerung dienen.[51] Zum Wertewandel kommt es einerseits durch die Aufnahme neuer Werte in das Wertesystem von Individuen, andererseits durch Prioritätsänderungen bestehender Werte im System. Einflussfaktoren sind z.B. der gestiegene Wohlstand oder der gesellschaftliche Wandel im sozialen Umgang miteinander.[52]

Für Kreditinstitute resultiert aus dem beschriebenen Prozess vor allem die Herausforderung, dass die Bankkunden im Allgemeinen selbstbewusster, anspruchsvoller und kritischer geworden sind. Sie akzeptieren nicht mehr einfach, was am Markt angeboten wird, sondern verlangen, dass das Angebot ihren Wünschen entsprechend gestaltet wird.[53] Daraus ergeben sich für Kreditinstitute wiederum zahlreiche Konsequenzen, wie die folgenden Beispiele verdeutlichen:

- Die Kunden nehmen immer häufiger Angebotsvergleiche vor, setzen sich mit Finanzdienstleistungen auseinander und werden zunehmend konditionssensibler, begünstigt durch das weiter ansteigende Bildungsniveau und durch zunehmende

---

48 Vgl. zu dieser Einschätzung: Kohlhaussen, M. (1998), S. 255.
49 Vgl. zu diesen Zahlen: Deutsche Bundesbank (1999a), S. 36.
50 Vgl. Stein, J. H. v./Gruber, D. (1999), S. 5.
51 Vgl. Panse, W. (1989), S. 120 sowie die Ausführungen unter Punkt 2.2.2, im Rahmen derer der Wertebegriff sowie der Zusammenhang zwischen Werten, Einstellungen u. Verhalten näher erläutert wird.
52 Vgl. Swoboda, U. C. (1997), S. 36.
53 Vgl. Weber, M. (1998), S. 74.

wirtschaftliche Informationen in den Massenmedien.[54] Die Kunden sind bestrebt, ihr Kapital möglichst lukrativ anzulegen, in dem sie versuchen, für ihre Bankeinlagen möglichst hohe Zinssätze auszuhandeln oder von vornherein auf rentabler erscheinende Wertpapiere wie Aktien oder Investmentzertifikate ausweichen. Beides ist bereits zu beobachten, so sank 1997 die Zinsspanne – der Zinsüberschuss in Relation zum durchschnittlichen Geschäftsvolumen – auf einen neuerlichen Tiefstand von 1,5%,[55] während das Aktien- und Investmentvermögen deutlich zugenommen hat.[56] Für die Kreditinstitute bedeutet diese Entwicklung, dass die Zeiten zinsgünstiger Privatkundeneinlagen der Vergangenheit angehören und somit die Refinanzierungskosten tendenziell ansteigen.[57] Stattdessen werden sie – um den Rückgang bei den Zinsmargen kompensieren zu können – vermehrt Wertpapierprovisionen erzielen müssen, was aufgrund der zunehmenden Konkurrenz z.B. durch Discount-Broker und einer erhöhten Preistransparenz infolge einer einheitlichen Währung in Europa aber ebenfalls schwieriger wird.[58]

- Die Kunden verlangen nach anspruchsvolleren, innovativen Produkten. Die Kreditinstitute müssen dem nicht nur aus Servicegesichtspunkten nachkommen, sondern ebenfalls um ihre Kompetenz gegenüber den Mitbewerbern herauszustellen.[59] Für die Institute ergibt sich daraus, dass die Entwicklung neuer Produkte zwar die Kosten ansteigen lässt, dadurch jedoch nicht gewährleistet ist, einen Wettbewerbsvorsprung zu erlangen, der es ermöglicht, die Kosten wieder einzuspielen, da erfolgreiche Finanzprodukte von der Konkurrenz i.d.R. schnell imitiert werden.[60]

- Die Kunden erwarten eine qualitativ hochwertige sowie umfassende Beratung. Daraus resultiert der z.B. für Kreditinstitute und Versicherungen gleichermaßen geltende Trend, sich zum Allfinanzanbieter entwickeln zu wollen, um dem Kunden eine umfassende Versorgung mit Bank-, Bauspar- und Versicherungsprodukten „aus einer Hand“ zu ermöglichen und somit dem Bequemlichkeitsbedürfnis der privaten Haushalte gerecht zu werden.[61]

- Außerdem sind die Kunden eher bereit, ihre Bankverbindung zu wechseln, wenn sie mit den Leistungen oder dem Service eines Kreditinstitutes unzufrieden sind. In diesem Sinne kommen Süchting/Paul nach Analyse mehrerer Studien zu dem Resultat, dass auch bei vorsichtiger Interpretation der Ergebnisse von einer tendenziell rückläufigen Bankloyalität auszugehen ist.[62] Dabei wird unter dem Begriff der Bankloyalität die Bereitschaft eines Wirtschaftssubjektes verstanden, dauerhaft die Leistungen eines bestimmten Kreditinstituts nachzufragen, welche durch die Vertrauensempfindlichkeit und die Erklärungsbedürftigkeit von Bankleistungen

---

54 Vgl. Stein, J. H. v./Gruber, D. (1999), S. 5.
55 Vgl. Deutsche Bundesbank (1998), S. 30.
56 Vgl. dazu die Abb. 2. Sie zeigt auf, dass das Investment- u. das Aktienvermögen im Vergleich zum gesamten Geldvermögen v. jeweils 5 % (1991) auf 9 bzw. 8 % im Jahre 1991 angestiegen ist.
57 Vgl. Adams, R./Droege, W. P. (1993), S. 18.
58 Vgl. Heitmüller, H. M. (1998), S. 398.
59 Vgl. Dombret, A. (1988), S. 631.
60 Vgl. Süchting, J./Paul, S. (1998), S. 233 u. 664.
61 Vgl. Priewasser, E. (1994), S. 214.
62 Vgl. Süchting, J./Paul, S. (1998), S. 648f.

entsteht.[63] Richtet man den Blick auf die Ursachen für einen Wechsel der Bankverbindung, fällt auf, dass sie vor allem im Zusammenhang mit den zuvor genannten Beispielen stehen, wie eine Untersuchung aus den neuen Bundesländern erkennen lässt.[64] Trotz ihrer räumlichen Einschränkung gibt sie deutliche Hinweise auf die Ursachen, die zu einem Wechsel der Bankverbindung führen können (vgl. Abb. 4).

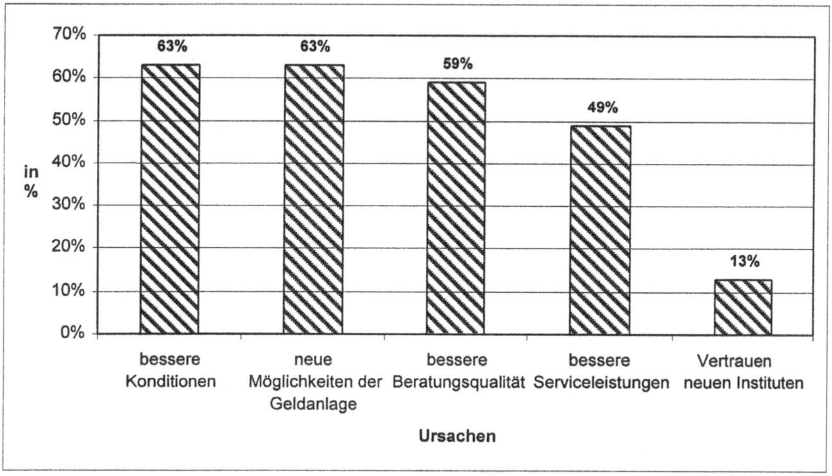

Abb. 4: Ursachen für einen Wechsel der Bankverbindung[65]

Fasst man die sich aus dem Wertewandel ergebenden Folgen zusammen, bleibt festzuhalten, dass es immer aufwendiger und kostenintensiver wird, die Bedürfnisse der Kunden zu befriedigen. Durch diese Entwicklungen wird das Bankgeschäft komplexer, was vom Bankberater eine höhere Qualifikation verlangt. Überhaupt spielt der Kundenbetreuer in diesem Zusammenhang eine immer bedeutendere Rolle: Zum einen weil die Bankloyalität in erster Linie von der Kompetenz und der Glaub- und Vertrauenswürdigkeit des Mitarbeiters abhängt,[66] zum anderen weil letztlich er das Produktangebot und die Serviceleistungen an den Bedürfnissen der Kunden zu orientieren und flexibel auf die Kundenwünsche einzugehen hat.[67]

1.1.3 Folgen und Konsequenzen für Kreditinstitute

Wie bereits in den vorherigen Unterpunkten dargestellt, führten verschiedene Ursachen dazu, dass sich der Finanzdienstleistungsmarkt von einem Verkäufer- zu einem Käufermarkt entwickelt hat und sich die Marktmacht künftig noch mehr zum Vorteil

63 Vgl. Süchting, J. (1998), S. 3-5. Zur Kritik an dieser einstellungsorientierten Definition vgl. Fest, A. (1999), S. 107.
64 Vgl. Stöbe, F. (1991), S. 248-252.
65 Vgl. Tegeder, P. (1996), S. 26, der auf die Zahlen v. Stöbe, F. (1991), S. 251 zurückgreift.
66 Vgl. Süchting, J./Paul, S. (1998), S. 626.
67 Vgl. Stracke, G. (1988), S. 592.

der Nachfrager verschieben wird (vgl. dazu und im Folgenden die Abb. 5). Aus der qualitativen und quantitativen Änderung des Angebots bzw. der Nachfrage ergeben sich die nachstehenden, bereits zuvor angedeuteten unmittelbaren Folgen:

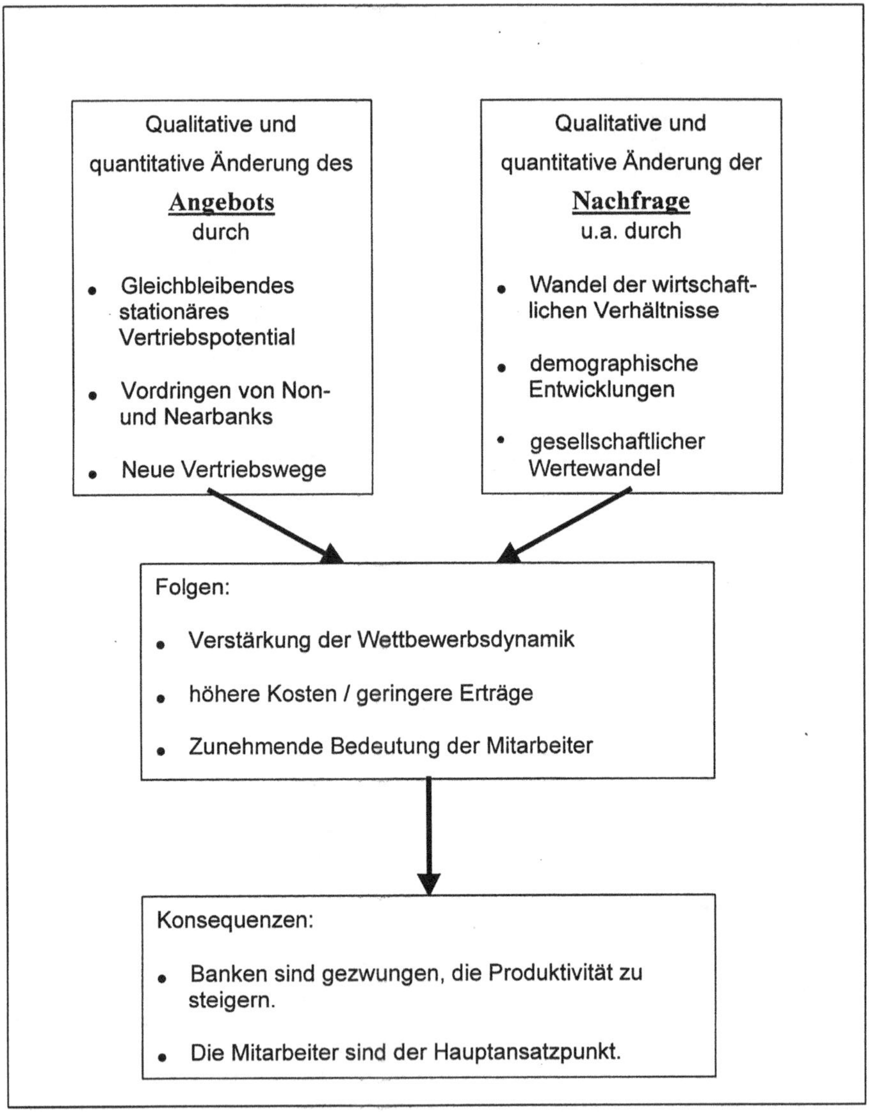

Abb. 5: Folgen und Konsequenzen aus den marktlichen Veränderungen

Der **Wettbewerb wird sich** aufgrund einer großen Anzahl etablierter und neu hinzukommender Anbieter, einem vergrößerten Produktangebot sowie durch den Ausbau bisher branchenunüblicher Vertriebswege weiter **verstärken** und sich zunehmend mit den Begriffen dynamisch, aggressiv und unkonventionell charakterisieren lassen.[68] Ausdruck des bereits verschärften Wettbewerbs ist z.B. der seit einigen Jahren anhaltende Fusions- oder Übernahmetrend zur Realisierung von Kostensenkungspotentialen oder zur Ausweitung der Geschäftsfelder, um letztlich im Wettbewerb bestehen zu können.[69]

Erwartet wird in diesem Zusammenhang, dass der Wettbewerb zum einen über den Preis geführt wird – so waren schon die letzten Jahre durch einen anhaltend scharfen Konditionenwettbewerb gekennzeichnet[70] – zum anderen auf der qualitativen Seite ausgetragen wird,[71] was zu **geringeren Provisions- und Zinserträgen** sowie **höheren Kosten** führen wird. Letztere ergeben sich vorwiegend daraus, dass die gestiegenen Ansprüche und die veränderten Kundenbedürfnisse auf der Nachfrageseite höhere Aufwendungen bedingen, um die Kunden langfristig an ein Institut zu binden. Mit dieser Entwicklung hängt außerdem zusammen, dass die **Bedeutung der Mitarbeiter zunehmen wird**, da der Wunsch nach qualitativer und umfassender Beratung aufgrund einer wachsenden Komplexität des Bankgeschäftes nur durch kompetente, glaub- und vertrauenswürdige Mitarbeiter erfüllt werden kann.[72] Dies bedeutet für Kreditinstitute zum einen wiederum steigende Kosten, weil ein höheres Qualifikationsniveau des Mitarbeiterstammes im Allgemeinen höhere Gehaltszahlungen induziert, zum anderen, dass künftig mehr versierte Mitarbeiter benötigt werden.[73]

Aus diesen unmittelbaren Folgen marktlicher Veränderungen ergeben sich in erster Linie zwei mittelbare Konsequenzen: Um im Wettbewerb langfristig bestehen zu können, sind die Banken gezwungen, ihre **Produktivität** zu **steigern**, also im Betriebs- wie im Vertriebsbereich ein günstiges Input/Output-Verhältnis zu erzielen. **Hauptansatzpunkt sind** dabei **die Mitarbeiter**, da einerseits die durch sie induzierten Personalaufwendungen den größten Kostenblock der Banken ausmachen – er betrug 1997 bei Banken durchschnittlich 57 % der gesamten Kosten[74]. Andererseits sind die Mitarbeiter aber auch maßgeblich für die Höhe der Erträge verantwortlich, so ist Weber davon überzeugt, dass der Erfolg einer Bank entscheidend von der Kunden- und Ergebnisorientierung der Bankangestellten abhängt.[75]

---

68 Vgl. Bernet, B. (1997), S. 350.
69 Vgl. Zinn, E. (1999), S. 151.
70 Vgl. Deutsche Bundesbank (1998), S. 30.
71 Vgl. Swoboda, U. C. (1997), S. 17.
72 Vgl. Süchting, J./Paul, S. (1998), S. 626.
73 Vgl. Siebertz, P. (1999), S. 38 sowie die Ausführungen unter Punkt 1.2.3.1.3.
74 Vgl. Deutsche Bundesbank (1998), S. 37.
75 Vgl. Weber, M. (1998), S. 76.

1.2 Die Einführung von variablen Vergütungssystemen als Reaktion auf die Veränderungen des Finanzdienstleistungsmarkts

Wie im vorherigen Kapitel beschrieben, erfordern die Entwicklungen auf dem Finanzdienstleistungsmarkt als Konsequenz zunächst eine Produktivitätssteigerung der Banken. Zur Bewältigung dieser Herausforderung bieten sich unterschiedliche, sich im Idealfall ergänzende Stoßrichtungen[76]: Für den Betriebsbereich werden in diesem Zusammenhang schwerpunktmäßig Konzepte wie die des Lean-Management[77], des Business-Reengineering[78] oder des Total Quality Management[79] diskutiert. Im Vertriebsbereich steht eine bessere Ausnutzung des Akquisitionspotentials im Vordergrund. Allen angesprochenen Ansätzen ist dabei gemeinsam, dass sie variable Vergütungssysteme erforderlich machen, so verlangen z.B. im Rahmen von Lean-Management geschaffene, größere Verantwortungsbereiche eine adäquate, flexible materielle Honorierung.[80]

Versucht man des Weiteren auch der zweiten Konsequenz – einer Steigerung der Produktivität vor allem durch die Mitarbeiter – Rechnung zu tragen, zeigt sich die herausragende Bedeutung von variablen Vergütungssystemen. Im Gegensatz zu den zuvor beschriebenen Ansätzen mit mittelbaren personalwirtschaftlichen Implikationen[81], handelt es sich bei einem Vergütungssystem um ein personalwirtschaftliches Instrument, bei dem unmittelbar der Bankmitarbeiter und seine Leistung in den Mittelpunkt gestellt wird.[82] Da es besonders geeignet scheint, um auf die oben genannten Herausforderungen zu reagieren, ist es nicht verwunderlich, dass dies in letzter Zeit verstärkt eingeführt worden ist.[83] Schierenbeck spricht in diesem Zusammenhang von einem „herausragenden Instrument"[84] und Leichtfuß/Bonacker sehen es als unverzichtbares Element, um im Wettbewerb bestehen zu können[85]. Gleich-

---

76 Vgl. Bierer, H./Fassbender, H./Rüdel, T. (1992), S. 500.

77 Als Lean-Management wird die Gesamtheit der Denkprinzipien, Methoden u. Verfahrensweisen zur effektiven u. effizienten Gestaltung der gesamten Wertschöpfungskette industrieller Güter bezeichnet. Vgl. Pfeiffer, W./Weiß, E. (1991), S. 2. Diese Philosophie hat aber keinesfalls nur für den industriellen Sektor seine Gültigkeit, sondern lässt sich auch auf den Dienstleistungsbereich übertragen. Vgl. dazu Kobmann, W. (1996), S. 21 sowie die bei ihm angeführte Literatur. Bezüglich der Umsetzung des Lean-Management Gedankens im Bankensektor vgl. etwa Schuster, L. (1996), S. 69-90 o. Benölken, H./Wings, H. (1994).

78 Nach Hammer, M./Champy, J. (1993), S. 32 wird unter Business-Reengineering das fundamentale Überdenken u. radikale Redesign v. Unternehmensprozessen verstanden. Zur Anwendung dieses Konzepts in Kreditinstituten vgl. die empirische Untersuchung v. Moormann, J./Gossmann, A. (1997), S. 372-376.

79 In Anlehnung an Töpfer, A. (1992), S. 13 wird als TQM ein Qualitätsverständnis bezeichnet, welches eine Verbesserung der Leistungs- sowie der Kontaktqualität mit dem Kunden zum Ziel hat. Vgl. zur Umsetzung des Konzepts in der Bankunternehmung die Dissertation v. Ruß, T. (1999).

80 Vgl. dazu die Ausführungen v. Benölken, H./Wings, H. (1994), S. 304f. u. v. Wienkamp, H. (1996), S. 289.

81 Vgl. z.B. zu den personalwirtschaftlichen Aspekten der schlanken Unternehmung: Hentze, J./Kammel, A. (1992), S. 319-331.

82 Vgl. dazu die Funktionen v. variablen Vergütungssystemen unter Punkt 1.2.3.1. Zur Erfüllung dieser Funktionen sind wiederum organisatorische Voraussetzungen zu erfüllen, wie unter Punkt 2.2.2.2 dargelegt wird.

83 Nach einer Kienbaum-Erhebung praktizieren gut ein Drittel der Banken bereits ein variables Vergütungssystem u. annähernd ein Drittel plant, ein solches System zu installieren. Vgl. Hören, M. v. (1999), S. 89.

84 Schierenbeck, H. (1996a), S. 5.

85 Vgl. Leichfuß, R./Bonacker, M. (1992), S. 624.

falls ist dies der Grund, weshalb sich diese Arbeit mit der Gestaltung und Implementierung von variablen Vergütungssystemen beschäftigt.

Bevor nun anhand der Funktionen von variablen Vergütungssystemen genauer dargelegt wird, auf welche Weise sie die Leistung der Mitarbeiter in den Mittelpunkt rücken, sind Begriffsbestimmungen und thematische Eingrenzungen vorzunehmen. Das dient der Klärung, was überhaupt unter variablen Vergütungssystemen zu verstehen ist und welche Bestandteile davon im Zentrum dieser Arbeit stehen.

1.2.1 Vergütungssysteme als Teil eines Anreizsystems

1.2.1.1 Anreizsystem

In der Literatur wird im selben Kontext neben dem Begriff des Vergütungssystems die Bezeichnung „Anreizsystem" benutzt.[86] Da der Terminus „Anreizsystem" im Gegensatz zu „Vergütungssystem" jedoch als weitreichender anzusehen ist, hier aber nur letzterer Verwendung findet, werden im Folgenden die Unterschiede und Gemeinsamkeiten zwischen den beiden Begriffen herausgearbeitet:

Richtet man den Blick auf den Begriff „Anreizsystem", lässt sich feststellen, dass dieser sowohl betriebswirtschaftlich als auch verhaltenswissenschaftlich definiert werden kann:

In der Betriebswirtschaftslehre wird nach Wild unter einem betrieblichen Anreizsystem „die Summe aller bewusst gestalteten Arbeitsbedingungen, die bestimmte Verhaltensweisen (durch positive Anreize, Belohnungen etc.) verstärken, die Wahrscheinlichkeit anderer dagegen mindern (negative Anreize, Strafen)"[87]verstanden.

In der verhaltenswissenschaftlich ausgerichteten Literatur wird ein Anreizsystem als „ein System personenexterner Stimuli, die abgeleitet aus den Betriebszielen in Verbindung mit anderen betriebs- und personenexternen Stimuli auf die Person gerichtet werden, um diese entsprechend ihrer kognitiven und motivationalen „inneren" Reaktionen auf Anreizstimuli zu einer Erfüllung der Betriebsziele zu bringen"[88] definiert.

Vergleicht man die Begriffsbestimmungen miteinander, lässt sich ein allzu großer Unterschied nicht identifizieren,[89] wenn auch die verhaltenswissenschaftliche Definition stärker die inhaltliche Erklärung der kognitiven und motivationalen Prozesse betont. Gemeinsam ist beiden Begriffsbestimmungen, dass Anreizsysteme aus Sicht einer Unternehmung darauf abstellen, das Verhalten der Mitarbeiter in Richtung auf

---

86 Vgl. bspw. die folgenden Titel: Anreizsysteme für Führungskräfte (Becker, F. G. (1990)); Anreizsysteme zur Strategiedurchsetzung (Hagen, R. (1985)), Vorteile durch leistungsorientierte Vergütungssysteme (Pochhammer, M. (1990)).

87 Wild, J. (1973), S. 47.

88 Reber, G. (1980), Sp. 78f.

89 Aus diesem Grund wird hier auch auf eine Definitionsfestlegung verzichtet, zumal betriebs- wie verhaltenswissenschaftliche Gesichtspunkte gleichermaßen zu berücksichtigen sind.

die Unternehmensziele zu lenken und die Stärke dieses Verhaltens (Motivation) gezielt zu erhöhen.[90]

Der Unterschied zwischen beiden ist vielmehr in der Anzahl der einzubeziehenden Anreize zu suchen. Da man sich durch die Schaffung von Vergütungssystemen die gleichen verhaltens- wie betriebswirtschaftlichen Auswirkungen wie von Anreizsystemen verspricht, werden im Folgenden Anreize sowohl nach der Quelle als auch nach dem Anreizobjekt klassifiziert,[91] um somit Anreiz- von Vergütungssystemen abgrenzen zu können:

a) Nach der Anreizquelle

Nach der Anreizquelle wird zwischen intrinsischen und extrinsischen Anreizen unterschieden. Zu den intrinsischen Anreizen zählen solche, die in der zu erfüllenden Arbeitsaufgabe selbst begründet liegen. Ihre motivationale Wirkung ergibt sich unmittelbar aus der Form der Aufgabenerfüllung und der Erwartung, immaterielle Bedürfnisse befriedigen zu können. Extrinsische Anreize hingegen beziehen sich auf Bedürfnisse, die von der Umwelt eines Mitarbeiters bestimmt werden und außerhalb des jeweiligen Aufgabenbereiches liegen. Die Form der Aufgabenerfüllung und/oder die dabei erzielten Ergebnisse (z.B. die verkaufte Produktmenge, die Zahl der abgeschlossenen Verträge oder die Höhe des Umsatzes) führen zu bestimmten Arten von Belohnungen, die ihrerseits einen Eigenwert besitzen und/oder Möglichkeiten der Befriedigung übergeordneter Bedürfnisse eröffnen.[92]

Die Zahlung einer Vergütung stellt für das Individuum nach diesem Verständnis primär einen extrinsischen Anreiz dar.[93] Allerdings darf dabei nicht übersehen werden, dass die erhaltene Vergütung auch zu einem intrinsischen Anreiz werden kann, wenn der Mitarbeiter sie als Anerkennung für seine geleistete Arbeit ansieht.[94]

b) Nach dem Anreizobjekt

Nach dem Anreizobjekt wird zwischen materiellen und immateriellen Anreizen unterschieden (vergleiche dazu und im Folgenden die Abb. 6). Zur Gruppe der materiellen Anreize sind die monetären und die monetär bewertbaren Anreize zu zählen, zur Gruppe der immateriellen gehören die monetär nicht bewertbaren Anreize. Unter die Gruppe der monetären Anreize fallen diejenigen, die direkte Entlohnung darstellen und eine monetäre Bewertung deshalb überflüssig machen, während unter der Gruppe der monetär bewertbaren die betrieblichen Zusatzleistungen subsummiert

---

90 Vgl. Rinker, A. (1997), S. 1.

91 In der Literatur gibt es zahlreiche Gliederungskriterien, um Anreize zu systematisieren. Vgl. dazu die Übersicht bei Schierenbeck, H./Arnsfeld, T. (1996), S. 26. Hier werden nur die Klassifikationsmöglichkeiten vorgestellt, die für die weitere Arbeit v. Interesse sind. Dies auch vor dem Hintergrund, dass die Unterteilung v. Anreizen aufgrund eines unbegrenzten Anreizkatalogs willkürlich ist. Vgl. Näheres dazu bei Winter, S. (1996), S. 14.

92 Vgl. Laux, H. (1992), Sp. 115.

93 Vgl. Weinert, A. B. (1992a), Sp. 129.

94 Vgl. Erdmann, U. (1991), S. 17, sowie die Ausführungen unter Punkt 1.2.3.1.1.

werden. Als immaterielle Anreize gelten z. B. eine für die Mitarbeiter interessante Unternehmenskultur[95] oder die Gewährung von Aufstiegschancen.

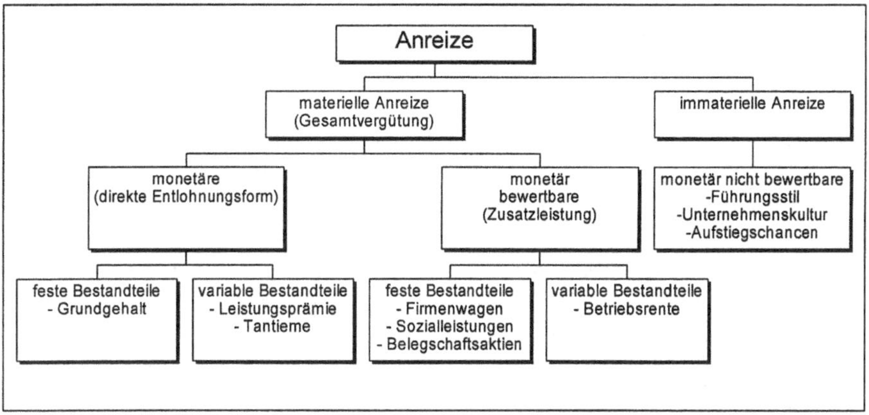

Abb. 6: Klassifikation von Anreizen nach dem zugrunde liegenden Objekt[96]

Aus obiger Abbildung folgt, dass die Gesamtvergütung sämtlichen materiellen Anreizen entspricht. Die monetären und die monetär bewertbaren Anreize werden für den Zweck dieser Arbeit weiter in feste und variable Bestandteile unterteilt, wobei als variable monetäre z. B. Leistungsprämien und Tantiemen, als variable monetär bewertbare etwa Beiträge zur Betriebsrente in Frage kommen.[97]

Genauso wie bei der vorherigen Anreizklassifikation ist auch hier zu berücksichtigen, dass eine eindeutige Zuordnung von Anreizen nicht immer möglich ist. So gehören gute Aufstiegsmöglichkeiten zunächst einmal zu der Gruppe der immateriellen Anreize. Für den Einzelnen kann ein Aufstieg jedoch z. B. in Form einer Gehaltssteigerung auch materielle Folgen nach sich ziehen.[98]

Zusammenfassend bleibt also festzuhalten, dass es sich bei einem Vergütungssystem um einen Teilbereich eines Anreizsystems – Schierenbeck/Arnsfeld sprechen in diesem Zusammenhang von einem Subsystem[99] – handelt. Als Unterscheidungskriterium soll die Klassifikation nach dem Anreizobjekt dienen, in dem Sinne, dass Vergütungssysteme nur materielle Anreize beinhalten.

---

95 Als Unternehmenskultur wird ein System gemeinsam geteilter Werte, Normen, Einstellungen, Überzeugungen u. Ideale bezeichnet, welches das Verhalten der Führungskräfte und Mitarbeiter prägt. Vgl. näheres zu dieser Definition sowie zur Unternehmenskultur unter Punkt 2.2.2.2.

96 Siehe dazu die Klassifikation von Winter, S. (1996), S. 15, welche dieser ähnelt. Er zählt zur Gesamtvergütung jedoch nicht die Zusatzleistungen. Dem wird hier nicht gefolgt, da bestimmte Formen v. Zusatzleistungen (z. B. die private Nutzung des Firmenwagens) für den Mitarbeiter u.U. finanziell interessanter als eine Lohnerhöhung sind. Aus Gründen der Vergleichbarkeit sind auch die Zusatzleistungen mit in die Gesamtvergütung einzubeziehen.

97 Vgl. Näheres zu den genannten Formen der variablen Vergütung unter Gliederungspunkt 3.3.7.1.

98 Vgl. Hagen, R. (1985), S. 43.

99 Vgl. Schierenbeck, H./Arnsfeld, T. (1996), S. 11.

1.2.1.2 Vergütungssystem

Losgelöst von den funktionellen Anreizwirkungen, die man sich von einem Vergütungssystem erhofft, wird im Folgenden unter besonderer Berücksichtigung des Systemgedankens aufgezeigt, was als Vergütungssysteme bezeichnet wird. Dafür ist es vorab sinnvoll, den Begriff „Vergütung" zu charakterisieren:

Unter Vergütung wird in dieser Arbeit, entsprechend der einheitlichen Definitionen der Literatur, das Entgelt bzw. der Lohn verstanden, welchen der Arbeitnehmer als Gegenleistung für seine Arbeitsleistung vom Arbeitgeber erhält.[100] Die Begriffe Lohn, Entgelt und Vergütung werden synonym verwandt und bezeichnen jegliche Form materieller Gegenleistung.[101]

Wenn hier von materiellen Leistungen gesprochen wird, beinhalten diese ebenso Sozialleistungen und Erfolgszahlungen an Arbeitnehmer z.B. aufgrund einer guten Geschäftslage sowie Leistungen in Form von Kapitalbeteiligungen am Unternehmen.[102] Eine Unterscheidung zwischen Vergütung, Erfolgs- und Kapitalbeteiligung wird hier nicht vorgenommen, da eine saubere Abgrenzung nur begrenzt schlüssig ist.[103] So stellt die Ausgabe von Aktienoptionen eine zusätzliche Vergütung für Mitarbeiter dar, die gleichzeitig an den Erfolg vom Unternehmen geknüpft sein kann und bei Ausübung zu einer Kapitalbeteiligung führt.[104]

Während die Literatur zwischen formalen und materialen Vergütungsproblemen unterscheidet[105], wird in dieser Arbeit hauptsächlich das formale Vergütungsproblem betrachtet, was beispielsweise die Relation verschiedener Vergütungsbestandteile zueinander oder Fragen bezüglich der Vergütungsermittlung umfasst. Das materiale Lohnproblem, welches sich mit der absoluten Entlohnungshöhe beschäftigt, wird überwiegend ausgeklammert, da die konkrete Lohnhöhe zu einem Großteil von externen Unternehmenseinflüssen bestimmt wird.[106]

Kommt man nun auf den Begriff „Vergütungssystem" zurück, soll hier einer Definition von Berthel mit einer geringen, aber für diese Arbeit wichtigen Modifikation gefolgt werden: Er bezeichnet als Vergütungssystem die Gesamtheit der in einem Betriebe angewandten Entgeltformen **unter Einschluss der Zusammenhänge** zwischen Leistung und Gegenleistung, der Berechnungsverfahren und Entlohnungsmodalitäten sowie gegebenenfalls der Beachtung sozialer Komponenten.[107] Als mögliche Entgeltformen kommen bei ihm die verschiedenen Arten von Grundentgelten (z. B. Zeitlohn oder Prämienlohn) und Zusatzentgelte (z.B. Provisionen, Gratifikationen) in Frage.[108]

---

[100] Vgl. Torka, W. (1999), S. 370; Hentze, J. (1995), S. 71; Berthel, J. (1997), S. 383.
[101] Vgl. die Entgeltdefinition v. Weber; W. (1993), S. 5 u. den „extensiven" Lohnbegriff v. Oechsler, A. (1997), S. 377.
[102] Vgl. dazu Weber, W. (1993), S. 5.
[103] Vgl. Nagel, K./Schlegtendal, G. (1998), S. 23f.
[104] Vgl. Näheres zu Aktienoptionsplänen unter Punkt 1.2.2 u. bei Hölscher, C./Aleweld, T. (1998), S. 72-79.
[105] Vgl. Kosiol, E. (1962), S. 19f.
[106] Vgl. Kosiol, E. (1962), S. 19f.
[107] Vgl. Berthel, J. (1991), S. 313.
[108] Vgl. Becker, F. G. (1994), S. 131f.

Während Berthel in seiner Definition lediglich auf Verbindungen zwischen den Entgeltformen, der Entgeltfindung, der Entgeltberechnung sowie den -modalitäten hinweist, wird als Reaktion auf die Zusammenhänge eine strukturierte Abstimmung verlangt. Dies hat zwei Gründe:

- Bei einem Vergütungssystem handelt es sich um das Ergebnis eines Abstimmungsprozesses. Ein Vergütungssystem wird also nicht als gegeben hingenommen, sondern wird gezielt eingeführt oder verändert.

- Eine strukturierte Abstimmung zwischen den obigen Einflussfaktoren wird als zwingend notwendig erachtet, damit die mit der Schaffung eines Vergütungssystems angestrebten Ziele erreicht werden können. Kommt es nicht zu einer Abstimmung, besteht die Gefahr, dass die Ziele kontakariert werden: Verfolgt ein Unternehmen mit der Schaffung eines Vergütungssystems z. B. das Ziel, die Mitarbeiter zu höherer Leistung zu motivieren und zahlt deshalb eine Leistungszulage, so ist die Entgeltberechnung in der Form zu gestalten, dass die Leistung der Mitarbeiter möglichst objektiv zu erfassen ist. Gelingt dies nicht, besteht die Gefahr, dass die Maßnahme bei den Mitarbeitern zu keiner zusätzlichen Motivation führt bzw. im schlimmsten Fall sogar demotiviert.

Aus diesen Gründen wird die obige Begriffsbestimmung wie folgt verändert: Unter einem Vergütungssystem wird die Gesamtheit der in einem Betrieb angewandten Entgeltformen **unter Einschluss einer strukturierten Abstimmung** zwischen Entgeltfindung, Berechnungsverfahren und Entlohnungsmodalitäten verstanden. In dieser Form wird die Beachtung sozialer Komponenten sowie des Zusammenhanges zwischen Leistung und Gegenleistung nicht mehr explizit erwähnt, da dies Aufgabe der Entgeltfindung ist.[109]

1.2.2 Fokussierung auf geschäftsjahresbezogene variable Vergütungssysteme

Nachdem im vorherigen Kapitel dargelegt wurde, was unter einem Vergütungssystem zu verstehen ist, erfolgt hier die Begründung, weshalb diese Arbeit eine „doppelte“ thematische Einschränkung vornimmt. Dabei wird in zwei Schritten vorgegangen: Im ersten Schritt wird erläutert, weshalb nicht sämtliche Anreize, sondern nur die materiellen Anreize als Teilmenge davon schwerpunktmäßig betrachtet werden. In einem zweiten Schritt wird dargestellt, warum wiederum nicht ein vollständiges Vergütungssystem, sondern nur die geschäftsjahresbezogenen variablen Bestandteile im Mittelpunkt stehen.

Im Folgenden wird **der Schwerpunkt auf materielle Anreize gelegt,** die im Rahmen eines Vergütungssystems zusammengefasst werden, obwohl nur ein Anreizsystem, welches alle Anreizarten gleichermaßen berücksichtigt, Erfolg verspricht. Diese Vorgehensweise vermag im ersten Moment verwunderlich erscheinen, da sich

---

[109] Es wird zwischen kausaler, finaler u. sozialer Entgeltfindung unterschieden. Fragen bezüglich des Zusammenhangs v. Leistung u. Gegenleistung werden im Rahmen der kausalen (z. B. Prämienlohn) u./o. der finalen Entgeltfindung (z.B. Tantieme) behandelt. Vgl. Weber, W./Mayrhofer, W./Nienhüser, W. (1993), S. 166.

in der Literatur die Einsicht durchgesetzt hat, dass insbesondere den immateriellen, intrinsischen Anreizen eine besonders starke Motivationswirkung zugesprochen wird.[110] Hierbei darf jedoch nicht übersehen werden, dass diese nur eintritt, wenn es gelingt, für jedes Organisationsmitglied individuelle Anreize zu schaffen, welche die veränderlichen, situationsspezifischen Motive ansprechen.[111] Da dies Organisationen vor unlösbare Probleme stellt, wird vielfach der generalisierte Anreiz „Geld" verwendet. Generalisiert deshalb, weil das Individuum mit Hilfe des „Instruments Geld" selbst entscheiden kann, welche materiellen oder zum Teil auch immateriellen Bedürfnisse – wie z.B. Status oder Anerkennung – es damit befriedigen möchte.[112]

Des Weiteren sollen im Rahmen eines Vergütungssystems vor allem **die variablen Vergütungsanreize** betrachtet werden (siehe Abb. 6). Dies ergibt sich aus der Zielsetzung von Vergütungssystemen: Während fixe Bestandteile im Wesentlichen zu einer Teilnahmeentscheidung der Mitarbeiter führen, sollen variable Bestandteile die Leistungsbereitschaft fördern.[113] Gerade Letzteres ist es aber, was sich Unternehmen im Allgemeinen und Bankinstitute im Besonderen durch die Einführung von Vergütungssystemen versprechen.[114] Aus diesem Grund erscheint es legitim, sich auf die variablen Bestandteile zu konzentrieren, wenn auch oftmals ein Rückgriff auf die fixen Bestandteile aus zwei Gründen unvermeidbar ist:

Zum einen ergibt sich das vorhergehende unmittelbar aus der Beschreibung von Vergütungssystemen mit variablen Bestandteilen[115]: Sie zeichnen sich dadurch aus, dass die Höhe des Lohnes ausschließlich oder zum Teil für den einzelnen Mitarbeiter vom Erreichen bestimmter Bezugsgrößen[116] abhängt. Variable Vergütungssysteme beinhalten also neben einer Form des Zusatzlohnes in der Regel auch Formen des Grundlohnes und/oder des Soziallohnes. So sind die letzten beiden Formen nicht nur aufgrund rechtlicher Anforderungen, sondern auch aufgrund von Mitarbeiterwünschen zu berücksichtigen, denn eine rein variable Vergütung wird aus Risikogesichtspunkten von den Mitarbeiten oftmals nicht akzeptiert.[117]

Zum anderen ist der Systemgedanke zu berücksichtigen, denn in der Praxis wird der Umfang der variablen Vergütung an die Höhe des Grundlohnes geknüpft.[118] Vor der Einführung von variablen Vergütungsbestandteilen sollten, im Sinne einer strukturierten Abstimmung, mögliche Wechselwirkungen zwischen variablen und fixen Bestandteilen überprüft werden, damit die einzelnen Anreize „in die gleiche Richtung wirken" und somit in der Summe eine verstärkte Anreizwirkung für gewünschte Verhaltensweisen eintritt.

---

[110] Vgl. anstatt vieler: Schiller, B. (1990), S. 174f.
[111] Vgl. Schanz, G. (1991), S. 8.
[112] Vgl. Becker, F. G. (1985), S. 33f.; Reber, G. (1980), Sp. 81-83.
[113] Vgl. Erdmann, U. (1991), S. 40-45.
[114] Vgl. für das Bankgewerbe anstatt vieler etwa Schierenbeck, H./Arnsfeld, T. (1996), S. 1 o. Lindena, B. (1997b), S. 712. Letzterer bestätigt damit, dass dies ebenfalls Ziel des hier im Teil 4 noch näher zu betrachtenden Fallbeispiels ist.
[115] Im weiteren Verlauf der Arbeit vereinfacht als variable Vergütungssysteme bezeichnet.
[116] Als Bezugsgrößen sollten Zielerreichungsgrade u./o. gezeigte Verhaltensweisen zugrunde gelegt werden. Vgl. zu diesem Aspekt Näheres unter Punkt 3.3.4.
[117] Vgl. Wienkamp, H. (1996), S. 272; Schiller, B. (1990), S. 174.
[118] Vgl. Erdmann, U. (1991), S. 185.

Letztlich stehen von der Vielzahl variabler Vergütungsbestandteile in einem System die **geschäftsjahresbezogenen** Bestandteile im Mittelpunkt. Um diese identifizieren zu können, sind sie von solchen, die sich auf mehrere Geschäftsjahre beziehen, abzugrenzen:

Geschäftsjahresbezogene Vergütungsbestandteile sind solche, bei denen die Vergütungshöhe ausschließlich von der Leistung oder dem Geschäftserfolg eines Jahres abhängig ist. Beispiel hierfür sind Prämien oder Boni, deren Höhe mit dem Umsatz eines Jahres verbunden sind. Da ihnen eine eher kurzfristige Anreizwirkung zugesprochen wird, werden sie in der Literatur auch als „Short-Term-Incentives" bezeichnet.[119]

Bei Vergütungsbestandteilen, die sich auf mehrere Geschäftsjahre beziehen, erfolgt eine Belohnung meist ebenfalls jedes Jahr. Der Gegenwert der Ansprüche ist jedoch abhängig von der Geschäftsentwicklung mehrerer Jahre.[120] Beispiel hierfür ist ein Aktienoptionsplan für Mitarbeiter, bei dem die Anzahl der jährlich vergebenen Aktienoptionen von der Jahresleistung des Mitarbeiters abhängt; die Wertsteigerung der Optionen ist jedoch an die Entwicklung der Aktie, und somit indirekt an den langfristigen Geschäftserfolg gekoppelt.[121]

Hauptunterscheidungspunkt ist folglich die Betrachtungsperiode, die von dem angestrebten Unternehmensziel, der erwünschten Anreizwirkung und der Entlohnungsart bestimmt ist: Wird die Höhe des Gehalts an das Erreichen von langfristigen (mehr als ein Jahr) Zielen oder an den Geschäftserfolg mehrerer Jahre geknüpft und erhofft man sich dadurch eine langfristige Anreizwirkung, spricht man von Bestandteilen, die sich auf mehrere Geschäftsjahre beziehen.[122]

Ohne negieren zu wollen, dass besonders Vergütungsbestandteile, deren jeweilige Gegenwerte vom mehrjährigen Geschäftsverlauf abhängig sind, zum strategischen Denken und Handeln motivieren können und auch im Sinne des Systemgedankens geschäftsjahresbezogene und auf mehrere Geschäftsjahre bezogene Bestandteile gleichermaßen in einem Vergütungssystem zu berücksichtigen sind, findet im Folgenden eine Beschränkung auf die geschäftsjahresbezogenen Bestandteile statt.[123]

---

119 Vgl. hierzu Kappel, H./Uschatz, P. (1992), S. 124. Im Folgenden werden jedoch die deutschen Begriffe benutzt, um die Betonung weiterhin auf „Vergütung" zu belassen. Die Anreizwirkung des Lohnes wird unter Punkt 1.2.3.1.1 behandelt.

120 Da ihnen eine langfristige Anreizwirkung zugesprochen wird, werden sie auch als „Long-Term-Incentives" bezeichnet. Verwendung findet der angloamerikanische Begriff etwa bei Hörner, M. (1991), S. 161 o. Isele, S. (1991), 221f.

121 Vgl. hierzu Näheres: Hölscher, C. /Aleweld, T. (1998), S. 72-79.

122 Vgl. Dörfler, H.-W. (1993), S. 28-32.

123 Vgl. zu längerfristigen, strategischen Anreizsystemen die Dissertationen v. Dörfler, H.-W. (1993), Hagen, R. (1985) o. Becker, F. G. (1985).

1.2.3 Funktionen und Anforderungen an variable Vergütungssysteme

Wesentlich für die Einführung von variablen Vergütungssystemen sind deren zu erfüllenden Funktionen und Anforderungen. Diesbezüglich stößt man unweigerlich auf den Anforderungskatalog von Becker[124], da jener in der Nachfolgeliteratur häufig Verwendung findet und zudem anerkannt ist.[125] Im Einzelnen umfasst der Katalog die folgenden Anforderungen:[126]

- Leistungsorientiertheit
- Motivationsanregung
- Ergebnisorientierung
- Transparenz
- Flexibilität
- Belohnungswirkung
- Wirtschaftlichkeit
- Anforderungsgerechtigkeit
- Marktgerechtigkeit
- Individual- und Gruppenanwendbarkeit

Obiger Katalog wird im Folgenden auf seine Vollständigkeit geprüft und in Kernanforderungen zusammengefasst. Dabei zeigt sich, dass die Hinzunahme weiterer Anforderungen notwendig ist, was im Wesentlichen auf zwei Gründe zurückzuführen ist: Zum einen hat Becker seine Anforderungen nicht bankspezifisch sondern branchenübergreifend formuliert. Zum anderen handelt es sich um Anforderungen für, auf mehrere Jahre bezogene, strategisch-orientierte Anreizsysteme, die zwar zum Großteil ebenso für variable Vergütungssysteme relevant sind,[127] in diesem Zusammenhang jedoch ergänzungsbedürftig erscheinen.

Neben der Vollständigkeit wird für den weiteren Verlauf der Arbeit auch auf eine Trennung des ursprünglichen Anforderungskatalogs in Funktionen und Anforderungen Wert gelegt: Während Funktionen stets die Ziele des Vergütungssystems und somit „Selbstzweck" sind, ist die Erfüllung der Anforderungen Voraussetzung für das Erreichen der Ziele und somit „Mittel zum Zweck". So stellt die Wirtschaftlichkeit im Gegensatz zur Steigerung der Leistungsmotivation nicht eine Funktion des Vergütungssystems als solches dar.[128] Wenn auch eine Trennung von Anforderungen und Funktionen nicht sachlogisch zwingend ist, wird sie vorgenommen[129], da die Auswahl und Gewichtung der Anforderungen u.a. von den Funktionen abhängt, die ein Vergütungssystem erfüllen soll.

---

[124] Vgl. Becker, F. G. (1985), S. 65. Er selber ergänzt einen Katalog v. Hahn, D./Willers, H. G. (1992), S. 495.

[125] Vgl. z.B. Oechsler, W. A. (1997), S. 378; Winter, S. (1996), S. 71, Bleicher (1994), S. 297; Erdmann, U. (1991), S. 47-50. Vgl. dazu aber auch die Kritik an den Anforderungskriterien v. Rinker, A. (1997), S. 54.

[126] Vgl. Becker, F. G. (1985), S. 65.

[127] Vgl. zu dieser Einschätzung: Dörfler, H. W. (1993), S. 23.

[128] Vgl. Winter, S. (1996), S. 71.

[129] Vgl. hierzu Winter, S. (1996), S. 71, der die gleiche Vorgehensweise wählt.

Die obigen Überlegungen wurden in der Abb. 7 berücksichtigt, denn in ihr sind die ursprünglichen Anforderungen Beckers teilweise zusammengefasst und dann nach Funktionen und Anforderungen getrennt worden. Des Weiteren wurden zwei Funktionen und eine Anforderung ergänzt. Im Einzelnen wurden:

- die ursprünglichen Anforderungen „Anforderungsgerechtigkeit“ und „Marktgerechtigkeit“ der Anforderung „Gerechtigkeit“ zugeordnet
- die ursprünglichen Anforderungen „Leistungsorientiertheit“, „Motivationsanregung“ und „Ergebnisorientierung“ in der Funktion „Steigerung der Leistungsmotivation“ subsumiert
- die Funktionen „Unterstützung der operativen und strategischen Unternehmensziele“ und „Steigerung der Unternehmensattraktivität als Arbeitgeber“ sowie die Anforderung „Akzeptanz“ zusätzlich aufgenommen

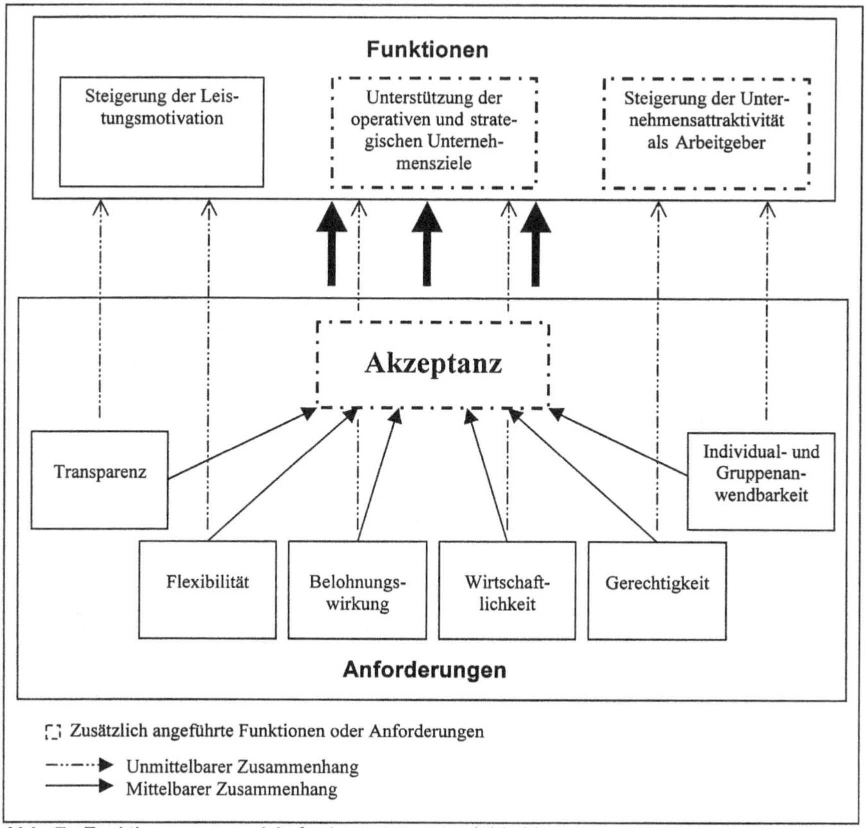

Abb. 7: Funktionen von und Anforderungen an variable Vergütungssysteme

Die Abbildung verdeutlicht, dass die Erfüllung der Anforderungen Auswirkungen auf die Funktionen hat, wobei der „Akzeptanz" im Vergleich zu den anderen Anforderungen eine hervorgehobene Stellung eingeräumt wird.

Im Folgenden wird die Bedeutung der einzelnen Funktionen und Anforderungen für variable Vergütungssysteme erläutert. Bei dieser Gelegenheit wird auch dargelegt, weshalb die ursprünglichen Anforderungen Beckers zusammengefasst und weitere Gesichtspunkte zusätzlich aufgenommen worden sind.

1.2.3.1 Funktionen

1.2.3.1.1 Steigerung der Leistungsmotivation

Bezüglich der Steigerung der Leistungsmotivation behauptet Becker: „Gerade variable Vergütungssysteme sind ein hervorragendes Mittel, die Mitarbeiter zu hoher Leistung zu motivieren und somit eine enge Bindung von Leistung, Erfolg und Vergütung herzustellen."[130] Diese Aussage verdeutlicht zunächst den unbestrittenen Zusammenhang zwischen Motivation und Leistung[131]. Da die Motivation eine Schlüsselvariable für eine gesteigerte Mitarbeiterleistung darstellt[132], erscheint es nicht gerechtfertigt, zwischen den Funktionen „Motivationsanregung" und „Leistungsorientiertheit" zu unterscheiden.[133] Eine eindeutige Trennung zwischen der individuellen Leistung und dem Erfolg einer Organisation erscheint ebenfalls problematisch, weil die Ansiedlung der beiden Begriffe auf unterschiedlichen Aggregationsebenen nicht zur Transparenz eines Vergütungssystems beiträgt, in dem Sinne, dass die Leistung des Einzelnen das Ergebnis der Organisation maßgeblich beeinflusst und es somit zu Überschneidungen kommt.[134] Die aufgeführten Abgrenzungsprobleme werden an dieser Stelle zum Anlass genommen, die ursprünglichen Anforderungen „Motivationsanregung", „Leistungsorientiertheit" und „Ergebnisorientierung" von Becker in der Funktion „Steigerung der Leistungsmotivation" zusammenzufassen.

Bei der o.g. Behauptung bleibt aber zu überprüfen, ob variable Vergütungssysteme überhaupt zu höherer Leistung motivieren können. Generell konnte bisher nämlich nicht eindeutig nachgewiesen werden, dass variable Vergütungssysteme die

---

[130] Becker, J. (1991), S. 38.

[131] Auf eine ausführliche Herleitung des Leistungsbegriffs soll hier verzichtet werden, zumal dieser sich durch eine große Verwendungsbeliebigkeit, Bedeutungsvielfalt u. Unschärfe auszeichnet, so dass Schettgen, P. (1996), S. 173, den Terminus als „schillernd" bezeichnet. Im Gegensatz zum in der BWL dominanten reinen ergebnisorientierten Leistungsverständnis wird im folgenden unter Leistung eine Einheit v. Tätigkeit u. Ergebnis zugrunde gelegt. Ohne zumindest einer partiellen Berücksichtigung des Arbeitseinsatzes wären im Vergütungssystem ansonsten nämlich Motivations- und Akzeptanzprobleme vorprogrammiert, wenn etwa der Mitarbeiter kein Ergebnis erzielen konnte u. deshalb auch keine variable Vergütung erhalten würde, obwohl er alles Notwendige dafür getan hat. Vergleiche zu diesen unterschiedlichen Definitionen u. ihrer Kritik: Becker, F. G. (1998), S. 53-77.

[132] Vgl. Drumm, H. J. (1995), S. 363.

[133] Beckers Unterscheidung ist jedoch verständlich, da er unter dem Punkt „Motivationsanregung" nicht eine Steigerung der allgemeinen Leistungsmotivation versteht, sondern primär zu langfristigem strategischem Verhalten anregen möchte. Vgl. Becker, F. G. (1985), S. 78.

[134] Vgl. zu dieser Auffassung: Rinken, A. (1997), S. 54; Schierenbeck, H./Arnsfeld, T. (1996), S. 10, aber auch die gegensätzliche Ansicht v. Kappel, H./Uschatz, P. (1992), S. 35.

Leistungsbereitschaft erhöhen. So ist es nicht verwunderlich, dass die Frage, ob Geld überhaupt oder unter welchen Umständen zu höherer Leistung motiviert, in Theorie und Praxis weiterhin umstritten ist.[135]

Um zumindest eine näherungsweise Antwort auf diese Frage zu finden, ist es notwendig, die Erkenntnisse ausgewählter Motivationstheorien darzustellen. Mit Hilfe von Motivationstheorien soll beschrieben und erklärt werden, wovon die Stärke und die Richtung menschlichen Verhaltens beeinflusst wird.[136] Dabei wird in der Literatur üblicherweise zwischen Inhaltstheorien und Prozesstheorien unterschieden.[137] Die älteren Inhaltstheorien beschäftigen sich mit den Motivinhalten und untersuchen, was im Individuum oder in seiner Umwelt Verhalten auslöst bzw. bewirkt. Die neueren Prozesstheorien hingegen versuchen zu erklären, wie ein bestimmtes Verhalten initiiert, unterhalten und abgebrochen wird. Stellvertretend für die Gruppe der Inhaltstheorien sollen im Rahmen dieser Arbeit die Ansätze von Maslow und Herzberg, für die Gruppe der Prozesstheorien der Ansatz von Porter/Lawler vorgestellt werden.

Ausgangspunkt der Bedürfnistheorie von Maslow ist das Bestehen einer hierarchisch angeordneten, fünfstufigen Bedürfnisstruktur, der sog. Bedürfnispyramide. Hierbei handelt es sich um die folgenden grundlegenden Bedürfniskategorien[138]: physiologische, Sicherheits-, soziale, Wertschätzungs- und Selbstverwirklichungsbedürfnisse. Maslow geht davon aus, dass das menschliche Verhalten durch diese fünf zentralen Bedürfnisgruppen entscheidend beeinflusst wird. Dabei unterstellt er die Rangfolgethese, die besagt, dass die jeweils höheren Bedürfnisse für das Individuum erst von Interesse sind, wenn die hierarchisch niedrigeren zum großen Teil befriedigt sind und von ihnen keine aktivierende Kraft mehr ausgeht (Defizit-Bedürfnisse).[139] Nur das Bedürfnis nach Selbstverwirklichung kann niemals vollständig befriedigt werden bzw. es nimmt mit zunehmender Erfüllung sogar weiter zu und wird deshalb von Maslow als Wachstumsbedürfnis bezeichnet.

Trotz vielfacher Kritik[140] ist es wohl die bekannteste Motivationstheorie, nicht zuletzt weil sie einfach und plausibel erscheint. In Bezug auf die Vergütung lassen sich folgende Schlussfolgerungen ziehen:[141] Langfristig kann das Interesse eines Mitarbeiters aufgrund der Verschiedenartigkeit der Bedürfnisse nicht ausschließlich in der Einkommensmaximierung liegen. Der Erhalt von Vergütungszahlungen dient primär der Befriedigung der physiologischen wie auch der Sicherheitsbedürfnisse. Darüber hinaus können Geldanreize auch höherstehende Bedürfnisschichten befriedigen, wenn diese groß genug sind, ein zusätzliches Engagement zu rechtfertigen. So kann ein Individuum anstreben, sein unbefriedigtes Bedürfnis nach Anerkennung durch den Erwerb von Gütern und Statussymbolen, die ihm eine gewisse Geltung ver-

---

[135] Vgl. Staehle, W. H. (1999), S. 820; Rosenstiel, L. v. (1975), S. 232; Cisek, Günther (1994), S. 412; Sprenger, R. K. (1997), S. 164-178; Kohn, A. (1993), S. 54-63.

[136] Vgl. zum Wesen v. Motivationstheorien etwa Weinert, A. B. (1992b), S. 261-263.

[137] Vgl. zu dieser Einschätzung, zur Unterscheidung sowie zur Einordnung der Theorien bspw. Staehle, W. H. (1999), S. 220.

[138] Vgl. Maslow, A. H. (1981), S. 62-74.

[139] Vgl. Berthel, J. (1997), S. 22 u. Becker, F. G. (1994), S. 69.

[140] Vgl. dazu z.B. Conrad, P. (1983), S. 258-277; Wunderer, R./Grundwald, W. (1980), S. 178f.; Neuberger, O. (1974a), S. 107-111.

[141] Vgl. dazu im Folgenden die Ausführungen v. Leiderer, W. (1976), S. 15-17 u. Erdmann, U. (1991), S. 13.

schaffen, auszugleichen. Daraus folgt, dass die motivierende Wirkung der Vergütung auch von der Ausgestaltung anderer betrieblicher Anreize abhängt, die auf eine Befriedigung höher liegender Bedürfnisse abzielen.

Da durch höhere Einkommen immer mehr Defizit-Bedürfnisse befriedigt werden können, nimmt nach Maslows Vorstellungen die Anreizwirkung der Vergütung bei steigendem Einkommen generell ab. Dabei ist jedoch zu berücksichtigen, dass sich die Ansprüche an die Erfüllung der einzelnen Bedürfnisse mit der Zeit ändern können. Die Motivationswirkung der Vergütung hängt also vom individuell erreichten Anspruchsniveau ab: Solange ein Mitarbeiter nach seiner Einschätzung nicht über ausreichend finanzielle Mittel verfügt, um alle seine offenen Wünsche zu erfüllen, geht von Geld eine motivierende Wirkung aus.

Ähnlich wie aus der Theorie von Maslow lassen sich auch aus der Zwei-Faktoren-Theorie Herzbergs Hinweise auf die Beantwortung der Frage finden, ob von Geld eine motivierende Wirkung ausgeht, obwohl die Studie ursprünglich darauf abzielte, empirisch zu untersuchen, welche Faktoren Unzufriedenheit vermeiden oder abbauen und welche Zufriedenheit hervorrufen.[142] Aus der Tatsache, dass nur ganz selten dieselben Ursachen (Faktoren) im Zusammenhang mit guten und schlechten Arbeitserlebnissen erwähnt wurden, kam Herzberg zu der Vermutung, dass es offenbar zweierlei Klassen von Faktoren gibt: Einerseits die Hygienefaktoren[143], die Unzufriedenheit verhindern, aber keine Zufriedenheit herstellen. Dazu gehören z.B. die Bezahlung, die Unternehmenspolitik oder die Arbeitsbedingungen. Andererseits gibt es Faktoren, die zur Zufriedenheit führen können (von Herzberg als Motivatoren bezeichnet), wie z.B. der Leistungserfolg, Anerkennung oder der Arbeitsinhalt. Herzberg lehnt also das klassische eindimensionale Zufriedenheitskonzept ab, das von Arbeitszufriedenheit bis Arbeitsunzufriedenheit reicht. Er präferiert ein zweidimensionales Modell, welches sich aus den Gegensatzpaaren „Zufriedenheit vs. Nicht-Zufriedenheit" und „Unzufriedenheit vs. Nicht-Unzufriedenheit" zusammensetzt.

Die Theorie hat trotz vielfach methodischer und inhaltlicher Kritik[144] in der Praxis große Resonanz erfahren. Bezüglich der Frage, ob von Geld eine motivierende Wirkung ausgeht, lässt sich auch mit dieser Theorie keine eindeutige Antwort finden, obwohl von Herzberg die Bezahlung primär als Hygienefaktor eingestuft worden ist und damit von ihr keine Motivationskraft ausgehen dürfte. Er selbst schränkt aber ein, dass die Bezahlung sowohl auf andere Hygienefaktoren wie auch auf Motivatoren Einfluss nimmt[145], weshalb sie Rühl als „Zwischenkategorie eigener Art"[146] bezeichnet. Wird die Bezahlung als positiv empfunden, so wird der Motivator „Anerkennung" dadurch positiv verstärkt. Wird sie hingegen als unangemessen und schlecht erlebt, verstärkt sie den Hygienefaktor „Betriebspolitik und Management" in seiner negativen Wirkung.[147] Der Einwand zeigt, dass trotz der Einordnung der Bezahlung

---

[142] Vgl. im Folgenden Herzberg, F. (1988), S. 42-54; Herzberg, F./Mausner, B./Snyderman, B. B. (1959), Hentze, J. (1995), S. 35-37.
[143] Herzberg nimmt hierbei Bezug auf die Medizin, in der Hygiene zwar nicht heilt, aber vor einer Ausweitung der Krankheit schützt. Vgl. Herzberg, F. (1968), S. 74.
[144] Vgl. Rühl, G./Zink, K. J. (1974), S. 173-185; Wunderer, R./Grundwald, W. (1980), S. 194f.
[145] Vgl. Herzberg, F./Mausner, B./Snyderman, B. B. (1959), S. 82f.
[146] Vgl. Rühl, G. (1973), S. 159f.
[147] Vgl. Rühl, G. (1973), S. 160.

als Hygienefaktor von ihr eine Motivationswirkung ausgehen kann. Inwieweit sie tatsächlich motiviert, ist sicherlich auch eine Frage der Entlohnungsform: Während fixe Gehaltsbestandteile eher als Hygienefaktoren einzuordnen sind, können insbesondere variable Gehaltsbestandteile zu Motivatoren werden, wenn diese von den Mitarbeitern als Leistungsanerkennung verstanden werden.[148]

Im Gegensatz zu Herzberg, der in der Zufriedenheit eine Grundvoraussetzung für hohe Leistungsmotivation sieht, gehen Porter/Lawler primär von genau der umgekehrten Kausalität aus, das heißt, bei ihnen wirkt sich die Zufriedenheit nur indirekt auf die Leistung aus. Es handelt sich bei der Theorie von Porter/Lawler[149] um ein spezielles Modell der Leistungsmotivation, in dem der Zusammenhang zwischen Motivation, Leistung und Zufriedenheit mit Hilfe der zentralen Variablen Anstrengung, Leistung, Belohnung und Zufriedenheit dargestellt wird (vgl. Abb. 8).

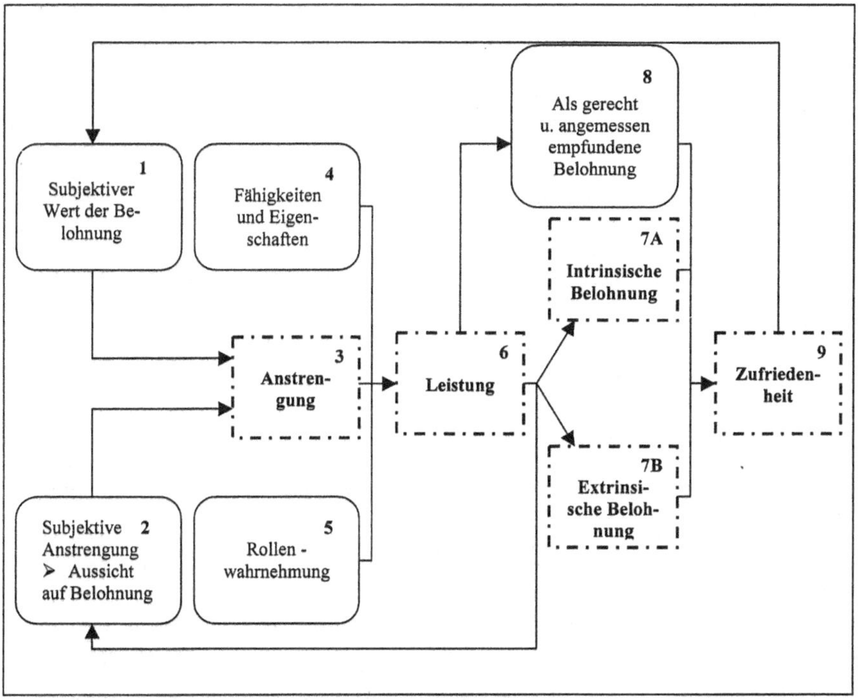

Abb. 8: Das Motivationsmodell von Porter/Lawler[150]

---

[148] Vgl. Erdmann, U. (1991), S. 17.

[149] Vgl. im Folgenden Porter, L. W./ Lawler III, E. E. (1968); Staehle, W. H. (1999), S. 237-239; Rinker, A. (1997), S. 22- 24.

[150] Vgl. Porter, L. W./Lawler III; E. E (1968), S. 165; Weinert, A. B. (1992), S. 278; Erdmann, U. (1991), S. 25.

Die Anstrengung (3), die ein Mitarbeiter einsetzt, um seine Arbeitsaufgabe zu erfüllen, wird beeinflusst von dem Wert, den eine damit verbundene Belohnung (1) für ihn hat und der subjektiven Wahrscheinlichkeit (2), dass er für diese Arbeitsleistung eine Belohnung erhält. Damit aus der Anstrengung eine Leistung (6) im Sinne eines messbaren Ergebnisses werden kann, müssen die notwendigen Fähigkeiten und Eigenschaften (4) sowie eine geeignete Rollenwahrnehmung (5) des Mitarbeiters hinzukommen. Aus der erreichten Leistung (6) ergibt sich dann eine intrinsische (7A) oder eine extrinsische Belohnung (7B).[151] Der Zusammenhang zwischen Leistung und Belohnung wirkt zurück auf die subjektive Wahrscheinlichkeit, eine Belohnung für eine bestimmte Anstrengung zu erzielen (2). Damit die erhaltene Belohnung zur Zufriedenheit (9) führt, muss sie vom Individuum im Vergleich zur erbrachten Leistung als gerecht und angemessen empfunden werden (8). Das Ausmaß der Zufriedenheit wirkt wiederum zurück auf den subjektiven Wert der Belohnung (1).

Anhand dieses Modells und ihrer empirischen Untersuchung machen Porter/Lawler Aussagen darüber, wie Vergütungssysteme aufzubauen sind, damit sie die Mitarbeiter zu einer höheren Leistungsbereitschaft motivieren. So sollte regelmäßig überprüft werden, ob die gezahlte Vergütung noch den Anstrengungs-Belohnungs-Relationen entspricht. Des Weiteren sollte den Mitarbeitern bekannt gemacht werden, welches Verhalten (Rollenverständnis) von ihnen erwartet wird. Die wichtigste Erkenntnis für diese Arbeit ist aber, dass Vergütungszahlungen Mitarbeiter durchaus motivieren können, und zwar dann, wenn die Höhe direkt an die Leistung des jeweiligen Mitarbeiters geknüpft ist. [152] Die Aussagen von Porter/Lawler werden auch von anderen Untersuchungen gestützt und sogar erweitert. So hat eine Untersuchung von Stocker in Bankbetrieben gezeigt, dass neben der Bekanntgabe der Leistungserwartung auch das Veröffentlichen der zu erreichenden Entgeltzahlungen vor Beginn der Leistungserstellung zu einer Leistungssteigerung führt.[153]

Bei zusammenfassender Betrachtung der drei Motivationstheorien bleibt festzuhalten, dass, wenn auch die Motivationskraft von intrinsischen Faktoren im Allgemeinen größer als die des Geldes ist, von der Vergütung durch ihre instrumentelle Anwendbarkeit unbestritten eine nicht zu vernachlässigende Motivationswirkung ausgeht. Gestützt wird diese Auffassung von repräsentativen Umfrageergebnissen, die erkennen lassen, dass für Arbeitnehmer der Faktor Geld ein entscheidender Arbeitsantrieb ist. So hielten 1997 nach einer Emnid-Befragung fast 83% der deutschen Bevölkerung eine „gute" Bezahlung in einem Beruf für ganz besonders wichtig.[154] Des Weiteren deuten die Motivationstheorien darauf hin, dass insbesondere variable Vergütungsbestandteile sich als stark motivierend erweisen können, wenn sie direkt mit der Leistung verknüpft sind und dadurch Anerkennungscharakter besitzen. Die Schaffung von variablen Vergütungssystemen stellt dementsprechend eine Möglichkeit dar, Mitarbeiter zu einer beträchtlichen Leistungssteigerung zu bewegen.

---

[151] Vgl. den Unterschied zwischen extrinsischer u. intrinsischer Belohnung bzw. Anreize unter Punkt 1.2.1.1.

[152] Vgl. Porter, L. W./Lawler III, E. E (1968), S. 173-184; Erdmann, U. (1991), S. 27.

[153] Vgl. Stocker, K. G. (1978), S. 75 u. S. 182.

[154] Vgl. dazu die Emnid-Untersuchung aus dem Jahre 1997 im Anhang 2. Vgl. zusätzlich die Untersuchungen v. Opaschowski, H. W. (1989), S. 26 u. Heidemann, F. J. (1987), S. 59-65, welche die Ergebnisse der erstgenannten Umfrage tendenziell bestätigen.

1.2.3.1.2 Unterstützung der operativen und strategischen Unternehmensziele

Vergütungssysteme sollen den operativen und strategischen Unternehmenserfolg sicherstellen, dergestalt, dass das gesamte Vergütungssystem als flankierendes Steuerungsinstrument zu verstehen ist, welches die Aktivitäten sämtlicher Mitarbeiter auf die operativen und strategischen Ziele ausrichten soll.[155] Unabhängig davon, welche Ziele inhaltlich mit dem Vergütungssystem verfolgt werden, hat es dafür Sorge zu tragen, dass sich das Mitarbeiterverhalten an den Unternehmenszielen orientiert. Insofern handelt es sich bei variablen Vergütungssystemen also um ein Hilfsmittel der Unternehmensführung bzw. konkreter um ein Instrument der Personalführung.[156] Becker selbst führt diese Funktion in seinem Anforderungskatalog wahrscheinlich nur deshalb nicht an, da er Anreizsysteme sowieso aus der Strategischen Management Perspektive betrachtet und die Verknüpfung von Anreizsystem und (vor allem langfristigen) Unternehmenszielen sein Hauptanliegen ist.[157]

1.2.3.1.3 Steigerung der Unternehmensattraktivität als Arbeitgeber

Neben den zuvor aufgeführten Funktionen erhofft man sich im Bankensektor durch die Schaffung von Vergütungssystemen für potentielle und für die in den Instituten bereits beschäftigten Mitarbeiter als Arbeitgeber attraktiver zu werden.[158] Die Notwendigkeit für die Ergänzung dieser Funktion in den ursprünglichen Anforderungskatalog ergibt sich hierbei aus den veränderten Rahmenbedingungen der Bankbranche: Zum einen wird es seitens des Mitarbeiterangebots aufgrund zahlreicher Ursachen wie z.B. Änderungen in der Demographie oder im Werteverständnis in Zukunft schwieriger werden, leistungsfähige und -bereite Mitarbeiter zu akquirieren und im Unternehmen zu halten.[159] Zum anderen wird u.a. bedingt durch die steigende Komplexität des Bankgeschäftes die Nachfrage nach genau dieser Mitarbeitergruppe zunehmen, so dass sich der seit Jahren zunehmende Trend fortsetzen wird, dass Banken zunehmend mehr qualifizierte Kräfte im oberen Tarifbereich und im außertariflichen Bereich nachfragen.[160]

Eine Attraktivitätssteigerung verspricht man sich von variablen Vergütungssystemen dadurch, dass mit Hilfe dieses Instruments die Mitarbeiter wenn auch nicht vollständig, dann doch zumindest teilweise[161] nach ihrer Leistung bezahlt werden

---

155 Vgl. Manstein, R. v. (1991), S. 793.

156 Instrumente der Unternehmens- bzw. der Personalführung unterschieden sich dadurch, dass die zuerst genannten das Unternehmen als Ganzes betreffen u. letztere mit einschließen, während Instrumente der Unternehmens- nicht zwangsläufig der Personalführung dienen. Vgl. Hentze, J./Kammel, A./Lindert, K. (1997), S. 20f. Zur Bedeutung v. variablen Vergütungssystemen als Führungsinstrument vgl. etwa Fischer, K. (1995), S. 331f. o. Bochenek, T. (1995), S. 186f.

157 Vgl. z.B. den Untertitel v. F. G. Beckers Buch (1990): Möglichkeiten zur strategisch-orientierten Steuerung des Managements.

158 Vgl. anstatt vieler: Kick, T. (1997), S. 308; Stelzer, G. (1990), S. 889.

159 Vgl. Schröder, G. A. (1993), S. 329 sowie die Ausführungen zur Bevölkerungsentwicklung u. zum Wertewandel unter den Punkten 1.1.2.2 bzw. 1.1.2.3.

160 Vgl. Müller-Gebel, K. (1999), S. 66; Arbeitskreis „Planung in Banken" (1992), S. 118.

161 Eine vollkommen variable Vergütung erscheint zum einen aus Gründen der Akzeptanz nicht sinnvoll, vor dem Hintergrund der rechtlichen Rahmenbedingungen zum anderen auch nicht möglich. Vgl. zu diesen Aspekten die Ausführungen unter den Punkten 1.2.2 sowie 2.3.4.3.

können.[162] Dies kommt besonders der von den Banken bevorzugten Mitarbeitergruppe entgegen, die sich durch eine hohe Leistungsbereitschaft und -fähigkeit auszeichnet. Einige Autoren vertreten über diese Funktion hinausgehend sogar die Auffassung, dass leistungsorientierte Vergütungssysteme einen Beitrag zur Selektion von guten Führungskräften leisten können, da weniger leistungsorientierte Bewerber durch ein solches System abgeschreckt würden.[163]

1.2.3.2 Anforderungen

1.2.3.2.1 Akzeptanz als Generalanforderung sowie als anzustrebender Wert an sich

Um nicht dem zweiten Teil der Arbeit vorzugreifen, in dem der Terminus der Akzeptanz ausführlich hergeleitet und diskutiert wird, soll an dieser Stelle lediglich seine Definition vorgestellt werden. Unter dem Begriff „Akzeptanz" wird im Folgenden die Bereitschaft eines Mitarbeiters verstanden, sein Verhalten auf das Erreichen der Funktionen des variablen Vergütungssystems auszurichten.[164] Damit soll keinesfalls negiert werden, dass variable Vergütungssysteme im weitesten Sinne auch das Einverständnis der Anteilseigner oder der Geschäftsleitung benötigen.[165] Trotzdem wird hier die individuelle Mitarbeiterakzeptanz in den Mittelpunkt gerückt, da nur sie sich auf die Erfüllung der Funktionen auswirkt.[166]

Für die Hinzufügung der „Akzeptanz" zum ursprünglichen Katalog von Becker sprechen die im Anschluss dargelegten zwei Gründe. Bei dieser Gelegenheit wird auch geklärt, weshalb die Akzeptanz als Generalanforderung aufgefasst wird und warum eine hohe Akzeptanz des Systems an sich als wertvoll angesehen wird.

a) Akzeptanz als Generalanforderung

Um die besondere Stellung der Akzeptanz gegenüber den anderen Anforderungen darlegen zu können, wird hier nochmals auf die Abb. 7 zurückgegriffen. Sie lässt die hier zugrunde gelegte Annahme erkennen, dass jede einzelne Anforderung unmittelbar die Erfüllung der Funktionen des Vergütungssystems beeinflusst. So wird z.B. unterstellt, dass es nicht zu einer Steigerung der Leistungsmotivation kommt, wenn die Mitarbeiter sich durch das System ungerecht behandelt fühlen.[167] Zusätzlich nehmen die Anforderungen über die Akzeptanz auch mittelbar Einfluss auf die Funktionen, in dem Sinne, dass eine unzureichende Berücksichtigung einzelner Anforderungen zur Nichtakzeptanz führt. Letztgenannte erschwert wiederum die Erfüllung

---

[162] Pankert, E./Preußner, H. (1993), S. 26.

[163] Vgl. Stelzer, G. (1990), S. 889; Winter, S. (1996), S. 64f.; Rinker, A. (1997), S. 6f.

[164] Vgl. Näheres zu dieser Begriffsbestimmung unter Punkt 2.1.3.

[165] Das wurde besonders offensichtlich, als es seitens der Aktionäre bedeutender deutscher Unternehmen gegenüber Aktienoptionsplänen für Vorstandsmitglieder zum Widerstand kam, weil sie dadurch eine unbegründete Erhöhung der Managementbezüge auf Kosten der Miteigentümer befürchteten. Vgl. Clotten, C. (1999), S. 103.

[166] Vgl. zur Mitarbeiterakzeptanz u. ihre Beziehung zu den Funktionen die im Rahmen dieses Kapitels sowie die unter Punkt 2.2.2 gemachten Ausführungen.

[167] Vgl. zu jenem Zusammenhang die Ausführungen unter Punkt 1.2.3.2.6, unter dem die Bedeutung der Gerechtigkeit als Anforderung erläutert wird.

der Funktionen, weil davon ausgegangen wird, dass die Funktionen sich um so schwieriger erfüllen lassen, je geringer die Akzeptanz des Systems ist.[168] Da die Stärke der Akzeptanz dabei durch die anderen Anforderungen konkretisiert wird, wird sie hier in Anlehnung an Rinker als „Generalanforderung"[169] aufgefasst.

Hinzu kommt, dass das Akzeptanzausmaß eines Vergütungssystems nicht nur von den Anforderungen des Systems im engeren Sinne beeinflusst wird, sondern dass dieses zusätzlich von der organisatorischen Integration des Systems und dem sozio-ökonomisch-politischen Umfeld abhängig ist.[170] Im Gegensatz zu den anderen Anforderungen sind für die Schaffung von Akzeptanz also weitere Bedingungen zu erfüllen, welche die besondere Hervorhebung der Akzeptanz und ihre Bezeichnung als Generalanforderung rechtfertigen.

An dieser Stelle sei jedoch bezüglich der Beziehungen zwischen Anforderungen und Funktionen angemerkt, dass in der Praxis natürlich mittelbare und unmittelbare Einflüsse parallel zum Tragen kommen, was sich darin widerspiegelt, dass die Akzeptanz in der Literatur nicht immer als eigene Anforderung aufgenommen, sondern nur im Rahmen anderer erwähnt wird.[171] Wenn sich auch mittelbare und unmittelbare Einflüsse nicht separieren lassen und es sich insofern nur um ein gedankliches Konstrukt handelt, ist eine Abgrenzung zwischen der Akzeptanz und den anderen Anforderungen notwendig, da nicht ein Akzeptanzverlust als Folge, sondern die eigentlichen Ursachen bekämpft werden sollen. So wird der Versuch, die Akzeptanz eines Vergütungssystems zu erhöhen, erfolglos sein, wenn es nicht gelingt, die dafür verantwortlichen Ursachen abzustellen.

Erläuterungsbedürftig ist auch, ob wirklich alle Anforderungen Auswirkungen auf die Mitarbeiterakzeptanz haben. Während es sich bei den Anforderungen Gerechtigkeit, Transparenz, Individual- und Gruppenanwendbarkeit sowie Belohnungswirkung eher um solche handelt, die aus Mitarbeitersicht von Bedeutung sind, stehen die Anforderungen Wirtschaftlichkeit und Flexibilität im Arbeitgeberinteresse.[172] Ohne diese Einordnung und die damit verbundenen Interessenkonflikte[173] negieren zu wollen, wird hier davon ausgegangen, dass alle Anforderungen, wenn auch in unterschiedlichem Maße, die Akzeptanz beeinflussen. Nicht ohne Grund nehmen Schierenbeck/Arnsfeld lediglich eine tendenzielle Einordnung vor, indem sie von Anforderungen ausgehen, die *eher* aus Mitarbeiter- oder aus Unternehmenssicht erfüllt sein müssen.[174] Anhand des Zusammenhanges, dass ein übermäßiges Ansteigen der Personalaufwendungen die Existenz einer Bank und somit Arbeitsplätze gefährden kann, wird schon klar, dass auch die Mitarbeiter ein gewisses Interesse an einem wirtschaftlichen System haben.

---

168 Vgl. zur Beziehung zwischen Akzeptanz u. den Funktionen das unter Punkt 2.2.2 aufgestellte Akzeptanzmodell.

169 Rinker, A. (1997), S. 69.

170 Vgl. dazu das unter Punkt 2.2.2 aufgestellte Akzeptanzmodell.

171 Vgl. z.B. Zander, E. (1997), S. 25; Gmür, U./Scherrer, C. (1993), S. 1; Bleicher, K. (1992), S. 19.

172 Vgl. zur Trennung der Anforderungen nach Bank- u. Mitarbeiterinteresse die Ausführungen unter Punkt 2.2.2.1 sowie die dort angegebenen Literaturhinweise.

173 Vgl. hierzu ebenfalls die Erläuterungen unter Punkt 2.2.2.1.

174 Vgl. Schierenbeck, H./Arnsfeld, T. (1996), S. 75.

b) Akzeptanz als anzustrebender Wert an sich

Neben dem zuvor dargestellten „instrumentellen" Charakter der Akzeptanz im Sinne eines „Mittels zum Zweck", wird des Weiteren im Rahmen dieser Arbeit die Auffassung vertreten, dass die Schaffung einer größtmöglichen Akzeptanz zusätzlich einen Wert an sich besitzt und damit gewissermaßen „Selbstzweck" ist. Der Wert der Akzeptanz ergibt sich in diesem Fall aus einem veränderten Anspruch an das Arbeitsleben, in dem Sinne, dass durch die Leistung der Mitarbeiter nicht nur die Bedürfnisse der Konsumenten, sondern auch die der Mitarbeiter befriedigt werden sollten.[175] Inwieweit nun die Bedürfnisse der Mitarbeiter durch ein variables Vergütungssystem erfüllt werden, zeigt sich an der Akzeptanz des Systems. Sie stellt damit ähnlich wie die Arbeitszufriedenheit[176] ein Kriterium humaner Arbeit dar, welches für sich gesehen keine Legitimation benötigt.[177]

Zusammenfassend bleibt festzuhalten, dass die Erzeugung einer möglichst hohen Akzeptanz eine wichtige Aufgabe darstellt, da sie zum einen wie keine andere Anforderung zur Erreichung der Funktionen notwendig ist und damit ein entscheidender Erfolgsfaktor des Systems ist. Zum anderen stellt sie aber genauso einen Maßstab der Humanität dar. Aufgrund dieser beiden Argumente ist auch verständlich, dass die herausragende Bedeutung der Akzeptanz in Theorie und Praxis[178] außer Frage steht. So räumt auch Becker der Akzeptanz heute die Stellung einer Anforderung ein, indem er untersucht, inwieweit strategische Anreizsysteme die Akzeptanz der dadurch betroffenen Top-Manager finden.[179]

1.2.3.2.2 Transparenz

Im Zusammenhang mit dem Motivationsmodell von Porter/Lawler wurde bereits festgestellt, dass ein variables Vergütungssystem dann leistungsmotivierend wirkt, wenn der Mitarbeiter von vornherein weiß, welche Belohnung er für welche Leistung zu erwarten hat.[180] Dafür ist es unerlässlich, dass der Mitarbeiter die Ausgestaltung des Vergütungssystems, seine Elemente und Anwendungsbedingungen durchschaut und versteht.[181] Ist dies ohne besondere Schwierigkeiten möglich, wird ein Vergütungssystem als „transparent" bezeichnet.

Die Transparenz hat aber nicht nur direkt Auswirkung auf die Leistungsmotivation, sondern indirekt über die Akzeptanz auch auf alle Funktionen. So besteht beispielsweise bei einem nicht durchschaubaren System die Gefahr der Nichtakzeptanz, was

---

175 Vgl. Rosenstiel, L. v. (1995), S. 182.

176 Vgl. zum Konzept der Arbeitszufriedenheit u. dessen Gemeinsamkeiten zur Akzeptanz die Ausführungen unter Punkt 2.1.4.

177 Vgl. zu dieser Auffassung Rosenstiel, L. v. (1995), S. 182; Neuberger, O./Allerbeck, M. (1978), S. 16.

178 Bspw. bietet die Unternehmensberatung „incon" aus Taunusstein eine Akzeptanzstrategie für Teile eines variablen Vergütungssystems an. Vgl. dazu das Consulting-Profil: http://www.incon.net/cp.html; Stand 08/00.

179 Vgl. Becker, F. G./Kramarsch, M. (1998), S. 49f.

180 Vgl. Näheres unter Punkt 1.2.3.1.1.

181 Vgl. Bochenek, T. (1995), S. 188.

z.B. dazu führen kann, dass Unternehmensziele nicht angenommen und somit die Funktion „Unterstützung der operativen und strategischen Ziele“ nicht ausreichend erfüllt wird.[182]

1.2.3.2.3 Flexibilität

Unter Flexibilität wird die Entwicklungs- und Anpassungsfähigkeit eines Systems an bereits bestehende und geänderte Bedingungskonstellationen verstanden.[183] Einer permanenten Anpassung eines einmal eingeführten Systems wird hierbei der Vorrang vor wiederholten Neukonzeptionen eingeräumt, da eine partielle Modifikation kostengünstiger ist und bei den Mitarbeitern weniger Unsicherheiten erzeugt als ständige Neukonzeptionen.[184]

Die Flexibilität des Systems ist notwendig, um einerseits die unterschiedlichen Voraussetzungen innerhalb der Organisation berücksichtigen zu können, andererseits aber auch, um auf Umweltveränderungen reagieren zu können.[185] So hat das System innerhalb der Unternehmung die adäquate Anwendung auf verschiedene Organisationseinheiten in unterschiedlichen Situationen zu gewährleisten; es hat aber auch dafür Sorge zu tragen, dass ein Wandel der Umweltbedingungen eine Zielrevision und somit die Erfüllung der operativen und strategischen Ziele ermöglicht.[186]

1.2.3.2.4 Belohnungswirkung

Aus den Überlegungen Porter/Lawlers, die davon ausgehen, dass sich der Mitarbeiter vor der Leistungserbringung überlegt, ob die verlangte Anstrengung im Verhältnis zur erwarteten Belohnung steht, wird deutlich, dass der leistungsbezogene Vergütungsanteil eine gewisse Höhe aufzuweisen hat, um eine Motivationswirkung zu erzielen. Wie hoch dieser variable Anteil im Verhältnis zur Gesamtvergütung sein sollte, kann jedoch nicht allgemein beantwortet werden, da dies u.a. vom jeweiligen Gehaltsniveau, der Position und dem Rang abhängt.[187] So betrug nach einer Kienbaum-Erhebung in Banken im Jahre 1996 der Anteil der variablen Vergütung an der Gesamtvergütung von Führungskräften der ersten Ebene durchschnittlich 15%, auf der zweiten Ebene belief er sich auf 12%.[188]

Bei dieser Anforderung ist des Weiteren zu beachten, dass die Belohnungswirkung nur eintritt, wenn dadurch die individuellen Bedürfnisse des Mitarbeiters befriedigt werden.[189] Das versucht man in der Praxis mit Hilfe von „Cafeteria-Plänen“ zu

---

182 Vgl. zum Problem der Nichtannahme v. Zielen u. seinen Folgen: Kunz, G. (1998b), S. K2.
183 Vgl. ähnlich Winter, S. (1996), S. 78.
184 Vgl. Hartan, M./Preißler, P. R. (1980), S. 90.
185 Vgl. Winter, S. (1996), S. 79f.
186 Vgl. Kappel, H./Uschatz, P. (1992), S. 51; Winter, S. (1996), S. 79f.
187 Vgl. Näheres zur Relation v. fixen u. variablen Gehaltsanteilen unter Punkt 3.3.1.
188 Vgl. Hören, M. v. (1997b), S. 304-306. Bezüglich dieser Prozentsätze schränkt er allerdings ein, dass der tatsächliche variable, also schwankende Anteil geringer sein wird, da teilweise Zahlungen als variable bezeichnet werden, deren Höhe faktisch nicht veränderbar ist.
189 Vgl. Kappel, H./Uschatz, P. (1992), S. 51.

erreichen, indem man dem Einzelnen die Möglichkeit eröffnet, Entlöhnungsbestandteile aus einem gewissen Angebot – wie in einer Cafeteria – selbst auswählen.[190]

1.2.3.2.5 Wirtschaftlichkeit

Im Sinne eines ausgewogenen Kosten-Nutzen-Verhältnisses haben variable Vergütungssysteme die Anforderung der Wirtschaftlichkeit zu erfüllen. Allerdings taucht bei der Beurteilung dieser Anforderung das Problem auf, dass zwar die Kosten des Systems, darunter fallen die Vergütungszahlungen und der Verwaltungsaufwand für das System, berechnet werden können, nicht jedoch der Nutzen. Das liegt darin begründet, dass sich in einer dynamischen Umwelt nur vermuten lässt, welchen Einfluss das variable Vergütungssystem beispielsweise auf die Steigerung der Unternehmensleistung hat. Wenn sich die Wirtschaftlichkeit auch nicht quantitativ spezifizieren lässt, so sollte dies trotzdem nicht dazu führen, dass Kosten-/Nutzenüberlegungen vernachlässigt werden.[191]

Als besonderer Vorteil von variablen Vergütungssystemen wird in diesem Zusammenhang aufgeführt, dass sie bei geeigneter Konzeption zu einer Variabilität der Personalkosten entsprechend der Geschäftslage beitragen und Banken so Teile der Gehälter entsprechend ihrer wirtschaftlichen Leistungsfähigkeit zahlen könnten.[192] Voraussetzung dafür ist allerdings, dass in ertragsschwächeren Jahren die Summe der variablen Vergütungszahlungen zurückgeht, während sie in ertragsstärkeren ansteigt. Wie sich im weiteren Verlauf dieser Arbeit zeigt, sind in der Praxis jedoch die Spielräume u.a. wegen bestehender rechtlicher Restriktionen[193] vor allem für nachhaltige Gehaltskürzungen gering, so dass dieser angebliche Vorteil zumindest in naher Zukunft realistisch betrachtet nicht zum Tragen kommen wird.

1.2.3.2.6 Gerechtigkeit

Die Anforderung „Gerechtigkeit" schließt neben Beckers ursprünglichen Punkten „Anforderungsgerechtigkeit" und „Marktgerechtigkeit" zusätzlich noch den Aspekt der „Leistungsgerechtigkeit" mit ein, da letzterer für das subjektive Gerechtigkeitsempfinden ebenfalls von großer Bedeutung ist.[194] Die Forderung nach Anforderungsgerechtigkeit (Übereinstimmung von Lohn und Anforderungsgrad) und nach Leistungsgerechtigkeit (Übereinstimmung von Lohn und Leistungsgrad) geht auf das Äquivalenzprinzip von Kosiol zurück, der postulierte, dass die individuelle Lohnhöhe und die individuelle Leistung übereinstimmen sollten.[195] Die Berücksichtigung des Äquivalenzprinzips wird vor allem deshalb gefordert, da in der Motivationsforschung, so auch im Motivationsmodell von Porter/Lawler, davon ausgegangen wird, dass die

[190] Vgl. Näheres zu Cafeteria-Ansätzen unter Punkt 3.3.7.3 sowie die dort angegebene Literatur.
[191] Vgl. Winter, S. (1996), S. 72f.; Bleicher, K. (1992), S. 20.
[192] Vertreter dieser Auffassung etwa Herzog, R. (1994), S. 54 o. Wienkamp, H. (1996), S. 280.
[193] Vgl. dazu die Ausführungen unter Punkt 2.3.4.3.
[194] Vgl. Becker, F. G. (1985), S. 65.
[195] Vgl. Kosiol, E. (1962), S. 29-47.

Leistungsmotivation von Mitarbeitern zumindest mittelbar sinkt, wenn diese sich ungerecht behandelt fühlen.[196]

Neben der internen Entgeltharmonie, die für das individuelle Mitarbeiterempfinden unmittelbar von Bedeutung ist, gilt es langfristig auch das Prinzip der Marktgerechtigkeit zu beachten. Hierunter versteht man die Übereinstimmung zwischen der Höhe der gezahlten Vergütungen und den Verhältnissen am Arbeitsmarkt.[197] So kann ein betriebliches Lohnniveau, welches niedriger als das der Mitbewerber ist, die Anwerbung von potentiellen Mitarbeitern erschweren und bereits Beschäftigte zum Verlassen des Unternehmens bewegen.

1.2.3.2.7 Individual- und Gruppenanwendbarkeit

Die Anforderung einer Individual- und Gruppenanwendbarkeit ergibt sich unmittelbar aus dem Aspekt der unter dem Punkt 1.2.3.2.6 angesprochenen „Leistungsgerechtigkeit" und den damit verbundenen Motivationswirkungen. Leistungsgerechtigkeit liegt demnach vor, wenn Vergütungssysteme derart gestaltet sind, dass die leistungsabhängigen Vergütungszahlungen auch wirklich an Mitarbeiter in der ihnen nach ihrer Leistung zustehenden Höhe ausgezahlt werden. Da jedoch oftmals nicht nur ein einzelner Mitarbeiter, sondern eine Arbeitsgruppe oder ein Geschäftsfeld als Ganzes die Leistung erbracht hat, ist es die Aufgabe eines Vergütungssystems, die Leistungen und die daraus folgenden Zahlungen dem Individuum, Team oder Geschäftsfeld zuzurechnen, was sowohl eine Individual- wie auch eine Gruppenanwendbarkeit erfordert.[198]

---

[196] Vgl. dazu die Ausführungen zur Zwei-Faktoren-Theorie v. Herzberg u. zum Motivationsmodell v. Porter/Lawler unter Punkt 1.2.3.1.1.
[197] Vgl. Cisek, G. (1997), S. 240.
[198] Vgl. Becker, F. G. (1987), S. 163; Zimmermann, K./Campana, C./Schott, E. (1998), S. 51f.

2 Entwicklung einer Strategie zur Verbesserung der Akzeptanz von variablen Vergütungssystemen

Um eine Strategie zur Verbesserung der Akzeptanz ausarbeiten zu können, ist es vorab erforderlich, sich Klarheit über den Terminus „Akzeptanz" zu verschaffen, was u.a. den Rückgriff auf verschiedene Wissenschaftsdisziplinen oder Abgrenzungen von verwandten Begriffen erfordert. Zudem ist es unerlässlich, anhand eines Modells die relevanten Faktoren zu identifizieren, welche die Akzeptanzbildung gegenüber variablen Vergütungssystemen maßgeblich beeinflussen. Eine Akzeptanzstrategie kann nur erfolgreich sein, wenn sie die Ursachen für Nichtakzeptanz weitgehend abbaut. Ausgehend von diesen Erkenntnissen und dem allgemeinen Strategiebegriff wird dann selbige für variable Vergütungssysteme entwickelt, die sich durch planmäßiges Vorgehen auszeichnet und sich deshalb unter Beachtung bedeutsamer Prinzipien und Rahmenbedingungen an einer sachlogischen Ablaufstruktur orientiert.

2.1 Der Begriff der Akzeptanz

Gemäß Wiendieck ist die „Akzeptanz" ein ebenso vielseitiger wie aktueller und zugleich theoretisch wie praktisch bedeutsamer Terminus.[1] Der Begriff findet heute in unterschiedlichen Kontexten Verwendung. So fragt man sich beispielsweise, ob die Kernenergie in der Bevölkerung vor dem Hintergrund des mit ihr verbundenen Gefahrenpotentials noch akzeptiert wird, neu eingeführte Techniken wie z.B. das Internet die Akzeptanz von potentiellen Anwendern finden werden oder weshalb politische Parteien unter Akzeptanzverlusten zu leiden haben.[2] Im Bankwesen tauchte der Begriff erstmals Mitte der neunziger Jahre auf, als es darum ging auszumachen, weshalb Kunden technische Kundenselbstbedienungsinstrumente wie Kontoauszugsdrucker oder Geldautomaten anfänglich nur sehr zögerlich nutzten.[3] Dazu passt der Hinweis von Schönecker, dass der Begriff „Akzeptanz" vor allem dann bemüht wird, wenn eine Neuerung nicht so angenommen wird, wie man sich das erhofft hat und man dafür weder eine technische noch eine ökonomische Begründung findet.[4] Während er noch 1985 feststellte, dass der Ausdruck zwar häufig genutzt, bei dieser Gelegenheit aber nur selten definiert wurde,[5] sind in der Zwischenzeit für unterschiedliche Zwecke eine Fülle von Definitionen entstanden.[6] Letzteres gilt jedoch nicht für variable Vergütungssysteme. Hier trifft vielmehr noch die obige Feststellung Schöneckers zu, dass im Zusammenhang mit variablen Vergütungssystemen der Begriff der Akzeptanz zwar oft verwendet,[7] dabei aber nur von Winter explizit eine Begriffsbestimmung vorgenommen wird.[8]

---

1 Vgl. Wiendieck, G. (1992), Sp. 91.

2 Vgl. dazu die Beiträge bei Lucke, D./Hasse, M. (1998) v. Müller, A., S. 165-185; Hasse, M., S. 187-213; Roth, T., S. 37-64.

3 Vgl. dazu etwa die folgenden Aufsätze u. ihr Erscheinungsdatum: Ambros, H. (1987), S. 35-40; Laupheimer, Y. (1985), S. 610-617; Löhnert, G. (1985), S. 7.

4 Vgl. Schönecker, H. G. (1982), S. 51.

5 Vgl. Schönecker, H. G. (1985), S. 33.

6 Vgl. dazu die Vielzahl der aufgeführten Definitionen im gesamten Kapitel 2.1.

7 Vgl. dazu die Literaturangaben unter Punkt 1.2.3.2.1.

8 Vgl. Winter, S. (1996), S. 89.

Wenn auch die ursprüngliche Bedeutung des Begriffs Akzeptanz, im Sinne von der Annahme eines Umstandes oder einer Bedingung, den Eindruck erwecken könnte, dass auf eine Begriffsbestimmung vor allem wegen seiner Eindeutigkeit verzichtet werden kann, zeigt sich bei genauerem Hinsehen, dass er keineswegs eindeutig ist. Vielmehr zeichnet der Begriff sich heutzutage durch seine äußerst heterogene Bestimmung aus, die zudem immer häufiger mit anderen Begriffen wie Einstellung, Attitüde, Verhalten oder Arbeitszufriedenheit vermischt wird.[9]

Im weiteren Verlauf dieses Kapitels folgt die Festlegung, was unter dem Terminus „Akzeptanz" in Verbindung mit variablen Vergütungssystemen zu verstehen ist. Da sich unterschiedliche Definitionen jedoch auch im Rahmen verschiedener Forschungsrichtungen entwickelt haben, werden zur Begriffsbestimmung zuvor die Forschungsgebiete betrachtet, die sich hauptsächlich mit Akzeptanzfragen befassen.

2.1.1 Die Akzeptanz als interdisziplinärer Forschungsgegenstand

Wenn man versucht, theoretisch fundierte Antworten auf Akzeptanzfragestellungen zu finden, zeigt sich, dass der alleinige Rückgriff auf die Betriebswirtschaftslehre oder einer anderen Fachdisziplin dafür unzureichend ist. Dies liegt daran, dass Ursachen für mangelnde Akzeptanz zugleich ökonomischer, soziologischer oder psychologischer Natur sein können und es sich insofern um ein interdisziplinäres Problem handelt.[10] Folglich kann auch nur eine Akzeptanzstrategie erfolgreich sein, welche die Erkenntnisse verschiedener Fachdisziplinen erfasst. Anhand der drei Forschungsgebiete, die sich wesentlich mit der Akzeptanz auseinandersetzen, wird im Folgenden dargestellt, inwiefern Akzeptanzüberlegungen zum jeweiligen Untersuchungsgegenstand gehören und ob eine Übertragung der Ergebnisse auf variable Vergütungssysteme zulässig ist. Es handelt sich dabei um die Organisationstheorie, die Akzeptanz- und die Innovationsforschung.[11]

Die erste Forschungsrichtung, die sich mit dem Begriff der Akzeptanz beschäftigte, war die **Organisationstheorie.** Dabei wurde die Akzeptanz im Hinblick auf die Bereitschaft von Organisationsmitgliedern zur Annahme von Organisationszielen betrachtet. Akzeptanzprobleme ergeben sich in der Organisationstheorie etwa aus der autoritären Vorgabe von Unternehmenszielen durch dominierende Interessengruppen, die schwächeren Gruppen oder Personen die Erfüllung davon abweichender, persönlicher Ziele erschwert oder unmöglich macht.[12] In diesem Zusammenhang tauchte der Akzeptanzbegriff erstmalig auf und „...soll besagen, dass Personen, Personengruppen und Institutionen unter bestimmten Umständen die Entscheidung

---

9 Vgl. Vorwerk, K. (1994), S. 51.

10 Vgl. Oehler, A. (1990), S. 35f.

11 Dabei wird hier bewusst zwischen „Theorie" u. „Forschungsrichtung" unterschieden, da die Ergebnisse der Akzeptanz- u. Innovationsforschung zur Zeit nicht dem Anspruch einer Theorie genügen, so handelt es sich bspw. bei beiden nicht um ein abgeschlossenes Forschungsgebiet. Vgl. zu dieser Einschätzung: Lucke, D. (1995), S. 235 u. 361; Döhl, W. (1983), Fußn. Nr. 108, S. 178f.; Kirsch, W./Esser, W.-M./Gabele, E. (1979), S. 72.

12 Vgl. Stachelsky, F. v. (1983), S. 46.

dominierender Interessengruppen bei Zielsetzung und Zielerreichung in verschiedener Weise tolerieren."[13]

Auch für den Bereich der Organisationsveränderung ist die Akzeptanz von Bedeutung, und zwar dann, wenn es um die individuelle Auseinandersetzung der Betroffenen mit der Umgestaltung einer Organisation geht. Allerdings hat sich in diesem Zusammenhang der Akzeptanzbegriff bisher nicht durchgesetzt, sondern wird unter dem damit eng verbundenen Aspekt des Widerstandes abgehandelt.[14] Die Verbindung zwischen den beiden Begriffen besteht insofern darin, dass eine mangelnde Akzeptanz als Ursache Widerstand zur Folge haben kann.[15]

Während in der Organisationstheorie die Akzeptanz ein Untersuchungsgebiet neben vielen anderen ist, stellt die Akzeptanz in der **Akzeptanzforschung**, wie sich an der Bezeichnung schon vermuten lässt, den Hauptuntersuchungsgegenstand dar. Diese sozialwissenschaftliche Forschungsrichtung entstand Anfang der neunziger Jahre und hat sich aus dem Vordringen neuer Informationstechniken am Arbeitsplatz und der damit verbundenen Ablehnung bzw. Annahme durch die betroffenen Nutzer entwickelt.[16] Aus diesem Grund ist es nicht verwunderlich, dass sich ein Großteil der Akzeptanzdefinitionen ursprünglich auf den Bereich der Technikanwendung bezieht.[17] Als ein Beispiel für diese Kategorie von Definitionen wird die Begriffsbestimmung von Reichwald angeführt, der unter Akzeptanz *„die Bereitschaft eines Anwenders, in einer konkreten Anwendungssituation das vom Techniksystem angebotene Nutzungspotential aufgabenbezogen abzurufen."*[18] versteht. Reichwald war auch der erste Wissenschaftler, der die Akzeptanzproblematik in diesem Zusammenhang aufgegriffen und in mehreren Forschungsprojekten theoretisch und empirisch untersucht hat.[19]

Wenn sich die Akzeptanzforschung auch heutzutage nicht mehr ausschließlich auf die Akzeptanz von technischen Neuerungen bezieht,[20] ist doch kennzeichnend, dass sie primär aus Sicht der Betroffenen zu erklären versucht, warum Menschen bereit oder nicht bereit sind, eine Situation anzunehmen. Ziel der heuristischen Akzeptanzforschung, die von Manz auch als „sozialwissenschaftlicher Begleitforschungsansatz"[21] bezeichnet wird, ist es, akzeptanzhemmende und -fördernde Faktoren z.B. bei technischen, organisatorischen oder gesellschaftlichen Veränderungen aufzudecken, zu analysieren und auf Grundlage dieser Analyse Fehlentwicklungen zu ver-

---

13 Schmidt, R.-B. (1969), S. 104.

14 Vgl. Kühlmann, T. M. (1988), S. 43 u. die bei ihm angeführten Quellen.

15 Damit wird die Auffassung v. Vorwerk, K. (1994), S. 10 abgelehnt, der die Beziehung zwischen Widerstand u. Akzeptanz als „spiegelbildlich" bezeichnet, denn dann würde fälschlicherweise einer Ursache eine Folge gegenübergestellt. Vgl. zu letzterer Ansicht: Dörfler, H.-W. (1993), S. 211f. sowie Suffel, W. (1981), S. 164f.

16 Vgl. Lucke, D., (1998), Fußn. Nr. 2, S. 17f. u. die bei Vorwerk, K. (1994), S. 49 angegebenen Untersuchungen.

17 Vgl. dazu bspw. die Definitionen v. Allerbeck, M./Helmreich, R. (1991), S. 3; Neumeier, J. (1991), S. 156 o. Reichwald, R./Manz, U. (1982), S. 231.

18 Reichwald, R. (1978), S. 31 (im Original kursiv).

19 Vgl. Schönecker, H. G. (1985), S. 27; Döhl, W. (1983), Fußn. 242, S. 109.

20 Vgl. Lucke, D. (1995), S. 237f.

21 Vgl. den Buchtitel v. Manz, U. (1983): Zur Einordnung der Akzeptanzforschung in das Programm sozialwissenschaftlicher Begleitforschung.

meiden und Lösungs- und Gestaltungsvorschläge zur Akzeptanzverbesserung zu erarbeiten.[22]

Bei Betrachtung der Akzeptanzforschung fällt auf, dass sich die Untersuchungen auf die Einführung von – meist technischen – Innovationen beziehen.[23] Insofern überschneidet sich der Untersuchungsgegenstand oftmals mit dem der **Innovationsforschung**, was sich etwa in der Akzeptanzdefinition von Endruweit widerspiegelt: „Akzeptanz ist die Eigenschaft einer Innovation, bei ihrer Einführung positive Reaktionen der davon Betroffenen zu erreichen."[24] Konkret beschäftigt sich die Innovationsforschung mit dem Innovationsverhalten von Individuen, dem Einfluss der Persönlichkeit auf den Innovationsprozess, den organisatorischen Gesichtspunkten des Innovationsprozesses sowie dem Einfluss der Umwelt auf das Innovationsverhalten.[25]

Um die Ergebnisse der obigen Forschungsrichtungen auf die Entwicklung einer Akzeptanzstrategie übertragen zu können, erscheint es bedeutsam zu prüfen, wie groß die Gemeinsamkeiten zwischen der Akzeptanz von Vergütungssystemen und den genannten Untersuchungsgebieten sind. Dabei ist der Rückgriff auf die Organisationstheorie schon deshalb legitim, da der Akzeptanzbildungsprozess der Individuen von der Organisation beeinflusst wird. Der Bezug zur Akzeptanzforschung ergibt sich aufgrund seiner Bezeichnung. Bleibt lediglich noch die Frage, ob es sich bei der Einführung von variablen Vergütungssystemen um eine Innovation handelt und ob man auch bei der Verneinung dieser Frage ggf. trotzdem auf die Innovationsforschung zurückgreifen kann.

Inwieweit es sich bei variablen Vergütungssystemen um eine Innovation handelt, hängt im Wesentlichen von der persönlichen Auffassung ab, wann man eine Neuerung als Innovation bezeichnet.[26] Ohne an dieser Stelle auf die Problematik der Innovationsbestimmung einzugehen und dabei unterschiedliche Definitionen zu diskutieren,[27] wird hier einer Begriffsbestimmung von Kieser gefolgt, der unter einer Innovation sämtliche Änderungsprozesse versteht, die die Organisation zum ersten Mal durchführt.[28] Nach dieser weiten Definition ist die Einführung eines variablen Vergütungssystems eindeutig als (Personal-)Innovation[29] zu bezeichnen, da mit der Einführung zahlreiche Prozessänderungen – beispielsweise bei der Erfassung individueller Leistung – verbunden sind.

---

22 Vgl. Helmreich, R. (1980), S. 21f.; Manz, U. (1983), S. 175.

23 Vgl. dazu z.B. die Untersuchungen v. Hattke, W./Sydow, J. (1982); Döhl, W. (1983); Schönecker, H. G. (1985), Müller, C. (1987).

24 Endruweit, G. (1989), S. 9.

25 Vgl. Müller, V./Schienstock, G. (1978), S. 7.

26 Vgl. Hauschild, J. (1997), S. 16.

27 Vgl. dazu Näheres bei Hauschildt, J. (1997), S. 3-24 u. Müller, V./Schienstock, G. (1978), S. 20-29.

28 Vgl. Kieser, A. (1969), Sp. 742.

29 Vor dem Hintergrund einer funktionalen Unterscheidung werden Innovationen, die das Personalwesen betreffen, als „Personalinnovationen" bezeichnet. Vgl. Hauschildt, J. (1997), S. 11 u. Kieser, A. (1969), Sp. 743.

Zudem ergeben sich im Hinblick auf die Einführung einer Innovation im engeren Sinne und einem variablen Vergütungssystem zahlreiche Berührungspunkte. Hier sei nur darauf hingewiesen, dass es bei beiden zu Ängsten und Widerstandsverhalten kommen kann,[30] welche die Übertragung der Ergebnisse aus der Innovationsforschung für eine Akzeptanzstrategie nicht nur für zulässig, sondern vielmehr für dringend notwendig erscheinen lassen.

2.1.2 Die Akzeptanz als Untersuchungsgegenstand verschiedener Ebenen

Betrachtet man die Bedeutung des Akzeptanzbegriffs im Zeitablauf, so zeigt sich, dass das Interesse an ihm stetig zugenommen hat.[31] Dieser Umstand spiegelt sich beispielsweise darin wider, dass der Begriff Eingang in die verschiedensten wissenschaftlichen Disziplinen gefunden hat und bei immer mehr Objekten[32] die Akzeptanz hinterfragt wird. Die Ursache für diese Entwicklung ist vor allem darin zu sehen, dass man erkannt hat, welche negativen Folgen sich aus einer mangelnden Akzeptanz ergeben können. Dadurch hat sich insbesondere in der Akzeptanzforschung das Untersuchungsgebiet vergrößert: Fragte man bei Entstehung der Akzeptanzforschung vor allem, welche Auswirkungen sich für das **Individuum** aus der Akzeptanz bzw. Nichtakzeptanz ergaben, untersucht man heute in zunehmenden Maße zusätzlich, welche Folgen damit auf der Ebene der **Organisation** und der **Gesellschaft** verbunden sind.[33] Obwohl diese Ausweitung des Untersuchungsspektrums die Akzeptanzdefinitionen im engeren Sinne nicht verändert hat, scheint es aus Abgrenzungsgesichtspunkten und für eine spätere Konkretisierung des Begriffs sinnvoll, herauszustellen, welche Untersuchungsebenen hier im Mittelpunkt stehen.

Da die Folgen der Akzeptanz bzw. Nichtakzeptanz auf der Individualebene wiederum Ursachen für positive bzw. negative Auswirkungen auf der organisatorischen und gesellschaftlichen Ebene sind,[34] ist es auch bezüglich variabler Vergütungssysteme interessant zu untersuchen, welche Konsequenzen aus der individuellen Akzeptanz für die beiden verbleibenden Ebenen resultieren. Die Schwerpunktsetzung auf die Ebene der Organisation ergibt sich dabei unmittelbar dadurch, dass es sich hier um eine betriebswirtschaftliche Arbeit handelt, in der das Unternehmen als eine mögliche Organisationsform im Zentrum des Interesses steht. Daraus folgt im Umkehrschluss, weshalb die gesellschaftliche Ebene nicht weiter betrachtet wird, denn

---

30 Vgl. dazu für Innovationen allgemein: Hauschildt, J. (1997), S. 125-129 u. speziell für variable Vergütungssysteme: Nagel, K./Schlegtendal, G. (1998), S. 13f.

31 Vgl. dazu die Ausführungen v. Lucke, D. (1995), S. 33-39, in denen sie dem Begriff eine „Verwendungskarriere" bescheinigt.

32 Als Objekte kommen Personen, Gegenstände u. Sachverhalte in Frage. Vgl. Weber, W./Mayrhofer, W./Niehüser, W. (1993), S. 91. Im Folgenden wird das variable Vergütungssystem als Objekt angesehen, auf das sich die Akzeptanz richtet. Siehe dazu das unter Punkt 2.2 aufgestellte Modell.

33 Vgl. zur Unterscheidung der drei Ebenen: Vorwerk, K. (1994), S. 49f. u. Schönecker, H. G. (1985), S. 28-31. Zur zeitlichen Entwicklung der Ebenen vgl. z.B. Wiendieck, G. (1992), Sp. 92f. u. Manz, U. (1983), S. 184f.

34 Andererseits beeinflussen gesellschaftliche u. organisatorische Einflüsse die Akzeptanzbildung des Individuums. Auf diesen Zusammenhang wird im Rahmen des Modell unter Punkt 2.2 eingegangen.

die gesellschaftlichen Folgen von Vergütungssystemen sollten eher im Rahmen einer volkswirtschaftlichen Arbeit untersucht werden.

2.1.3 Die Akzeptanz als Einstellung und/oder Verhalten

Wie schon in den vorherigen Kapiteln ausgeführt, gibt es heute u.a. aufgrund der Verwendung des Begriffs „Akzeptanz" in unterschiedlichen wissenschaftlichen Disziplinen und vor dem Hintergrund eines vergrößerten Untersuchungsgebietes eine Vielzahl von Definitionen. Um daraus zu einer eigenen Begriffsbestimmung bezüglich variabler Vergütungssysteme zu gelangen, erscheint es sinnvoll, vorab herauszuarbeiten, worin sich die vorhandenen Definitionen unterscheiden. Als Ordnungsgesichtspunkt bietet es sich an, die Definitionen danach zu trennen, ob sie jeweils den Verhaltens-, den Einstellungsaspekt oder eine Kombination beider betonen:[35]

- Eine verhaltensorientierte Verwendung des Begriffs zeichnet sich dadurch aus, dass Akzeptanz mit offenem Verhalten[36] gleichgesetzt wird.[37] So geht Schmidt im Zusammenhang mit der Annahme von Unternehmenszielen davon aus, dass sich Verhalten in Form von erzwungener, freiwilliger und gleichgültiger Akzeptanz äußert.[38] Specht versteht Akzeptanz in Bezug auf die Einführung von technischen Neuerungen als das Ausmaß, „in dem ... Neuerungen tatsächlich angenommen werden"[39].

  Wenn auch in dieser Definitionsgruppe die Termini Akzeptanz und Verhalten synonym verwendet werden, gibt es dennoch Verbindungen zur folgenden Gruppe, die Akzeptanz als positive Einstellung erfasst. Das liegt daran, dass bei einer verhaltensorientierten Verwendung zumindest implizit davon ausgegangen wird, dass ein positives offenes Verhalten auf eine dementsprechende Einstellung schließen lässt,[40] was in der Realität aber nicht der Fall zu sein braucht. In der Praxis kann es beispielsweise vorkommen, dass sich Mitarbeiter durch betriebliche Normen oder durch das Androhen von formalen Sanktionen dazu veranlasst sehen, sich im Sinne der Funktionen eines variablen Vergütungssystems zu verhalten, obwohl sie dem System gegenüber nicht positiv eingestellt sind.

---

35 Vgl. zu dieser Unterscheidungsmöglichkeit: Kühlmann, T. M. (1988), S. 44f. sowie Kollmann, T. (1999), S. 129.

36 Unter „offenem Verhalten" werden alle Verhaltensweisen zusammengefasst, die beobachtbar bzw. messbar sind, wie beispielsweise verbale Äußerungen o. registrierbare psycho-physiologische Prozesse. Im Gegensatz dazu ist das „verdeckte Verhalten" nicht direkt beobachtbar, da es sich dabei um kognitive, emotionale u./o. motivationale Vorgänge handelt. Vgl. zu dieser Unterscheidung Vetter, G. (1987), S. 1160.

37 Vgl. Kühlmann, T. M. (1988), S. 44.

38 Vgl. Schmidt, R.-B. (1969), S. 104.

39 Specht, K. G. (1978), S. 7.

40 Vgl. Herkner, W. (1992), Sp. 792.

- Bei einer einstellungsorientierten Sichtweise wird Akzeptanz als positive Einstellung bzw. Attitüde[41] im Rahmen des gedanklichen Konstruktes „Einstellung" erfasst. Dieses Konstrukt ist notwendig, weil es sich bei dem Prozess der Einstellungsbildung um einen psychologischen Vorgang handelt, der nicht direkt beobachtbar ist.[42] Da aus diesem Grund bisher nicht zu beweisen war, inwieweit die einzelnen Komponenten tatsächlich zur Einstellungsbildung beitragen, ist es nicht verwunderlich, dass je nach Herkunft der Autoren unterschiedliche Komponenten betont werden und es nicht zuletzt auch deshalb zu einer „verwirrenden Vielfalt"[43] von Einstellungsdefinitionen gekommen ist. Als Komponenten kommen eine kognitive (Kenntnisse über das Einstellungsobjekt), eine affektive (Emotionen in Bezug auf das Einstellungsobjekt) und eine verhaltensbezogene (als Verhaltensbereitschaft oder Handlungstendenz verstanden) Dimension in Frage. Dabei gehen Mehrkomponentenansätze davon aus, dass eine Einstellung eine Struktur ist, die aus mehreren Dimensionen besteht, während Einkomponentenansätze speziell eine Dimension für die Einstellungsbildung hervorheben.[44] Ein Beispiel für eine Akzeptanzdefinition im Sinne des Mehrkomponentenansatzes liefert Kühlmann, indem er Akzeptanz als relativ überdauernde Disposition oder Bereitschaft einer Person bezeichnet, einem Neuerungsprozess mit charakteristischen Wahrnehmungen, Gedanken, Gefühlen und Verhaltensweisen entgegenzutreten, die allgemein Zustimmung erkennen lassen.[45] Während letztere Definition explizit auf alle drei Komponenten hinweist, betont Pankow hingegen die konative Komponente, indem er unter Akzeptanz die Annahmebereitschaft von Arbeitssituationen versteht.[46]

Obwohl es in diesem Konzept primär um die Bildung von Einstellungen geht, gibt es hier ebenfalls einen Zusammenhang zur ersten Definitionsgruppe: Während man in der ersten Gruppe vom Verhalten auf eine dementsprechende Einstellung schloss, geht diese Gruppe „den umgekehrten Weg", denn man nimmt an, dass Einstellungen Konsequenzen für das offene Verhalten gegenüber dem Einstellungsobjekt haben. Dabei ist jedoch zu betonen, dass ein alleiniger kausaler Zusammenhang zwischen Einstellung und dementsprechendem Verhalten in der Empirie nur sehr selten nachgewiesen werden konnten und er deshalb von der Mehrzahl der Forscher als gering eingeschätzt wird.[47]

---

41 Die Termini „Attitüde" u. „Einstellung" sind als synonym anzusehen, wobei im Folgenden der Begriff „Einstellung" bevorzugt wird, da letzterer sich in der deutschsprachigen Literatur durchgesetzt hat. Vgl. Six, B. (1975), S. 270.

42 Vgl. Bornewasser, M. u. a. (1986), S. 68 u. 144.

43 Herkner, W. (1992), Sp. 792.

44 Vgl. Näheres zu Ein- u. Mehrkomponentenansätzen u. deren Kritik unter Punkt 2.2 sowie bei Bierhoff, H. W. (1998), S. 237-248 o. Stahlberg, D./Frey, D. (1996), S. 219-222.

45 Vgl. Kühlmann, T. M. (1988), S. 44.

46 Vgl. Pankow, M. (1986), S. 5.

47 Zur Diskussion, inwieweit Einstellungen Auswirkungen auf das Verhalten haben, vgl. die noch folgenden Ausführungen in diesem Kapitel. Als Vertreter der genannten Forschergruppe gelten z.B. LaPiere, R. T. (1934), S. 230-237; Wicker, A. W. (1969), S. 41-78; Benninghaus, H. (1976).

- Der dritte Typ von Akzeptanzdefinitionen zeichnet sich dadurch aus, dass nur dann Akzeptanz konstatiert wird, wenn „Einstellungsakzeptanz“ und „Verhaltensakzeptanz“ zugleich vorliegen.[48] Damit ist gemeint, dass die Vertreter dieser Gruppe eine positive Einstellung und ein dementsprechendes offenes Verhalten, also nicht bloß eine verdeckte Verhaltensbereitschaft, verlangen. In diesem Sinne definieren Allerbeck/ Helmreich Akzeptanz z.B. „als positive Einstellung der Benutzer zur Technik und die aufgabenbezogene Nutzung der zur Verfügung gestellten Funktionen.“[49]

Bezüglich der Einordnung von Begriffsbestimmungen in diese drei Definitionsgruppen stellt Kühlmann fest, dass bei einem nicht unbeträchtlichen Teil von Veröffentlichungen durch unklare Formulierungen offen bleibt, auf welche der hier abgegrenzten Bedeutungsinhalte sie sich beziehen.[50] So stellt Helmreich eine Akzeptanzskala auf, in der er verschiedenen Akzeptanzgraden jeweils unterschiedliche Reaktionen zuordnet und dabei Einstellungs- und Verhaltensaspekte vermischt.[51] Der obige Vorwurf gilt ebenfalls für die einzige dem Autor bekannte Akzeptanzdefinition, die im Zusammenhang mit variablen Vergütungssystemen aufgestellt wurde. In dieser Definition wird als Akzeptanz das Einverständnis der betroffenen Mitarbeiter mit der Funktionsweise des variablen Vergütungssystems bezeichnet.[52] Fraglich daran ist, was unter den Begriff „Einverständnis“ fällt. Ist damit lediglich eine positive Einstellung gemeint oder ist zusätzlich ein kongruentes Verhalten notwendig? Wenn auch eine saubere Trennung zwischen einer einstellungs- und einer verhaltensorientierten Verwendung schwer fällt,[53] ist sie an dieser Stelle zur Festlegung eines konkreten Bedeutungsinhaltes sowie für die spätere theoretische Erörterung notwendig.[54]

Aufgrund des hier unterstellten Zusammenhangs zwischen Einstellung und Verhalten erscheint es sinnvoll, eine einstellungsorientierte Akzeptanzdefinition zu wählen. In dieser Arbeit wird nämlich davon ausgegangen, dass eine positive Einstellung die individuelle Mitarbeiterbereitschaft erhöht, sich im Sinne der Funktionen des variablen Vergütungssystems zu verhalten. Konkret wird unterstellt, dass die kognitive, die affektive und die konative Komponente die Akzeptanzbildung gleichermaßen beeinflussen. Im Ergebnis kommt es jedoch zur Herausbildung einer Verhaltensbereitschaft, so dass die konative Einstellungskomponente besonders betont werden soll. *Dementsprechend wird unter dem Terminus „Akzeptanz“ die Bereitschaft eines Mitarbeiters verstanden, sein Verhalten auf die Erreichung der Funktionen des variablen Vergütungssystems auszurichten.*

Dabei wird Akzeptanz nicht als Absolutum, im Sinne von „liegt vor oder liegt nicht vor“, sondern als etwas Relatives charakterisiert. Hintergrund dieses Verständnisses ist die Unterstellung, dass die Verhaltensbereitschaft bei verschiedenen Mitarbeitern unterschiedlich stark ausgeprägt ist.[55] Die Ausprägung der Einstellung bzw. der Grad

---

48 Vgl. Müller-Böling, D./Müller, M. (1986), S. 25f.
49 Vgl. Allerbeck, M./Helmreich, R. (1991), S. 3.
50 Vgl. Kühlmann, T. M. (1988), S. 45.
51 Vgl. Helmreich, R. (1980), S. 22.
52 Vgl. Winter, S. (1996), S. 89.
53 Vgl. zu dieser Einschätzung Müller-Böling, D./Müller, M. (1986), S. 30.
54 Vgl. dazu das unter Punkt 2.2 aufgestellte Modell.
55 Vgl. zu dieser Vorgehensweise u. der damit verbundenen Annahme z.B. Döhl, W. (1983), S. 206f.

der Akzeptanz bildet sich demnach auf einer bipolaren Skala ab, deren Eckpunkte durch einen positiven Pol (Akzeptanz = Vorliegen von Verhaltensbereitschaften, welche die Erfüllung der Funktionen ermöglichen) und einem negativen Pol (Nichtakzeptanz = Vorliegen von Verhaltensbereitschaften, die einer Erfüllung entgegenstehen[56]) begrenzt werden.

Neben einer Einstellungsänderung zum Unternehmen sollen variable Vergütungssysteme ein gesteigertes Leistungsverhalten und eine Verhaltensorientierung an den operativen und strategischen Zielen bewirken. Vergleicht man diese Funktionen mit den oben genannten Begriffsbestimmung ist das zuvor im Rahmen der zweiten Definitionsgruppe als kritisch beschriebene Wunschdenken zu erkennen, dass sich mit einer positiven Einstellung nicht nur eine damit verbundene Verhaltensbereitschaft herausbildet, sondern dass diese tatsächlich zu einem kongruenten offenen Arbeitsverhalten führt.

Da diese Annahme die Legitimationsgrundlage für die Entwicklung einer Akzeptanzstrategie darstellt, wird im Folgenden skizziert, wie stark Einstellungen und Verhalten miteinander in Beziehung stehen. Falls die Akzeptanz keine Auswirkung auf das Verhalten hätte, wäre es aus rein betriebswirtschaftlichen Erwägungen ineffizient, diese zu verbessern[57] Wie bereits oben angeführt, konnte eine alleinige hohe Korrelation zwischen Einstellung und dem entsprechenden Verhalten in der Empirie nur sehr selten nachgewiesen werden.[58] Daraus aber zu folgern, dass es gar keine positive Relation zwischen Einstellung und Verhalten gibt, erscheint zu pessimistisch. Dafür sprechen folgende Argumente:

- Wenn eine einfache positive Beziehung zwar nur sehr selten empirisch bestätigt wurde, gibt es doch vereinzelt Untersuchungen, die diese belegen.[59] Zusätzlich konnten mit Hilfe einer neuen Analysemethode deutlich höhere Zusammenhänge nachgewiesen werden.[60]

- Die Nichtnachweisbarkeit der Beziehung wird oftmals auf methodische Unzulänglichkeiten zurückgeführt. Einer der meist genannten methodischen Kritikpunkte an der Einstellungs- und Verhaltensmessung ist die geringe Übereinstimmung beider Maße hinsichtlich ihrer Spezifität. So wurden Einstellungen sehr häufig in sehr allgemeiner Form erfasst („Sind Sie für oder gegen Atomkraftwerke?"), während das Verhaltensmaß sehr spezifisch formuliert wurde („Haben Sie am Sonntag in Bonn

---

56 Dies könnte bspw. die Bereitschaft eines Mitarbeiters sein, das System manipulieren o. umgehen zu wollen.

57 Neben diesen rein betriebswirtschaftlichen Gründen erscheint es zudem unter dem Aspekt der Wertschätzung gegenüber Mitarbeitern bedeutsam, die Akzeptanz des Systems zu erhöhen. Vgl. dazu Näheres unter Punkt 1.2.3.2.1.

58 Vgl. dazu die Untersuchungen v. LaPiere, R. T. (1934), S. 230-237; Wicker, A. W. (1969), S. 41-78; Benninghaus, H. (1976).

59 Vgl. z.B. die Studien v. Fishbein, M./Coombs, F. S. (1974), S. 95-124; Newton, N./Newton, M. (1950), S. 869-875.

60 Dabei handelt es sich um die Meta-Analyse, mit denen es Six, B./Eckes, T. (1996), S. 7-17 u. (1994), S. 253-271 gelungen ist, deutlich stärkere Zusammenhänge nachzuweisen, als Wicker, A. W. (1969), sie berichtet hatte.

an der Demonstration gegen Kernkraftwerke teilgenommen?").[61] Eine enge Relation zwischen Einstellungen und Verhalten ist nach Ajzen/Fishbein aber nur dann wahrscheinlich, wenn Einstellung und Verhalten vergleichbar spezifisch erfasst werden.[62]

- In den frühen Einstellungs-Verhaltensstudien wurde versucht, Verhalten lediglich mit Hilfe von Einstellungen zu erklären. Dies erscheint jedoch zu vereinfacht, da das konkrete Verhalten zusätzlich noch durch andere Faktoren wie beispielsweise Normen, Gewohnheiten und/oder Verstärkungserwartungen determiniert wird. Erst wenn alle Faktoren konsistent sind, entspricht das Verhalten der Einstellung.[63]

- Insbesondere in der Markt- und Wahlforschung wird das Einstellungskonzept erfolgreich eingesetzt, um mit Hilfe von Einstellungen auf Verhalten zu schließen.[64]

Die oben angeführten Argumente verdeutlichen, dass, obgleich der alleinige Einfluss von Einstellungen auf das Verhalten bisher nicht eindeutig empirisch bewiesen werden konnte, unbestritten davon auszugehen ist, dass sie neben anderen Faktoren für das Verhalten verantwortlich sind.[65] Dies ist insbesondere für die Akzeptanz von variablen Vergütungssystemen anzunehmen, da Untersuchungen ergeben haben, dass das offene Verhalten um so stärker mit der Einstellung korreliert, je höher bzw. zentraler das Individuum den Stellenwert des Einstellungsobjektes einschätzt.[66] Die relativ große Bedeutung der Vergütung für den Einzelnen zeigt sich nicht nur in Umfrageergebnissen[67], sondern ergibt sich bereits daraus, dass mit ihr materielle und immaterielle Bedürfnisse gleichermaßen befriedigt werden können.[68]

2.1.4 Abgrenzung der Akzeptanz von verwandten Begriffen

Im zurückliegenden Kapitel wurde der Begriff der Akzeptanz als Verhaltensbereitschaft im Rahmen des gedanklichen Konstruktes „Einstellung" erfasst. Der Akzeptanzbegriff beschreibt in diesem Zusammenhang die Wechselbeziehung zwischen dem Mensch und einem speziellen Aspekt der Arbeit, und zwar dem variablen Vergütungssystem. Hierbei fällt auf, dass es allgemein für die Beziehung zwischen Mensch und Arbeit bereits eine Vielzahl von Begriffen gibt, die ganz Ähnliches zu

---

[61] Vgl. Stahlberg, D./Frey, D. (1996), S. 239.

[62] Vgl. Ajzen, I./Fishbein, M. (1977), S. 912-914; Stahlberg, D./Frey, D. (1996), S. 239.

[63] Vgl. Triandis, H. C. (1975), S. 22.

[64] Vgl. dazu die Einschätzung v. Meinefeld, W. (1983), S. 95.

[65] Vgl. zu dieser Auffassung Triandis, der es als „naiv" bezeichnet, aus diesen Ergebnissen zu schließen, dass es zwischen Einstellung u. Verhalten keine Beziehung gibt. Triandis, H. C. (1975), S. 20.

[66] Vgl. dazu die Untersuchungen v. Perry, R. W./Gillespie, D. F./Lotz, R. E. (1976), S. 227-243 u. Mummendey, H. D. (1979), S. 135-155 sowie die Ausführungen v. Six, B. (1980), S. 62f.

[67] Vgl. hierzu die Emnid-Befragung in der Anlage 2 u. die Erläuterungen unter Punkt 1.2.3.1.1.

[68] Vgl. dazu die Ausführungen unter Punkt 1.2.3.1.1.

beinhalten scheinen. Es sind dies Termini wie z.B. Arbeitszufriedenheit, Organisationsklima, Arbeitsmoral oder Unternehmenskultur.[69]

Die Unterschiedlichkeit dieser Konzepte wird bei Rosenstiel u. a. ausführlich diskutiert,[70] so dass es an dieser Stelle genügt, lediglich eine grundsätzliche Abgrenzung zu dem Konzept der Arbeitszufriedenheit vorzunehmen, da hier die meisten Überschneidungen vorliegen.[71] Die Gemeinsamkeiten sind so zahlreich, dass im allgemeinen Sprachgebrauch die Inhalte der Begriffe Arbeitszufriedenheit und Akzeptanz meist eng zusammenhängen, so wird die Einstellung zum und die Zufriedenheit mit dem variablen Vergütungssystem als gleichbedeutend diskutiert.

Erschwert wird die Abgrenzung methodisch dadurch, dass es wie für den Begriff der Akzeptanz genauso für den der Arbeitszufriedenheit eine Vielzahl von Definitionen gibt.[72] Versteht man unter Arbeitszufriedenheit nach einer gängigen Definition von Neuberger beispielsweise die kognitive-evaluative Einstellung zur Arbeitssituation,[73] wird zugleich der inhaltliche Grund für die Abgrenzungsschwierigkeiten deutlich, denn ein Großteil der Autoren definieren Arbeitszufriedenheit als Einstellung zur Arbeit oder verwenden doch zumindest Einstellungskomponenten in ihren Begriffsbestimmungen.[74] Damit zeigt eine solchermaßen gekennzeichnete Arbeitszufriedenheit eine erhebliche Nähe zum hier verwendeten einstellungsorientierten Akzeptanzbegriff auf.

Aus diesem Grund ist es nicht verwunderlich, dass eine Unterscheidung nur akzentuierend möglich ist, was eine kritische Bestandsaufnahme bestehender Abgrenzungsversuche bestätigt.[75] Streng genommen gibt es nämlich nur einen wirklich plausiblen Unterscheidungsgrund zwischen Arbeitszufriedenheit und Akzeptanz: Da Arbeitssituationen komplex, vielschichtig und demzufolge mehrdimensional sind, wird die Arbeitszufriedenheit überwiegend als Global- oder Gesamteinstellung der Arbeitssituation verstanden, die als Summe einer unterschiedlichen Anzahl von Einzelzufriedenheiten aufzufassen ist. Demgegenüber bezieht sich die Akzeptanz nur auf einen Aspekt der Arbeitssituation, in diesem Fall auf das variable Vergütungssystem.[76] Daraus folgt, dass sich von einem akzeptierten Vergütungssystem nicht auf

---

[69] Vgl. Rosenstiehl, L. v. u. a. (1983), S. 1; Pankow, M. (1986), S. 46.

[70] Vgl. Rosenstiel, L. v. (2000), S. 340-352 u. 389-393; Rosenstiehl, L. v. u. a. (1983), S. 1-46.

[71] Vgl. zu dieser Auffassung Pankow, M. (1986), S. 46; Vorwerk, K. (1994), S. 66.

[72] Eine Zusammenstellung möglicher Definitionen findet sich bei Neuberger, O./ Allerbeck, M. (1978), S. 11-15.

[73] Vgl. Neuberger, O. (1976), S. 8.

[74] Vgl. dazu die Zusammenstellung der Einstellungsdefinitionen bei Neuberger, O./ Allerbeck, M. (1978), S. 14f. u. die Auffassung v. Rosenstiehl, L. v. u. a. (1983), S. 74f.

[75] Abgrenzungen werden z.B. v. Müller-Böling, D. (1978), S. 48-50; Pankow, M. (1986), S. 46-49 u. Vorwerk, K. (1994), S. 66f. vorgenommen. Nach dem hier verwendeten Akzeptanzverständnis ist es z.B. nicht plausibel, Akzeptanz u. AZ nach dem Erfahrungshintergrund einer Person in dem Sinne zu unterscheiden, dass bei der Neueinführung eines Objektes ein höherer Anteil antizipierter Sachverhalte in die Akzeptanz als in die AZ eingeht, nur weil das AZ-Konzept ein bestimmtes Maß an Erfahrung verlangt. Vgl. zu dieser Auffassung Vorwerk, K. (1994), S. 67. Dies würde im Umkehrschluss bedeuten, dass sich in der Implementierungsphase kein Zufriedenheitsgefühl bilden kann, nur weil keine Erfahrungen vorliegen.

[76] Vgl. zu dieser Auffassung Fischer, L./Wiswede, G. (1997), S. 210f.;Vorwerk, K. (1994), S. 67; Martin, A. (1992), Sp. 482; Pankow, M. (1986), S. 48.

eine hohe Arbeitszufriedenheit schließen lässt, denn diese ist noch von vielen anderen Faktoren wie Vorgesetzten, Kollegen, Abwechslung usw. abhängig. Im Grundsatz kann also die Akzeptanz gegenüber variablen Vergütungssystemen als eine Einzelzufriedenheit aufgefasst werden, die einen wesentlichen Faktor der Arbeitszufriedenheit darstellt.

2.1.5 Das Akzeptanzverständnis im Rahmen dieser Arbeit

Bevor im nächsten Kapitel untersucht wird, welche Ursachen für eine mögliche Nichtakzeptanz von variablen Vergütungssystemen in Frage kommen, wird in diesem Abschnitt zusammenfassend dargestellt, was unter dem Begriff der Akzeptanz zu verstehen ist. Die vorherigen Ausführungen haben gezeigt, dass der Akzeptanzbegriff vielfältig verwendet und je nach Kontext und/oder wissenschaftlichen Disziplinen unterschiedlich verstanden wird, was Vorwerk dazu veranlasst, den Terminus als „Leerformel“[77] zu bezeichnen. Ferner besteht ebenfalls kein Konsens darüber, ob der Begriff als eine bestimmte Einstellung und/oder als Verhalten zu sehen ist. Auch die Abgrenzung zu verwandten Konzepten, vor allem zum Konzept der Arbeitszufriedenheit ist nur akzentuierend möglich.

Aufgrund der hier vorliegenden Untersuchungsperspektive wird eine einstellungsorientierte Definition verwendet, welche die konative Komponente hervorhebt. Genauer gesagt wird *als Akzeptanz die Bereitschaft eines Mitarbeiters bezeichnet, sein Verhalten auf die Erreichung der Funktionen des variablen Vergütungssystems auszurichten.* Dabei wird der Terminus als etwas Relatives angesehen, das sich in unterschiedlichen Akzeptanzgraden äußern kann.

2.2 Ein einstellungsorientiertes Modell zur Erklärung von Akzeptanz und deren Folgen

In den vorangegangenen Kapiteln wurde festgelegt, dass unter Akzeptanz eine positive Verhaltensbereitschaft im Rahmen des gedanklichen Konstruktes „Einstellung“ erfasst wird. Ziel dieses Kapitels ist es nun, das Einstellungskonzept auf variable Vergütungssysteme zu übertragen und in diesem Zusammenhang herauszustellen, welche Faktoren dabei die Akzeptanzbildung beeinflussen und wie sich bestimmte Akzeptanzgrade auf die Funktionen des Systems auswirken. Dazu gehört auch die Frage, wie das Modell empirisch überprüft werden kann bzw. wie ein Akzeptanzgrad ermittelt werden kann. Bevor jedoch die eigentliche Übertragung vorgenommen werden kann, scheint es aus Gründen des besseren Verständnisses sinnvoll, die allgemeinen Wesenszüge des Konzepts darzulegen, denn es ist noch nicht erläutert worden, wie und weshalb sich Einstellungen bilden und wodurch sie charakterisiert sind.

---

[77] Vorwerk, K. (1994), S. 60.

2.2.1 Wesen des Einstellungskonzeptes

Das hier verwendete Einstellungskonzept basiert maßgeblich auf der Sozialpsychologie und wird als deren zentraler Forschungsgegenstand angesehen.[78] Die Sozialpsychologie geht davon aus, dass die Einstellungsbildung zwar ein intraindividueller Entwicklungsprozess ist (deshalb der Bezug zur Psychologie), dass dieser aber vom sozialen Kontext beeinflusst wird (deshalb die Verbindung zur Soziologie). Nach diesem Verständnis ist die Einstellung gegenüber dem Akzeptanzobjekt – in diesem Fall dem variablen Vergütungssystem – das Resultat aus der Verknüpfung von Akzeptanzkontext und -subjekt.

Versucht man zu ergründen, wie Einstellungen entstehen, lässt sich übergreifend feststellen, dass Einstellungen aufgrund von Erfahrungen und in Prozessen der Sozialisation individuell erlernt werden. Konkret kommen zwei sich ergänzende Wege in Frage:[79]

- Einstellungen können durch die kognitiv-affektiv gesteuerte Übernahme von Erwartungen, Bewertungen und Handlungsmöglichkeiten erworben werden.
- Einstellungen können zudem unbewusst über Konditionierungsprozesse zustande kommen.

„Ergänzend" bedeutet in diesem Zusammenhang, dass für die Bildung einer Einstellung gleichfalls kognitiv-affektive und Konditionierungsprozesse verantwortlich sein können.[80] Dabei wird jedoch davon ausgegangen, dass für die Mehrzahl der Einstellungen kognitiv-affektive Prozesse eine größere Auswirkung auf den Erwerb ausüben, so dass dieser als der „zentralere" oder „klassischere" bezeichnet wird.[81] Das gilt insbesondere für die Akzeptanzbildung von variablen Vergütungssystemen, weil es sich hierbei um komplexe Gebilde handelt, die vom Mitarbeiter eine bewusste kognitiv-affektive Auseinandersetzung mit dem Akzeptanzobjekt verlangen. Ein Zustandekommen von Einstellungen durch Konditionierungsvorgänge aufgrund von Reiz-Reaktions-Verbindungen erscheint eher unwahrscheinlich, so dass im Folgenden die Akzeptanzbildung mit Hilfe kognitiv-affektiver Prozesse erklärt wird.

Wie bereits ausgeführt, wird zur Erklärung von kognitiv-affektiven Prozessen ein hypothetisches Einstellungskonstrukt gewählt, welches davon ausgeht, dass eine Einstellung eine Struktur ist, die aus einer kognitiven, einer affektiven und einer konativen Komponente besteht.[82] Konkret unterstellt der sogenannte „Dreikomponentenansatz", der maßgeblich auf Rosenberg/Hovland[83] sowie Katz/Stotland[84] basiert, dass die obigen drei Komponenten schwach miteinander korrelieren und somit getrennt, aber nicht völlig unabhängig voneinander sind.[85] Da jedoch der Zusammen-

---

78 Vgl. Stahlberg, D./Frey, D. (1996), S. 219; Witte, E. H. (1977), S. 103.
79 Vgl. Witte, E. H. (1994), S. 395.
80 Vgl. Herkner, W. (1992), Sp. 793.
81 Vgl. Petty, R. E./Cacioppo, J. T. (1984), S. 70; Witte, E. H. (1994), S. 395.
82 Vgl. dazu die Ausführungen unter Punkt 2.1.3.
83 Vgl. Rosenberg, M. J./Hovland, C. I. (1960), S. 1-14.
84 Vgl. Katz, D./Stotland, E. (1959), S. 423-475.
85 Vgl. Stahlberg, D./Frey, D. (1996), S. 222.

hang zwischen den drei Komponenten empirisch z.B. aufgrund konzeptioneller Abgrenzungsschwierigkeiten nur zum Teil bestätigt werden konnte, präferieren andere Forscher Ein- bzw. Zweikomponentenansätze.[86]

Obwohl der Dreikomponentenansatz empirisch nur in Teilen einlösbar ist, wird er dieser Arbeit zugrundegelegt, weil insbesondere eindimensionale Modelle den Geltungsbereich des Konzepts zugunsten einer einfachen empirischen Messbarkeit einschränken.[87] Primäres Ziel dieser Arbeit ist es jedoch nicht, Akzeptanz zu messen, sondern allgemeingültig zu erfassen, welche Komponenten für die Akzeptanzbildung verantwortlich sind.

Bildet sich dann eine Einstellung, stellt diese ein zeitlich relativ stabiles Merkmal einer Person dar.[88] Einstellungen werden in diesem Zusammenhang als stabil bezeichnet, weil sie sich nicht grundlos innerhalb kurzer Zeit, sondern nur aufgrund äußerer (z.B. durch Überredungsversuche) oder innerer Einwirkung (z.B. durch Denkprozesse) verändern.

Wenn damit zwar die Frage beantwortet ist, wie Einstellungen erworben werden, ist noch nicht geklärt, weshalb Individuen Einstellungen bilden, die sie für richtig halten. Zusammenfassend lässt sich sagen, dass Einstellungen der erfolgreichen Ausführung von Plänen und der Erreichung von Zielen dienen. Funktional betrachtet werden dabei in der Sozialpsychologie – teilweise nur anders bezeichnet, aber inhaltlich mit gleicher Bedeutung – die folgende vier Ziele bzw. Funktionen unterschieden:[89]

- **Nützlichkeitsfunktion:** Sie ermöglicht die Erreichung persönlicher Ziele sowie die Befriedigung von Bedürfnissen, indem Einstellungen beispielsweise als Mittel der Kontaktaufnahme zu bestimmten sozialen Gruppen dienen und die Integration in diese ermöglichen.

- **Wissens- oder Ökonomiefunktion:** In einer latent chaotischen Umwelt vereinfachen Einstellungen die Orientierung und ermöglichen eine der persönlichen Umwelt und ihren Anforderungen entsprechende Abbildung der Wirklichkeit, innerhalb derer die Individuen eine ausreichende Verhaltenssicherheit entwickeln können.

- **Ich-Verteidigungsfunktion:** Einstellungen können eine Person beispielsweise vor negativen Gefühlen sich selbst gegenüber schützen, indem diese negativen Einstellungen auf andere Personen, z.B. Minoritätengruppen, übertragen werden.

- **Wert-Ausdrucksfunktion:** Personen besitzen ein Bedürfnis, ihre Wertvorstellungen zum Ausdruck zu bringen. Ein solcher Ausdruck ist dabei auf die Bestätigung des eigenen Selbstkonzeptes gerichtet.

---

86 Vgl. Fischer, L./Wiswede, G. (1997), S. 209.
87 Vgl. zu dieser Einschätzung: Fischer, L./Wiswede, G. (1997), S. 209.
88 Vgl. Becker, F. G. (1994), S. 127.
89 Vgl. zu den Funktionen u. den dazu folgenden Ausführungen: Fischer, L./Wiswede, G. (1997), S. 244f.; Bierhoff, H. W. (1998), S. 243.

Im nächsten Kapitel wird im Speziellen erläutert, wie der Akzeptanzbildungsprozess gegenüber variablen Vergütungssystemen aussehen könnte.

2.2.2 Modell zur Strukturierung der akzeptanzrelevanten Zusammenhänge beim Einsatz variabler Vergütungssysteme

Das folgende Modell geht in seinen Grundzügen auf die Erkenntnisse der Akzeptanzforschung, der Innovationsforschung und der Sozialpsychologie zurück. Ursprünglich ist es von Döhl aufgestellt worden, um die akzeptanzrelevanten Zusammenhänge beim Einsatz innovativer Informations- und Kommunikationstechnologien zu strukturieren.[90] Hier wird das Modell modifiziert und auf variable Vergütungssysteme übertragen. Unmittelbares Ziel dieser Transferierung ist es, die Faktoren herauszustellen, die für die Einstellungsbildung von variablen Vergütungssystemen relevant sind. Mittelbar dient die Herausarbeitung der Einflussgrößen als Grundlage für die noch zu entwickelnde Akzeptanzstrategie, denn in den später folgenden Kapiteln wird untersucht, wie die Einflussgrößen zu gestalten sind, damit ein möglichst hoher Akzeptanzgrad bei den Mitarbeitern zu erwarten ist.

Ausgangspunkt dieses Modells ist, dass sich Akzeptanz im Wechselspiel zwischen **Akzeptanzkontext** und **-subjekt** bildet (vgl. dazu und im Folgenden die Abb. 9). Für den **Akzeptanzkontext** wird dabei die spezifische Situation und das sozioökonomische Umfeld als relevant angesehen:

Unter die **Akzeptanzsituation** fallen die Merkmale des **Akzeptanzobjekts**, hier die des variablen Vergütungssystems, welche von Reichwald auch als die „primären Einflussgrößen der Akzeptanz"[91] bezeichnet werden. Da jedoch mit der Einführung auch organisatorische Veränderungen verbunden sind, ist zusätzlich die **organisatorische Integration**[92] zu berücksichtigen. So weist Schönecker darauf hin, dass das Akzeptanzobjekt „natürlich nicht isoliert von der organisatorischen Einbettung...betrachtet werden"[93] kann. Im Rahmen dieser Integration ist beispielsweise zu überprüfen, inwieweit das variable Vergütungssystem sich mit der Unternehmenskultur und dem Führungsstil deckt.[94]

Während die Merkmale des Akzeptanzobjekts sowie seiner organisatorischen Integration als in engem Zusammenhang stehende Determinanten die konkrete Situation definieren, der sich das Akzeptanzsubjekt gegenübergestellt sieht, bezieht sich die dritte, dem Akzeptanzkontext zuzurechnende Determinante auf die Bedingungen

---

90 Vgl. Döhl, W. (1983), S. 178-214.

91 Reichwald, R. (1978), S. 33.

92 Döhl, W. (1983), S. 202 spricht anstatt v. organisatorischer Integration vom „Zusammenwirken" v. Objekt u. sozio-organisatorischem Umfeld. Ein positives Zusammenwirken erscheint bei variablen Vergütungssystemen nach übereinstimmender Auffassung jedoch nur dann möglich, wenn das Objekt in das sozio-organisatorische Umfeld bzw. in die Organisation integriert ist, so dass hier die weitergehende Bezeichnung „organisatorische Integration" verwendet wird. Vgl. zur zuvor angesprochenen einhelligen Meinung etwa Schierenbeck, H. (1996b), S. 183f. o. Schuster, L. (1993), S. 127.

93 Vgl. Schönecker, H. G. (1985), S. 34.

94 Vgl. Rinker, A. (1997), S. 261-267.

des **sozio-ökonomisch-politischen Umfeldes**.[95] Darunter fallen z.B. Meinungen[96] der Gewerkschaften, der Arbeitgeberverbände oder der politischen Parteien zu Fragen der Vergütung. Diese Meinungen können die Wahrnehmung der Situation durch den Mitarbeiter verändern und somit letztlich auch den Grad der Akzeptanz beeinflussen.[97]

Die Kategorie **„Akzeptanzsubjekt"** beinhaltet als Determinanten für die Bildung von Einstellungen einen **„kognitiven"** sowie einen **„affektiven" Bereich**, wobei die Aufspaltung der Persönlichkeitsstruktur das Ergebnis einer analytischen Trennung des „inneren Zustandes" des Individuums ist. Dabei umfasst der kognitive Bereich die Summe der faktischen Informationen des Akzeptanzsubjektes bezüglich des Akzeptanzkontextes, während der affektive Bereich des Akzeptanzsubjektes dessen Werte[98] sowie vorhandenen Einstellungen beinhaltet.[99]

Mit Hilfe der Kategorien „Akzeptanzkontext" und „Akzeptanzsubjekt" lässt sich der Einstellungsbildungsprozess wie folgt skizzieren: Der Mitarbeiter nimmt Informationen, die sich auf den Akzeptanzkontext beziehen, wahr und interpretiert diese mit Hilfe der vorhandenen kognitiven Informationen. Gleichzeitig wird das variable Vergütungssystem vom Mitarbeiter z.B. dahingehend bewertet, ob es mit seinen Werten und anderen Einstellungen übereinstimmt, ob die Befriedigung seiner Bedürfnisse dadurch gefährdet ist und/oder ob das System seinen Erwartungen entspricht.[100]

Im Ergebnis hat der Mitarbeiter damit eine affektive Stellungnahme im Sinne einer Schlussfolgerung bezogen, auf deren Grundlage die Herausbildung eines bestimmten Akzeptanzgrades erfolgt.[101]

---

95 Vgl. Döhl, W. (1983), S. 191f.

96 Unter Meinungen werden Informationen, das Wissen o. die Gedanken verstanden, die mit einem Einstellungsobjekt verbunden werden. Sie werden der kognitiven Komponente zugerechnet. Vgl. Herkner, W. (1992), Sp. 792; Bierhoff, H. W. (1998), S. 238.

97 Darüber hinaus beeinflussen die aufgeführten Organisationen im Zuge des Gesetzgebungsverfahrens u./o. durch den Abschluss v. Tarifvereinbarungen die rechtlichen Rahmenbedingungen, die wiederum die Gestaltung der betrieblichen Vergütungssysteme u. somit mittelbar die Akzeptanz beeinflussen können. Vgl. Näheres hierzu unter Punkt 2.3.4.3.

98 Werte nehmen als Ausgangspunkt für etwas Erstrebenswertes eine zentrale Stellung beim Menschen ein. Im Gegensatz zu Einstellungen sind sie abstrakter, stabiler u. zahlenmäßig beschränkt. Vgl. Strümpel, B./Scholz-Ligma, J. (1992), Sp. 2338; Becker, F. G. (1994), S. 416f.

99 Vgl. Döhl, W. (1983), S. 192f.

100 Vgl. Döhl, W. (1983), S. 193f. Darüber hinaus sind Rückwirkungen denkbar, etwa wenn ein aufgrund einer Reiz-Reaktion ausgelöstes Verhalten eine Einstellungsänderung bewirkt. Infolge des hier unterstellten idealtypischen Zusammenhangs in Verbindung mit der in dieser Arbeit verwendeten Definition werden Rückwirkungen hier nicht näher betrachtet. Vgl. dazu die Ausführungen in der Fußn. 97 sowie die Richtungsdiskussion bezüglich Einstellung u. Verhalten unter Punkt 2.1.3.

101 Obwohl die konative Komponente sich im Subjekt entwickelt, wird sie in der vorliegenden Abb. der Verhaltenskategorie zugeordnet, da sie gleichzeitig als Vorstufe des offenen Verhaltens aufzufassen ist. Diese Zuordnung ergibt sich zum einen daraus, dass eine Vielzahl v. Autoren (vgl. z.B. Kroeber-Riel, W./Weinberg, P. (1996), S. 167-170; Stroebe, W. (1980), S. 141f.) davon ausgehen, dass vor allem die kognitive u. die affektive Komponente für die Einstellungsbildung verantwortlich sind. Zum anderen korreliert nach einer Untersuchung v. Ostrom, T. M. (1969), S. 12-30 die konative Komponente stärker als die anderen beiden mit dem offenen Verhalten.

Der Akzeptanzgrad bildet sich dabei auf einer bipolaren Skala, deren Eckpunkte durch eine Obergrenze (Akzeptanz = Vorliegen von Verhaltensbereitschaften, welche die Erfüllung der Funktionen ermöglichen) und einer Untergrenze (Nichtakzeptanz = Vorliegen von Verhaltensbereitschaften, die einer Erfüllung entgegenstehen) begrenzt werden.

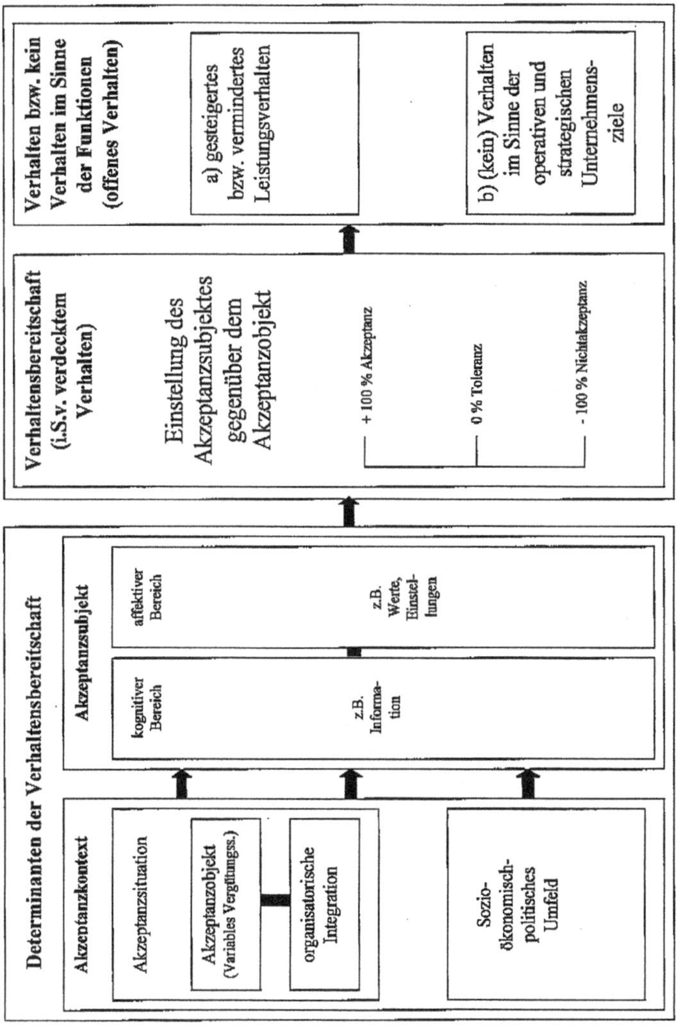

Abb. 9: Strukturmodell zur Erklärung der akzeptanzrelevanten Zusammenhänge

Inwieweit diese „verdeckte“ Verhaltensbereitschaft dann zu einem „offenen“ Verhalten[102] führt, lässt sich nicht eindeutig vorhersagen.[103] Die herausgestellten Einflussfaktoren determinieren unmittelbar nur die Verhaltensbereitschaft, nicht jedoch das Verhalten. Ob die Herausbildung eines Akzeptanzgrades dann tatsächlich zu einem konsistenten Verhalten führt, hängt im Wesentlichen von der Situation ab, in der sich der Mitarbeiter bei Rückgriff auf seine gebildete Einstellung befindet.

Wie bereits angesprochen, erhofft man sich durch eine hohe Akzeptanz ein Verhalten, welches die Erreichung der Funktionen des variablen Vergütungssystems ermöglicht. Im Einzelnen wurden die folgenden drei Funktionen herausgestellt:[104]

a) Steigerung der Leistungsmotivation
b) Unterstützung der operativen und strategischen Unternehmensziele
c) Steigerung der Unternehmensattraktivität als Arbeitgeber

Vergleicht man diese Funktionen mit dem hier zugrunde liegenden Einstellungskonzept, ergeben sich zwei Fragen: Wo besteht die Verbindung zwischen dem Einstellungskonzept und den Funktionen und wie könnte ein **Verhalten im Sinne der Funktionen** aussehen? Diese Fragen werden im Folgenden getrennt für jede Funktion beantwortet:

a) Die Funktion **„Steigerung der Leistungsmotivation“** soll zu einem gesteigerten Leistungsverhalten anregen, so dass unter Motivation genauso wie unter Akzeptanz eine Verhaltensbereitschaft zu verstehen ist.[105] Da im Verhalten aber das Ergebnis des Einstellungs- bzw. Motivationsprozesses gesehen wird, ist es aus Gründen der begrifflichen und konzeptionellen Klarheit zweckmäßig, die Funktion unter Beachtung gewisser Einschränkungen in **„gesteigertes Leistungsverhalten“** umzuformulieren.[106] Ein gesteigertes Leistungsverhalten zeichnet sich z.B. dadurch aus, dass sich eine Person hohe Ziele setzt bzw. von Dritten vorgeschlagene annimmt und diese zu erreichen sucht.[107]

b) Die Funktion **„Unterstützung der operativen und strategischen Unternehmensziele“** ist unweigerlich mit offenem Verhalten verbunden, denn eine Unterstützung der Ziele als Resultat ist nur durch dementsprechendes Verhalten vorstellbar. Aus diesem Grund bringt die Umbenennung der Funktion in **„Verhalten im Sinne der operativen und strategischen Unternehmensziele“** sachlich keine Veränderung, sie hilft jedoch, die Betonung auf das Verhalten zu legen. Ein

---

102 Das „offene“ unterscheidet sich vom „verdeckten“ Verhalten dadurch, dass Letzteres nicht direkt beobachtbar ist, da es sich um kognitive, emotionale u./o. motivationale Vorgänge im Akzeptanzsubjekt handelt. Vgl. dazu die unter 2.1.3 gemachten Ausführungen.

103 Vgl. zur Diskussion, inwieweit v. Einstellungen auf ein konsistentes Verhalten geschlossen werden kann, die Ausführungen unter Punkt 2.1.3.

104 Vgl. Näheres zu den Funktionen unter Punkt 1.2.3.1.

105 Vgl. Kroeber-Riel, W./Weinberg, P. (1996), S. 144.

106 Eine einfache Umbenennung ist deshalb nicht möglich, da genauso wie im Einstellungskonzept eine gesteigerte Leistungsmotivation nicht automatisch zu einem gesteigerten Leistungsverhalten führt. Letzteres ist z.B. zusätzlich v. der Leistungsfähigkeit des jeweiligen Mitarbeiters u. seinen konkreten Arbeitsbedingungen abhängig. Vgl. dazu Kappel, H./Uschatz, P. (1992), S. 36.

107 Vgl. Becker, F. G. (1994), S. 235.

Mitarbeiter verhält sich beispielsweise im Sinne dieser Funktion, wenn er sich an den, mit ihm im Zielvereinbarungsprozess ausgehandelten operativen und strategischen Zielen orientiert.[108]

c) Die Funktion „Steigerung der Unternehmensattraktivität als Arbeitgeber" ist in der Abb. 9 nicht aufgeführt, was aber nicht den Eindruck erwecken sollte, dass sie für Unternehmen weniger wichtig als die anderen Funktionen ist oder dass sie sich nicht einstellungstheoretisch erklären lässt. Der Grund dafür liegt vielmehr darin, dass, wie im Folgenden dargestellt wird, die Funktion nicht dem hier vorgelegten Bezugsrahmen zugeordnet werden kann, weil die Einbeziehung einen Wechsel des Akzeptanzobjekts verlangen würde:

Mit der Abb. 9 wird u.a. verdeutlicht, dass die Akzeptanz des variablen Vergütungssystems Auswirkungen auf das Verhalten im Unternehmen haben kann. Nicht gezeigt werden kann hingegen, dass sich aus der Akzeptanz auch Auswirkungen auf andere Einstellungen ergeben können:[109] Interpretiert man das „Unternehmen als Arbeitgeber" als übergreifendes Akzeptanzobjekt, dessen Attraktivität sich aus einer Summe von Einzeleinstellungen ergibt,[110] und geht man davon aus, dass das variable Vergütungssystem für den Mitarbeiter eine zentrale Bedeutung hat, dann wird die Höhe der Akzeptanz die Unternehmensattraktivität ganz entscheidend mit beeinflussen. Die Unternehmensattraktivität kann wiederum Folgen für die individuelle Bereitschaft eines Individuums haben, den Arbeitgeber zu wechseln, in dem Sinne, dass bei einem Mitarbeiter c. p. die Bereitschaft, den Arbeitgeber zu wechseln, um so geringer ausfällt, je attraktiver er ihn bewertet. Insofern handelt es sich um eine bedeutende Funktion, auch wenn sie in der Abb. 9 keine Berücksichtigung findet.

Die vorhergehenden Ausführungen haben gezeigt, dass sich der Grad der Akzeptanz aus dem Wechselspiel zwischen Akzeptanzkontext und -subjekt ergibt. Während der eigentliche Einstellungsbildungsprozess dabei nicht beobachtbar und deshalb nicht empirisch belegbar ist, wurde zudem davon ausgegangen, dass das Akzeptanzobjekt, seine organisatorische Integration und das sozio-ökonomisch-politische Umfeld als akzeptanzbeeinflussende Faktoren für variable Vergütungssysteme anzusehen sind, ohne dies empirisch zu beweisen. Auf diesen empirischen Beweis wird hier aus zwei Gründen verzichtet: Zum einen erscheint es unmittelbar einleuchtend, dass der Grad der Akzeptanz abhängig vom Objekt ist, auf das er sich bezieht.

---

108 Vgl. zum Zielvereinbarungsprozess die Darstellungen unter Punkt 3.2.2.2.

109 Vgl. Six, B. (1980), S. 55.

110 Nach dieser Definition sind „Attraktivität" u. „Arbeitszufriedenheit" synonyme Begriffe. Vgl. dazu die Ausführungen unter Punkt 2.1.4.

Zum anderen belegen eine Vielzahl empirischer Untersuchungen, die Objekte mit ähnlichen Akzeptanzproblemen zugrunde legten[111], die Bedeutung der obigen Faktoren, so dass die Übertragung[112] auf variable Vergütungssysteme legitim erscheint.

Im Ergebnis lässt sich also festhalten, dass der Grad der Akzeptanz neben individuellen Merkmalen des Mitarbeiters – darunter sind z.B. Werte, Bedürfnisse oder Erfahrungen zu fassen – vor allem von drei Faktoren beeinflusst wird: dem Objekt, der organisationalen Integration und dem sozio-ökonomisch-politischen Umfeld. Da Letzteres jedoch – genauso wie die Merkmale des Mitarbeiters – vom einzelnen Unternehmen mit Hilfe einer Akzeptanzstrategie nur bedingt beeinflusst werden kann,[113] erscheint es überflüssig, näher die Ursachen zu erforschen, die auf gesellschaftlicher Ebene für die Akzeptanz von variablen Vergütungssystemen verantwortlich sind.[114] Aus diesem Grund wird im weiteren Verlauf der Blick auf die Akzeptanzsituation, dass heißt, auf das variable Vergütungssystem und seine organisatorische Integration gelegt. Konkret wird in Anknüpfung an die Akzeptanzsituation im Folgenden dargestellt, weshalb die Konstruktion von variablen Vergütungssystemen an sich schon die Gefahr der Nichtakzeptanz in sich birgt und welches weitere potentielle Ursachen für einen niedrigen Akzeptanzgrad sein können.

2.2.2.1 Zielkonflikte bei der Systemgestaltung als Ursache von Nichtakzeptanz

Wie bereits unter Punkt 1.2.3 beschrieben, bestehen bei variablen Vergütungssystemen zwischen Funktionen und Anforderungen Abhängigkeiten in dem Sinne, dass sich die Funktionen um so besser erfüllen lassen, je stärker die Anforderungen realisiert sind. In diesem Zusammenhang wurde der Anforderung „Akzeptanz" eine besondere Stellung eingeräumt, weil sich im Grad der Akzeptanz die Erfüllung der anderen Anforderungen „konkretisiert"[115]. Auf dieser Erkenntnis aufbauend wird in diesem Kapitel dargestellt, dass eine umfassende Berücksichtigung jeder einzelnen Anforderung durch mögliche Zielkonflikte zwischen den Anforderungen begrenzt wird. Auf diese Weise gefährden Zielkonflikte „systembedingt" die Entwicklung eines

---

[111] Vgl. bezüglich der **organisationalen Integration** z.B. die Untersuchung v. Vorwerk, K. (1994), S. 177-190, in denen er nachweist, dass ein v. den Mitarbeitern als unzureichend eingestufter Implementierungsprozess einer neuen Organisationsstruktur zu Akzeptanzproblemen führt. Zur organisationalen Integration siehe des Weiteren die umfangreichen Untersuchungen im Rahmen des Forschungsprojektes Bürokommunikation. Vgl. dazu Schönecker, H. G. (1985) u. Schellhaas, H./Schönecker, H. G. (1983). Bezüglich des **sozio-organisatorisch-politischen Umfelds** vgl. die Untersuchung v. Müller-Böling, D./Müller, M. (1986), S. 217-218, in der sie belegen, dass Akzeptanzprobleme zur Informationstechnik sich zur Hälfte aus außerhalb des Unternehmens liegenden gesellschaftlichen Wirkungsgrößen ergeben. Vgl. des Weiteren die bei Döhl, W. (1983), Fußn. Nr. 164, S. 192 angegebenen Untersuchungen.

[112] Vgl. dazu die Auffassung v. Kühlmann, T. M. (1988), S. 43, der es als nicht zwingend ansieht, die Ergebnisse der Akzeptanzforschung nur auf neue Techniken zu beschränken. Vgl. des Weiteren zur Übertragung v. Ergebnissen der Organisations-, der Innovations- u. der Akzeptanzforschung auf die Akzeptanz v. variablen Vergütungssystemen die unter Punkt 2.1.1 gemachten Ausführungen.

[113] So ist es schwer vorstellbar, dass ein einzelnes Unternehmen die Meinungen v. Parteien o. Gewerkschaften zur Vergütung verändern kann.

[114] Vgl. dazu auch die Ausführungen unter Punkt 2.1.2.

[115] Rinker, A. (1997), S. 69.

hohen Akzeptanzgrades. In Anlehnung an die volkswirtschaftliche Theorie könnte man demnach ein „magisches Sechseck" der Akzeptanz[116] formulieren.

Die Abb. 10 verdeutlicht, dass zum einen jede einzelne Anforderung Auswirkungen auf die Akzeptanz hat, dass zum anderen aber auch das Zusammenwirken der Anforderungen in der Summe die Höhe der Akzeptanz beeinflusst. Ein homogenes Zusammenwirken aller Anforderungen und damit gleichzeitig eine uneingeschränkte Berücksichtigung jeder einzelnen erweist sich hierbei als schwierig, da wie die Abb. 11 zeigt, zwischen den Anforderungen neben indifferenten und komplementären Beziehungen teilweise rein konfliktionäre oder komplementär-konfliktionäre Mischzusammenhänge bestehen.[117]

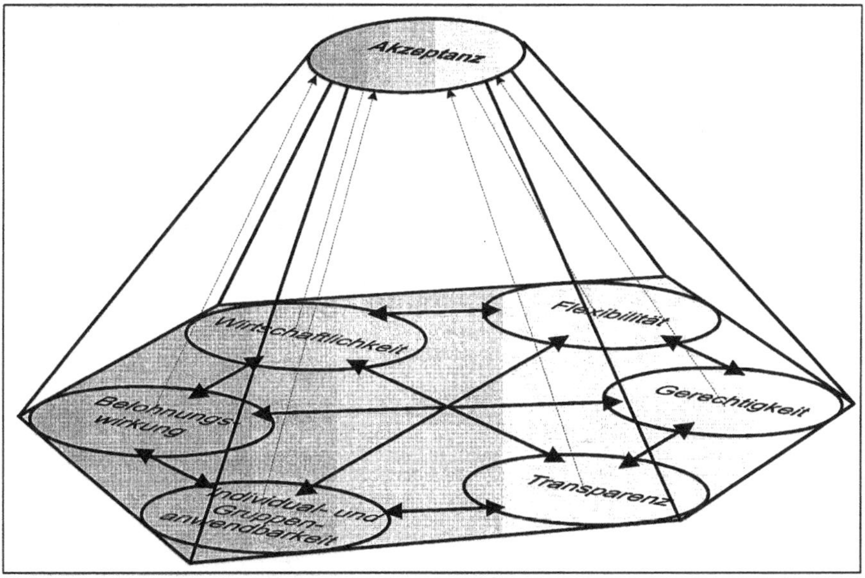

Abb. 10: Das „magische Sechseck" der Akzeptanz[118]

Aus der Abb. 11 ist ersichtlich, dass zwischen den Anforderungen nicht immer zwingend Zusammenhänge bestehen (siehe Spalte 1) bzw. dass sich einzelne positiv ergänzen können (siehe Spalte 2). Die Auflistung der konfliktionären (siehe Spalte 3) und der komplementären und/oder konfliktionären Zusammenhänge (siehe Spalte

[116] In der volkswirtschaftlichen Theorie geht man davon aus, dass sich ein gesamtwirtschaftliches Gleichgewicht bei gleichzeitiger Erfüllung v. vier Anforderungen einstellt. Da diese Anforderungen sich aber teilweise konträr zueinander verhalten, wird die simultane Realisierung aller als unmögliche u. deshalb magische Aufgabe angesehen. Vgl. Teichmann, U. (1997), S. 102.

[117] Vgl. Gmür, U./Scherrer, C. (1993), S. 7.

[118] In Anlehnung an Gmür, U./Scherrer, C. (1993), S. 8. Im Gegensatz zur ursprünglichen Abb. wurden andere Anforderungen verwendet u. die Akzeptanz ergänzt.

4) lässt allerdings erkennen, dass sich nicht alle Anforderungen in gleichem Maße erfüllen lassen.[119]

Richtet man den Blick auf die Ursachen der Zielkonflikte, zeigt sich, dass ein Teil davon auf Interessenkonflikte zwischen Arbeitgeber und Arbeitnehmer zurückzuführen sind. Dies wird verständlich, wenn man sich vergegenwärtigt, dass die Anforderungen Gerechtigkeit, Transparenz, Individual- und Gruppenanwendbarkeit sowie Belohnungswirkung eher für Arbeitnehmer als für Arbeitgeber bedeutsam sind, während die Anforderungen Wirtschaftlichkeit und Flexibilität im Zentrum des Arbeitgeberinteresses stehen.[120] Obwohl es sich hier nur um tendenzielle Interessenschwerpunkte handelt – so ist die Transparenz auch aus Unternehmenssicht zur Beurteilung der Kosten/Nutzen Relation notwendig[121] –, verweisen sie doch auf mögliche Interessengegensätze. So verbirgt sich beispielsweise hinter den Anforderungen „Gerechtigkeit" und „Wirtschaftlichkeit" die Frage nach der gerechten Lohnhöhe.

Zur Ursachenbekämpfung bzw. als Strategie zur Verbesserung der Akzeptanz bietet sich dabei u.a. eine unternehmensspezifische Abstimmung an.[122] Sie versucht durch das Setzen von Prioritäten und mit Hilfe von Auswahl- und Gewichtungsvorgängen, die Zielkonflikte zu verringern und somit eine bestmögliche Berücksichtigung jeder einzelnen Anforderung zu erreichen.[123] Diese Strategie erscheint ebenfalls erfolgversprechend für eine Verringerung von Akzeptanzbarrieren, die wie im nächsten Kapitel dargestellt, in einer ungenügenden Integration des Systems in die Organisation begründet liegen.

---

119 Vgl. Erdmann, U. (1991), S. 50.

120 Vgl. zu dieser Einschätzung Isele, S. (1991), S. 159f.; Schierenbeck, H./Arnsfeld, T. (1996), S. 75.

121 Aus diesem Grund bezeichnet Rinker, A. (1997), S. 69f. die Transparenz gleichfalls als mitarbeiter- u. unternehmensorientierte Anforderung. Hier wird sich jedoch der herrschenden Literaturmeinung angeschlossen, die die Bedeutung der Transparenz vor allem für den Mitarbeiter betont. Vgl. Winter, S. (1996), S. 73; Herzog, R. (1994), S. 53; Becker, F. G. (1990), S. 24; Hartan, M./Preißler, P. R. (1980), S. 11.

122 Vgl. dazu ausführlicher die unter Punkt 2.3 formulierte Akzeptanzstrategie

123 Vgl. Becker, F. G. (1985), S. 60.

Kein erkennbarer ursächlicher Zusammenhang (1)	**Komplementärer Zusammenhang (2)**	**Konfliktionärer Zusammenhang (3)**	**Komplementärer (a) und/oder konfliktionärer (b) Zusammenhang (4)**
▪ Zwischen **Flexibilität** und **Belohnungswirkung**, da die Flexibilität eines Systems keine Auswirkung auf die Belohnungswirkung hat ▪ Zwischen **Gerechtigkeit** und **Flexibilität**, da die Gerechtigkeit keine Auswirkung auf die Flexibilität hat ▪ Zwischen **Wirtschaftlichkeit** und **Belohnungswirkung**, da die Wirtschaftlichkeit keine Auswirkung auf die Belohnungswirkung hat	▪ zwischen **Belohnungswirkung** und **Gerechtigkeit**, da durch eine höhere Belohnungswirkung das subjektive Gerechtigkeitsgefühl der Mitarbeiter ansteigt ▪ zwischen **Transparenz** und **Flexibilität**, da ein einfaches System besser zu verändern ist ▪ zwischen **Flexibilität** und **Wirtschaftlichkeit**, wenn dadurch auf notwendige Änderungen kostengünstiger reagiert werden kann	▪ zwischen **Individual- und Gruppenanwendbarkeit (IuG.)** und **Transparenz**, wenn durch die IuG. Das System komplexer und damit undurchschaubarer wird[124] ▪ Zwischen **IuG.** und **Flexibilität**, wenn die mit der IuG. verbundene größere Anzahl von Verfahrensregeln eine Anpassung erschwert ▪ Zwischen **Gerechtigkeit** und **Wirtschaftlichkeit**, wenn die Gerechtigkeit eine genauere Leistungserfassung notwendig macht, die den Verwaltungsaufwand des Systems stärker als den Nutzen erhöht	▪ Zwischen **Transparenz** und **Gerechtigkeit**: a) Je höher die Transparenz, desto nachvollziehbarer ist ein System, so dass ein Gefühl von ungerechter Behandlung vermieden werden kann[125] b) Je höher die Transparenz und somit auch die Einfachheit des Systems, desto ungenauer die Leistungserfassung, was Ungerechtigkeiten zur Folge haben kann[126] ▪ Zwischen **IuG.** und **Gerechtigkeit**: a) Je höher die IuG., desto gerechter das System, wenn Leistung nur in der Gruppe erbracht werden kann b) Je höher die IuG., desto ungerechter ein System, da eine besonders gute Individualleistung durch die Gruppe nivelliert wird ▪ Zwischen **Wirtschaftlichkeit** und **IuG.**: a) Die Wirtschaftlichkeit steigt an, wenn der Nutzen aus der IuG. größer als die verursachenden Kosten sind b) Die Wirtschaftlichkeit sinkt, wenn der Nutzen aus der IuG. Kleiner als die verursachenden Kosten sind

Abb. 11: Beispiele für mögliche Zusammenhangsarten

[124] Vgl. Winter, S, (1996), S. 73f.
[125] Vgl. Pellens, B./Crasselt, N./Rockholtz, C. (1998), S. 14.
[126] Vgl. Herzog, R. (1994), S. 54.

2.2.2.2 Mangelnde Konformität zwischen System und Organisation als Ursache für Nichtakzeptanz

Wie im vorherigen Kapitel dargelegt, birgt die Systemgestaltung in sich schon die Gefahr der Nichtakzeptanz. Da aber die Akzeptanzsituation nicht ausschließlich von den Merkmalen des Vergütungssystems, sondern zusätzlich von seiner organisatorischen Integration beeinflusst wird, kann insbesondere eine unzureichende Harmonie zwischen System und Organisation eine Integration verhindern und damit die Gefahr eines geringen Akzeptanzgrades ggf. noch verstärken. So könnten sich Akzeptanzbarrieren beispielsweise ergeben, wenn ein Mitarbeiter erkennt, dass das System ein Verhalten belohnt, welches nicht durch die Werte und Normen der Organisation gedeckt bzw. welches durch organisatorische Gegebenheiten behindert wird. Daraus könnte ein niedriger Akzeptanzgrad folgen, der im Ergebnis dazu führt, dass die mit Hilfe eines Vergütungssystems induzierten Verhaltensweisen durch eine unzureichende Integration zunichte gemacht würden.[127]

Auf der Suche nach Gründen für die fehlende Übereinstimmung zeigt sich, dass dafür vor allem die hohe Komplexität innerhalb des Abstimmungsprozesses verantwortlich ist, die aus einer Fülle von sich wechselseitig beeinflussenden Faktoren resultiert. Die organisationale Integration steht hier als Sammelbegriff für eine fast unüberschaubare Zahl von Einflussfaktoren – als wichtige Variablen werden in der Literatur etwa die Organisationsstruktur, die Unternehmenskultur oder die Leistungsfähigkeit der Controllinginstrumente herausgestellt[128] –, die in der Unternehmenspraxis trotz der damit verbundenen Gefahr eines verringerten Akzeptanzgrades dazu zwingen, sich auf die bedeutendsten Faktoren zu konzentrieren. Hier wird sich auf zwei, in der Literatur als besonders wichtig empfundene Einflussfaktoren – die **Unternehmenskultur**[129] und den **Führungsstil**[130] – beschränkt. Ein hohes Maß an Konformität zwischen dem Vergütungssystem und den beiden Faktoren scheint bedeutsam, weil das Vergütungssystem – in diesem Zusammenhang primär als Teil der Unternehmens- bzw. Personalführung verstanden[131] – wie auch die Unternehmenskultur mit dem damit verbundenen Führungsstil Bestandteile eines übergreifenden Führungssystems sind und diese drei sich innerhalb dessen gegenseitig beeinflussen.[132] Aus diesem Grund besteht, wie im Folgenden dargestellt wird, bei einer mangelnden Übereinstimmung verstärkt die Gefahr, dass die mit Hilfe des Vergütungssystems geschaffenen Verhaltensanreize durch die anderen beiden Faktoren konterkariert werden:

Den Begriff der **Unternehmenskultur** definiert die Literatur unterschiedlich. Alle Definitionen stimmen jedoch darin überein, dass es sich bei der Unternehmenskultur um ein System gemeinsam geteilter Werte, Normen, Einstellungen, Überzeugungen

---

[127] Vgl. Dörfler, H.-W. (1993), S. 90; Winter, S. (1996), S. 32f.

[128] Vgl. Schierenbeck, H. (1996b), S. 184f.; Bochenek, T. (1995), S. 188; Herzog, R. (1994), S. 53.

[129] Die Bedeutung der Unternehmenskultur heben z.B. Winter, S. (1996), S. 32-34; Kappel, H./Uschatz, P. (1992), S. 19; Lawler III, E. E. (1988), S. 68 hervor.

[130] Die Notwendigkeit zur Berücksichtigung des Führungsstils betonen z.B. Schuster, L. (1993), S. 127; Erdmann, U. (1991), S. 222; Hartan, P./Preißler, P. R. (1980), S. 77.

[131] Vgl. dazu die unter Punkt 1.2.3.1.2 gemachten Ausführungen.

[132] Vgl. Rinker, A. (1997), S. 261.

und Ideale handelt, welches das Verhalten der Führungskräfte und Mitarbeiter prägt.[133] Dabei übernimmt die Unternehmenskultur folgende zentrale Funktionen:[134]

- Integrationsfunktion: Die Kultur hat die Funktion eines Orientierungsrahmens, der dem einzelnen Mitarbeiter die soziale Integration erleichtert.

- Koordinationsfunktion: Die Kultur übernimmt die Aufgabe einer Handlungskoordination über gemeinsam geteilte Werte und Normen. Auf diese Weise entlastet sie von fallweisen Handlungsanleitungen und stellt insofern ein Substitut für strukturelle und personale Führung dar.

- Motivationsfunktion: Die Kultur vermittelt den Organisationsmitgliedern den Sinn ihrer Arbeit und gibt ihnen Handlungslegitimation und steigert dadurch deren Leistungsbereitschaft.

- Identifikationsfunktion: Sie fördert die Identifikation des einzelnen Mitarbeiters mit seinem Unternehmen, schafft ein Zugehörigkeitsgefühl und unterstützt das Selbstbewusstsein.

Um eine Übereinstimmung zwischen Unternehmenskultur und Vergütungssystem zu erreichen, ist es notwendig, die Wesenszüge der jeweiligen Unternehmenskultur zu kennen. Dies bereitet jedoch Schwierigkeiten, da die Unternehmenskultur vielschichtig und nur ein kleiner Teil davon sichtbar ist.[135] Bezüglich der Beobachtbarkeit und Messbarkeit von Unternehmenskulturen werden in diesem Zusammenhang drei Ebenen der Unternehmenskultur unterschieden.

Die Abb. 12 verdeutlicht das Zusammenspiel dreier Kulturschichten, wobei die auf der obersten Ebene geschaffenen Objekte[136] und Verhaltensweisen (Artefakten) sichtbar, aber interpretationsbedürftig sind.[137] Auf der zweiten Ebene liegen die kollektiven Werte der Unternehmensmitglieder, die noch mehr als die Artefakten das Verhalten der Unternehmensmitglieder beeinflussen, dabei jedoch schwerer zu erfassen sind. Auf der dritten und tiefsten Ebene befinden sich die unsichtbaren, als selbstverständlich vorausgesetzten Grundannahmen der Unternehmensmitglieder, die den größten Einfluss auf das Verhalten der Mitglieder haben.

---

133 Vgl. Staehle, W. H. (1999), S. 498; Berthel, J. (1997), S. 455.
134 Vgl. Rinker, A. (1997), S. 261; Staehle, W. H. (1999), S. 512; Heinen, E. (1987), S. 146-159.
135 Hentze, J./Kammel, A./Lindert, K. (1997), S. 535.
136 Nach Auffassung v. Rinker, A. (1997), S. 263 u. Dörfler, H.-W. (1993), S. 84 zählen hierzu auch Vergütungssysteme, da sie sichtbar sind u. der Verhaltenssteuerung dienen.
137 Vgl. bezüglich der Erklärung der Abb. die Ausführungen v. Scholz, C. (2000), S. 790.

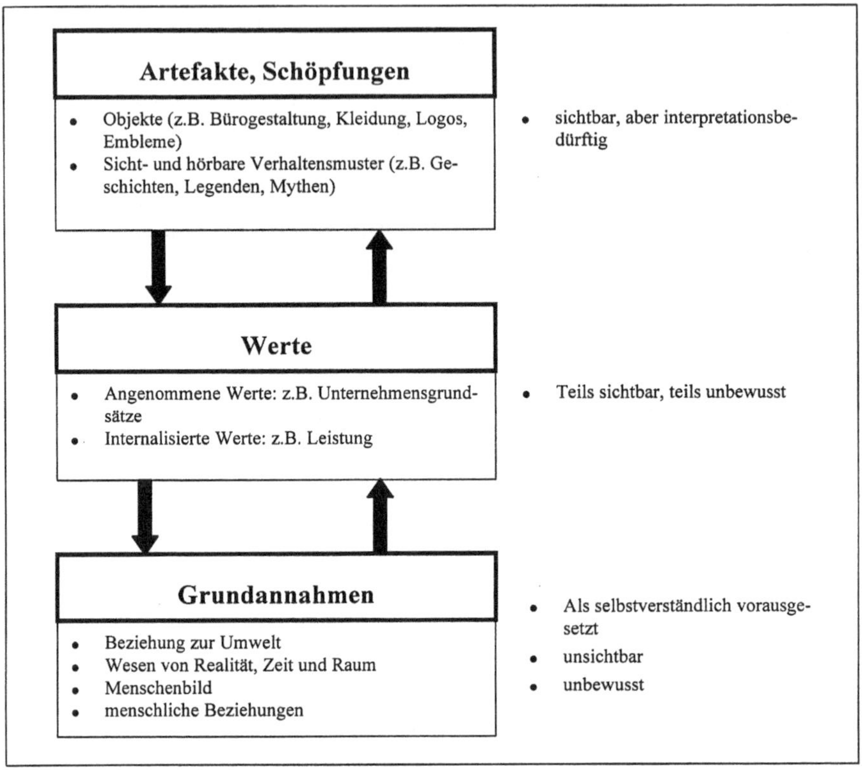

Abb. 12: Die Ebenen der Kultur und ihre Interaktionen[138]

Die besondere Herausforderung bei der Kulturanalyse liegt also darin, dass sie lediglich hinsichtlich der obersten, nach außen erkennbaren Ebene „Artefakte" wahrgenommen werden kann,[139] obwohl bezüglich der Verhaltensrelevanz insbesondere die zweite und dritte Ebene von Bedeutung sind. Als „Diagnoseinstrumente" werden in der Praxis u. a. Mitarbeiterbefragungen[140] angewendet,[141] wobei es z.B. aufgrund des dafür notwendigen umfangreichen Untersuchungsumfanges fraglich bleibt, ob die jeweiligen Kulturen dadurch in ihrer ganzen Breite erfasst werden können.[142] Doch auch wenn es gelingen sollte, die Werte und grundlegenden Annahmen der Unternehmenskultur aufzudecken, ist damit zwar ein Vergleich, nicht jedoch eine Übereinstimmung zwischen der Kultur und dem Vergütungssystem gewährleistet,

138 Vgl. Schein, E. H. (1985), S. 14.
139 Vgl. Schein, E. H. (1985), S. 14f.
140 Darunter versteht man eine systematische Erhebung v. Meinungen u. Einstellungen zu arbeitsbezogenen Themen. Vgl. Näheres bei Borg, I. (2000) u. die bei ihm angeführte Literatur. Zu Fragen ihrer empirischen Gültigkeit vgl. die Ausführung unter Punkt 2.2.3.
141 Vgl. Lenzen, A. (1996), S. 124.
142 Vgl. Näheres zur Kritik an umfassenden Mitarbeiterbefragungen bei Domsch, M./Schneble, A. (1995), S. 638f.

weil mögliche Disharmonien zwar zu Tage treten, dadurch aber noch nicht abgebaut sind. Trotzdem könnte der zuvor erwähnte Vergleich helfen, etwa die folgenden Konflikte offenzulegen:[143]

- Wenn eine offene Kommunikation ein prägendes Element der Kultur ist, steht jenes im Gegensatz zu der Verpflichtung, Gehälter geheim zu halten.
- Falls der Teamgedanke Bestandteil der Kultur ist, steht dies im Widerspruch zu einer rein individuellen Entlohnung.
- Hat sich in einer Kultur eine geringe Ergebnis- und Leistungsorientierung verfestigt, verträgt sich diese nicht mit einem hohen, erfolgsorientierten Gehaltsbestandteil.

Vergleicht man im Speziellen die Unternehmenskultur von Banken mit den in der Branche neu konzipierten Vergütungssystemen, so ergeben sich daraus eine Reihe von Divergenzen. Während die Bankkulturen tendenziell zumindest bis vor kurzem und aufgrund von langfristigen Anpassungsprozessen wohl zum Teil auch noch heute einer „Prozess- bzw. Bürokratie-Kultur“[144] entsprechen, die u.a. durch starke hierarchische Ordnung, Sicherheits- und Besitzstanddenken sowie perfekten und diskreten Arbeitsvollzug gekennzeichnet sind, sollen mit Hilfe von Vergütungssystemen Prinzipien wie „Leistung“, „Verantwortung“, „Risikobereitschaft“ und „Flexibilität“ honoriert werden.[145] Die vorhergehende Beschreibung verdeutlicht, dass zwischen den in den jeweiligen Bankkulturen verankerten Wertvorstellungen und den Prinzipien der variablen Vergütungssysteme zum Teil massive Gegensätze bestehen, die einen verringerten Akzeptanzgrad wahrscheinlich erscheinen lassen.

Zum Abbau der Gegensätze bieten sich im Wesentlichen zwei Möglichkeiten an: Während einer Anpassung der Vergütungssysteme an die Bankkulturen in der Praxis aufgrund des hohen Wettbewerbsdrucks enge Grenzen gesetzt sind[146], kommt nur eine Veränderung der Kulturen in Frage, deren Wandel wiederum mit Hilfe von variablen Vergütungssystemen beschleunigt werden kann. Letzteres deshalb, weil durch sie erwünschte Verhaltensweisen belohnt und unerwünschte sanktioniert werden und infolge dessen von einer Veränderung der Unternehmenskultur auszugehen ist.[147]

Als weiterer Ansatzpunkt zur Beeinflussung kommt in diesem Zusammenhang vor allem das Verhalten der Führungskräfte in Frage, da sie in der Interaktion mit ihren Mitarbeitern Werte vermitteln können, welche die Gestalt der Unternehmenskultur ebenfalls in die gewünschte Richtung verändern können.[148] Das ist aber nicht der

[143] Vgl. Kappel, H./Uschatz, P. (1992), S. 19.
[144] Vgl. zu dieser Einordnung u. Bezeichnung die Kulturtypologie v. Deal, T. E./Kennedy, A. A. (1982), S. 107-123. Bezüglich der nur langsam voranschreitenden kulturellen Veränderung in der Bankbranche vgl. Krüger, W. (1998), S. 446.
[145] Vgl. Weiss, U. (1997), S. 16f.
[146] Vgl. Näheres zu den Beweggründen zur Einführung v. Vergütungssystemen in der Bankbranche unter Punkt 1.2.
[147] Vgl. Winter, S. (1996), S. 34.
[148] Vgl. Bea, F.X./Haas, J. (1997), S. 482; Schein, E. H. (1985), S. 2.

einzige Grund, weshalb der Führungsstil im Folgenden betrachtet wird. Für diese Arbeit entscheidender ist, dass er innerhalb des ganzheitlichen Führungssystems in ähnlicher Weise wie die Unternehmenskultur mit dem Vergütungssystem übereinstimmen sollte:

Unter einem **Führungsstil** wird ein zeitlich überdauerndes und in Bezug auf bestimmte Situationen konsistentes Führungsverhalten von Vorgesetzten gegenüber ihren Mitarbeitern verstanden.[149] Ziel der bestehenden Führungsstilkonzepte ist es, das konkrete Führungsverhalten zu beschreiben und zu erklären, wofür in der Literatur verschiedene Ansätze diskutiert werden.[150] Ohne dabei näher auf die Besonderheiten einzelner Ansätze einzugehen, wird hier exemplarisch das bipolare Führungskontinuum nach Tannenbaum/Schmidt[151] dargestellt, da es zugleich das einfachste wie auch das populärste Konzept ist (vgl. Abb. 13).[152]

In dem nachfolgend idealtypisch konzipierten Klassifikationsschema werden innerhalb der beiden Hauptrichtungen – autoritärer bzw. kooperativer Führungsstil – sieben Verhaltensklassen nach dem Merkmal des Umfangs der Entscheidungsdelegation unterschieden, wobei der Freiraum der Mitarbeiter auf der Skala von rechts nach links zunimmt.[153]

Kritisiert wird an dieser Typologie u.a. die Beschränkung auf die Entscheidungsdelegation als alleinigen Führungsaspekt – insofern handelt es sich um einen eindimensionalen Ansatz – der die Realität unzulänglich beschreibt, da der Führungsstil zusätzlich von der Person des Vorgesetzten, des Mitarbeiters sowie vom situativen Kontext abhängig ist.[154] Trotz dieser Kritik wird ein kooperativer gegenüber einem autoritären Führungsstil zur Erfüllung der Funktionen eines Vergütungssystems in der Literatur bevorzugt.[155] Dafür sprechen u. a. folgende Argumente:

- Aufgrund einer höheren Entscheidungsfreiheit und einer stärkeren Selbstkontrolle ermöglicht ein kooperativer eher als ein autoritärer Führungsstil, dass Mitarbeiter das Leistungsergebnis und somit die Höhe ihrer variablen Entlohnung beeinflussen, was sich positiv auf die Leistungsbereitschaft auswirkt.[156]

- Der kooperative Führungsstil regt zu Eigenverantwortlichkeit und Selbstständigkeit an und fördert deshalb mehr als der autoritäre Führungsstil die Leistungsfähigkeit der Mitarbeiter.[157]

---

149 Vgl. Wunderer, R./Grunwald, W. (1980), S. 221.
150 Vgl. ausführlich zu den unterschiedlichen Ansätzen etwa Olfert, K./Steinbuch, P. A. (1999), S. 301-309.
151 Vgl. Tannenbaum, R./Schmidt, W. H. (1958), S. 95-101.
152 Vgl. Scholz, C. (2000), S. 923.
153 Vgl. Berthel, J. (1997), S. 67; Bisani, F. (1995), S. 761.
154 Vgl. Wunderer, R./Grunwald, W. (1980), S. 225.
155 Vgl. Rinker, A. (1997), S. 264; Zander, E. (1997), S. 26.
156 Vgl. Erdmann, U. (1991), S. 223; Hartan, M./Preißler, P. R. (1980), S. 100.
157 Vgl. Erdmann, U. (1991), S. 224; Veit, T. (1978), S. 250-252.

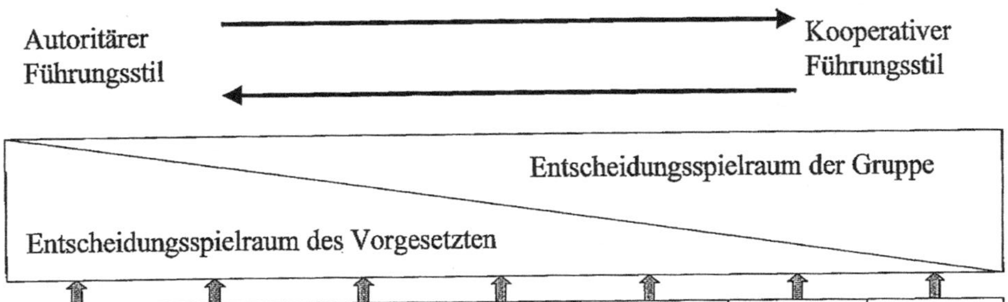

Vorgesetzter trifft Entscheidung und gibt sie weiter.	Vorgesetzter entscheidet; er ist aber bemüht, seine Mitarbeiter von seinen Entscheidungen zu überzeugen, bevor er sie anordnet.	Vorgesetzter entscheidet; er gestattet jedoch Fragen zu seinen Entscheidungen, um dadurch die Zustimmung der Mitarbeiter zu erreichen.	Vorgesetzter legt vorläufige Entscheidungen vor, ist zu Änderungen bereit.	Die Gruppe entwickelt Vorschläge; aus der Zahl der gemeinsam gefundenen und akzeptierten Problemlösungen entscheidet sich der Vorgesetzte für die von ihm favorisierte Lösung.	Die Gruppe entscheidet, nachdem der Vorgesetzte zuvor das Problem aufgezeigt hat und die Grenzen des Entscheidungsspielraums festgelegt hat.	Die Gruppe entscheidet; der Vorgesetzte fungiert als Koordinator.
„autoritär“	**„patriarchalisch“**	**„beratend“**	**„konsultativ“**	**„partizipativ“**	**„delegativ“**	**„demokratisch“**

Abb. 13: Führungskontinuum nach Tannenbaum/Schmidt[1]

[1] Vgl. Tannenbaum, R./Schmidt, W. H. (1958), S. 96; Staehle, W. H. (1999), S. 337.

- Insbesondere das Führungsinstrument „Zielvereinbarung“[158] als wichtige Komponente von variablen Vergütungssystemen verlangt einen kooperativen Führungsstil, um die Delegation von Zielen, die der operativen und strategischen Verhaltenssteuerung dienen, und deren Annahme durch den Mitarbeiter zu ermöglichen.[159]

Obwohl der kooperative Führungsstil nicht nur bezüglich variabler Vergütungssysteme in vielen Fällen Vorteile bringen kann und auch von den Mitarbeitern gefordert wird, fällt auf, dass nur wenige Mitarbeiter von Finanzdienstleistern ein solches-Verhalten bei ihren Vorgesetzten wahrnehmen.[160] Solange sich jedoch Führungsstil und Vergütungssystem entgegenstehen, bleibt ein hoher Akzeptanzgrad eine Utopie.

Zusammenfassend lässt sich festhalten, dass eine hinreichende Konformität zwischen System und Organisation Voraussetzung für einen hohen Akzeptanzgrad ist. Ein hohes Maß an Übereinstimmung scheint jedoch aufgrund einer Vielzahl von sich wechselseitig beeinflussenden Faktoren fraglich. Das vor allem auch deshalb, weil sich zur Zeit in der Bankbranche einzelne Faktoren in ihren Anreizwirkungen widersprechen, wie der Vergleich zwischen Vergütungssystemen, Unternehmenskulturen und Führungsstilen beispielhaft gezeigt hat.

2.2.2.3 Angst vor Veränderung als Ursache für Nichtakzeptanz

Im Unterschied zu den beiden vorhergehenden Ursachen, die unmittelbar aus dem Systemaufbau und seiner Integration resultieren, hat die im Folgenden dargestellte Ursachenart nur indirekt etwas mit dem System als solchem zu tun. Während die ersten beiden Ursachenarten direkt mit dem Objekt verbunden sind, stehen in diesem Kapitel Akzeptanzbarrieren im Mittelpunkt, die in der allgemeinen Angst vor Veränderung begründet liegen und ein Festhalten am Althergebrachten mit sich bringen. Diese Barrieren entstehen zunächst unabhängig vom eigentlichen Akzeptanzobjekt, weil zum einen die Angst der Betroffenen vor Neuerungen ein Kernproblem jedes Wandlungsprozesses ist.[161] Zum anderen entsteht das Angstphänomen insbesondere deshalb, weil der betroffene Mitarbeiter die genaue Ausgestaltung des Objektes (noch) nicht kennt. Der letzte Punkt spiegelt sich auch in dem hier zugrundegelegten Angstbegriff wider: Unter Angst wird ein Bedrohungserlebnis für den betroffenen Mitarbeiter verstanden, welches sich durch einen extrem niedrigen Informationsgrad und der daraus resultierenden Ungewissheit bezüglich der Folgen aus der Einführung oder Veränderung eines Objektes bzw. Prozesses auszeichnet.[162]

---

[158] Vgl. Näheres dazu unter Punkt 3.2.2.2.

[159] Vgl. Evers, H. (1998), S. 55-57.

[160] Vgl. dazu die Untersuchungen v. Göschel, G./Wolf, G. (1991), S. 254-257 u. Gebert, D./Ulrich, J. G. (1990), S. 251-261. Im Übrigen gilt dies auch für Mitarbeiter anderer Unternehmen, wie etwa die Untersuchung v. Wunderer, R. (1990), S. 277f., beweist.

[161] Vgl. Schaefer, Frank (1998), S. 157; Staehle, W. H. (1999), S. 980f.

[162] Vgl. Böhnisch, W. (1979), S. 91. Auf die bei ihm getroffene Unterscheidung zwischen „Angst“ u. „Furcht“, die auf einem unterschiedlich hohen, jedoch in beiden Fällen geringen Informationsgrad fußt, wird hier verzichtet, da an beide Begriffe im Resultat die gleichen Folgen geknüpft sind. Vgl. Böhnisch, W. (1979), S. 90-92; Schanz, G. (1994), S. 391.

Im Gegensatz zu der zuvor angenommenen Unabhängigkeit zwischen der Angst vor Veränderung und dem Objekt, gibt der Objektbezug in der Angstdefinition einen ersten Hinweis darauf, dass diese Unabhängigkeit bei näherer Betrachtung nicht haltbar ist. Dies vor allem deshalb, weil die Stärke der Angst u.a. davon beeinflusst wird, inwieweit der Betroffene durch den Wandlungsprozess negative Konsequenzen auf seine bisherigen Möglichkeiten zur Bedürfnisbefriedigung erwartet.[163] Da jedoch nicht alle Objekte gleichermaßen Einfluss auf die Bedürfnisbefriedigung nehmen können, ist davon auszugehen, dass zumindest die Art des Objekts von zentraler Bedeutung ist, wenn auch die Veränderungen noch nicht bekannt sind. Vor dem Hintergrund, dass insbesondere die Ausgestaltung variabler Vergütungssysteme für die Bedürfnisbefriedigung eine entscheidende Rolle spielt, ist verständlich, dass Veränderungen in diesem Bereich ganz besonders mit Ängsten verbunden sind. So weist Evers darauf hin, dass Veränderungen speziell beim Einkommen regelmäßig Misstrauen und Ängste auslösen.[164] Hartan/Preißler konstatieren für die Praxis, dass Umstellungen von Vergütungssystemen erhebliche Unruhe hervorrufen, weil die Mitarbeiter verunsichert sind und glauben, dass das neue System Nachteile mit sich bringt.[165]

Die bisher gemachten Ausführungen haben verdeutlicht, dass es bei der Einführung von Vergütungssystemen oftmals zu Ängsten kommt. In diesem Zusammenhang wurde aber noch keine Aussage dazu getroffen, welche Bedeutung die Angst vor Veränderung für die Akzeptanzbildung hat und welche Konsequenzen sich daraus für die zu entwickelnde Strategie ergeben. Zur Beantwortung dieser beiden Fragen scheint es angebracht, sich nochmals den Akzeptanzbildungsprozess zu vergegenwärtigen:[166]

Wie bereits ausgeführt, ist die Herausbildung eines Akzeptanzgrades im Sinne einer konativen Komponente das Ergebnis aus dem Zusammenspiel zwischen der zuvor erwähnten sowie der kognitiven und der affektiven Komponente. Abweichend von diesem Normalfall kann es jedoch bewusst oder unbewusst zur Entstehung einer Verhaltensbereitschaft bzw. eines Akzeptanzgrades kommen, obwohl das Individuum noch keine fundierten Kenntnisse über Merkmale und Eigenschaften des Akzeptanzobjektes besitzt.[167] Klapprott geht in diesem Zusammenhang davon aus, dass, bevor das Individuum überhaupt die Gelegenheit hat, den Einstellungsbereich systematisch zu erfassen, sich positive oder negative Stellungnahmen gegenüber den einstellungsrelevanten Objekten entwickeln.[168]

---

163 Vgl. Schanz, G. (1994), S. 389. In diesem Zusammenhang ist allerdings darauf hinzuweisen, dass Mitarbeiter mit einem Veränderungsprozess auch mehr positive als negative Konsequenzen verbinden können. In diesem Fall führt der Wandlungsprozess nicht zu einem Angstgefühl, sondern er fungiert als positiver Anreiz, den Prozess zu unterstützen. Da dieser Fall in der Betriebspraxis jedoch eher als Ausnahme angesehen wird u. zudem keinesfalls als Ursache für Nichtakzeptanz verstanden werden kann, wird er im Folgenden nicht weiter betrachtet. Vgl. Böhnisch, W. (1979), S. 88-90.

164 Vgl. Evers, H. (1998), S. 62.

165 Vgl. Hartan, M./Preißler, P. R. (1980), S. 109.

166 Vgl. dazu die Abb. 9 unter Punkt 2.2.2 mit den dazugehörigen Ausführungen.

167 Vgl. Döhl, W. (1983), S. 184; Schönecker, H. G. (1980), S. 107.

168 Vgl. Klapprott, J. (1975), S. 27.

Überträgt man die vorhergehenden einstellungstheoretischen Überlegungen auf die Angst vor Veränderung im Zusammenhang mit variablen Vergütungssystemen, so zeigt sich, dass diese Angst als affektive Komponente zu werten ist. Da diese Angst jedoch auf subjektiv erwarteten negativen Konsequenzen für die Bedürfnisbefriedigung beruht, führt sie schon vor der eigentlichen Einführung zur Entstehung einer ablehnenden Verhaltensbereitschaft bzw. zu einem niedrigen Akzeptanzgrad, der den zukünftigen Erfolg des Vergütungssystems in Frage stellen kann. Im Ergebnis kommt es dadurch zu einer Art „Vorurteil"[169] gegenüber dem variablen Vergütungssystem.[170]

Aufgrund der zuvor dargestellten Argumentation ist auch die Auffassung von Erdmann abzulehnen, die davon ausgeht, dass eine Bereitschaft zum Widerstand in der Anfangsphase nicht zu erwarten ist, weil zunächst Erfahrungen mit dem neuen System gesammelt werden.[171] Anstatt auf neue Erfahrungen zu warten, entwickelt das Individuum schon vorab eine Verhaltensbereitschaft. Dabei ist es möglich, dass diefehlenden Erfahrungen mit dem neuen System durch solche aus dem alten Systemersetzt werden, was mit der Gefahr verbunden ist, dass die Angst gegenüber dem neuen System durch tatsächliche Fehler und Versäumnisse aus früheren Vergütungsregeln verstärkt wird.[172]

Bis hierher kann als vorläufiges Ergebnis festgestellt werden, dass die Angst vor Veränderung schon bevor genauere Informationen oder Erfahrungen bekannt sind zu einem geringen Akzeptanzgrad führt. Damit ist aber die Bedeutung der Angst in ihrem ganzen Ausmaß für eine Akzeptanzstrategie noch nicht erfasst, denn die negative „Voreinstellung" erweist sich gegenüber neuen positiven Informationen als resistent bzw. stabil. Zur Erklärung dieses Zusammenhanges wird im Folgenden auf die Hypothese der selektiven Informationssuche und -vermeidung eingegangen. Da diese allerdings nicht isoliert von der kognitiven Dissonanztheorie betrachtet werden kann, ist es vorab notwendig, Letztere in ihren Grundzügen darzustellen:[173]

Die auf Festinger[174] zurückgehende Dissonanztheorie beinhaltet die Annahme, dass Individuen ein Gleichgewicht ihres kognitiven Systems, welches aus Meinun-

---

[169] Unter einem Vorurteil wird in der Sozialpsychologie eine Teilklasse v. Einstellungen mit meist negativen Inhalten verstanden, die sich vor allem auf die affektiv-wertende Komponente bezieht. Im Gegensatz zum hier vorliegenden Objekt beziehen sich Vorurteile meist aber auf Minoritäten, weshalb an dieser Stelle bei strenger Auslegung nicht v. einem Vorurteil gesprochen werden kann, obwohl es im Ergebnis zur ähnlich negativen Verhaltensbereitschaft führt. Vgl. Herkner, W. (1992), Sp. 805; Bierhoff, H. W. (1998), S. 251.

[170] Vgl. Döhl, W. (1983), S. 184.

[171] Vgl. Erdmann, U. (1991), S. 228.

[172] Vgl. Evers, H. (1998), S. 62. Andererseits ist aber auch davon auszugehen, dass die Einführung eines neuen Vergütungssystems um so mehr Ängste mit sich bringt, je besser die Mitarbeiter das alte akzeptierten. Als Begründung dafür lässt sich anführen, dass ein hoher Akzeptanzgrad des alten Systems das Risiko einer verringerten Bedürfnisbefriedigung durch das neue vergrößert. Vgl. zu dieser bedürfnisorientierten Argumentation etwa Schanz, G. (1994), S. 389f. o. Böhnisch, W. (1979), S. 87f.

[173] Vgl. Näheres zu den hier gemachten Erläuterungen bezüglich der Dissonanztheorie bei Fischer, L./Wieswede, G. (1997), S. 227-230; Frey, D./Gaska, A. (1993), S. 275-324; Weidemann, J./Frey, D. (1992), Sp.727-738; Festinger, L. (1978), S. 15-42.

[174] Vgl. Festinger, L. (1957): A Theory of Cognitive Dissonance.

gen, Einstellungen und Wissensinhalten besteht, erreichen möchten. Im System kommt es dabei zu Dissonanzen, wenn Kognitionen nach Auffassung des Individuums *psycho*-logisch – im Gegensatz zu rein logisch kausalen Unvereinbarkeiten – widersprüchlich sind. Diese Dissonanzen erlebt das Individuum als triebähnlichen, unangenehmen Spannungszustand, welchen es beseitigen möchte. Das Bedürfnis der Dissonanzreduktion ist hierbei um so stärker, je größer die Dissonanz ist.

Aufbauend auf der Theorie der kognitiven Dissonanz geht die Hypothese der selektiven Informationssuche und -vermeidung davon aus, dass Personen nach Entscheidungen solche Informationen sammeln, die auftretende Dissonanzen verringern, während sie dissonante, reduktionserschwerende Informationen vermeiden. Die Hypothese der selektiven Auswahl von Informationen behauptet also grundsätzlich[175], dass man die gewählte Entscheidungsalternative durch die selektive Aufnahme von Informationen zu unterstützen versucht.[176]

Kritisiert wird an der selektiven Informationsaufnahme in Verbindung mit der Dissonanztheorie u.a., dass die Faktoren der Dissonanzentstehung und -reduktion sowie die Auswahl der Maßnahmen zur Dissonanzreduktion nur unvollständig erklärt werden.[177] Ein weiterer wesentlicher Einwand richtet sich gegen die Einfachheit der Begriffe und Konzepte, was neben vielen Vorteilen dazu führt, dass sich die Komplexität des menschlichen Verhaltens nicht ausreichend erfassen lässt.[178] Als Ergebnis dieser Kritik hat z.B. Festinger selbst den Allgemeinheitsgrad der Hypothese von der selektiven Informationssuche eingeschränkt, indem er nicht mehr grundsätzlich eine Präferenz von konsonanten gegenüber dissonanten Informationen bejaht. Stattdessen vertritt er in einer späteren Revision seiner Hypothese die Auffassung, dass dissonante Informationen sogar aktiv gesucht werden können, wenn sie als nützlich gelten, oder aber wenn das Individuum davon ausgeht, dass es die dissonanten Informationen widerlegen kann.[179] Trotz der teilweise sehr massiven Kritik zählt die Dissonanztheorie zu den einflussreichsten und anerkanntesten Ansätzen innerhalb der Sozialpsychologie.[180] Insbesondere die Hypothese der selektiven Informationssuche und -vermeidung konnte in diesem Zusammenhang erfolgreich empirisch nachgewiesen werden.[181]

---

175 Auf den v. Festinger bei reversiblen Entscheidungen - darum handelt es sich bei der Akzeptanz v. Vergütungssystemen - unterstellten kurvilinearen Zusammenhang zwischen dem Ausmaß der Dissonanz u. der Stärke der Informationssuche bzw. -vermeidung wird hier nicht näher eingegangen. Dies hat zwei Gründe: Zum einen führt die unterstellte Beziehung nicht zu einer Einschränkung der Grundhypothese, zum anderen erscheint das Vorliegen der beiden Extrempunkte (keine bzw. sehr starke Dissonanz) bei der Akzeptanz v. Vergütungssystemen eher unwahrscheinlich. Vgl. Näheres zum Zusammenhang zwischen Dissonanzstärke u. selektiver Informationsaufnahme bei Festinger, L. (1978), S.129-133.

176 Vgl. Frey, D./Gaska, A. (1993), S. 295; Weidemann, J./Frey, D. (1992), Sp. 730.

177 Vgl. Weber, W./Mayrhofer, W./Niehüser, W. (1993), S. 86f.; Frey, D./Gaska, A. (1993), S. 284.

178 Vgl. Bornewasser, M. u. a. (1986), S. 95.

179 Vgl. Festinger, L. (1964), S. 81-83; Frey, D./Gaska, A. (1993), S. 296.

180 Vgl. Fischer, L./Wieswede, G. (1997), S. 227; Witte, E. H. (1994), S. 333, Frey, D./Irle, M. (1993), S. 274.

181 Vgl. dazu die Untersuchungen v. Frey, D./Stahlberg, D. (1986) S. 434-441; Frey, D./Rosch, M. (1984); S. 91-98; Ehrlich u. a. (1957), S. 98-102.

Bringt man nun die Erkenntnisse der selektiven Informationsaufnahme mit der Angst vor Veränderung bei variablen Vergütungssystemen in Verbindung, ergibt sich daraus, dass eine unzureichende Berücksichtigung der Angst nicht nur kurzfristig, sondern auch langfristig eine Ursache von nachhaltiger Nichtakzeptanz sein kann. Der Grund dafür liegt darin, dass sich die durch die Angst verursachte negative „Voreinstellung“ aufgrund von konsonanter Informationssuche und dissonanter Informationsvermeidung als sehr stabil erweist. Die negative „Voreinstellung“ führt zu einem „kognitiven Filter“[182], der ein Verändern der Einstellung z.B. durch das Hinzufügen von dissonanten Informationen und das Verringern von konsonaten Informationen erschwert. Dadurch könnte auch der von einigen Autoren im Zeitablauf erhoffte „Gewöhnungseffekt“ an variable Vergütungssysteme verhindert werden,[183] weil davon auszugehen ist, dass ein hoher Grad an Nichtakzeptanz bei der kleinsten Berührung mit dem System zum Widerstandsverhalten und nicht zur Gewöhnung führen wird. Aus diesem Grund kann es nur Ziel einer Akzeptanzstrategie sein, möglichst früh auftauchende Ängste abzubauen, um von vornherein eine negative Voreinstellung zu vermeiden. Dazu stellte Watson bereits 1966 fest: „Es gibt relativ wenige Beispiele dafür, dass alte Vorurteile durch bessere Information oder überzeugende Argumente abgebaut worden sind.“[184]

2.2.3 Möglichkeiten zur empirischen Überprüfbarkeit des Modells bzw. zur Messung der Akzeptanz von variablen Vergütungssystemen

Wie bereits erwähnt, ist das hier zugrunde gelegte Modell gegenwärtig nicht hinreichend empirisch überprüft.[185] Im Wesentlichen sind dafür folgende Ursachen verantwortlich:

- Einstellungen sind theoretische Konstrukte und damit nicht beobachtbare psychische Größen.[186] In diesem Zusammenhang konnte etwa die Beziehung zwischen Verhalten und Verhaltensbereitschaft noch nicht eindeutig geklärt werden.

- Im Modell sind eine Reihe von sich gegenseitig beeinflussenden Größen verarbeitet, die sich nur mit hohem Aufwand separieren lassen. Beispielsweise ist nur schwer ermittelbar, mit welcher Stärke sich die Flexibilität des Systems auf die Akzeptanz auswirkt.

- In einer dynamischen Umwelt lässt sich nur unter Einschränkungen feststellen, wie sich die Akzeptanz auf die Leistungsmotivation der Mitarbeiter in Kreditinstituten auswirkt, zumal eine gesteigerte Akzeptanz nicht unmittelbar zu höherer Leistung führen muss. Hinzu kommt, dass auch der Akzeptanzgrad zeitlich nicht stabil ist.

---

[182] Vgl. Döhl, W. (1983), S. 193.
[183] Vgl. Gaugler, E./Lay, G./Schilling, W.(1979), 56f.; Lattmann, C. (1975), S. 301; Willers, H. G. (1992), S. 493.
[184] Watson, G. (1975), S. 420. Der Aufsatz wurde erstmals 1966 veröffentlicht.
[185] Vgl. hierzu die Ausführungen unter Punkt 2.2.2.
[186] Vgl. Süllwold, F. (1969), S. 475.

Obwohl aus den zuvor genannten Gründen das Modell noch nicht vollständig empirisch belegt ist, dient es doch zur Strukturierung der Problemstellung. In diesem Sinne erscheint seine empirische Kontrolle auch nicht notwendig, da ausreichend Untersuchungen vorliegen, welche die Wichtigkeit der Einflussfaktoren (Objekt, organisatorische Integration, Angst) bestätigen.[187] Gerade das erscheint jedoch vor dem Hintergrund der Zielsetzung dieser Arbeit – Handlungsempfehlungen für eine Verbesserung der Akzeptanz zu generieren – entscheidend. Hinzu kommt, dass im Rahmen von Untersuchungen zu Motivationstheorien die Relevanz einiger Anforderungen wie etwa die der Transparenz oder der Gerechtigkeit nachgewiesen werden konnten.[188]

Obgleich also die vollständige empirische Überprüfung des Modells nicht notwendig ist, kann selbiges keinesfalls für die Ermittlung des Akzeptanzgrades in der betrieblichen Praxis behauptet werden.[189] Eine Verbesserung der Akzeptanz anzustreben, ohne sie messen[190] zu können, erscheint betriebswirtschaftlich ineffizient.[191] Aus diesem Grund wird im Folgenden diskutiert, ob und wenn wie, ein Akzeptanzgrad objektiv, zuverlässig und gültig erfasst werden kann.

Greift man in diesem Zusammenhang auf die in den Sozialwissenschaften gängigen Verfahren zur Datengewinnung zurück,[192] zeigt sich, dass bezüglich der Akzeptanz von Vergütungssystemen in erster Linie die Befragung in Betracht kommt.[193] So verspricht etwa die in der Akzeptanzforschung sonst übliche Beobachtung des Nutzungsverhaltens (Häufigkeit/Intensität) für sich alleine hier wenig Erfolg, weil von einer Nutzung hinsichtlich Vergütungssystemen nicht gesprochen werden kann.[194] Aus diesem Grund konzentriert sich die Arbeit im Folgenden auf das in der Einstellungs-

---

187 Vgl. dazu die Argumentation unter Punkt 2.2.2 sowie die in der dazugehörigen Fußn. angegebenen Untersuchungen.

188 Verwiesen wird hier nur auf Untersuchungsergebnisse zum Motivationsmodell v. Porter/Lawler unter 1.2.3.1.1 o. zur Equity-Theorie. Der Kerngedanke letzterer besteht darin, dass Mitarbeiter Vergleiche anstellen zwischen ihren Bemühungen u. den dafür erhaltenen Bemühungen einerseits, u. den dafür erhaltenen Belohnungen ihrer Kollegen in der gleichen Arbeitssituation andererseits. Vgl. Adams, J. S. (1963), S. 422-436 sowie Weinert, A. B. (1992), S. 281 u. die bei ihm angegebenen Untersuchungen.

189 Es geht hier also um einen Teilbereich des Modells. Im Fokus steht der Teil, in dem die Akzeptanz als abhängige Variable aufzufassen ist.

190 Unter Messen wird allgemein das systematische Beobachten u. Aufzeichnen v. empirischen Sachverhalten verstanden. Vgl. Kroeber-Riel, W./Weinberg, P. (1996), S. 188.

191 Gelingt eine Messung in der Praxis, vergrößert sich darüber hinaus die Chance, dass nach u. nach die im Modell erwogenen Zusammenhänge bewiesen werden können. Vgl. zu dieser Auffassung: Helmreich, R. (1980), S. 24.

192 Hierzu zählt die Befragung, die Messung des offenen Verhaltens, die Messung v. Reaktionen auf objektrelevantes Material, die Messung der Leistung bei objektiven Aufgaben sowie physiologische Messungen. Vgl. zu dieser Auflistung desgleichen zur näheren Beschreibung einzelner Verfahren: Petermann, F. (1980), S. 17-19.

193 Vgl. zu dieser Ansicht anstatt vieler: Döhl, W. (1983), S. 240 o. Neuberger, O. (1974b), S. 12.

194 Dennoch kann die Beobachtung als sinnvolle Ergänzung zur Befragung gelten, wenn man als Indikatoren etwa die Dauer der Beurteilungsgespräche o. den Umfang u. die Sorgfalt beim Ausfüllen v. Beurteilungsbögen zugrunde legt. Vgl. zu dieser Auffassung etwa Kroeber-Riel, W./Weinberg, P. (1996), S. 151 o. Petermann, F. (1980), S. 19. Bezüglich des Indikators „Beurteilungsbogen" u. dessen Aussagekraft vgl. das Fallbeispiel unter Punkt 4.2.

forschung am häufigsten eingesetzte Verfahren, die Befragung.[195] Dabei handelt es sich nach Scheuch um „ein planmäßiges Vorgehen mit wissenschaftlicher Zielsetzung, bei dem die Versuchsperson durch eine Reihe gezielter Fragen oder mitgeteilter Stimuli zu verbalen Reaktionen veranlasst werden soll."[196]

Grundsätzlich lassen sich Befragungen je nach Einstellungsobjekt unterschiedlich planen und durchführen. Vor dem Hintergrund des hiesigen Untersuchungsgegenstandes sowie der zuvor aufgeführten Gütekriterien (Objektivität, Reliabilität, Validität)[197] sollten nachstehende Punkte beachtet werden:

- **Inhalt der Befragung:** Ziel der Befragung sollte es sein, den Akzeptanzgrad des Systems für alle Mitarbeiter zu bestimmen. Des Weiteren sollten die Gründe für seine Höhe ermittelt werden. Dafür sind in Anlehnung an die Ursachen die drei Themenbereiche „Vergütungssystem", „Organisation" sowie „Implementierung" zu bilden.[198] Im Bereich „Vergütungssystem" sollten Items[199] zusammengefasst werden, die sich mit den Anforderungen, seinen Instrumenten sowie mit der Verknüpfung „Leistung – Vergütung" befassen.[200] Der Bereich „Organisation" sollte Items beinhalten, welche testen, mit welcher Stärke die Befragten eine Übereinstimung zwischen System und Organisation empfinden. Im Bereich „Implementierung" sind Fragen aufzunehmen, die darauf schließen lassen, wie der einzelne Mitarbeiter den Implementierungsprozess erlebt hat.

- **Voll- versus Stichprobenbefragung:** Obgleich eine Vollbefragung in der Regel zu den aussagekräftigsten Ergebnissen führt, lässt sie sich aus Kapazitäts- und Kostengründen nicht immer verwirklichen.[201] In diesem Fall ist auf eine repräsentative Stichprobenbefragung auszuweichen, die für bestimmte Teilgruppen der Population (z.B. für Tarif- oder AT-Mitarbeiter) differenzierte Ergebnisse zulässt.

- **Mündliche versus schriftliche Befragung:** Obwohl bei einer mündlichen Befragung gewöhnlich die Teilnahmebereitschaft größer ist, sollte wegen möglicher „Interviewerfehler"[202] auf sie verzichtet werden. Letztere resultieren u.a. aus der sozialen Beziehung zwischen Interviewer und Befragten und können auf die Untersuchungsergebnisse einen verzerrenden Einfluss haben. Aus diesem Grund wird hier eine schriftliche, strukturierte Befragung empfohlen. Besondere

---

195 Vgl. Vorwerk, K. (1994), S. 98.

196 Scheuch, E. K. (1962), S. 138.

197 Objektivität meint das Ausmaß, in dem die Testergebnisse unabhängig davon sind, wer den Test durchführt. Unter Reliabilität wird das Ausmaß der Zuverlässigkeit, unter Validität das der Gültigkeit (es misst das, was es messen soll) verstanden. Vgl. statt vieler zu diesen Gütekriterien: Martin, A. (1994), S. 164-169.

198 Für das Bilden v. Themenbereichen spricht, dass sie dem Befragten das Ausfüllen u. eine differenzierte Stellungnahme durch die Betrachtung eines Themas unter verschiedenen Gesichtspunkten erleichtern. Vgl. Borg, I. (2000), S. 108; Singer, R. (1978a), S. 79.

199 Darunter wird eine gerichtete Frage zusammen mit einer Menge relevanter Antwortmöglichkeiten verstanden. Vgl. Guttmann, L. (1994), S. 119.

200 Vgl. Näheres zu den Instrumenten v. Vergütungssystemen sowie zur Verknüpfung unter den Punkten 3.2f.

201 Vgl. hierzu u. im Folgenden: Borg, I. (2000), S. 60-63.

202 Vgl. zu diesem Begriff: Anger, H. (1969), S. 598.

Aufmerksamkeit ist dabei auf eine möglichst hohe Rücklaufquote von ausgefüllten Fragebögen zu legen.[203]

- **Zusammenstellung des Fragebogens:** Bezüglich des Fragebogens sind eine ganze Reihe von Aspekten zu berücksichtigen.[204] Um etwa eine möglichst hohe Rücklaufquote zu gewährleisten, sollte der Fragebogen nicht zu lang und die Fragen verständlich sein.[205] Zum Erhalt einer ungelenkten Stellungnahme ist darauf Wert zu legen, dass sie eindeutig und neutral formuliert sind. Dabei sind aus Gründen der genaueren Quantifizierung und Vergleichbarkeit überwiegend geschlossene Fragen zu verwenden; zur genaueren Ursachenerforschung sollten jedoch auch offene Berücksichtigung finden. Schließlich sollte der Fragebogen vorab an einer kleinen Stichprobe getestet werden, um ggf. Fehlerquellen und Schwierigkeiten vor der eigentlichen Befragung auszuräumen.

- **Operationalisierung:** Zur Ermittlung des Akzeptanzkontinuums ist die Verwendung einer mehrstufigen Rating-Skala notwendig. Die Literatur diskutiert diesbezüglich verschiedene Verfahren.[206] Im Folgenden wird sich auf das Likert-Verfahren[207], als das mit Abstand am häufigsten gebrauchte, beschränkt.[208] In einem ersten Schritt sind dafür etwa gleichviel günstige wie ungünstige Aussagen zu sammeln. In einem zweiten wird jedem Item eine fünfstufige Rating-Skala beigefügt, die den Befragten dazu dient, ihre Stellungnahme abzugeben. Als drittes werden die Items in einem Pretest hinsichtlich ihrer Validität geprüft. Im nächsten Schritt sind dann die Items der Grundgesamtheit bzw. der Stichprobe vorzulegen. Man erhält dadurch von jeder Person zu jedem Item einen positiven oder negativen Zahlenwert. In einem letzten Schritt wird nun der Summenwert von diesen Zahlen über alle Items berechnet. Dieser Summenwert gilt als Messwert für die individuelle Akzeptanz.

  Zu beachten ist bei dem Verfahren aus Gründen der Validität, dass die Addition einzelner Stellungnahmen zu einem Summenwert die gleiche Dimension erfordert, also zum gleichen Aussagetyp gehören sollte.[209] Die Schwachpunkte des Verfahrens liegen im ungleichen Skalenniveau sowie in der Schwierigkeit, mittlere Testwerte eindeutig interpretieren zu können.[210] Dennoch sieht die Literatur es als brauchbare Methode zur Messung von Einstellungen an.[211]

Insgesamt ist davon auszugehen, dass bei Orientierung an obige Vorgehensweise ein Akzeptanzgrad empirisch ermittelt werden kann, der obige Gütekriterien hinreichend erfüllt. So ermöglicht der hier geforderte standardisierte Fragebogen von sich aus zwar keine objektive Interpretation der Ergebnisse, zumindest aber eine

---

203 Vgl. Bungard, W. (1997), S. 13.
204 Vgl. hierzu die Übersicht bei Töpfer, A./Funke, U. (1985), S. 30-32.
205 Vgl. Borg, I. (2000), S. 183f.
206 Dazu zählen etwa die Verfahren v. Thurstone, Likert, Guttmann o. das semantische Differential. Vgl. Näheres dazu bei Fischer, L./Wiswede, G. (1997), S. 217-221.
207 Vgl. Likert, R. (1967), S. 90-95.
208 Vgl. Moser, K. (1993), S. 90.
209 Vgl. Singer, R. (1978b), S. 113f.
210 Vgl. Stahlberg, D./Frey, D. (1996), S. 224f.
211 Vgl. Stahlberg, D./Frey, D. (1996), S. 224f.

objektive Durchführung und Auswertung.[212] Zur Sicherstellung einer möglichst hohen Reliabilität wurden bewusst auf einige Erfahrungsregeln (Bildung von Themenbereichen, lediglich schriftliche Befragung) hingewiesen.[213] Bezüglich der Validität wurde die Dimensions-Problematik angesprochen. Sie lässt sich mit Hilfe einer Trennschärfen- in Verbindung mit einer Faktorenanalyse in befriedigendem Maße gewährleisten.[214]

2.3 Planvolles Vorgehen als Wesensmerkmal der Akzeptanzstrategie

Im vorherigen Kapitel wurde der Akzeptanzbildungsprozess dargestellt und analysiert, welche Ursachen für einen niedrigen Akzeptanzgrad verantwortlich sein können. Damit sind wichtige Vorarbeiten für die hier zu formulierende Strategie geleistet worden, weil eine ausführliche Ausgangsanalyse bereits Teil der Strategie ist, da sie an den Ursachen für Nichtakzeptanz anzusetzen hat. Ausgehend vom Begriff der Strategie, seinem Wesen und dem hier im Fokus stehenden Anwendungsbereich wird die Beachtung der Prinzipien „Information" und „Partizipation" sowie der rechtlichen Rahmenbedingungen für die sich daran anschließende Ablaufstruktur des Planungsprozesses als wesentlich identifiziert.

2.3.1 Der Begriff der Strategie

Der Begriff der Strategie wurde dem militärischen Bereich entnommen und kennzeichnet dort die Gesamtheit der Maßnahmen eines Konfliktpartners, denen konfliktentscheidende Bedeutung zukommt.[215] Ausgehend von diesen militärischen Wurzeln wurde der Strategiebegriff von der Spieltheorie in die Wirtschaftswissenschaften übertragen und insbesondere von der strategischen Unternehmensführung aufgegriffen.[216] Obwohl er im Rahmen der Betriebswirtschaftslehre dabei zunehmend unterschiedlich definiert wurde und inzwischen eine Vielzahl verschiedener Begriffsbestimmungen existiert,[217] lassen sich u.a. folgende zentrale Begriffsinhalte identifizieren:[218]

- Strategien sind langfristig angelegt, komplex und bestehen aus einer Vielzahl ineinandergreifender Einzelaktivitäten.

- Sie sind vom Management oder nachgelagerten Entscheidungseinheiten bewusst zu gestalten und zu planen.

- Strategien sind nicht die zukünftigen Maßnahmen selbst, sondern Überlegungen und Absichten hinsichtlich dieser Maßnahmen. Die Strategieformulierung steht also vor der Maßnahmenrealisierung.

---

212 Vgl. Rosenstiel, L. v. (1983), S. 245.
213 Vgl. Singer, R. (1978), S. 83f.
214 Vgl. zu dieser Analysemethode Fischer, L./Wiswede, G. (1997), S. 218.
215 Hanssmann, F. (1995), S. 255.
216 Vgl. zur Entwicklung des Strategiebegriffs in den Wirtschaftswissenschaften: Kreikebaum, H. (1997), S. 17-20; Gälweiler, A. (1990), S. 55-75.
217 Vgl. dazu Welge, M. K./Al-Laham, A. (1992), S. 165-170, die einen Überblick über deutschsprachige u. anglo-amerikanische Strategiedefinitionen geben.
218 Vgl. Macharzina, K. (1999), S. 197-199; Staehle, W. H. (1999), S. 603.

- Strategieüberwachung und -entwicklung ist ein kontinuierlicher Prozess.

Da die obigen Wesenszüge im Wesentlichen genauso für die hier zu entwickelnde Strategie von Relevanz sind, werden sie in folgender Definition zusammengefasst: Eine Strategie ist ein rational geplantes, in sich konformes Maßnahmenbündel, welches von der Unternehmensführung festgelegt wird und zur Erreichung der Unternehmensziele beitragen soll.[219] Dabei ist insbesondere der Aspekt der Planung und die damit verbundene Überwachung von Bedeutung, wie sich im Laufe dieses Teils noch zeigen wird. Zuvor soll jedoch der Anwendungsbereich der Strategie festgelegt werden, da das Ausmaß der Planung ganz entscheidend davon beeinflusst wird.

2.3.2 Anwendungsbereich der Strategie

Wie bereits mehrfach erläutert, soll mit Hilfe der zu entwickelnden Strategie die Akzeptanz von variablen Vergütungssystemen verbessert werden. Hierfür erscheint es zweckmäßig, die Strategie so auszuarbeiten, dass sie sowohl zur Verbesserung der Akzeptanz bestehender Systeme wie zur Verringerung von Akzeptanzbarrieren bei neu einzuführenden genutzt werden kann. Auf diese Weise soll auf die aktuelle Situation im Kreditgewerbe reagiert werden, um zum einen den über 30% der Banken, die bereits ein variables Vergütungssystem verwenden, die Möglichkeit zur Akzeptanzverbesserung zu geben. Zum anderen soll den annähernd 30 % der Institute, die beabsichtigen, ein derartiges System zu verwirklichen, ein Bezugsrahmen zur Reduktion von Akzeptanzbarrieren an die Hand gegeben werden.[220] Um in diesem Zusammenhang beiden Zielgruppen gerecht zu werden, wird im Folgenden die umfangreichere Strategievariante der völligen Neueinführung dargestellt, weil sie gewissermaßen die Variante der Überarbeitung mit einschließt. Für existierende Systeme sollten folglich nur die Gestaltungsempfehlungen selektiert werden, die zur unternehmensspezifischen Verbesserung beitragen können.

2.3.3 Die Bedeutung der Planung und Kontrolle für die Strategie

Wie die Definition des Strategiebegriffs bereits verdeutlichte, umfasst ein strategisches Verhalten eine bewusste Gestaltung, Planung und Kontrolle. Allgemein wird unter Planung der Vorgang der Suche, Bewertung und Auswahl von Handlungsalternativen verstanden, seine laufende Überwachung wird als Kontrolle bezeichnet.[221] Planung und Kontrolle sind also auf das engste miteinander verbunden, weil die Kontrolle der Aufdeckung von Planabweichungen und damit auch zur Feststellung des Planungserfolgs dient.[222] Aus diesem Grund wird im Folgenden unter einem

---

219 Vgl. Macharzina, K. (1999), S. 197. Die andere v. ihm angebotene grundlegende Definition – Strategien als Grundmuster im Strom v. Entscheidungen u. Handlungen – wird vom Verf. abgelehnt. Letztere erlaubt es schon v. einer Strategie zu sprechen, obgleich eine Planung nicht stattfindet. Auf diese Weise würde die Intention der Arbeit, ein idealtypisches Instrument zu entwickeln, obsolet.

220 Vgl. zum Datenmaterial: Hören, M. v. (1999), S. 89.

221 Vgl. Bestmann, U. (1992), S. 101 u. 112.

222 Vgl. Bea, F.X./Dichtl, E./Schweitzer, M. (1993), S. 89f.

planvollen Vorgehen auch die Kontrolle subsumiert;[223] nur wenn die Kontrolle als Tätigkeit oder Phase im Rahmen der Planung betont werden soll, wird sie gesondert herausgestellt. Für die vorliegende Arbeit ergibt sich die besondere Tragweite des planvollen Vorgehens dadurch, dass es die Voraussetzung für die Reduktion oder Vermeidung von Akzeptanzschwierigkeiten ist, welche im Rahmen des Akzeptanzmodells dargelegt worden sind:[224]

- Mit Hilfe einer sorgfältigen Planung können Zielkonflikte abgeschwächt werden, weil dadurch eine gründliche Entscheidungsvorbereitung einschließlich systematischer Abstimmung zwischen den Interessengruppen ermöglicht wird.[225]

- Eine umfassende Planung erlaubt die Identifizierung und Berücksichtigung der relevanten organisatorischen Einflussfaktoren und fördert das integrierte Denken, so dass eine verbesserte Konformität zwischen System und Organisation möglich erscheint.[226]

- Eine gründliche Planung kann zur Reduzierung von Ängsten beitragen, insofern, dass durch das Einbeziehen der Mitarbeiter in und durch das Informieren über den Planungsprozess Unsicherheiten verringert werden können und Vertrauen aufgebaut werden kann.[227]

Bezüglich obiger Aufzählung ist allerdings darauf hinzuweisen, dass das Instrument der Planung die angesprochenen Akzeptanzwirkungen nur erfüllen kann, wenn es auf den unternehmensindividuellen Rahmenbedingungen aufbaut, weil nur so eine hohe Konformität zwischen Unternehmen und Vergütungssystem gewährleistet ist. So weist Sturzenegger beispielsweise darauf hin, dass es für die Konzeption eines Vergütungssystems kein Patentrezept oder keine Musterlösung gibt;[228] Hartan/Preißler stellen fest, dass es keine allgemeingültigen Regeln gibt, wie man ein neues Vergütungssystem aufbaut.[229] Aus diesem Grund können in den folgenden Kapiteln des vorliegenden Teils und dem sich anschließenden zunächst nur generelle Gestaltungshinweise gegeben werden; anhand des Fallbeispiels im Teil 4 wird dann dargestellt, wie diese unternehmensindividuell spezifiziert worden sind.

2.3.4 Zu beachtende Prinzipien und Restriktionen im Planungsprozess

Bevor im nächsten Kapitel auf die Ablaufstruktur des Planungsprozesses näher eingegangen wird, richtet dieses vorab den Blick auf die Prinzipien „Information" und „Partizipation" sowie auf die rechtlichen Restriktionen. Wie im Folgenden gezeigt wird, gilt die durchgängige Berücksichtigung der Prinzipien im Planungsprozess als wirksames Instrument zur Herausbildung von positiven Akzeptanzgraden bei den Mitarbeitern. In ähnlicher Weise trifft dies auch auf die Beachtung bestimmter

---

223 So auch etwa Hammer, R. M. (1991), S. 13f.
224 Vgl. Näheres dazu unter Punkt 2.2.2.
225 Vgl. Koch, H. (1982), S. 7.
226 Vgl. Koch, H. (1982), S. 8.
227 Vgl. Näheres dazu unter den Punkten 2.3.4.1 u. 2.3.4.2.
228 Vgl. Sturzenegger, M. (19XX), S. 17.
229 Vgl. Hartan, M./Preißler, P. R. (1980), S. 75.

Rechtsvorschriften und -normen zu, allerdings kommt bei jenen hinzu, dass ihre unzureichende Beachtung eine Umsetzung des Systems unmöglich macht. Aus diesen Gründen werden sowohl die Prinzipien wie die rechtlichen Restriktionen vor dem Prozess als solches geschildert.

2.3.4.1 Information

Eine umfassende Versorgung der Mitarbeiter mit Informationen – von Kühlmann auch als „Schlüsselgröße" für die Verbesserung der Akzeptanz bezeichnet[230] – scheint vor allem zur Reduktion von Akzeptanzbarrieren geeignet, die aus Reorganisationsprozessen im Allgemeinen, insbesondere aber aus der Neueinführung oder Veränderung von variablen Vergütungssystemen resultieren und Ängste bei den Mitarbeitern zur Folge haben.[231] Eine wirksame Informationspolitik trägt insofern zur Verringerung von Ängsten bei, als dadurch unbegründete Befürchtungen, Gerüchte und Fehleinschätzungen reduziert werden können und im Gegenzug Vertrauen aufgebaut werden kann.[232] Des Weiteren schafft die Informationspolitik neben der affektiven Bewältigung des Veränderungsprozesses auch die instrumentelle Voraussetzung für die spätere Nutzung des Vergütungssystems, da es sich hierbei um komplexe Gebilde handelt, die vom Mitarbeiter einen hohen Kenntnisstand über die Zusammenhänge des Systems verlangen.[233] Aus diesen Gründen überrascht es nicht, wenn die Forderung nach einer umfangreichen Informationsweitergabe in Theorie und Praxis unbestritten ist.[234] Um so verwunderlicher sind hingegen die Ergebnisse verschiedener Untersuchungen, die darauf hindeuten, dass die praktische Verwirklichung dieser Einsicht keineswegs selbstverständlich ist.[235] Beispielsweise haben Weltz/Lullies in ihren Studien folgende Schwachpunkte betrieblicher Informationspraxis aufgedeckt:[236]

- Die Informierung geschieht nicht umfassend genug.
- Die Informierung erfolgt zu spät.
- Die weitere Übermittlung von Informationen durch Vorgesetzte bleibt ungesichert.
- Die Informierung geschieht nicht kontinuierlich, sondern mit langen Pausen.
- Die Informierung vernachlässigt die Bedeutung der Neuerung für den einzelnen Mitarbeiter.
- Die Informierung ist nicht anschaulich genug.
- Die Informierung ist nicht glaubwürdig, weil sie die anstehende Veränderung zu positiv darstellt.
- Der Informationsfluss verläuft einseitig von „oben" nach „unten".

---

230 Kühlmann, T.M. (1991), S. 26.

231 Vgl. Sturzenegger, M. (19XX), S. 17 sowie Weiteres dazu unter Punkt 2.2.2.3.

232 Vgl. Volk, H. (1986), S. 412.

233 Vgl. Müller, C. (1987), S. 123; Gaugler, E./Lay, G./Schilling, W. (1979), S. 36.

234 Vgl. zu dieser Einschätzung Vorwerk, K. (1994), S. 35 u. die bei ihm angeführte Literatur.

235 Vgl. zu dieser Auffassung Kühlmann, T. M. (1988), S. 262 u. die bei ihm angegebenen Untersuchungen, insbesondere die v. Hattke, W./Sydow, J. (1982), S. 710-719.

236 Vgl. Weltz, F./Lullies, V. (1983), S. 145f.

Insgesamt verdeutlichen die Befunde, dass es nicht ausreicht, lediglich die Informierung von Mitarbeitern zu postulieren.[237] Statt dessen bedarf es viel Mühe und Aufwand, damit die Umsetzung in der Praxis erfolgreich ist.[238] Letzteres gilt speziell für ein so sensibles Thema wie das der variablen Vergütung. So zeigen Erfahrungen aus der ehemaligen Bayerischen Vereinsbank[239] AG[240], dass eine frühzeitige und ausführliche Unterrichtung aller Mitarbeiter einen wahren „Kraftakt" darstellen kann.[241] Damit die mit Hilfe der Informationspolitik erwünschten Wirkungen auch tatsächlich eintreten, sollte wie nachstehend erläutert, auf einen möglichst frühen Informationszeitpunkt, auf die Glaubwürdigkeit der Information sowie auf deren Inhalt Wert gelegt werden:[242]

a) Informationszeitpunkt

Um Angstgefühle von vornherein zu reduzieren und somit unmittelbar einer stabilen negativen Voreinstellung entgegenzuwirken und mittelbar die Verfestigung eines geringen Akzeptanzgrades zu vermeiden, ist es sinnvoll, so früh wie möglich – also erstmals direkt nachdem sich die Unternehmensleitung zu einer Neu- oder Umgestaltung des Systems entschlossen hat – die Mitarbeiter und den Betriebsrat zu informieren.[243] Auch wenn damit die Schwierigkeit verbunden ist, dass die Auswirkungen des variablen Vergütungssystems im Einzelnen noch nicht bestimmbar sind und deshalb zu Beginn des Planungsprozesses nur allgemeine Angaben gemacht werden können,[244] wird an einer solchen Vorgehensweise festgehalten. Während die hierdurch induzierte Mitarbeiterverunsicherung mit Hilfe einer kontinuierlichen Informationspolitik wahrscheinlich relativ schnell wieder zerstreut werden kann, erscheint dies unmöglich für die massiven Ängste, die sich aus einer später einsetzenden Informationspolitik ergeben können. Sieht man beispielsweise eine Informierung erst vor, wenn die endgültige Ausgestaltung des Systems feststeht[245] bzw. sogar schon getestet wurde[246], ist davon auszugehen, dass zumindest ein Teil der Belegschaft „Wind von der Sache bekommt" und dadurch das Gefühl der Angst durch aufkommendes Misstrauen noch verstärkt wird.[247] Doch selbst wenn es gelingen sollte, den Plan bis zur Implementierung geheim zu halten, führt jenes Vorgehen bei seiner Offenlegung nicht weniger zu massiven Ängsten, denn es ist anzunehmen, dass sich ein Großteil der Mitarbeiter durch die für sie völlig neue und unerwartet entstandene Situation bedroht fühlt und sie das Gefühl haben, vom System „überrollt" zu werden.[248]

---

237 Vgl. Kühlmann, T. M. (1991), S. 27.
238 Vgl. Vorwerk, K. (1994), S. 39.
239 Sie ist seit dem 1.09.1998 mit der Bayerischen Hypotheken- u. Wechselbank AG zur Bayerischen Hypo- u. Vereinsbank AG fusioniert.
240 Aus Vereinfachungsgründen wird im Folgenden bei Unternehmensbezeichnungen auf die Hinzufügung der Rechtsform verzichtet.
241 Vgl. Laber, H./Maassen, O. (1996), S. 60.
242 Vgl. Frese, M./Brodbeck, F. C. (1989), S. 39.
243 Vgl. Frese, M./Brodbeck, F. C. (1989), S. 39 u. die vorstehenden Ausführungen unter Punkt 2.2.2.3.
244 Vgl. Gerl, K. (1975), S. 300.
245 Vgl. Zander, E. (1990), S. 188, Erdmann, U. (1991), S. 231.
246 Vgl. Hartan, M./Preißler, P. R. (1980), S. 107.
247 Vgl. Kühlmann, T. M. (1988), S. 266; Hartan, M./Preißler, P. R. (1980), S. 107.
248 Vgl. Gerl, K. (1975), S. 300.

Wie zuvor bereits angedeutet, reicht eine frühzeitige Informierung im Sinne eines einmaligen Aktes zur Angstreduktion allein nicht aus. Sie wird vielmehr nur erfolgreich sein, wenn sie kontinuierlich den Planungsprozess begleitet. Nur so erscheint die Informationspolitik für die Mitarbeiter glaubwürdig und eröffnet ihnen die Möglichkeit, sich nach und nach ein schlüssiges und realistisches Bild vom Vergütungssystem aufzubauen.[249]

b) Glaubwürdigkeit der Information

Neben der zuvor herausgestellten Forderung nach Kontinuität in der Informationspolitik gibt es eine Fülle weiterer Faktoren, welche die Glaubwürdigkeit von Informationen erhöht. Fasst man diese in Gruppen zusammen, so ist die Glaubwürdigkeit abhängig von Kontinuität und Langfristigkeit der Informationsweitergabe, vom Inhalt der Information sowie von dessen Sender:[250]

- Wie unter Punkt a) bereits beschrieben, sollten Informationen langfristig und kontinuierlich gegeben werden. Andernfalls besteht die Gefahr, dass die Mitarbeiter der betrieblichen Informationspolitik nicht vertrauen, weil sie zur Überzeugung gekommen sind, dass man sich auf sie nicht verlassen kann.

- Inhaltlich ist darauf zu achten, dass sämtliche Informationen dem Grunde nach, aber auch in ihrem Ausmaß dem Grundsatz der Wahrheit entsprechen. Letzteres verbietet z.B. unsachgemäße Übertreibungen oder die einseitige Darstellung von positiven Effekten des Systems, ohne dabei negative Auswirkungen angemessen zu berücksichtigen. Im Resultat sollte die Informationspolitik abwägend und nicht nur propagandistisch gefärbt sein, weil so am ehesten gewährleistet ist, dass Informationen überhaupt aufgenommen und Vorteile auch als solche registriert werden.

- Beim Sender der Information ist ebenfalls darauf zu achten, dass er eine hohe Glaubwürdigkeit besitzt. Davon ist z.B. auszugehen, wenn es sich um anerkannte externe Berater oder um geschätzte interne Fachpromotoren handelt. Glaubwürdigkeit kann aber gleichfalls erzeugt werden, indem Geschäftsleitung und Betriebsrat gemeinsam informieren, weil die Mitarbeiter durch die Beteiligung des Betriebsrates in der Regel die Gewähr haben, dass die gemachten Angaben in ihrem Ausmaß der Wahrheit entsprechen.

c) Informationsinhalt

Abgesehen von den zuvor beschriebenen Auswirkungen des Informationsinhaltes auf die Glaubwürdigkeit, spielt dieser ebenso für das Mitarbeiterinteresse eine entscheidende Rolle. So erlebt der Mitarbeiter Mitteilungen über die Notwendigkeit der Neuerung oder die Darstellung etwaiger Zwischenstufen zunächst als zweitrangig, da sie zwar der Transparenz dienen, dem Einzelnen aber kein Urteil über Art und

---

249 Vgl. Vorwerk, K. (1994), S. 37.

250 Vgl. speziell zu dieser Gruppenbildung Vorwerk, K. (1994), S. 37. Zu den dazu folgenden Ausführungen vgl. des Weiteren Frese, M./Brodbeck, F. C. (1989), S. 39; Kühlmann, T.M. (1988), S. 263-265; Gerl. K. (1975), S. 290-292; Kalbermatten, M. (1963), S. 69.

Ausmaß der Betroffenheit ermöglichen.[251] Aus diesem Grund stehen in Bezug auf variable Vergütungssysteme zunächst die folgenden Fragen im Vordergrund:[252]

- Wie wirkt sich das neue Vergütungssystem auf meine zur Zeit bestehende Gehaltshöhe aus?
- Welche Risiken und Chancen sind für mich mit dem variablen Vergütungssystem verbunden?
- Welche Konsequenzen hat eine „schlechte" Beurteilung auf mein Gehalt?

In diesem Zusammenhang sollte auch auf Ängste explizit eingegangen werden. Des Weiteren ist grundsätzlich darauf zu achten, dass Informationen anschaulich vermittelt werden und am Kenntnisstand der Mitarbeiter ansetzen sowie nicht zu viele Informationen gegeben werden.[253] Bei Nichtbeachtung dieser Grundsätze besteht ansonsten die Gefahr, dass Informationen ignoriert oder falsch verstanden werden und sie sich auf diese Weise anstatt positiv sogar negativ auf die Akzeptanzbildung auswirken könnten.[254]

Abschließend bleibt zur Informationspolitik festzuhalten, dass sie die Akzeptanzbildung um so positiver beeinflussen kann, je mehr die drei vorstehenden Aspekte beachtet werden. Zusätzlich stellt eine wirksame Informationspolitik die Voraussetzung zur Verwirklichung des Prinzips der Partizipation dar, weil ohne genaue Informationen und umfangreiche Kenntnisse eine nutzenbringende Mitwirkung nicht erwartet werden kann.[255]

2.3.4.2 Partizipation

Mit dem Einräumen von Partizipationsmöglichkeiten, also mit der Einbeziehung von Mitarbeitern in Planungs-, Entscheidungs- und Kontrollprozessen außerhalb gesetzlicher Vorschriften[256], werden üblicherweise mehrere Ziele, wie z.B. die Möglichkeit zur Selbstentfaltung oder die Steigerung der Leistungsmotivation, verfolgt.[257] Hier steht lediglich der in zahlreichen Untersuchungen nachgewiesene positive Zusammenhang zwischen der Teilnahme an Entscheidungen und ihrer Akzeptanz im Vordergrund.[258] Dass jene Beziehung im Regelfall ebenso für variable Vergütungssysteme angenommen werden kann, ergibt sich aus den folgenden Überlegungen:

---

251 Vgl. Kühlmann, T. M. (1991), S. 27.

252 Vgl. dazu die allgemeinen Fragen bei Kühlmann, T. M. (1991), S. 27, die hier für variable Vergütungssysteme modifiziert worden sind.

253 Vgl. Frese, M./Brodbeck, F. C. (1989), S. 40.

254 Vgl. Müller, C. (1987), S. 124.

255 Vgl. Frese, M./Brodbeck, F. C. (1989), S. 44f.

256 Vgl. zu dieser Definition Becker, F. G. (1994), S. 280 u. 258. Im Gegensatz zur gesetzlich verankerten Mitbestimmung wird v. Partizipation nur dann gesprochen, wenn sie außerhalb gesetzlicher Vorschriften gegeben ist. Vgl. Rosenstiel, L. v. (1989), S. 660 u. die bei ihm angegebene Literatur.

257 Vgl. zu den aufgeführten Zielen die Ausführungen unter Punkt 2.2.2.2 zum Führungsstil. Die Übereinstimmung der Ziele zwischen Führungsstil u. Partizipation ergibt sich daraus, weil sich das Ausmaß der Partizipation u.a. im Führungsstil äußert. Vgl. Corsten, H. (1995), S. 714.

258 Vgl. dazu die Auffassung v. Rosenstiel, L. v. (1989), S. 663 u. die bei ihm angegebenen Untersuchungen.

- Eine Beteiligung ermöglicht das Aufgreifen von unternehmensspezifischen Fachkenntnissen,[259] wie sie vor allem die Anwender – darunter fallen insbesondere die Führungskräfte mittlerer und unterer Hierarchieebenen, da sie selbst beurteilen aber ebenso persönlich beurteilt werden – aufgrund ihrer täglichen Arbeit mit früheren Vergütungssystemen gesammelt haben. Außerdem ist auf diese Weise gewährleistet, dass bei der Planung bedeutende Gesichtspunkte nicht vergessen werden.[260] Insgesamt wird mit diesen beiden Punkten die Hoffnung verbunden, Vergütungssysteme als solche zu verbessern und ihre Unternehmensintegration zu fördern.

- Mit Hilfe einer Entscheidungsbeteiligung können Interessenkonflikte verringert und befriedigende Kompromisse gefunden werden, weil den Mitarbeitern dadurch Schwierigkeiten bei der Systemkonzeption vermittelt werden können und sie somit ein realistisches Bild von den Gestaltungsmöglichkeiten erhalten.[261]

- Durch die Teilnahme der Mitarbeiter am Planungs- und Kontrollprozess fließen ihre Werte und Bedürfnisse in das System mit ein, was die Systemakzeptanz erhöhen kann.[262]

- Durch die Beteiligung der Mitarbeiter am Planungs- und Kontrollprozess wird eine höhere Identifikation mit dem variablen Vergütungssystem hervorgerufen, die gleichzeitig einen sehr niedrigen Akzeptanzgrad unmöglich macht, weil es sonst zu erheblichen Dissonanzen kommen würde, bei denen sich das Individuum mit etwas identifiziert, was es nicht akzeptiert.[263]

Die aufgeführten Argumente verdeutlichen, dass gewöhnlich von Partizipationsangeboten positive Wirkungen auf die Akzeptanzbildung ausgehen. Allerdings darf hierbei nicht übersehen werden, dass die Einräumung von Partizipationschancen mit Schwierigkeiten verbunden ist und keinesfalls ein „Allheilmittel“[264] darstellt. So kann beispielsweise unterstellt werden, dass das Einräumen von Beteiligungsmöglichkeiten den Planungsprozess nicht nur vereinfacht, sondern auch verkompliziert, weil durch die größere Anzahl der zu berücksichtigenden Sichtweisen eine Vorantreibung des Prozesses erschwert wird, was bis zu seiner „Versandung“ führen kann.[265] Des Weiteren ist durch Partizipation eine Verringerung von Interessenkonflikten keineswegs gesichert, insbesondere dann nicht, wenn die Interessen sehr weit auseinanderliegen.[266] Davon ist jedoch bei der Gestaltung von Vergütungssystemen auszugehen, denn damit ist meist eine Veränderung der Lohnhöhe verbunden.

Trotz der genannten Kritikpunkte findet die Schaffung von Partizipationsmöglichkeiten im Allgemeinen, speziell aber für variable Vergütungssysteme, breite Zustim-

---

259 Vgl. Frese, M./Brodbeck, F. C. (1989), S. 42f.
260 Vgl. Weltz, F./Lullies, V. (1983), S. 129.
261 Vgl. Kirsch, W./Esser, W.-M./Gabele, E. (1979), S. 301.
262 Vgl. Mülder, W. (1984), S. 95.
263 Vgl. Gerl, K. (1975), S. 322f. Zur Entstehung v. Dissonanz vgl. die Ausführungen unter Punkt 2.2.2.3.
264 Suffel, W. (1981), S. 323.
265 Vgl. Vorwerk, K. (1994), S. 32; Kirsch, W./Esser, W.-M./Gabele, E. (1979), S. 300.
266 Vgl. Kirsch, W./Esser, W.-M./Gabele, E. (1979), S. 300.

mung, wenn auch über das notwendige Ausmaß unterschiedliche Auffassungen bestehen.[267] Wie weit die Teilnahme im Planungsprozess von variablen Vergütungssystemen letztlich gehen soll, kann hier nicht allgemeingültig beantwortet werden, da das Ausmaß u.a. davon abhängt, inwieweit die Mitarbeiter und Führungskräfte Partizipationsbereitschaft und -fähigkeit zeigen und inwiefern das Organisationsklima eine vertrauensvolle Zusammenarbeit ermöglicht.[268] Obwohl deshalb ein für alle Unternehmen gültiges Partizipationsausmaß nicht festgelegt werden kann, bleibt zumindest normativ die Forderung bestehen, dass ihr Umfang so groß wie möglich sein sollte, wenn auch eine nur annähernd vollständige Partizipation als Illusion angesehen werden kann. Letzteres ergibt sich schon daraus, dass zumindest die Verwirklichung einer für die Akzeptanzbildung als besonders bedeutsam eingestuften, direkten Partizipation[269] – bei ihr werden die Betroffenen unmittelbar am Planungsprozess beteiligt, während dies bei der indirekten nur mittelbar etwa über Interessenvertreter geschieht[270] – in der Regel um so aufwendiger wird, je größer die Anzahl der Mitarbeiter ist.[271] Solche oder ähnliche Bedenken dürfen allerdings keinesfalls dazu führen, dass lediglich eine Pseudo-Partizipation – darunter versteht man das Vorspielen von Entscheidungsmöglichkeiten, die in Wirklichkeit nicht bestehen – realisiert wird,[272] denn jene hat bei ihrer Entdeckung unweigerlich einen Aufbau von Akzeptanzbarrieren zur Folge.[273] Aus diesem Grund ist es wichtig, bereits jeden Verdacht der Pseudo-Partizipation, der z.B. aufkommen könnte, wenn den Mitarbeitern nicht in allen Phasen des Planungsprozesses Mitwirkungsmöglichkeiten angeboten würden, im Keim zu ersticken.

2.3.4.3 Rechtliche Rahmenbedingungen

Bei der Festlegung oder Änderung von Vergütungsmodalitäten sind zusätzlich zu den dargestellten Prinzipien arbeitsrechtliche Vorschriften und Normen zu beachten. Für spezielle Bankbereiche sind darüber hinaus bankaufsichtsrechtliche Bestimmungen zu erfüllen, wobei beide Rechtsgebiete eine Umsetzung variabler Vergütungssysteme erschweren und Akzeptanzschwierigkeiten verursachen können. Nachstehend erfolgt deshalb die Darlegung der jeweiligen rechtlichen Grundlagen und die Erläuterung der sich daraus ergebenden Konsequenzen.

---

267 Vgl. zu den allgemeinen Aussagen die gleichlautenden Einschätzungen v. Vorwerk, K. (1994), S. 29 u. Kühlmann, T. M. (1988), S. 269 sowie die bei ihnen angegebene Literatur. Partizipation im Zusammenhang mit variablen Vergütungssystemen wird etwa v. Nagel, K./Schlegtendal, G. (1998), S. 184; Lawler III, E. E. (1988), S. 71 gefordert o. bei Zander, E. (1990) bereits im Vorwort propagiert.

268 Vgl. Schanz, G. (1992), Sp. 1908f.

269 Dies wird mittelbar aus Untersuchungen geschlossen, die im Vergleich zur indirekten Partizipation gezeigt haben, dass insbesondere die direkte die AZ erhöht. Vgl. dazu die bei Rosenstiel, L. v. (1989), S. 662 angegebenen Untersuchungen. Aufgrund der „erheblichen Nähe" des Zufriedenheits- zum Akzeptanzkonzept - vgl. dazu Näheres unter Punkt 2.1.4 - wird davon ausgegangen, dass die Akzeptanz vor allem durch direkte Einflussmöglichkeiten erhöht wird.

270 Vgl. zu dieser Unterscheidung Hill, W./Fehlbaum, R./Ulrich, P. (1981), S. 263.

271 Vgl. Frese, M./Brodbeck, F. C. (1989), S. 47.

272 Vgl. Lie, H.-H. (1995), S. 27.

273 Vgl. Mann, F.C./Neff, F.W. (1964), S. 80f.

a) Vorschriften und Normen des Arbeitsrechts

Die Gestaltung der Vergütungsform und -höhe fällt in den Regelungsbereich des Arbeitsrechts.[274] Da das Arbeitsrecht als eigenständiges Rechtsgebiet dem Privatrecht zugerechnet wird, unterliegt es grundsätzlich privatautonomer Gestaltungsmöglichkeiten und beinhaltet somit die Vertragsfreiheit.[275] Diese Autonomie wird jedoch stärker als im sonstigen Privatrecht durch zahlreiche Normen, die sich in speziellen Arbeitsgesetzen (insbesondere in Arbeitsschutzgesetzen), aber auch in Gesetzen anderer Rechtsgebiete (wie GG, BGB, HGB) wiederfinden, und die Kasuistik beschränkt.[276] Außerdem schaffen im Rahmen der geltenden Rechtsvorschriften Tarifverträge, Betriebs- und Dienstvereinbarungen objektives Recht, das zugunsten der Arbeitnehmer bestimmte Arbeitsbedingungen unmittelbar und zwingend festlegt. Schließlich können auch durch individuelle Arbeitsverträge besondere Abmachungen getroffen werden. Folglich können Fragen zur Vergütung in **Tarifverträgen**, in **betriebsinternen Vereinbarungen** oder in **Einzelarbeitsverträgen** verankert sein, wobei die Reihenfolge der aufgelisteten Rechtsgrundlagen gleichfalls deren Rangfolge entspricht.[277] Das bedeutet, dass die Bestimmungen der jeweils übergeordneten Rechtsquelle den Rahmen für die untergeordneten beschränken, insofern als dass Abweichungen nur zulässig sind, wenn sie die Situation des Arbeitnehmers verbessern (Günstigkeitsprinzip).[278]

Der **Tarifvertrag** ist ein privatrechtlicher Vertrag zwischen Gewerkschaft(en) und Arbeitgeber(n), in dem beiderseitige Rechte und Pflichten arbeitsrechtlicher Art geregelt (schuldrechtlicher Teil) sowie Vereinbarungen über Inhalt, Abschluss und Beendigung von Arbeitsverhältnissen (normativer Teil) getroffen werden.[279] Die Regelungen zur Vergütung befinden sich im normativen Teil des Tarifvertrages.

Im Bankgewerbe kommen für die einzelnen Institutsgruppen jeweils getrennte Tarifverträge zur Anwendung, die – abgesehen von denen der Sparkasse – im Wesentlichen übereinstimmen. Für die Vergütung im privaten Bankgewerbe und die öffentlichen Banken sind hauptsächlich der Manteltarifvertrag, der u.a. die Eingruppierung in die neun Tarifgruppen regelt,[280] und der Gehaltstarifvertrag, der die meist jährlich neu zu verhandelnden Tarifgehälter beinhaltet, ausschlaggebend. Im Genossenschaftssektor gelten ähnliche Vereinbarungen. Lediglich für die Mehrzahl der Sparkassen finden durch den Bundes-Angestelltentarifvertrag (BAT) mit Sonderregelungen für Angestellte der Sparkassen sowie durch die Allgemeine Vergütungsordnung für den Bereich der Vereinigung der Kommunalen Arbeitgeberverbände gesonderte Übereinkommen Verwendung. Obgleich die Tarifverträge hierbei grundsätzlich nur die Tarifvertragsparteien binden, gelten sie in der Praxis ebenfalls in den meisten tarifungebundenen Banken bzw. kommen auch den Nicht-Gewerkschaftsmitgliedern zu Gute.[281]

---

274 Vgl. Schierenbeck, H./Arnsfeld, T. (1996), S. 60.
275 Vgl. Söllner, A. (1998), S. 32 u. 43.
276 Vgl. Obst, G./Hintner, O. (1993), S. 959.
277 Vgl. Gaul, D. (1986), S. 10.
278 Vgl. Wollenschläger, M. (1999), S. 27.
279 Vgl. Schaub, G. (2000), S. 1934.
280 Vgl. Weiteres zur Eingruppierung sowie zur Kritik am Manteltarifvertrag unter Punkt 3.2.1.1 b).
281 Vgl. Lindena, B. (1997a), S. 232f.

Derweil Tarifverträge sich auf eine Institutsgruppe beziehen, besteht auf betrieblicher Ebene die Möglichkeit, mit Hilfe betriebsinterner Vereinbarungen Regelungen für das einzelne Kreditinstitut abzuschließen.[282] Diese Vereinbarungen werden zwischen den Arbeitnehmervertretungen – dem Betriebsrat (öffentlicher Dienst: Personalrat) bzw. dem Sprecherausschuss für leitende Angestellte (nicht im öffentlichen Dienst) – und den Arbeitgebervertretern getroffen.

Betriebsvereinbarungen (im öffentlichen Dienst: Dienstvereinbarungen) sind Verträge, die zwischen der Bankführung und dem Betriebsrat abgeschlossen werden. Sie beinhalten Angelegenheiten, die nicht oder üblicherweise nicht im Tarifvertrag geregelt sind (Tarifvorbehalt gem. § 77 Abs. 3 BetrVG).[283] Infolge der gesetzlich verankerten Mitbestimmung (§ 87 BetrVG bzw. § 75 BPersVG) haben Betriebsräte bei einer Vielzahl personeller und sozialer Maßnahmen mitzubestimmen, wobei die betriebliche Lohngestaltung ebenfalls der Mitbestimmung unterliegt. Sie umfasst sowohl die Aufstellung von Entlohnungsgrundsätzen wie die Einführung und Anwendung von neuen Entlohnungsmethoden als auch deren Änderungen; außerdem ist die Mitbestimmung bei der Festsetzung leistungsbezogener Vergütungsbestandteile vorgesehen (§ 87 Nr. 10 und 11 BetrVG bzw. § 75 BPersVG).[284] Nicht mitbestimmungspflichtig ist hingegen die absolute Gehaltshöhe.[285]

Betriebsvereinbarungen gelten für alle Arbeitnehmer, jedoch nicht für die leitenden Angestellten. Folglich werden auch die Interessen der AT-Mitarbeiter ohne Leitungsbefugnisse vom Betriebsrat wahrgenommen, so dass er etwa Einfluss auf die Bildung von Funktionsgruppen für AT-Angestellte nehmen kann.[286] Im Gegensatz dazu fallen die leitenden Angestellten nicht in den Geltungsbereich des BetrVG. Für sie ist das Gesetz über Sprecherausschüsse der Leitenden Angestellten maßgeblich, welches für Sprecherausschüsse keine Mitbestimmungs-, sondern lediglich Mitwirkungsrechte vorsieht (§ 30 S. 1 Nr. 1 SprAuG).[287] Für die Arbeitgeberseite besteht somit keine rechtliche Verpflichtung, die durch den Sprecherausschuss vorgebrachten Gestaltungswünsche zu berücksichtigen. Allerdings erscheint deren Beachtung aus Akzeptanzgründen dringend geboten.[288]

Letztlich finden sich auch in den **einzelvertraglichen Regelungen** Vereinbarungen, die sich auf die Vergütung beziehen, so werden in ihnen das Gehalt und eventuelle Sondervergütungen festgelegt. Hierbei existieren jedoch Beschränkungen aufgrund des arbeitsrechtlichen Günstigkeitsprinzips, wonach der individuelle Arbeitsvertrag nicht zuungunsten eines Arbeitnehmers von tarifvertraglichen oder betrieblichen Vereinbarungen abweichen darf.

---

282 Vgl. Söllner, A. (1998), S. 200.
283 Vgl. Lindena, B. (1997a), S. 232.
284 Zu den Einschränkungen im Sparkassensektor vgl. Erdmann, U. (1991), S. 85.
285 Vgl. Zander, E. (1990), S. 70.
286 Vgl. Stadler, H. (1983), S. 22f. Zur Bildung v. Funktionsgruppen vgl. die Ausführungen unter Punkt 3.3.2.
287 Vgl. Näheres zum Umfang u. zur Reichweite v. Mitwirkungsrechten der Sprecherausschüsse die Dissertation v. Hacker, N. (1995), S. 72-78.
288 Vgl. Rinker, A. (1997), S. 276.

Die Gestaltung eines Vergütungssystems wird maßgeblich von den vorstehenden arbeitsrechtlichen Vorschriften beeinflusst. Vor dem Hintergrund der Akzeptanz können sich hierbei sowohl die **Wahrung des Besitzstandes** wie auch das Vorliegen einer **betrieblichen Übung** bei Erfolgsbeteiligungen als problematisch erweisen:

Der **materielle Besitzstand** ist vom Arbeitgeber zu wahren, falls dem Mitarbeiter Zusagen auf die Beibehaltung des erworbenen Besitzstandes (sogenannte Bestands- oder Besitzstandsklausel) eingeräumt wurden.[289] Dieser erstreckt sich nicht nur auf die fixen, sondern ebenfalls auf die variablen Gehaltsbestandteile, die vom Ausmaß her im bisher üblichen Rahmen aufrechtzuerhalten sind.

Bezüglich der Gewährung einer Erfolgsbeteiligung besteht grundsätzlich kraft des Gesetzes kein Rechtsanspruch. Für sie ist folglich eine eigene Rechtsgrundlage zu schaffen, entweder durch ein Angebot seitens der Bankführung, durch eine betriebsinterne Vereinbarung oder durch eine einzelvertragliche Regelung,[290] wobei aus den jeweiligen Rechtsgrundlagen unterschiedliche Rechtsfolgen resultieren. So kann unter bestimmten Voraussetzungen aus einer freiwilligen Leistung der Bankleitung eine „**betriebliche Übung**" erwachsen, welche die Bank langfristig zur Zahlung der Erfolgsbeteiligung zwingt. Eine betriebliche Übung liegt nach der Rechtsprechung immer dann vor, wenn ein Institut drei Jahre hintereinander eine Erfolgsbeteiligung eingeräumt hat.[291] Sie kann jedoch vermieden werden, wenn bereits bei der Leistungszusage jede Verpflichtung für die Zukunft ausgeschlossen wird.[292] Bestehende betriebliche Übungen können hingegen vollständig nur im Wege einer Änderungskündigung[293] aufgehoben werden.[294]

Beruht eine Erfolgsbeteiligung auf einer Betriebsvereinbarung, so lässt sich diese nur einvernehmlich mit dem Betriebsrat ändern. Sie hat den Vorteil, dass die Geschäftsleitung nicht mit jedem Mitarbeiter individuell eine Vertrag aushandeln muss. Zudem kann eine Befristung ex ante festgelegt werden, allerdings gehen dem Ab-

---

289 Vgl. hierzu u. im Folgenden: Hillert, A. u. a. (1976), S. 67f.

290 Vgl. Schneider, H. J./Zander, E. (1982), S. 80-83.

291 Vgl. z.B. die Urteile des BAG vom 20.04.56 (1 AZR 476/54) in: DB (1956), S. 595; vom 17.4.57 (2 AZR 411/54) in: DB (1957), S. 483; vom 4.9.85 (7 AZR 262/83) in: DB (1985), S. 1627.

292 Vgl. Küttner, W. (1995), S. 66.

293 Ein variables Vergütungssystem könnte eine unzulässige Umgehung des KSCHG bei personenbedingten Kündigungen darstellen: Denn erbringt ein Mitarbeiter die Leistung nicht mehr im gewünschten Umfang, muss der Arbeitgeber zur Minderung seines Entgelts eine Änderungskündigung aussprechen. Letztere ist aber an strenge gesetzliche Voraussetzungen u. an die Anhörung des Betriebsrates gebunden. Kann der Arbeitgeber, wie bei einem solchen System die Höhe der Vergütung regulieren, ist die Änderungskündigung obsolet. Die Rechtsprechung erwähnt die oben angesprochene Problematik an keiner Stelle. Der Verf. hält eine Umgehung des KSCHG für nicht gegeben: Zum einen erhält der Mitarbeiter nämlich auch bei Schlechtleistung ein Fixgehalt, denn der Sockelbetrag ist unabhängig v. der Leistung. Zum anderen ist der Begriff der Umgehung v. der Rechtsprechung eng definiert. Sie liegt nur dann vor, wenn sie nach Treu u. Glauben zu schlechten u. untragbaren Ergebnissen führt. Vgl. BGHZ, Bd. 29, S. 10 u. BGHZ, Bd. 48, S. 398. Das System führt jedoch zu keinem schlechten untragbaren Ergebnis, denn wie oben dargelegt, erhält der Mitarbeiter in jedem Fall – d.h. auch bei Schlechtleistung – dem ihn verbleibenden Sockelbetrag. Der Ausschluss der Änderungskündigung bezieht sich nur auf das variable Gehalt. Für eine eventuell notwendige Herabsetzung des Sockelbetrages bedarf es nach wie vor einer personenbezogenen Änderungskündigung.

294 Vgl. Schaub, G. (2000), S. 1134.

schluss einer Betriebsvereinbarung in der Regel langwierige und zähe Verhandlungen zwischen Arbeitgeber und Betriebsrat voraus.[295]

Bei Betrachtung der arbeitsrechtlichen Regelungen in ihrer Gesamtheit, lässt sich feststellen, dass sie die Einführung von variablen Vergütungssystemen verkomplizieren und behindern. Dafür sind im Wesentlichen nachstehende Gründe verantwortlich:

- Obgleich die aufgeführten Rechtsnormen der Rechtsklarheit dienen, erschweren sie die Transparenz der Systeme. Beispielsweise ist davon auszugehen, dass die zum Teil nur schwer verständlichen Betriebsvereinbarungen zur Vergütung vor allem eine Folge der arbeitsrechtlichen Regelungen sind.

- Darüber hinaus kann die Orientierung an arbeitsrechtlichen Vorgaben der Ausgangspunkt für unwirtschaftliche Systeme sein. Zum einen wird auf diese Weise der administrative Verwaltungsaufwand der Systeme erhöht. Zum anderen kann dies gleichfalls zu einer Erhöhung der Gehälter und dadurch mittelbar zu nicht hinreichend motivierenden Leistungszulagen führen. So ist anzunehmen und legitim, dass ein Großteil der Mitarbeiter nicht bereit ist, vormals fixe Gehaltsbestandteile in variable umzuwandeln, ohne entsprechende vertragliche Absicherungen und finanzielle Zugeständnisse zu erhalten. Die auf derartige Weise zusätzlich induzierten Kosten, für die wegen der Wettbewerbssituation wenig Spielraum verbleibt, haben wiederum zur Folge, dass die Möglichkeiten für spürbare Leistungszulagen begrenzt sind.[296] Bestes Beispiel dafür sind nach Auffassung des Arbeitgeberverbandes die Tarifverträge, welche die Zahlung eines Leistungsbonus nur zusätzlich zum 13. Monatsgehalt ermöglichen.[297]

Zur Schaffung eines einheitlichen Regelwerks sowie aus Gründen der Partizipation sollte die Verabschiedung einer Regelungsabrede im Sinne des BetrVG und des SprAuG für alle Mitarbeiter, also einschließlich der Leitenden Angestellten, angestrebt werden.[298] Der sich hieraus ergebende Verhandlungsbedarf mit Betriebsrat und Sprecherausschuss wird dabei nach Auffassung des Verfassers infolge von Vereinfachungen in der operativen Personalarbeit mehr als kompensiert.

b) Bankaufsichtsrechtliche Bestimmungen

Zudem haben Banken darüber hinaus auch aufsichtsrechtliche Bestimmungen zu erfüllen. Hierbei ergibt sich eine Begrenzung der variablen Bezüge für Mitarbeiter, die mit Handelsgeschäften betraut sind, aus der Verlautbarung über Mindestanforde

[295] Vgl. zu den Vor- u. Nachteilen v. Betriebsvereinbarungen: Schneider, H. J./Zander, E. (1982), S. 82f. sowie Erdmann, U. (1991), S. 95.

[296] Vgl. Weiteres dazu unter Punkt 3.3.3.

[297] Vgl. o.V. (1998a), S. 8; o.V. (1998b), S. 5.

[298] Hinsichtlich des Sprecherausschusses ist diesbezüglich nach § 28 II SprAuG zwischen Richtlinien mit u. ohne normativer Wirkung zu unterscheiden. Vgl. Näheres hierzu bei: Hromadka, W. (1991), S. 116f.

rungen an das Betreiben von Handelsgeschäften für Kreditinstitute des BaKred.[299] Unter Punkt 2.4 (Qualifikation und Verhalten der Mitarbeiter) S. 2 heißt es dazu: „Um zu vermeiden, dass Anreize für eine übermäßige Risikobereitschaft geschaffen werden, sollten im Rahmen der allgemeinen Geschäftspolitik die Gehälter so gestaltet werden, dass sie nicht zu stark von der Entwicklung der Handelsergebnisse abhängen." Obgleich aus Gründen der universellen Anwendbarkeit ein bestimmter Prozentsatz nicht vorgegeben wurde, liegt nach eigenen Angaben des BAKred die Obergrenze des variablen Anteils bei 50%.[300] Wenn man sich in diesem Zusammenhang vergegenwärtigt, dass in den Handelsbereichen im Vergleich zu anderen Bereichen traditionell besonders hohe Boni gezahlt werden,[301] wird das geringe Ausmaß dieses Prozentwertes deutlich. Aufgrund seiner Orientierungsfunktion verbleibt für die herkömmlichen Bereiche wie das Privat- und Firmenkundengeschäft nur ein deutlich niedrigerer Prozentwert. Auf diese Weise verhindert diese Regelung zumindest indirekt ebenfalls die Zahlung spürbarer Leistungszulagen, was vor allem die Leistungsträger demotivieren und verärgern könnte.

2.3.5 Die Ablaufstruktur des Planungsprozesses

Wie im Kapitel 2.3.3 bereits herausgestellt wurde, ist ein planvolles Vorgehen gewissermaßen die Voraussetzung für die Reduktion oder Vermeidung von Akzeptanzbarrieren. Um in diesem Zusammenhang eine sachlogische Ablauffolge zu gewährleisten, bietet sich die im Folgenden beschriebene Struktur an (vgl. hierzu die Abb. 14).

Insgesamt besteht die Ablaufstruktur aus fünf Grundphasen[302], wobei die ersten vier der Planung zuzurechnen sind, die fünfte hingegen im Bereich der Kontrolle liegt. Die einzelnen Phasen werden im Wesentlichen sukzessive durchlaufen. Eine strikte Trennung ist dabei nicht sinnvoll, da es z.B. vorteilhaft sein kann, sich bei der Verbesserung von Komponenten gleichfalls Gedanken über ihre Umsetzung zu machen.[303] Des Weiteren ergeben sich aus der hier präferierten evolutionären Implementierung[304] Rückkopplungsmöglichkeiten mit den vorhergehenden Phasen dergestalt, dass durch die stufenweise Realisation auf unvorhergesehene Entwicklungen durch Konzeptänderungen reagiert werden kann.

---

[299] Auch wenn diese Verlautbarung für die Institute mangels einer fehlenden Ermächtigung durch den Gesetzgeber nicht unmittelbar verbindlich ist, findet sie große Beachtung in den Instituten u. wirkt im praktischen Ergebnis wie eine Rechtsnorm. Vgl. ausführlich zur Stellung v. Verlautbarungen im Kreditwesen: Fischer, R. (1997), § 126 RdNr. 11f. i. V. m. Kokemoor, A./Samm, C. T. (Stand 03/00), § 6 RdNr. 36-44.

[300] Laut telefonischer Auskunft des BAKred vom 10.02.00 (Gesprächspartner: Herr Oelkers) kann dieser 50% Wert als Faustregel gelten.

[301] Teilweise werden im Investmentbanking bis zu 70% des Grundgehalts als Boni gezahlt. Vgl. o.V. (1995), S. 23.

[302] Vgl. zu diesem Begriff Gälweiler, A. (1986), S. 186. Er verwendet die Bezeichnung, um anzudeuten, dass eine weitere Untergliederung einzelner Phasen durchaus üblich ist, obwohl mit den genannten fünf der Planungsprozess hinreichend beschrieben werden kann. Aufgrund dessen wird hier auf eine weitere Unterteilung verzichtet.

[303] Vgl. Nagel, K./Schlegtendal, G. (1998), S. 177f.

[304] Vgl. Näheres dazu im Rahmen der Implementierungsphase unter Punkt 2.3.5.4.

Während des gesamten Planungsprozesses sollten zusätzlich die für ein funktionierendes Vergütungssystem notwendigen Rahmenbedingungen mit einbezogen und wenn erforderlich geändert werden, um eine Integration des Systems in die Organisation zu gewährleisten.

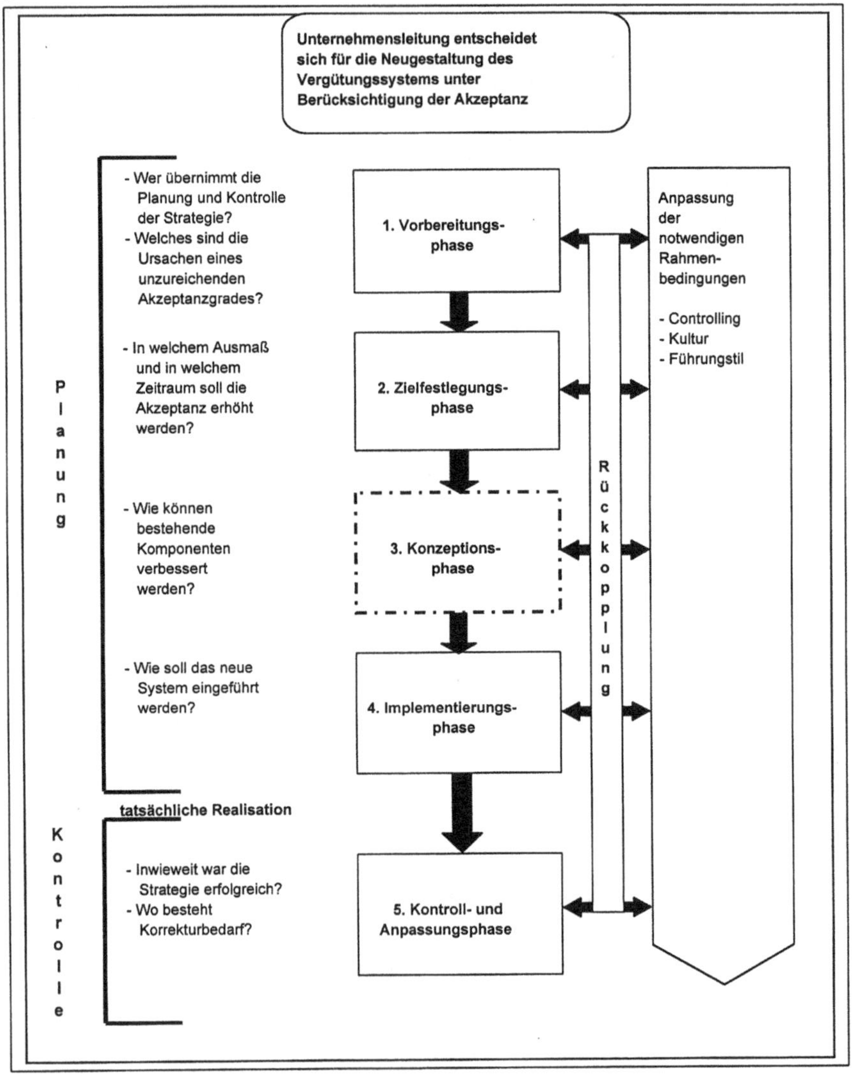

Abb. 14: Die fünf Grundphasen des Planungsprozesses[305]

[305] Vgl. Gälweiler, A. (1986), S. 187; Rinker, A. (1997), S. 271.

Da sich eine eventuell erforderliche Veränderung der Bankkultur oder des Führungsstils allerdings nur sehr langsam vollziehen lässt, ist es wahrscheinlich, dass diese den gesamten Planungs- und Kontrollprozess zu begleiten haben.[306]

Im Einzelnen stellt sich der Planungsprozess folgendermaßen dar: Nachdem sich die Unternehmensleitung für die Neugestaltung ihres Vergütungssystems unter Maßgabe einer möglichst hohen Mitarbeiterakzeptanz entschlossen hat – und dies allen Mitarbeitern und dem Betriebsrat persönlich oder per Brief unter Angabe eines Datums, wann sie weitere Informationen erhalten werden, mitgeteilt hat[307] – beginnt die Vorbereitungsphase, in der z.B. festzulegen ist, wer die Planung und Kontrolle der Strategie übernimmt. Darauf folgt die Zielfestlegungsphase, in der das Ausmaß und die voraussichtliche Dauer der Strategie zu bestimmen sind. Ausgehend von den Zielen wird dann das System in der Konzeptionsphase konstruiert. Diese ist in der Abbildung besonders hervorgehoben, um zu betonen, dass sie den Schwerpunkt der Strategie bildet.[308] Daran schließt sich die Implementierungsphase an, in der die effektivste und akzeptanzfreundlichste Umsetzung geplant wird. Damit sind die Planungsprozesse im Wesentlichen abgeschlossen, und es folgt die tatsächliche Realisierung[309], anhand derer im Rahmen der Kontroll- und Anpassungsphase wiederum festgestellt wird, ob die Strategie erfolgreich war und wo gegebenenfalls Korrekturbedarf besteht.

2.3.5.1 Vorbereitungsphase

Nachdem zuvor die Ablaufstruktur dargestellt worden ist, werden im Folgenden die einzelnen Phasen nach ihrer chronologischen Reihenfolge im Prozess näher erläutert. Dementsprechend wird in diesem Kapitel auf die Vorbereitungsphase eingegangen, die beginnt, nachdem sich die Geschäftsleitung für ein variables Vergütungssystem entschlossen hat. Im Rahmen dieser Phase sind im Wesentlichen die folgenden drei Aufgaben zu lösen bzw. Entscheidungen zu treffen:
a) Die Bildung einer Projektgruppe
b) Entscheidung über den Einsatz externer Berater
c) Analyse der Ausgangssituation

zu a) Die Bildung einer Projektgruppe

Zur effizienten und erfolgreichen Entwicklung und Umsetzung eines variablen Vergütungssystems schlägt die Literatur den Rückgriff auf die Methoden des Projektmanagements[310] vor,[311] wobei vornehmlich aus Gründen der Mitarbeiterakzeptanz die

---

[306] Vgl. Rinker, A. (1997), S. 270 u. die unter Punkt 2.2.2.2 gemachten Ausführungen zur Unternehmenskultur u. zum Führungsstil.

[307] Diese Vorgehensweise ergibt sich im Wesentlichen aus dem Prinzip der Information, wobei das persönliche Anschreiben bzw. Ansprechen die Bedeutung der Veränderung unterstreicht, während die Nennung eines konkreten Datums Kontinuität signalisiert u. somit der Vertrauensbildung dient.

[308] Vgl. Genaueres dazu im Rahmen der Konzeptionsphase unter Punkt 2.3.5.3.

[309] Ihr wird keine nähere Beachtung geschenkt, da sie lediglich die Ausführung des Plans darstellt.

[310] Vgl. Näheres zum Projektmanagement etwa bei Mende, W./Bieta, V. (1997) o. bei Madauss, B. J. (1994).

[311] Vgl. statt vieler: Wimmer, K./Bardens, R. (1999), S. 72; Nagel, K./Schlegtendal, G. (1998), S. 181.

Zusammenstellung einer Projektgruppe lohnenswert erscheint. Dies deshalb, weil die, durch das Wesen des Projektmanagements gewissermaßen vorgegebene, interdisziplinäre Zusammensetzung der Projektgruppe – in ihr sollten Mitglieder der Personal-, der Controlling-, der Organisationsabteilung sowie Angehörige der betroffenen Abteilungen vertreten sein – eine Berücksichtigung unterschiedlicher bankinterner Sichtweisen ermöglicht und somit letztlich die Unternehmensintegration erleichtert wird.[312] Eng verbunden damit ist, dass auf diese Weise auch dem Prinzip der Partizipation entsprochen wird, was vor allem dann der Fall ist, wenn die Mitglieder unterschiedlichen Hierarchiestufen angehören.[313] Inwieweit der Betriebsrat in diesem Zusammenhang über bestehende gesetzliche Regelungen hinaus in die Projektarbeit einbezogen werden soll, kann nur unternehmensindividuell entschieden werden. Auf jeden Fall sollte aber dafür Sorge getragen werden, dass die Projektgruppe in ständigem Kontakt mit dem Betriebsrat steht und Zwischenergebnisse mit ihm diskutiert.[314]

Damit die Projektgruppe allerdings tatsächlich die Konzeption und Implementierung eines Vergütungssystems wirksam unterstützen kann, sollte die Unternehmensleitung darauf achten, dass sie einen qualifizierten und in der Projektarbeit erfahrenen Mitarbeiter mit der Projektleitung betraut, um die fachliche Anerkennung des Projekts sicherzustellen.[315] Des Weiteren ist es insbesondere bei einem so sensiblen Thema wie dem der Vergütung notwendig, dass der Projektleiter mit den erforderlichen Kompetenzen ausgestattet wird sowie die volle Unterstützung der Geschäftsleitung hat und jene den Prozess im Sinne eines „Machtpromotors“[316] aktiv begleitet, um zu gewährleisten, dass der Projektleiter genügend Einfluss besitzt, um das Projekt voranzutreiben.[317] Zusätzlich sollte darauf geachtet werden, dass es der Projektgruppe und Geschäftsleitung gemeinsam gelingt, klare Ziele einschließlich einer straffen, aber dennoch realistischen Zeitvorgabe zu formulieren.[318]

zu b) Entscheidung über den Einsatz externer Berater

In Verbindung mit der Bildung einer Projektgruppe stellt sich außerdem die Frage, ob und wenn ja, in welchem Ausmaß sie von externen Beratern unterstützt werden soll. Die Bandbreite reicht in diesem Fall von losen Beratungsgesprächen bis zur Übernahme der Projektleitung, wobei der Einsatz gleichfalls Vorteile wie auch Nachteile mit sich bringt.[319]

---

312 Vgl. Rinker, A. (1997), S. 274; Erdmann, U. (1991), S. 227.
313 Vgl. Gmür, U./Scherrer, C. (1993), S. 96.
314 Gaugler, E./Lay, G./Schilling, W. (1979), S. 31.
315 Zander, E. (1990), S. 187.
316 Vgl. zu diesem Begriff Witte, E. (1973), S. 14-20. Er geht in seinem Promotorenmodell davon aus, dass sich Neuerungen am effektivsten verwirklichen lassen, wenn sie v. einem Fach- u. einem Machtpromotor gleichsam unterstützt werden, was er auch empirisch belegen konnte.
317 Vgl. Rinker, A. (1997), S. 274.
318 Vgl. Gmür, U./Scherrer, C. (1993), S. 13.
319 Vgl. zu den hier aufgeführten Vor- u. Nachteilen: Wimmer, K./Bardens, R. (1999), S. 72; Schierenbeck, H./Arnsfeld, T. (1996), S. 162f.; Evers, H. (1994), S. 444; Gaugler, E./Lay, G./Schilling, W. (1979), S. 27.

Für die Zusammenarbeit mit einem externen Berater spricht, dass auf diese Weise spezielle Fachkenntnisse genutzt und Betriebsblindheit vermieden wird. Des Weiteren genießen Berater im Allgemeinen den Ruf, von den Interessengruppen im Unternehmen weitgehend unabhängig, unbefangen und objektiv zu sein, was dazu führt, dass zumeist externe Berater schneller akzeptiert werden als der Fachmann im eigenen Hause. Dennoch darf nicht außer Acht gelassen werden, dass die Hinzunahme externer Berater auch Risiken beinhaltet. So ist es z.B. speziell aus Gründen der Mitarbeiterakzeptanz zu vermeiden, dass ein von den Beratern präferiertes Standardsystem implementiert wird, ohne bei dieser Gelegenheit die unternehmensspezifischen Besonderheiten zu berücksichtigen. Ansonsten besteht die Gefahr, dass das System nicht ausreichend in das Unternehmen integriert wird und es somit auch nicht zur Vermeidung einer wichtigen Ursache für Nichtakzeptanz kommt.

Die Frage nach dem Einsatz eines externen Beraters kann nur unternehmensspezifisch beantwortet werden; sie hängt vor allem von dem im Unternehmen bereits bestehenden „Know-how" bezüglich variabler Vergütungssysteme ab. Kommt es allerdings zur Beauftragung eines externen Beraters, ist darauf zu achten, dass er zwar Anstöße und Hilfestellungen geben, nicht jedoch sämtliche Arbeiten selbst übernehmen sollte, um zu gewährleisten, dass nach Beendigung des Beratungsauftrages eine Fortentwicklung des Systems „aus eigener Kraft" möglich ist.[320]

zu c) Analyse der Ausgangssituation

Zur Steigerung der Mitarbeiterakzeptanz eines bestehenden Systems bzw. bei seiner Neueinführung zur Sicherstellung eines ausreichenden Akzeptanzgrades von Beginn der Planung an, ist es notwendig, die tatsächlichen bzw. potentiellen Ursachen für Nichtakzeptanz zu identifizieren. Dazu sind die organisatorischen Rahmenbedingungen, die Markt- und Konkurrenzsituation sowie die gemachten Erfahrungen mit den bereits bestehenden Vergütungsregeln zu untersuchen.

Eine Analyse der organisatorischen Rahmenbedingungen ist erforderlich, um zu gewährleisten, dass das System nach seiner Implementierung mit den organisatorischen Gegebenheiten übereinstimmt. Hierzu zählt u.a. das Sammeln von Informationen über die Kultur, den Führungsstil und über die Leistungsfähigkeit der vorhandenen Controllinginstrumente. Letzteres ist z.B. erforderlich, um zu verhindern, dass ein System konzipiert wird, bei dem die Leistung der Mitarbeiter aufgrund unzureichender Controllingmöglichkeiten nicht ermittelt werden kann. Zudem ist eine Betrachtung der Markt- und Konkurrenzsituation unentbehrlich, um die Attraktivität des Systems sicherzustellen.[321] Hilfreich ist es hierbei, bestehende Systeme anderer Banken miteinander zu vergleichen sowie Vergütungsstudien zu analysieren.[322] Für die Mitarbeiterakzeptanz ganz besonders aufschlussreich ist es jedoch, die mit dem bereits bestehenden Vergütungssystem gemachten Erfahrungen einschließlich der mit einer Änderung verbundenen Erwartungen zu untersuchen, denn dadurch lassen sich die Anforderungen identifizieren, welche für die Mitarbeiter von zentraler Be-

320 Vgl. Suffel, W. (1981), S. 332.
321 Vgl. Schierenbeck, H./Arnsfeld, T. (1996), S. 162.
322 Vgl. Evers, H. (1994), S. 444f.

deutung sind.[323] Mittelbar dienen diese Daten wiederum als Basis, um das System so weit wie möglich den Mitarbeiterbedürfnissen anzupassen. Außerdem lässt sich dadurch feststellen, ob ein Teil der bereits bestehenden Komponenten übernommen werden kann.

Wie bereits unter Punkt 2.2.3. diskutiert, bietet sich zur Erfassung der Erfahrungen und Erwartungen eine Befragung der Mitarbeiter an. Aufgrund der Tatsache, dass sich die Projektgruppe bei der Systemplanung an den Befragungsergebnissen orientieren sollte, lässt sich durch eine derartige Befragung gleichfalls ein Stück Partizipation verwirklichen.[324] Zusätzlich kann mit ihrer Hilfe der Strategieerfolg kontrolliert werden, wenn sie zum einen periodisch wiederholt wird und zum anderen Rückschlüsse auf die Bedeutung sowie den tatsächlichen und den erwünschten Erfüllungsgrad verschiedener Items zulässt.[325]

Beendet werden die Ausführungen zu dieser Phase mit der Bestimmung des richtigen Informationszeitpunktes. Um einerseits einen kontinuierlichen Informationsfluss sicherzustellen, anderseits aber genügend bedeutsame Informationen auf einmal weitergeben zu können, sollten die Mitarbeiter zweimal informiert werden: Einmal vor der Durchführung der Mitarbeiterbefragung – in diesem Zusammenhang sollten neben den Zielen, dem Grund und dem Ablauf der Mitarbeiterbefragung auch die Zusammensetzung der Projektgruppe sowie Namen von Ansprechpartnern bekannt gegeben werden – und einmal bei Vorliegen der Ergebnisse in Verbindung mit daraus resultierenden Konsequenzen für die Konstruktion und Implementierung des Systems.

2.3.5.2 Zielfestlegungsphase

Zur Konzipierung einer Strategie ist es vorab notwendig, festzulegen, welche Ziele mit Hilfe der Strategie erfüllt werden sollen.[326] Ein Ziel ist dabei hinreichend bestimmt, wenn sowohl sein Inhalt, sein angestrebter Erfüllungsgrad sowie der Zeitraum, in dem es erfüllt sein soll, eindeutig fixiert ist.[327] Da aufgrund des hier vorliegenden Themas die inhaltliche Dimension – Akzeptanz – von vornherein feststeht, braucht lediglich das erwünschte Ausmaß sowie der dafür vorgesehene Zeitraum näher bestimmt werden.

Versucht man das anzustrebende Akzeptanzausmaß festzulegen, kann man auf den ersten Blick analog zur Bestimmung der inhaltlichen Dimension zu dem Schluss kommen, dass das verwirklichende Ausmaß ebenfalls eindeutig vorgegeben ist. Vergegenwärtigt man sich nämlich den hier unterstellten Zusammenhang zwischen der Akzeptanz und den Funktionen – er besteht darin, dass die Funktionen sich um so besser erfüllen lassen, je höher der Akzeptanzgrad ist –, kann es nur das Ziel sein, eine vollkommene Akzeptanz bei allen Mitarbeitern anzustreben. Fraglich ist

---

[323] Vgl. Zander, E. (1990), S. 189.
[324] Vgl. Ackermann, K. F. (1986), S. 31.
[325] Vgl. Domsch, M./Schneble, A. (1995), S. 637 sowie die Ausführungen unter Punkt 2.3.5.2.
[326] Vgl. Hentze, J./Brose, P. (1985), S. 124.
[327] Vgl. Bestmann, U. (1992), S. 98f.; Heinen, E. (1966), S. 85.

nur, ob es sich dabei um ein realistisches Zielausmaß handelt, was entscheidend davon abhängt, inwieweit es gelingt, die Ursachen der Nichtakzeptanz abzubauen. Wie im Punkt 2.2.2 teilweise bereits angedeutet, stehen einer völligen Beseitigung der Ursachen folgende Gegebenheiten entgegen:

- Zwischen den Anforderungen, die an das Vergütungssystem gestellt werden, bestehen Zielkonflikte, welche sich wahrscheinlich trotz aller Bemühungen nicht gänzlich eliminieren lassen. Dies deshalb, weil dahinter unterschiedliche und widersprüchliche Interessen verschiedener Gruppen stehen, die grundsätzlich konflikthaft sind.[328] So wird sich etwa die Frage der gerechten Lohnhöhe für alle Interessengruppen nicht befriedigend beantworten lassen, zumal es eine absolute Gerechtigkeit im Zusammenhang mit der Entlohnung nicht gibt.[329] Gestützt wird die obige These von Leichtfuß/Bonacker, die vor allem die bestehenden Zielkonflikte dafür verantwortlich machen, dass bei den neu eingeführten variablen Vergütungssystemen in der Bankbranche häufig eine oder mehrere der Anforderungen nicht berücksichtigt sind.[330]

- Da die organisatorische Integration des Vergütungssystems ein hoch-komplexes Unterfangen ist[331], erscheint es unwahrscheinlich, dass eine Strategie sämtliche, die Akzeptanz beeinflussende Faktoren angemessen berücksichtigen kann. Letzteres gilt insbesondere für die hier zu entwickelnde Akzeptanzstrategie, weil in der Bankbranche die Merkmale der Vergütungssysteme oftmals nicht mit den Unternehmensgegebenheiten übereinstimmen.

- Angst vor Veränderung stellt ein natürliches Phänomen dar. Angesichts dessen werden sich nicht alle Ängste, die aus der Einführung von Vergütungssystemen resultieren, vermeiden lassen.

Die Ausführungen zeigen, dass nicht alle, zur Nichtakzeptanz führenden Ursachen vollständig bekämpft werden können, so dass sich ein vollkommener – wahrscheinlich aber auch ein zumindest annähernd vollkommener – Akzeptanzgrad nicht erreichen lässt und somit als „utopisch“ angesehen werden kann[332]. Es besteht eine natürliche obere Grenze, die wahrscheinlich weit unter dem vollkommenen Akzeptanzgrad liegt. Da eine Steigerung über diese Grenze hinaus nicht möglich und deshalb ineffizient ist, kann es „nur“ normatives Ziel der Strategie sein, die Akzeptanz bis zu dieser Schwelle zu erhöhen. Dies bedeutet aber keinesfalls, dass es sich dabei um eine bedeutend weniger anspruchsvolle Strategie handelt, denn man versucht, das maximal Machbare zu erreichen.

Um sich jedoch an der Grenze orientieren zu können, ist es vorab notwendig, sie zu bestimmen. Da jene sich in der Praxis aber aufgrund unterschiedlicher betrieblicher Gegebenheiten nicht allgemein gültig quantifizieren lässt – und deshalb hier auch nicht vorgegeben werden kann –, kommt nur eine unternehmensindividuelle

---

328 Vgl. Bucksteeg, T. (1994), S. 95.
329 Vgl. Kappel, H./Uschatz, P. (1992), S. 33.
330 Vgl. Leichtfuß, R./Bonacker, M. (1992), S. 624.
331 Vgl. Bleicher, K. (1994), S. 303.
332 Vgl. Hoppe, K. (1992), S. 287.

Festlegung in Betracht. Letztere sollte vor allem intersubjektiv nachprüfbar sein, um der Gefahr der „Immunisierung"[333] zu entgehen. Andernfalls könnte eine nicht den Anforderungen entsprechende Akzeptanzsteigerung mit dem Erreichen der natürlichen Grenze legitimiert werden.

Wie bereits im Kapitel zuvor angesprochen, bieten sich zur Ermittlung der natürlichen Grenze wie auch zur Erfolgskontrolle der Strategie periodisch wiederkehrende Mitarbeiterbefragungen an. Wählt man dafür ein Verfahren, welches gleichfalls den vorliegenden und den erwünschten Erfüllungsgrad sowie die Bedeutung verschiedener Items erfasst,[334] kann man damit auch der Gefahr der Immunisierung entgehen. Erreicht man nämlich nicht den Sollwert bei einer als wichtig empfundenen Anforderung, ist die Grenze noch nicht erreicht, wenn man diese zu Lasten einer als weniger bedeutsam eingeschätzten verbessern kann.

Letztendlich ist noch die Dauer des Zeitraums zu bestimmen, in dem die Akzeptanz gesteigert werden soll. Sie ist genauso wie das Zielausmaß unternehmensspezifisch festzulegen, denn ihre Dauer wird maßgeblich beeinflusst von der Unternehmensgröße, dem Grad der Partizipation sowie der Anzahl der Geschäftsbereiche. So veranschlagen Gmür/Scherrer für die Neukonzeption eines variablen Vergütungssystems in mittelgroßen Unternehmen insgesamt 9 - 16 Monate, wobei sie 3 - 6 Monate für die Planungsphase, 3 - 6 Monate für die tatsächliche Realisierung und 3 - 4 Monate für die Kontroll- und Anpassungsphase vorsehen.[335]

2.3.5.3 Konzeptionsphase

In der Konzeptionsphase wird ausgehend von den Zielen der Strategie die Struktur eines variablen Vergütungssystems konzipiert. Hierbei ist es sinnvoll, in zwei Stufen vorzugehen: Zunächst sollte das System in seinen Grundzügen konstruiert werden. Bei dieser Gelegenheit ist z.B. zu klären, welche Art der Leistungsbewertung zugrunde zu legen ist und wie Leistung und Lohn grundsätzlich zu verknüpfen sind. Im Anschluss daran erfolgt auf dieser Basis die Feinkonzeption der Systembestandteile. Letztere kann sich dabei an der geplanten Implementierungsreihenfolge orientieren oder sie kann für mehrere Abteilungen/Hierarchieebenen gleichzeitig erfolgen.[336]

Insgesamt gesehen stellt die in dieser Phase verankerte Gestaltung des Systems die bedeutendste Aufgabe für die Strategie dar, da letztlich alle Versuche zur Akzeptanzverbesserung wie z.B. ein mitarbeiterorientierter Einführungsprozess erfolglos sein werden, wenn die Merkmale des Systems an sich von den Mitarbeitern nicht als tragbar eingeschätzt und erlebt werden.[337] Aus diesem Grund wird der Schwer-

[333] Vgl. zu diesem Begriff Raffee, H. (1995), S. 40-42, der ihn in der Wissenschaftstheorie im Zusammenhang mit der empirischen Überprüfung von Hypothesen verwendet, falls jene nicht an der Realität scheitern können.

[334] Vgl. dazu das Beispiel bei Neuberger, O. (1974b), S. 104.

[335] Vgl. Gmür, U./Scherrer, C. (1993), S. 104.

[336] Vgl. Rinker, A. (1997), S. 270 sowie die Ausführungen im folgenden Kapitel.

[337] Vgl. Müller-Böling, D. (1978), S. 67, der bezüglich automatisierter Datenverarbeitung zum selben Ergebnis kommt.

punkt der Strategie auch auf die eigentliche Konstruktion des Systems gelegt. Um nun auch formal dieser Bedeutung gerecht zu werden, beschäftigt sich der gesamte dritte Teil mit der Gestaltung von variablen Vergütungssystemen, weshalb an dieser Stelle nur überblicksartig die wichtigsten Entscheidungen aufgezählt werden sollen, die im Rahmen dieser Phase zu treffen sind. Konkret sind in dieser Phase u.a. Antworten auf die Fragen zu finden, ob alle Mitarbeiter oder nur ein Teil davon variabel zu vergüten sind, mit welchen Instrumenten die Leistung zu erfassen ist und wie die Leistung mit der Vergütung zu verknüpfen ist.

2.3.5.4 Implementierungsphase

Nachdem in der Konzeptionsphase die Ausgestaltung des Systems als solches ausgearbeitet wurde, geht es in der hier darzustellenden Implementierungsphase darum, die Einführung und Umsetzung des Systems zu planen. Im Wesentlichen sind in diesem Zusammenhang zwei Punkte zu berücksichtigen: Zum einen ist die Methodik der Implementierung festzulegen, zum anderen sind neben Informationsveranstaltungen Schulungen als begleitende Maßnahmen vorzubereiten.

Methodisch kann bei der Einführung eines Vergütungssystems in verschiedener Weise verfahren werden, wobei als extreme Vorgehensweisen die Strategie des Inkrementalismus und die Strategie des Bombenwurfs (bzw. der Synopse) angesehen werden, die zugleich die Bandbreite organisatorischer Möglichkeiten offen legen.[338]

Ausgehend von den bereits existenten Vergütungsmodalitäten wird mit einer inkremental orientierten Strategie angestrebt, die vorhandenen Gehaltsstrukturen und Komponenten sukzessive zu verändern, bis ein neues, gewünschtes System implementiert ist. Der Vorteil dieser induktiven Verfahrensweise ist die allmähliche Anpassung der bestehenden Regelungen an die Zielvorstellungen, wodurch Ängste weitgehend vermieden werden und somit eine Ursache für Nichtakzeptanz entfällt.[339] Außerdem erfordert dieses Vorgehen keine hohen Umstellungsaktivitäten. Allerdings sind mit dem dafür benötigten größeren Zeitrahmen Gefahren verbunden, denn einerseits können ungeplante Entwicklungen auftauchen, andererseits kann aber ebenso der ganze Prozess zum Erliegen kommen, mit anderen Worten er kann „versanden“.[340] Darüber hinaus wird der jeweils gegenwärtige Zustand nur geringfügig verändert, wodurch der Blick für das Gesamtkonzept verloren gehen kann.

Im Gegensatz dazu wird bei der Strategie des Bombenwurfs das geplante Vergütungssystem in seiner Grobstruktur komplett auf einmal eingeführt, wodurch sämtliche bestehende Vergütungsregelungen vollständig durch neue ersetzt werden. Hierbei verlässt man sich weitgehend darauf, dass eventuell auftauchende Umsetzungsschwierigkeiten durch die Führungskräfte gelöst werden können. Da bei dieser Methode Akzeptanzprobleme aber vorprogrammiert sind, stellt solch eine Vorgehensweise für die hier zu entwickelnde Strategie, dessen Ziel es ist, die Akzeptanz zu

---

[338] Vgl. zu den folgenden drei Implementierungsstrategien im Wesentlichen Erdmann, U. (1991), S. 227 u. Schierenbeck, H./Arnsfeld, T., S. 164f. sowie die bei ihnen angegebene Literatur.

[339] Vgl. Dörfler, H.-W. (1993), S. 215.

[340] Vgl. zur Gefahr des „Versandens“ die unter Punkt 2.3.4.2 gemachten Ausführungen.

sichern bzw. zu steigern, keine Alternative dar. Beispielsweise wird den Mitarbeitern keine Zeit eingeräumt, sich psychologisch auf das neue System einzustellen und es scheint fraglich, ob es von vornherein nur durch Einbeziehung des Top-Management möglich ist, ein Vergütungssystem mit all seiner Komplexität so zu konzipieren, dass es auch die Bedürfnisse der Mitarbeiter in ausreichendem Maße berücksichtigt. Sie ist im Übrigen auch nicht kompatibel zu den zuvor gemachten Ausführungen bezüglich Partizipation und Information, da bei der Strategie des Bombenwurfs die Mitarbeiter von der Neuerung „überrascht" werden sollen. Hinzu kommt, dass eine Totalerneuerung der Entlohnungsregeln aufgrund rechtlichen Vorgaben (Stichwort: „Bestandsschutz") in Deutschland nicht durchsetzbar ist.[341]

Als Kompromiss bietet sich eine stufenweise Einführung im Sinne der Konzeption der geplanten Evolution an, welche die Vorzüge der beiden Strategien miteinander verbindet. Die Methodik ähnelt hierbei dem der hierarchischen Unternehmensplanung: zunächst wird das Entlohnungssystem im Ganzen neu konzipiert, dann jedoch in Teilschritte zerlegt, die nacheinander realisiert werden. Dabei sind Rückkopplungen zu früheren Phasen des Planungsprozesses vorgesehen. Die Vorteile dieser Vorgehensweise liegen darin, dass im Rahmen der Konzeptionsphase zunächst ein schlüssiges Gesamtkonzept entwickelt wird, das auch völlig neue Lösungen zulässt. Mit der stufenweisen Realisierung besteht die Möglichkeit, auf unvorhergesehene Entwicklungen zu reagieren, wobei das Gesamtsystem nicht in Frage gestellt wird. Letztendlich scheint es mit Hilfe dieser Methode möglich, nachhaltige Änderungen im System durchzusetzen, ohne in diesem Zusammenhang allzu negative Auswirkungen auf die Akzeptanzbildung zu riskieren.

Außerdem erweist es sich bei dieser Methode als vorteilhaft, dass die schrittweise Implementierung mit einer Piloteinführung beginnen kann. Dadurch wird nämlich eine ganzheitliche Beurteilung des Systems ermöglicht, aufgrund dessen Akzeptanzbarrieren schon im Voraus erkannt und abgebaut werden können, bevor ein Großteil der Mitarbeiter sie überhaupt als störend empfinden kann.[342] Als Pilotbereiche empfehlen sich dabei Abteilungen und Filialen, bei denen der Einsatz eines variablen Vergütungssystems besonders erfolgversprechend bzw. dringlich erscheint. Des Weiteren sollte ein Bereich ausgewählt werden, der eine gute Übertragbarkeit der Erfahrungen auch auf andere Bereiche ermöglicht.[343] Basierend auf dem Pilotbereich geht Rinker davon aus, dass der sukzessive Systemausbau dann in drei Richtungen – von ihm als Dimensionen bezeichnet – nacheinander bzw. zeitlich überlappend vorangetrieben werden kann:[344] Zum einen kann das System ausgehend vom Top-Management auf die mittleren und unteren Hierarchieebenen ausgedehnt werden. Zum anderen kann das System nach und nach für immer mehr Abteilungen oder Filialen Anwendung finden. Als dritte Möglichkeit kommt die Erweiterung des Anspruchsniveaus in Betracht, insofern als erst mit einem „einfachen" Vergütungssystem begonnen wird, das allmählich differenziert und verfeinert wird. So könnten beispielsweise im ersten Schritt Instrumente zur Leistungserfassung implementiert wer-

---

[341] Vgl. zu diesem Aspekt Näheres unter Punkt 2.3.4.3.
[342] Vgl. Nagel, K./Schlegtendal, G. (1998), S. 185f.
[343] Vgl. Rinker, A. (1997), S. 270.
[344] Vgl. Rinker, A. (1997), S. 272f. sowie zusätzlich: Schuster, L. (1993), S. 127.

den, ohne dass die damit ermittelte Leistung sich anfänglich auf die Gehaltshöhe auswirkt.

Zusätzlich zur Planung der Vorgehensweise sind in dieser Phase Informationskampagnen und Schulungsmaßnahmen vorzubereiten, wobei Letztere neben der reinen Informationsweitergabe überwiegend auch ihrer Verarbeitung dienen. In Bezug auf variable Vergütungssysteme erfüllen Schulungen mehrere Funktionen:

- Sie helfen dem Mitarbeiter, das System und seine Zusammenhänge zu verstehen und sich mit dem System vertraut zu machen. Dies kann zur Identifikation mit dem System beitragen und somit zur Steigerung der Akzeptanz führen.[345]

- Durch das mit der Schulung verbundene Vermitteln von Kenntnissen und Fähigkeiten werden Mitarbeiter in die Lage versetzt, das neue System anzuwenden und sich somit an die zukünftigen Gegebenheiten anzupassen, was wiederum hilft, Ängste abzubauen.[346]

- Sie sind notwendig, damit die Führungskräfte ihre Mitarbeiter nach einheitlichen Regeln im Sinne des Systems beurteilen können und die Mitarbeiter nachvollziehen können, weshalb sie so beurteilt worden sind. Wird nämlich nicht nach einheitlichen Regeln beurteilt bzw. sind diese nicht bekannt, besteht die Gefahr, dass die Anforderungen „Gerechtigkeit" und „Transparenz" verletzt werden.

Damit Schulungen die genannten Funktionen erfüllen können, sollte inhaltlich darauf geachtet werden, dass der Sinn und Zweck des variablen Vergütungssystems sowie seine Funktionsweise verständlich erklärt werden. Des Weiteren sollten alle Führungskräfte über mögliche Beurteilungsfehler und Methoden zu deren Reduzierung unterrichtet werden, um eine möglichst gerechte Leistungserfassung zu gewährleisten.[347] Organisatorisch sollte dafür Sorge getragen werden, dass die Schulungen nicht mit zusätzlichen zeitlichen Belastungen für die Betroffenen verbunden sind sowie auch neu eintretende Mitarbeiter Schulungen erhalten.[348]

2.3.5.5 Kontroll- und Anpassungsphase

Nachdem die tatsächliche Realisierung erfolgt ist, wird die Ablaufstruktur und somit auch die Akzeptanzstrategie schließlich durch die Kontroll- und Anpassungsphase beendet. Genau genommen handelt es sich hierbei allerdings nicht nur um eine Phase, sondern um einen Prozess, der alle anderen vorherigen Phasen zu begleiten hat, da der Projektfortschritt permanent zu kontrollieren und wahrscheinlich auch zu modifizieren ist. Geht man aber davon aus, dass irgendwann der Erfolg der Strategie festzustellen ist, wird verständlich, weshalb diese Phase den Planungsprozess beenden sollte.

---

345 Vgl. Müller, C. (1987), S. 120-122.
346 Vgl. Vorwerk, K. (1994), S. 41; Gerl, K. (1975), S. 302.
347 Vgl. Zander, E./Knebel, H. (1993), S. 138.
348 Vgl. Lattmann, C. (1975), S. 300; Kubicek, H. (1975), S. 152.

Unter der Anpassung des Systems wird hier die Aufgabe verstanden, nach der Implementierung des Systems eine Harmonisierung an veränderten Gegebenheiten und Rahmenbedingungen sicherzustellen. Dem liegt der Gedanke zugrunde, dass es kein dauerhaft optimales System gibt, denn dieser Zustand lässt sich aufgrund von Umweltveränderungen nur für eine gewisse Zeit aufrechterhalten.[349]

---

349 Vgl. Nagel, K./Schlegtendal, G. (1998), S. 187f.

3. Ansätze für eine akzeptanzgerechte Ausgestaltung variabler Vergütungssysteme

Wie bereits im Rahmen der Ablaufstruktur des Planungsprozesses dargelegt, stellt die Konzeption des Systems die bedeutendste Aufgabe für die Akzeptanzstrategie dar, weil alle Maßnahmen zur Akzeptanzverbesserung wirkungslos sein werden, wenn die Merkmale des Systems an sich von den Mitarbeitern nicht als tragbar eingeschätzt und erlebt werden.[1] Um in diesem Zusammenhang eine in sich schlüssige Ausgestaltung des Systems zu erreichen, sind eine Reihe von Entscheidungen zu treffen: Dazu zählt nach einhelliger Auffassung in der Literatur[2] die Bestimmung des Adressatenkreises, die Auswahl eines adäquaten Stellenbewertungs- und Leistungsbeurteilungsverfahrens und die Verabschiedung eines geeigneten Regelwerks zur Verknüpfung von individueller Leistung und variabler Vergütung. Ausschlaggebend für eine möglichst hohe Akzeptanz ist hierbei zum einen das reibungslose Zusammenspiel der Instrumente[3] mit dem Regelwerk,[4] zum anderen, dass jedes Instrument allein wie ebenfalls das Regelwerk an sich bereits die an das Vergütungssystem gestellten Anforderungen erfüllt. Mit Letzterem soll verhindert werden, dass etwa ein nicht anforderungsgerechtes Beurteilungsverfahren auf das Vergütungssystem ausstrahlt und dadurch die Akzeptanz des ganzen Systems gefährdet. Aus diesem Grund werden in den folgenden Kapiteln die einzelnen Regularien und Instrumente dahingehend untersucht, inwieweit sie die einzelnen Anforderungen erfüllen und wie sie ggf. verbessert werden können.

3.1 Festlegung des Geltungsbereichs

In Bezug auf den Geltungsbereich ist festzulegen, für welche Mitarbeiter bzw. Mitarbeitergruppen das Vergütungssystem relevant sein soll. Dabei ist zu entscheiden, welche Unternehmensbereiche einzubeziehen sind (horizontaler Geltungsbereich) und welche Personen bzw. Hierarchiestufen innerhalb des angesprochenen Bereichs (vertikaler Geltungsbereich) am Vergütungssystem teilhaben sollen.[5]

Unter dem Blickwinkel der Anreizwirkung erscheint grundsätzlich[6] eine Beteiligung aller Mitarbeiter erforderlich, um das Gefühl einer „Zwei- oder Mehrklassengesellschaft" mit einer möglicherweise damit verbundenen geringeren Motivation der

---

1 Vgl. dazu die Ausführungen unter Punkt 2.3.5.3.

2 Vgl. anstatt vieler: Schuster, L. (1996), S. 152 o. Erdmann, U. (1991), S. 5.

3 Als Instrumente des Systems werden im Folgenden die Verfahren zur Stellen- wie zur Leistungsbewertung bezeichnet. So etwa ebenfalls Cisek, G. (1997), S. 198.

4 Vgl. Wienkamp, H. (1996), S. 285.

5 Vgl. Rinker, A. (1997), S. 25f.

6 Ausnahmen sollten lediglich den Mitarbeitergruppen zugestanden werden, deren Hauptaufgabe nicht in der Erfüllung reiner Bankziele liegt, sondern die über den Leistungserstellungsprozess hinausgehende Ziele zu erreichen haben, da bei ihnen das System versagen könnte u. insofern ggf. Erweiterungen erforderlich sind. In diesem Sinne sollten zum einen Ausnahmen bei Auszubildenden sowie bei Mitarbeitern eingeräumt werden, die sich in einer Schulungsphase befinden, um ihnen eine uneingeschränkte Konzentration auf ihre Lerninhalte zu ermöglichen. Zur Erhaltung der Unabhängigkeit sollten zum anderen Betriebsratsmitglieder eine gesonderte Behandlung erfahren. Vgl. zu diesen Ausnahmen Zander, E. (1990), S. 148 sowie die Ausführungen unter Punkt. 4.4.1.

Nichtbeteiligten zu vermeiden.[7] In diesem Sinne erscheint auch das bis vor kurzem übliche Vorgehen der Praxis, variable Vergütungssysteme nur auf höhere Hierarchieebenen zu beschränken,[8] personalwirtschaftlich inkonsequent, weil insbesondere auf niedrigeren Hierarchieebenen aufgrund von häufigeren Routine- und weniger anspruchsvollen Tätigkeiten Motivationsdefizite entstehen. Aus diesem Grund sind für diese Ebenen variable Vergütungssysteme besonders wichtig.[9]

Allerdings gibt es auch kritische Stimmen, die gegen einen möglichst breiten Adressatenkreis die folgenden Gründen anführen: Zum einen seien die Aufgaben im Tarifbereich häufig so konkret vorgegeben, dass dem Mitarbeiter kein Spielraum für eine Leistungsentfaltung verbleibe, weshalb eine leistungsorientierte Vergütung nur bei Mitarbeitern sinnvoll ist, die selbstständig für das Unternehmen handeln und vor allem im AT-Bereich anzutreffen sind.[10] Zum anderen würden sich im Gegensatz zu Vertriebsabteilungen in Betriebsbereichen die Leistungen der Mitarbeiter nicht individuell zurechnen lassen, so dass eine Einbeziehung letzterer Bereiche nicht gerechtfertigt ist.[11] Beide Argumente erscheinen letztlich aber nicht schlüssig, so spricht gegen den Einwand der reglementierten Tätigkeiten, dass es auch bei solchen von Bedeutung ist, mit welchem Engagement sie wahrgenommen werden. Hinzu kommt, dass in vielen Banken die Verantwortung und damit der Spielraum für verantwortliches, selbstständiges Handeln immer mehr auf niedrigere Hierarchieebenen verlagert wird.[12] Gegen den zweiten Einwand lässt sich anführen, dass obgleich in Betriebsbereichen im Regelfall zwar keine Erlöskennziffern ermittelt werden können, trotzdem aber auf messbare Outputgrößen wie Qualitäts- und Produktivitätsnormen zurückgegriffen werden kann. Weiterhin ist eine individuelle Zurechnung auch nicht immer erforderlich. Vielmehr kann die Teamleistung als Bemessungsgrundlage verwendet werden.[13]

Viel schwerwiegender als die zuvor erläuterten Gründe wiegt jedoch der Einwand, dass ein für alle Mitarbeiter geltendes Gesamtsystem sehr umfangreich zu sein hätte,[14] was unmittelbar die Verständlichkeit bzw. Transparenz und mittelbar die Akzeptanz verschlechtern könnte. Das trifft in verschärfter Weise auf international agierende Großbanken zu, bei denen zusätzlich Rücksicht auf differierende Gehaltsstrukturen in den verschiedenen Geschäftsfeldern und den einzelnen Ländern zu nehmen ist.[15] Man denke nur an das unterschiedliche Gehaltsgefüge zwischen Investment- und Retailbanking oder beispielsweise die Tatsache, dass in den USA die Gehälter oftmals mehr gespreizt werden als in Kontinentaleuropa.

---

7 Vgl. Schuster, L. (1996), S. 142.

8 Vgl. Laber, H./Wolf, S. (1998), S. 522. Mittlerweile beziehen sich die Praxislösungen durchaus ebenso auf Tarifangestellte. Vgl. dazu etwa das im Teil 4 dargestellte Fallbeispiel der Commerzbank o. die Beschreibung des Gehaltssystems der Bayerischen Hypo- u. Vereinsbank unter der vorangestellten Quelle.

9 Vgl. Lawler III, E. E. (1988), S. 69.

10 Vgl. Prasch, E./Torka, W. (1995), S. 517.

11 Vgl. Schuster, L. (1996), S. 142.

12 Vgl. zu dieser Argumentation: Prasch, E./Torka, W. (1995), S. 517.

13 Vgl. dazu die Erläuterungen zum Vereinbaren v. Teamzielen unter Punkt 3.2.2.2.

14 Vgl. Rinker, A. (1997), S. 26.

15 Vgl. zu dieser Problematik die geführten Interviews v. Straub, R. (1999), S. 12 mit dem Bereichsvorstand der Deutschen Bank, H. Fischer, u. v. Balzer, A./Wilhelm, W. (1996), S. 128 mit dem ehemaligen Vorstandssprecher der Deutschen Bank, H. Kopper.

Zur Reduzierung des Konflikts von Akzeptanz und Komplexität sollte deshalb ein einheitliches Grundsystem für alle Mitarbeiter geschaffen werden, welches für einzelne Mitarbeitergruppen durch weitere Module – z.B. spezielle Bonusprogramme für Investmentbanker oder Aktienoptionspläne für das Top-Management – ergänzt werden kann. Ein genereller Ausschluss von Mitarbeitern vom Grundsystem ist aber auf jeden Fall zu vermeiden. Ein derart aufgebautes System gewährleistet die Chance, insbesondere die Anforderungen Belohnungswirkung, Flexibilität und Transparenz gleichermaßen zu erfüllen. Dadurch kann auf die unterschiedlichen Bedürfnisse einzelner Zielgruppen eingegangen werden, ohne dass das Grundsystem geändert werden muss und ohne dass alle Mitarbeiter sich mit einem umfangreichen Gesamtsystem zu beschäftigen haben; stattdessen brauchen sie nur das Grundsystem und die für sie speziell bestimmten Module nachzuvollziehen.

3.2 Notwendige Instrumente für ein variables Vergütungssystem

Um eine möglichst gerechte Vergütung der Mitarbeiter zu gewährleisten, erfolgt die Konzeption von variablen Vergütungssystemen meist unter Einbeziehung von systematischen Verfahren der Stellenbewertung und darauf aufbauenden Verfahren der Leistungsbeurteilung.[16] Die Stellenbewertung dient hierbei als Methode zur Ermittlung der Anforderungen am Arbeitsplatz und damit im Ergebnis zur Fixierung der Grundvergütung. Die Leistungsbeurteilung stellt ein Instrument zur Bestimmung der individuellen Leistung dar. Letztere ist wiederum die Grundlage für die Bestimmung der variablen Entgelthöhe.

3.2.1 Die Stellenbewertung

Unter dem Begriff der Stellenbewertung[17] versteht man ein Verfahren, mit dessen Hilfe eine Arbeitstätigkeit in Bezug auf ihre Anforderungen im Vergleich zu anderen Arbeitstätigkeiten nach einem einheitlichen Maßstab unter Zugrundelegung einer normalen Leistung bewertet wird.[18] Die Bewertung geschieht dabei unabhängig vom Stelleninhaber, vielmehr versucht sie die arbeitsspezifischen Schwierigkeiten eines Arbeitsplatzes zu erfassen. Ausgangspunkt für die Bewertung ist eine Stellenbeschreibung, aus der die mit der jeweiligen Stelle verbundenen Anforderungen sowie die Einordnung der einzelnen Stelle innerhalb der Stellenhierarchie hervorgehen.[19] Aufbauend auf dieser Beschreibung werden dann die einzelnen Stellen bewertet, wobei dafür mehrere Verfahren in Frage kommen (vgl. dazu die Abb. 15).

Nachstehend werden zunächst die grundsätzlichen Verfahrensalternativen (in der Abb. grau unterlegt) erläutert und beurteilt, bevor im Anschluss daran diskutiert wird, ob mit dem Rückgriff auf kombinierte Verfahren ein größeres Maß an Akzeptanz erreicht werden kann.

---

[16] Vgl. Kadel, P./Meier, H. (1992), Sp. 2256.

[17] Neben obigen Begriff werden in der Literatur teilweise die Folgenden synonym verwendet: Arbeits-, Arbeitsplatz- o. Funktionsbewertung. Vgl. Schettgen, P. (1996), S. 92.

[18] Vgl. Zülch, G. (1992), Sp. 70.

[19] Vgl. Hoppe, K. (1992), S. 288.

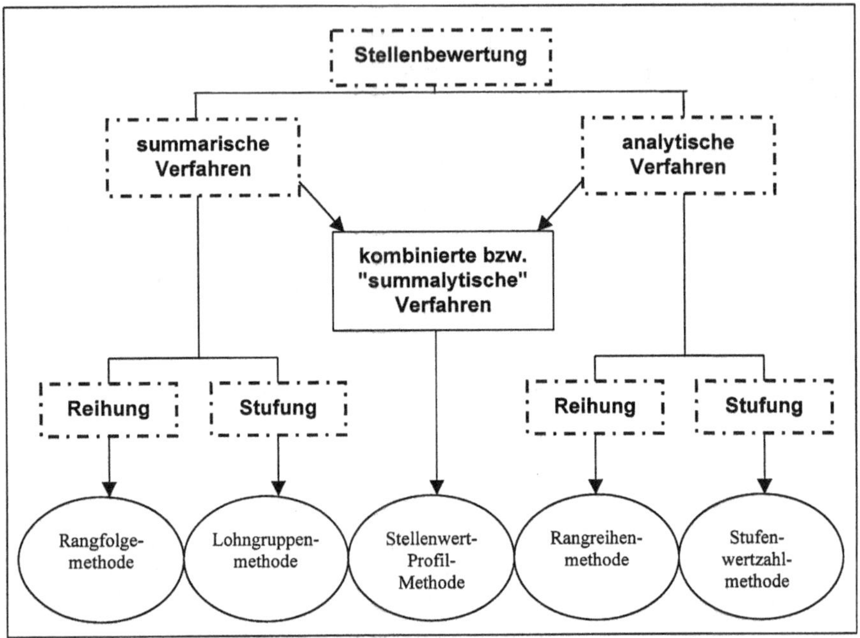

Abb. 15: Grundsätzliche und kombinierte Verfahren der Stellenbewertung[20]

3.2.1.1 Grundsätzliche Verfahren

Wie aus der Abb. 15 hervorgeht, sind grundsätzlich zur Erfassung und Analyse der Anforderungen analytische und summarische Verfahren in Betracht zu ziehen, wobei die Quantifizierung der Anforderungen wahlweise in Form der Reihung und Stufung erfolgen kann. Mit summarischen Verfahren werden die Arbeitsanforderungen eines Arbeitsplatzes in ihrer Gesamtheit erfasst und bewertet, während bei analytischen die einzelnen Anforderungsarten einer Stelle einzeln und nacheinander bewertet werden.[21] Reihung bedeutet jeweils, dass die einzelnen Arbeitsplätze in eine Rangreihe gebracht werden von der Stelle mit den höchsten Anforderungen bis zu der mit den niedrigsten. Bei der Stufung werden Merkmalsausprägungen festgelegt, in die einzelne Tätigkeiten eingeordnet werden.[22] Aus der Verknüpfung dieser Vorgehensweisen lassen sich vier grundsätzliche Formen ableiten:

---

[20] Vgl. Rinker, A. (1997), S. 160; Schierenbeck, H./Arnsfeld, T. (1996), S. 127.
[21] Vgl. Erdmann, U. (1991), S. 52.
[22] Vgl. Oechsler, W. A. (1997), S. 334f.

a) Rangfolgemethode

Bei der Rangfolgemethode werden alle zur Bewertung anstehenden Stellen nach ihrem Gesamteindruck in eine Rangordnung gebracht, was auf der Basis einer einfachen globalen Einschätzung oder mit der Methode des Paarvergleichs geschehen kann. Letztere stellt alle Arbeitsplätze paarweise gegenüber und setzt sie miteinander in Relation.[23] Der Vorteil der Rangfolgemethode liegt in seiner leichten Anwendungstechnik, welche allerdings nur für kleine Unternehmen oder für solche mit wenig unterschiedlichen Stellen in Frage kommt, da die Bildung von Rängen mit zunehmend heterogenen Stellen komplizierter und unüberschaubarer wird. Angesichts dessen, dass die Anzahl der Stellen in Banken im Vergleich zu anderen Unternehmen jedoch meist relativ groß ist[24], ist nachvollziehbar, weshalb diese Methode nur in den allerwenigsten Kreditinstituten brauchbar sein wird. Aber selbst wenn die zuvor genannten Voraussetzungen erfüllt sind, ist diese Methode abzulehnen, weil dadurch die Bedingung der Anforderungsgerechtigkeit und somit auch die Akzeptanz des Vergütungssystems gefährdet ist. Aufgrund einer lediglich ordinalen Vergleichbarkeit sind die Abstände bzw. Unterschiede zwischen den Stellen unterschiedlich groß und somit können die angestrebten Gehaltsdifferenzierungen nur sehr grob vorgenommen werden.[25]

b) Lohngruppenmethode

Die Lohngruppen- oder Katalogmethode lässt sich dadurch charakterisieren, dass summarisch mehrere Lohn- oder Gehaltsgruppen gebildet werden, die unterschiedliche Schwierigkeitsgrade aufweisen. Diese werden durch inhaltliche Beschreibungen und Richtbeispiele erläutert.[26] Als Vorteil dieser Methode ist ähnlich wie bei der vorhergehenden ihre einfache Handhabbarkeit und Verständlichkeit hervorzuheben. Allerdings kann mit dieser Methode eine hinreichende Anforderungsgerechtigkeit ebenfalls nicht gewährleistet werden, weil innerhalb der Lohngruppen nicht mehr differenziert wird und individuelle Gegebenheiten unberücksichtigt bleiben, so dass die Gefahr der Schematisierung besteht.[27]

Als Beispiel für diese Methode können die Tarifverträge im Bankbereich mit Ausnahme derer des Sparkassensektors angeführt werden.[28] So gibt es im Manteltarifvertrag für das private Bankgewerbe und die öffentlichen Banken in der ab dem 1.10.1997 geltenden Fassung neun Tarifgruppen, wobei die Arbeitsanforderungen mit Höhe der Tarifgruppe ansteigen.[29] Neben dem Kriterium der Arbeitsanforderung richtet sich die Höhe des Tarifgehaltes aber zusätzlich noch nach Anzahl der ausgeübten Berufsjahre, wobei Letzteres vor allem aus Gerechtigkeitsgründen abzulehnen

[23] Vgl. Schettgen, P. (1996), S. 124.
[24] Vgl. Wienkamp, H. (1996), S. 276, der davon ausgeht, dass in Kreditinstituten zwischen 250 u. 300 verschiedene Positionstypen vorhanden sind.
[25] Vgl. Oechsler, W. A. (1997), S. 335.
[26] Vgl. Olfert, K./Steinbuch, P. A. (1999), S. 335.
[27] Vgl. Hentze, J. (1995), S. 65.
[28] Vgl. hierzu die Ausführungen unter den Punkten 3.2.1.2 und 2.3.4.3.
[29] Vgl. dazu den Manteltarifvertrag: o.V. (1997), S. 12-15.

ist.[30] Da nicht erwiesen ist, dass eine längere Berufserfahrung mit einer höheren Leistung korreliert, werden insbesondere jüngere Mitarbeiter nicht nachvollziehen können, warum ihr älterer Arbeitskollege für die gleiche Arbeit mehr Entgelt erhält.[31]

Dies ist nur ein Grund dafür, weshalb der geltende Manteltarifvertrag nach Auffassung der Tarifparteien des privaten Bankgewerbes reformbedürftig ist. So schlagen die Arbeitgebervertreter für jede Tarifgruppe nur noch zwei Gehaltsstufen (bisher insgesamt 11) vor.[32] Zusätzlich soll nicht zuletzt auch aufgrund der obigen Kritikpunkte an der Lohngruppenmethode der Tarifvertrag nach Auffassung beider Parteien zukünftig durch ein analytisches Eingruppierungsverfahren ersetzt werden.

c) Rangreihenmethode

Bei der Rangreihenmethode wird die Gesamtanforderung einer Stelle zunächst in einzelne Anforderungsarten unterteilt, die gesondert erfasst und – gleich dem Rangfolgeverfahren – in Rangreihen gebracht werden. Dadurch ergibt sich für jede Anforderungsart ein Teil-Rangwert, der gegebenenfalls durch Multiplikation mit einem Gewichtungsfaktor in einen Teilarbeitswert überführt wird. Die Addition der Werte über alle Anforderungsarten ergibt schließlich den Gesamtarbeitswert.[33] Den meisten analytischen Stellenbewertungsmethoden liegt hierbei das „Genfer Schema" zugrunde, welches auf einer internationalen Tagung von Arbeitswissenschaftlern zur Stellenbewertung 1950 in Genf entwickelt wurde und die vier Generalkriterien „Geistige Anforderung", „Körperliche Anforderung", „Verantwortung" sowie „Arbeitsbedingungen" umfasst.[34]

Im Gegensatz zu den summarischen Methoden werden in diesem Fall die Anforderungen differenzierter und objektiver erfasst, was das Verfahren allerdings ebenso aufwendiger gestaltet. Ein besonderes Problem liegt bei der Auswahl und Gewichtung der Anforderungen, da für beides keine wissenschaftliche Grundlage existiert. Vielmehr handelt es sich bei beiden um den Ausdruck einer allgemeinen gesellschaftlichen Wertschätzung, welche den einzelnen Anforderungsarten zugesprochen wird.[35]

d) Stufenwertzahlmethode

Bei der Stufenwertzahlmethode wird analog zu der Rangreihenmethode die Gesamtanforderung zunächst in einzelne Anforderungsarten unterteilt. Für jede Anforderungsart wird daraufhin eine Anzahl von Stufen vorgegeben, denen jeweils eine bestimmte Wertigkeit zugeordnet wird. Der Gesamtarbeitswert resultiert dann aus

---

30 Des Weiteren entspricht die zu Beginn der 70er- Jahre festgeschriebene Berufsjahresstaffel nach Auffassung des Arbeitgeberverbandes mehr dem Berufsbild des „Bankbeamtentum", anstatt dem des leistungsorientierten Mitarbeiters. Vgl. o.V. (1998a), S. 8; o.V. (1998b), S. 5.

31 Vgl. Wöhe, G. (1996), S. 273; Knebel, H./Zander, E. (1989), S. 9.

32 Vgl. zu den Reformvorhaben bzgl. des Tarifvertrages: o.V. (1998a), S. 8, o.V. (1998b), S. 5.

33 Vgl. Zülch, G. (1992), Sp. 77.

34 Vgl. Bisani, F. (1995), S. 442 u. 448.

35 Vgl. Bisani, F. (1995), S. 448.

den Wertzahlen der einzelnen Anforderungsarten, die genauso wie zuvor entweder gewichtet oder ungewichtet berücksichtigt werden können.[36]

Parallel zur Rangreihenmethode lassen sich entsprechende Vor- und Nachteile bei der Stufenwertzahlmethode anführen, allerdings in extremerem Maße, denn die Stufenwertzahlmethode gilt einerseits als das objektivste, andererseits als das aufwendigste und komplexeste Verfahren.[37] Während der große Aufwand aus wirtschaftlichen Erwägungen in Frage zu stellen ist, ist die hohe Komplexität vor allem aus Gesichtspunkten der Akzeptanz abzulehnen. Letzteres vor allem deshalb, weil durch die Methode dem Mitarbeiter zwar sachlich begründet werden kann, wie es zur Bewertung seines Arbeitsplatzes gekommen ist, er die Begründung aber aufgrund der komplizierten Vorgehensweise nur schwer nachvollziehen kann.[38]

Stellt man zusammenfassend die summarischen den analytischen Stellenbewertungsverfahren gegenüber, zeigt sich, dass beide für sich alleine gesehen wenig geeignet erscheinen, von den Mitarbeitern in ausreichendem Maße akzeptiert zu werden. Die Vorgehensweise bei den summarischen Verfahren ist zwar verständlich, es besteht aber die Gefahr, dass das Kriterium der Anforderungsgerechtigkeit nur unzureichend erfüllt wird. Im Gegensatz dazu ist bei den analytischen Verfahren das Zustandekommen eines objektiven und gerechten Bewertungsgefühls zwar eher wahrscheinlich, dafür könnte aber die Forderung nach Wirtschaftlichkeit und Transparenz des Verfahrens verletzt werden. Als Ausweg aus dem beschriebenen Dilemma wurden in der Praxis die beiden Methoden zu „summalytischen" Bewertungsverfahren kombiniert.[39]

3.2.1.2 Kombinierte Verfahren

Zur Abschwächung der Nachteile eines einzelnen Verfahrens bzw. zur Nutzung der Vorteile eines jeden enthalten die in der Praxis angewendeten Methoden zur Arbeitsbewertung häufig analytische wie summarische Elemente.[40] Als Beispiel für eine solche summalytische Methode gilt beispielsweise das im Teil 4 näher erläuterte Verfahren der HAY-Unternehmensberatungsgruppe oder der für die öffentlich-rechtlichen Sparkassen bedeutsame BAT[41]. Aus Sicht der Akzeptanz bietet es sich hierbei an, die jeweiligen Anforderungen einer Stelle analytisch zu ermitteln und summarisch zu überprüfen, weil auf diese Weise das Postulat der Anforderungsgerechtigkeit am ehesten gewährleistet erscheint.[42] Zur Sicherstellung der Wirtschaftlichkeit des Verfahrens sollte es des Weiteren so angelegt werden, dass nur wichtige Schlüsselstellen bewertet werden, um die im Vergleich zu anderen Unternehmen große Stellenanzahl bewältigen zu können.[43]

---

[36] Vgl. Erdmann, U. (1991), S. 53.
[37] Vgl. Olfert, K./Steinbuch, P. A. (1999), S. 341.
[38] Vgl. Kadel, P./Meier, H. (1992), Sp. 2256f.; Zander, E. (1990), S. 128.
[39] Vgl. zu diesem Begriff: Knebel, H. (1995), S. 11; Knebel. H./Zander, E. (1989), S. 27.
[40] Vgl. Hentze, J. (1995), S.79.
[41] Vgl. Näheres zum BAT bei Oechsler, W. A. (1997), S. 342f.
[42] Vgl. Wienkamp, H. (1996), S. 276.
[43] Vgl. zu dieser Anregung: Zander, E. (1990), S. 94 u. 96.

Da jedoch die Arbeitsanforderungen einer Stelle nicht objektiv erfasst werden können, hängt die Akzeptanz nicht nur vom Verfahren als solches, sondern auch davon ab, ob die Mitarbeiter das Gefühl haben, dass mit ihm eine annähernd gerechte Arbeitsbewertung möglich ist. Aus diesem Grund sollte darauf geachtet werden, dass das Verfahren das Vertrauen aller Beteiligten genießt, was beispielsweise durch einen paritätisch besetzten Bewertungsausschuss gefördert werden kann.[44] Letzteres ist auch der ausschlaggebende Grund, weshalb hier von Beratungsunternehmen konstruierte bewährte Verfahren der Vorrang vor selbstentwickelten eingeräumt wird, obgleich in ihnen die jeweiligen betrieblichen Gegebenheiten wahrscheinlich besser berücksichtigt werden können.[45]

3.2.2 Die Leistungsbeurteilung

Während durch die zuvor erläuterte Stellenbewertung die Arbeitsanforderungen personenunabhängig betrachtet werden, zielt das nachfolgend dargestellte Instrument auf die Bewertung der individuelle Leistung ab. Auf diese Weise wird dem Sachverhalt Rechnung getragen, dass Inhaber gleich bewerteter Stellen diese jeweils quantitativ und qualitativ unterschiedlich ausfüllen können.[46] Unter einer Leistungsbeurteilung wird nachstehend ein zweckgerichtetes, institutionalisiertes Verfahren zur Erfassung und Bewertung der Leistung von Organisationsmitgliedern („Beurteilte") durch andere Mitglieder („Beurteiler") verstanden.[47] Obwohl mit dem Instrument der Leistungsbeurteilung die unterschiedlichsten Zwecke verfolgt werden,[48] wird es hier primär unter dem Fokus der Entgeltfindung betrachtet, insofern als die jährliche Messung und Beurteilung der erbrachten Leistung die bedeutendste Entscheidungsgrundlage für die Höhe des individuellen, variablen Vergütungsbestandteiles liefert. Aus diesem Grund ist auf eine akzeptanzgerechte Ausgestaltung dieses Instruments ganz besonderer Wert zu legen.

Da in der Praxis und Theorie eine Vielzahl von Verfahren verwendet bzw. vorgeschlagen werden, ist eine Systematisierung erforderlich. Als Unterscheidungsmerkmal – es ist ausgewählt worden, weil die Gestaltung der Beurteilung dadurch am stärksten beeinflusst wird[49] – wird hierfür die Art der Leistungsfeststellung zugrunde gelegt, nach dem zwischen merkmals- und zielorientierten Verfahren differenziert wird.[50]

---

[44] Vgl. zu diesem Vorschlag etwa: Olfert, K./Steinbuch P. A. (1999), S. 342.

[45] Zudem lässt sich mit den bewährten Verfahren wahrscheinlich einfacher die Anforderung der Marktgerechtigkeit erfüllen, weil unmittelbar auf Daten v. Vergleichsunternehmen zurückgegriffen werden kann, während gegen die Selbstkonzeption der höhere Entwicklungsaufwand spricht. Vgl. Näheres zu den Vor- u. Nachteilen v. bewährten bzw. selbst gestalteten Verfahren bei Schettgen, P. (1996), S. 127.

[46] Vgl. Oechsler, W. A. (1997), S. 346.

[47] Vgl. Mungenast, M. (1990), S. 5.

[48] Es kann als Grundlage für personelle Entscheidungen, als Instrument der Personalentwicklung sowie als Hilfsmittel zur Entgeltfindung dienen, wobei Mischformen denkbar sind. Vgl. Stehle, W. (1995), S. 194.

[49] Vgl. Lattmann, C. (1975), S. 55. Bzgl. anderer Unterscheidungskriterien vgl. bspw. Domsch, M./Gerpott, T. J. (1987), S. 1649f. o. Brandstätter, H. (1970), S. 677-688.

[50] Vgl. Mungenast, M. (1990), S. 10.

Betrachtet man die Verbreitung der beiden Beurteilungsverfahren in der Bankbranche, zeigt sich, dass momentan in ihr überwiegend noch merkmalsorientierte Verfahren zum Einsatz kommen.[51] So kamen im Jahre 1999 in einer Untersuchung von 50 betrachteten Kreditinstituten in 41 merkmalsorientierte Verfahren, in 2 zielorientierte, in 6 Mischverfahren sowie in einem eine andere Form der Leistungsbeurteilung zur Anwendung.[52] Dieser Tatbestand könnte jedoch schon bald überholt sein, weil eine Vielzahl von Banken plant, ihr zur Zeit genutztes zugunsten eines zielorientierten Verfahrens überarbeiten zu wollen.[53] Vor dem Hintergrund dieser Entwicklung scheint es besonders von Interesse zu sein, die beiden Verfahren unter Akzeptanzgesichtspunkten zu analysieren.

3.2.2.1 Die merkmalsorientierte Beurteilung als meist verwendetes Verfahren

Wie bereits zuvor ausgeführt, stellen merkmalsorientierte Verfahren das übliche Instrument in der bankbetrieblichen Praxis dar. Sie zeichnen sich idealtypischerweise dadurch aus, dass zur Leistungsfeststellung Merkmale der Persönlichkeit bzw. als leistungsrelevant angesehene persönliche Eigenschaften herangezogen werden.[54] Als formale Grundlage fungieren hierfür in der Regel standardisierte Beurteilungsformulare, die beispielsweise wie in der Abb. 16 konzipiert sind.

Im Allgemeinen sehen die Beurteilungsformulare neben formalen Angaben wie Name, Position, Personalnummer und anderem mehr häufig eine Rubrik zur Beschreibung der Positionsaufgabe vor.[55] Des Weiteren werden Beurteilungsmerkmale vorgegeben, deren Anzahl unternehmensspezifisch zwischen 3 und 40 schwanken kann. Gewöhnlicherweise wird hierbei ein Standardmerkmalskatalog verwendet, d.h. die zugrunde gelegten Merkmale sind für alle zu beurteilenden Mitarbeiter gleich, welche allenfalls für Vorgesetzte noch um Führungsmerkmale erweitert werden. Modifikationen nach Aufgabenbereichen oder Hierarchieebenen finden selten statt, lediglich eine Gewichtung der Merkmale nach ihrem arbeitsplatzbezogenen Wert kann in einigen Formularen vorgenommen werden. Die Leistungsbewertung erfolgt letztlich auf einer 3- bis 9-stufigen Beurteilungsskala, auf der die Merkmalsausprägungen getrennt erfasst und schließlich zu einem Gesamtwert addiert werden.

---

[51] Dies gilt im Übrigen auch für andere Wirtschaftszweige. Vgl. dazu Becker, F. G. (1998), S. 260f. u. die bei ihm angegebenen Untersuchungen.

[52] Vgl. Stöcker, H. (1999), S. 74. Einschränkend ist jedoch darauf hinzuweisen, dass die eigentliche Datenerhebung bereits schon im Jahre 1997 stattfand, so dass davon auszugehen ist, dass ein Teil der Kreditinstitute ihre Leistungsbeurteilungen in der Zwischenzeit bereits neu gestaltet haben. Vgl. dazu auch die folgende Fußn.

[53] Vgl. Stöcker, H. (1999), S. 71f. 10 v. 68 Banken beabsichtigten, ihr zum damaligen Zeitpunkt verwendetes Verfahren zugunsten eines zielorientierten Verfahrens zu verändern. Die Anzahl wird sogar noch größer, wenn man jene 9 hinzuzählt, die ihr Verfahren zugunsten eines aktuelleren - sprich einem zielorientierten - neu gestalten wollten.

[54] Vgl. Stöcker, H. (1999), S. 17.

[55] Vgl. zu diesen u. den nachfolgenden Ausführungen: Becker, F. G./ Seitz, S./Fallgatter, M. J. (1995), S. 34f.; Becker, F. G./Fallgatter, M. J./Seitz, S. (1995), S. 270-272.

Leistungsbeurteilung 19XX					
Name:			Positionsbezeichnung:		
Bereich:			Beurteiler:		
Aufgaben: (fakultativ)					
Beurteilungsmerkmale	(fakultative) **Gewichtung in %**	**Beurteilungsskala**			
		4 **sehr gut**	**3**	**2**	**1** **mit Mängeln**
Arbeitsqualität • Fachkenntnisse • Einhalten von Vorschriften und Anweisungen • Ordnung • Behandlung von Arbeitsmitteln • Verwendbarkeit der Arbeitsergebnisse • Geschicklichkeit • Reklamation					
Arbeitsquantität • Zeitaufwand für einwandfreie Arbeitsergebnisse • Belastbarkeit • Termineinhaltung • Ausdauer • Intensität der Arbeitsausführung					
Leistungsverhalten • Zuverlässigkeit • Kostenbewusstsein • Zusammenarbeit • Initiative • Pünktlichkeit • Selbstständigkeit • Verantwortungsbereitschaft • Beweglichkeit des Denkens					
Führungsverhalten (nur für Vorgesetzte) • Planung, Disposition, Delegation • Kontrolle • Motivation der Mitarbeiter • Durchsetzungsfähigkeit • Mitarbeiterförderung					

Abb. 16: Muster eines merkmalsorientierten Leistungsbeurteilungsbogen[56]

[56] Vgl. den Bogen etwa bei Becker, F. G./Fallgatter, M. J./Seitz, S. (1995), S. 271.

Obwohl der Merkmalskatalog alle typischerweise vom Bankmitarbeiter verlangten Eigenschaften enthält und somit das skizzierte merkmalsorientierte Verfahren zumindest bei oberflächlicher Betrachtung einen plausiblen Eindruck hinterlässt, wird ihm folgende Kritik entgegengehalten:[57]

- Die vorwiegend eigenschaftsorientierten Beurteilungsmerkmale sind weder eindeutig definiert noch klar voneinander abgegrenzt. So dürfte etwa eine objektive Beurteilung des Merkmals „Zuverlässigkeit" aufgrund von Interpretationsspielräumen und den damit verbundenen Messproblemen unmöglich sein, wodurch die Gefahr besteht, dass sich Mitarbeiter ungerecht behandelt fühlen.

- Die These, dass die zu beurteilenden (Personen-)Merkmale in einer direkten Abhängigkeit zur Leistung des Mitarbeiters stehen, ist nicht haltbar, denn es ist erwiesen, dass in vielen Fällen mit unterschiedlichen Eigenschaften gleichwertige Leistungen erbracht werden können.

- Hinzu kommt das Problem, dass psychologisch nur wenig oder gar nicht geschulte Vorgesetzte, psychologische Konstrukte, wie Eigenschaften, bewerten sollen. Dadurch werden Beurteilungsfehler – als Beispiele seien hier Halo-, Kleber- und Hierarchieeffekt genannt[58] – wahrscheinlich, die einer gerechten und objektiven Beurteilung entgegenstehen.

- Ferner beruht die Auswahl der verwendeten Beurteilungsmerkmale auf theoretisch nicht fundierten Intentionen und Plausibilitätsüberlegungen für eine Vielzahl von vergleichbar angenommenen Arbeitsplätzen. Vernachlässigt wird hierbei, dass sich Aufgaben und Verantwortungsbereiche insbesondere in der Bankbranche durch eine große Heterogenität auszeichnen.

- Häufig sollen die Beurteilungsverfahren gleich mehrere Zwecke erfüllen (Multifunktionalität)[59], so dass letztlich keine Aufgabe ausreichend geleistet werden kann. Sollen etwa Karriereentscheidungen begründet und zum gleichen Zeitpunkt die innerbetriebliche Kommunikation und Zusammenarbeit gefördert werden, so deutet sich nachstehender Zielkonflikt an: Einerseits fungiert der Vorgesetzte als Entscheidungsträger über Vergütung und Karriere, andererseits hat er als Helfer auch Verständnis für die spezifische Situation des Mitarbeiters aufzubringen und zudem Vertrauen für die Zukunft zu schaffen. Dies stellt einen in dieser Komplexität für die Führungskraft nur schwer zu lösenden Konflikt dar.

Trotz der vorstehenden massiven Kritik, die einige Autoren sogar dazu veranlasst, den Einsatz merkmalsorientierter Beurteilungsverfahren abzulehnen[60], und den in diesem Zusammenhang angedeuteten Akzeptanzbarrieren, wird an ihm festgehalten. Ein Verzicht auf eine merkmalsorientierte Beurteilung könnte vor allem im Bank-

---

[57] Vgl. etwa Becker, F. G. (1998), S. 349-355; Kunz, G. (1998a), S. K1; Becker, F. G./Fallgatter, M. J./Seitz, S. (1995), S. 270-272; Domsch, M./Gerpott, T. J. (1985), S. 667.

[58] Vgl. Näheres zu den angeführten sowie weiteren Beurteilungsfehlern etwa bei Becker, F. G. (1994), S. 97-99.

[59] Vgl. zu den möglichen Zwecken die Fuß. Nr. 48 unter Punkt 3.2.2.

[60] Diese Meinung vertreten etwa Rinker, A. (1997); S. 146; Schierenbeck, H./Arnsfeld, T. (1996), S. 93; Becker, F. G./Fallgatter, M. J./Seitz, S. (1995), S. 272.

gewerbe noch schwerwiegendere Akzeptanzprobleme nach sich ziehen. Diese Form der Beurteilung ist das einzige Verfahren, welches mit relativ wenig Aufwand eine Bewertung der Gesamtaufgabenerfüllung und eine Berücksichtigung bankseitig erwünschter Verhaltensweisen ermöglicht.[61]

Da aus den genannten Gründen zumindest ergänzend auf merkmalsorientierte Beurteilungsverfahren zurückzugreifen ist, sollte dementsprechend auf eine möglichst akzeptanzgerechte Ausgestaltung geachtet werden. In Anlehnung an obige Kritik sollten etwa die folgenden Maßnahmen getroffen werden:[62]

- Die einzelnen Beurteilungsmerkmale sollten im Beurteilungsformular konkretisiert und möglichst klar voneinander abgegrenzt werden.
- Es sollten lediglich Merkmale verwendet werden, die sich auf Leistungsergebnisse oder auf ein gewünschtes Leistungsverhalten beziehen.
- Die Beurteiler sollten Schulungen[63] erhalten, in denen neben Aufbau und Ablauf des Beurteilungsverfahrens auch auf die Vermeidung von Beurteilungsfehlern eingegangen wird.
- Es sollten pragmatisch einige wenige Beurteilungsmerkmale ausgewählt werden, die im Unternehmen auf Konsens stoßen, anstatt solcher, die den Anschein einer wissenschaftlich-theoretischen Begründung erwecken.
- Es ist darauf zu achten, dass die Leistungsbeurteilung nicht mit einer Potentialbeurteilung[64] vermischt wird.

Wenn mit den vorgeschlagenen Maßnahmen zugegebenermaßen nicht alle Schwachpunkte vollständig beseitigt werden können, so scheint es auf diese Weise dennoch möglich, einen praktikablen Baustein für eine akzeptanzgerechte umfassende Gesamtbeurteilung – bestehend aus einer merkmalsorientierten und einer zielorientierten Komponente – zu generieren.[65]

3.2.2.2 Die zielorientierte Beurteilung als modernes Verfahren

Als Alternative zu den merkmalsorientierten Beurteilungsverfahren wurde erstmals von McGregor im Jahre 1957 die Beurteilung anhand von Zielen diskutiert,[66] wobei letzteres Verfahren im Wesentlichen auf dem von Drucker entwickelten „Manage-

---

61 Vgl. Näheres dazu unter Punkt 3.2.3.3.

62 Vgl. Kunz, G. (1998a), S. K2; Fallgatter, M. J. (1996), S. 21; Lattmann, C. (1994), S. 44-46; Zander, E./Knebel, H. (1993), S. 138; Zander; E. (1990), S. 177-180; Beyss, B. (1983), S. 263-279.

63 Vgl. Näheres zum Aspekt der Schulung unter Punkt 2.3.5.4.

64 Im Gegensatz zur vergangenheitsorientierten Leistungsbeurteilung stellt eine Potentialbeurteilung den Zukunftsaspekt der Qualifikation in den Vordergrund. Vgl. Weber, W./Mayrhofer, W./Niehüser, W. (1993), S. 225.

65 Vgl. Näheres dazu unter Punkt 3.2.2.3.

66 Vgl. McGregor, D. (1957), S. 89-94.

ment by Objectives" (MbO) Konzept basiert.[67] Kennzeichen eines zielorientierten Verfahrens ist sein institutionalisierter Prozess, bei dem zu Beginn mitarbeiter-, stellen- und situationsbezogene Ziele festgelegt werden, die aus der übergeordneten Unternehmungsplanung abgeleitet sind und deren Erfüllungsgrade am Ende die Grundlage für die Beurteilung darstellen (vgl. dazu die Abb. 17).[68]

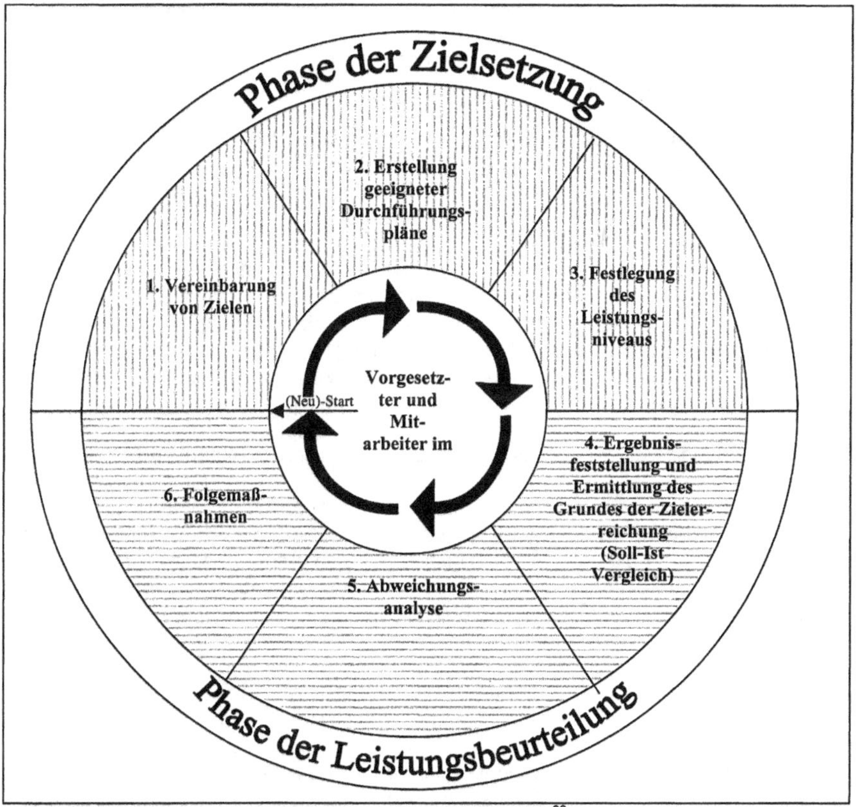

Abb. 17: Struktur einer zielorientierten Leistungsbeurteilung[69]

Im Einzelnen beinhaltet der Prozess der zielorientierten Leistungsbeurteilung die folgenden sechs aufeinander aufbauenden Schritte:[70] Zu Beginn steht die Vereinbarung von Zielen, aus denen in einem nächsten Schritt konkrete Durchführungspläne

67 Vgl. Drucker, P. F. (1954): The practice of management.
68 Vgl. Stöcker, H. (1999), S. 20.
69 In Anlehnung an Mungenast, M. (1994), S. 56. Im Gegensatz zu seiner Grafik sind die Schritte kreisförmig angeordnet, um zu betonen, dass es sich um einen ständig wiederkehrenden, fortlaufenden Prozeß handelt. Zusätzlich wird in der Mitte des Kreises darauf hingewiesen, dass alle Schritte den Dialog zwischen Vorgesetztem u. Mitarbeiter erfordern.
70 Vgl. zu den folgenden Ausführungen: Mungenast, M. (1994), S. 56.

abgeleitet werden. Danach wird das anzustrebende Zielausmaß bestimmt, bevor in einem vierten Schritt das Leistungsergebnis im Rahmen eines Soll-Ist Vergleiches festgestellt wird. Es folgt eine Analyse der möglicherweise eingetretenen Abweichungen, aus deren Ergebnisse in einem letzten Schritt individuelle Folgemaßnahmen abgeleitet werden können. Grundlegendes Element aller Schritte ist dabei eine kontinuierliche Kommunikation zwischen Vorgesetzten und Mitarbeitern.

Als besondere Vorteile dieses Verfahrens werden in der Literatur vor allem folgende Punkte herausgestellt:[71]

- Durch das Vorgeben bzw. Vereinbaren von positionsspezifischen Aufgaben bzw. Zielen kennt der Mitarbeiter die an ihn gestellten Erwartungen. Im Vordergrund stehen also optimalerweise klar formulierte Aufgaben anstelle von unspezifizierten Merkmalen, die erst einer Interpretation bedürfen.[72]

- Da die Beurteilung am Ende des Prozesses auf Basis des Grades der Aufgabenerfüllung erfolgt, wird einerseits Willkür verhindert, andererseits eine höhere Objektivität und Nachvollziehbarkeit als bei den herkömmlichen Verfahren ermöglicht. Die Orientierung an der Aufgabenerfüllung führt des Weiteren zu einer Reduzierung von Beurteilungsfehlern und zu einer Versachlichung des Beurteilungsgesprächs.

- Die Festlegung von Zielen kann als Motivationsanreiz fungieren, weil der Mitarbeiter im Idealfall alle Faktoren kennt, die über seine Beurteilung und damit auch letztlich über sein individuelles Entgelt entscheiden. Durch die Leistungsstandards hat der Mitarbeiter folglich einen Maßstab vor Augen, der ihn idealerweise motiviert, aktiv seine Leistung zu beeinflussen. Hinzu kommt, dass die Art und Weise der Zielerreichung in der Regel vom Mitarbeiter eigenhändig bestimmt werden kann, was dem Wunsch vieler Mitarbeiter nach Eigenverantwortlichkeit und Selbstentfaltung entgegenkommt.

- Es gilt als effektives Führungsinstrument, weil sich alle Unternehmensebenen auf die wesentlichen Unternehmensziele konzentrieren.

Die aufgezählten Vorteile sollten jedoch nicht dazu verleiten, auch einen Blick auf die Schwachpunkte zu richten.[73] Aus dem Blickwinkel der Akzeptanz[74] sind vor allem drei Punkte zu kritisieren: So ist die Anwendbarkeit des Verfahrens eingeschränkt, weil sich nicht für jede Stelle sinnvolle Ziele finden lassen bzw. weil zum Teil Mitarbeiter auf unteren Hierarchieebenen nicht ausreichend Handlungsspielraum besitzen, um ihre Zielerreichung beeinflussen zu können.[75] Durch eine Konzentration auf die herausgehobenen Ziele kommt es des Weiteren zu einer Nichtberücksichtigung

---

71 Vgl. Sold, W./Uepping, H. (1999), S. 495; Nagel, K./Schlegtendal, G. (1998), S. 82f; Haitzmann, M. (1996), S. 479-482; Lattmann, C. (1994), S. 83.

72 Vgl. hierzu die Kritik an den merkmalsorientierten Verfahren unter Punkt 3.2.2.1.

73 Vgl. zu den Kritikpunkten im Allgemeinen: Becker, F. G. (1998), S. 365-369; Fallgatter, M. J. (1996), S. 96-104.

74 Vgl. Genaueres zu den Auswirkungen auf die Akzeptanz unter Punkt 3.2.2.3.

75 Vgl. Pankert, E./Preußer, H. (1993), S. 27; Kill, V. (1972), S. 86.

ebenfalls zu verrichtender Routinetätigkeiten.[76] Zusätzlich handelt es sich bei den vereinbarten Zielen in der Praxis meist um quantitative, so dass u.U. qualitative Aspekte vernachlässigt werden.[77] Da es sich hierbei bis auf den letzten Punkt jedoch um verfahrensimmanente Einschränkungen handelt[78], können diese nicht durch das Verfahren als solches, sondern nur durch Ergänzung mit merkmalsorientierten Verfahren verbessert werden.

Trotz der angeführten Kritik wird die zielorientierte Variante gegenüber den traditionellen Verfahren vor allem wegen ihres stärkeren Aufgaben- und Leistungsbezugs sowie wegen ihrer fundierteren Leistungsbewertung in der Literatur bevorzugt.[79] In diesem Zusammenhang darf jedoch nicht übersehen werden, dass sich die Vorteile „nicht von selbst verwirklichen", sondern dass es sich um ein sehr anspruchsvolles Konzept handelt.[80] Der damit im Vergleich zu den traditionellen Methoden verbundene höhere Aufwand erscheint hierbei nur gerechtfertigt, wenn dadurch tatsächlich die beschriebenen positiven Effekte eintreten. Wichtige Voraussetzung dafür ist wiederum ein ausreichendes Maß an Akzeptanz. Beispielsweise ist davon auszugehen, dass sich die motivationalen Wirkungen nur unzureichend entfalten, wenn der Mitarbeiter sich aufgrund von in der Zielsetzungsphase entstandenen Akzeptanzbarrieren nicht mit seinen Zielen identifiziert.[81] Vor dem Hintergrund dieser Argumentation, der wachsenden Bedeutung des Verfahrens im Bankgewerbe sowie der negativen Ausstrahlungseffekte eines nicht akzeptierten zielorientierten Beurteilungsverfahrens auf das variable Vergütungssystem im Ganzen wird nachstehend jeweils für die Zielsetzungs- und für die Beurteilungsphase erläutert, wie ein solches Verfahren möglichst akzeptanzgerecht ausgestaltet werden kann.

Zur Sicherung der Akzeptanz in der **Zielsetzungsphase** sind die folgenden Punkte zu berücksichtigen:

- Obgleich das ursprüngliche MbO-Konzept nicht zwingend die Zielbildung in Form der Vereinbarung vorsieht – alternativ wäre eine Zielgenerierung in Form von autoritären Vorgaben denkbar –, kommt aus Akzeptanz- und Motivationserwägungen lediglich die partizipative Variante in Frage.[82] Während nämlich bei Zielvorgaben Konflikte und Zielablehnungen wahrscheinlich sind,[83] konnte bezüglich der Zielvereinbarungen nachgewiesen werden, dass sie unmittelbar zu einer höheren

---

76 Vgl. Zander, E. (1990), S. 214; Knebel, H. (1980), S. 330.

77 Vgl. Fallgatter, M. J. (1998), S. 82.

78 Vgl. dazu Fallgatter, M. J. (1996), S. 96-104, der im Rahmen des MbO-Konzepts zwischen einerseits verfahrensimmanenter, andererseits funktions- u. anforderungsbezogener Kritik unterscheidet.

79 Vgl. anstatt vieler etwa Cisek, G. (1997), S. 224f. o. Kappel, H./Uschatz, P. (1992), S. 42.

80 Vgl. zu letzterer Auffassung etwa Fallgatter, M. J. (1996), S. 91 o. Frese, E. (1971), S. 227.

81 Vgl. dazu die nachfolgenden Ausführungen zur Zielsetzungsphase.

82 Dem diesbezüglichen Einwand, dass eine wirkliche Partizipation bei einer kaskadenförmigen Ableitung der Ziele aus den Unternehmenszielen nicht zu verwirklichen ist, ist entgegenzuhalten, dass dies zumindest für die bedeutsame Mittelwahl gewährleistet werden kann. Vgl. Mungenast, M. (1990), S. 201.

83 Vgl. Knebel, H. (1979), S. 15.

Übereinstimmung und Identifikation mit den Zielen führen und sie sich dadurch mittelbar positiv auf die Arbeitsleistung auswirken.[84]

- Bei der Ableitung von Zielen aus der übergeordneten Unternehmensplanung kommt es darauf an, diese nicht rigide „herunterzubrechen", sondern sie an die individuelle Mitarbeitersituation anzupassen.[85] Hierbei muss die Gesamtheit der Mitarbeiter- , aber auch der Unternehmensziele ein in sich geschlossenes, widerspruchloses System bilden. Um dem Mitarbeiter darüber hinaus eine hinreichende Konzentration auf die Ziele zu ermöglichen, sollte dafür Sorge getragen werden, dass nur wenige[86], für die jeweilige Position besonders bedeutsame Ziele vereinbart werden. Durch die Vergabe von Gewichtungsfaktoren ist es dabei möglich, auch innerhalb einer Vereinbarung Zielprioritäten zu setzen.

- Bei der Zielbildung ist zum einen darauf Wert zu legen, dass der Zielerreichungsgrad tatsächlich von den Mitarbeitern beeinflusst werden kann, da ansonsten eine Zielidentifikation nicht zu erwarten ist. Zum anderen sollte von vornherein auf eine Operationalisierbarkeit der Ziele geachtet werden, um späteren Missverständnissen entgegenzuwirken.[87] Das beinhaltet auch die Spezifizierung des Leistungsniveaus, ab dem ein Ziel für die Bank überhaupt einen Nutzen bringt, wann es erfüllt und wann es übererfüllt ist.[88]

- Bei der Verabredung des Zielausmaßes ist darauf zu achten, dass es zwar anspruchsvoll, aber realistisch formuliert wird, um die Mitarbeiter nicht zu demotivieren.[89] Das beinhaltet einerseits, dass die zu erreichenden Ziele von Periode zu Periode nicht einfach anspruchsvoller konzipiert werden, sondern dass auf veränderte interne und externe Leistungsbedingungen[90] Rücksicht genommen wird. Andererseits sollte es möglich sein, während des Prozesses in einem Zwischen-

---

84 Vgl. dazu die Untersuchungen v. Erez, M./Arad, R. (1986), S. 591-597; Early, C. (1985), S. 481-491; Erez, M./Zidon, I. (1984), S. 69-78.

85 Vgl. Lattmann, C. (1994), S. 76.

86 Deren genaue, individuelle Zahl hängt v. den Verhältnissen in der jeweiligen Unternehmung u. der jeweiligen Position – hier vor allem v. seiner hierarchischen Stellung in der Organisation – ab. Als Faustregel kann eine Beschränkung auf 3 bis höchstens 7 Ziele gelten. Vgl. Lattmann, C. (1994), S. 79.

87 Vgl. Bardens, R. E. (1998), S. 6f. sowie die vorherigen Ausführungen zur Kritik des Verfahrens.

88 Vgl. Kappel, H./Uschatz, P. (1992), S. 116.

89 Vgl. Scheitler, C. (1999), S. 499. Die Mitarbeiter sind daran interessiert, möglichst niedrige Ziele zu vereinbaren, weil diese sich einfacher als hohe erreichen lassen u. somit der Erhalt einer variablen Vergütung um so wahrscheinlicher ist. Im Gegensatz dazu sollten aus Sicht der Gesamtbank die Ziele möglichst hoch gesteckt werden. Zur Lösung des dahinterstehenden Interessenkonflikts wird in der Literatur vorgeschlagen, das Ausmaß der Zielvereinbarung dem Mitarbeiter zu überlassen, im Rahmen der Zielerreichungsfunktion jedoch einen Anreiz für ehrgeizige Ziele zu verankern. Vgl. Lurse, K. (1997), S. 48 o. Winter, S. (1996), S. 82-87. Folge dieses Ansatzes ist, dass bei gleicher Zielerreichung zweier Mitarbeiter derjenige besser gestellt wird, der im Rahmen der Zielvereinbarung realistischer geplant hat. Der Ansatz wird im weiteren Verlauf jedoch nicht weiterverfolgt, da er in der Praxis aufgrund seiner Komplexität nur auf oberster Managementebene anwendbar erscheint. Vgl. dazu Rinker, A. (1997), S. 239, der eine ähnliche Auffassung vertritt.

90 Eine bedeutsame Veränderung der internen Leistungsbedingungen ergibt sich für einen Filialleiter z.B. dann, wenn er aufgrund eines Personalabbaus in der nächsten Periode nicht auf sein ursprüngliches Vertriebspotential zurückgreifen kann. Extern könnte etwa ein nachhaltiger Wandel im Zinsgefüge dafür verantwortlich sein, dass Ziele in der Folgeperiode anzupassen sind.

gespräch eine Revision der Zielausmaße nach oben und unten vorzunehmen, wenn sich die Leistungsbedingungen nachhaltig gewandelt haben.[91] Insbesondere eine Korrektur des Zielausmaßes nach oben wird hierbei zu Akzeptanzproblemen führen, wenn es nicht gelingt, die Notwendigkeit der Maßnahme glaubhaft zu verdeutlichen. Das wiederum erfordert ein großes Maß an Vertrauen, weshalb Zielanpassungen nach oben erst durchgeführt werden sollten, nachdem das Beurteilungsverfahren bereits mehrmals zur Anwendung gekommen und von der Belegschaft akzeptiert worden ist. Trotzdem sollte auf die Möglichkeit einer Revision nach oben nicht generell verzichtet werden, um die Wirtschaftlichkeit des Vergütungssystems im Ganzen nicht zu gefährden sowie einen annähernd gleichen Schwierigkeitsgrad für alle Mitarbeiter zu gewährleisten.

- Zur Vermeidung einer einseitigen Verkaufsausrichtung und zur effektiveren Einbeziehung von Betriebs- und Stabsbereichen sollten neben quantitativen ebenso qualitative Ziele vereinbart werden.[92] Unter quantitativen Zielen werden dabei solche verstanden, die direkt messbar sind (z.B. Stückzahlen oder Umsatzgrößen), während qualitative erst einer Operationalisierung bedürfen (z.B. Sorgfalt bei der Kreditwürdigkeitsprüfung). Obwohl qualitative Ziele deshalb nicht einfach zu formulieren sind und häufig einen größeren Wertungsspielraum zulassen,[93] werden sie als zwingend notwendig angesehen, um im Sinne einer Gleichbehandlung auch mit den Mitarbeitern Ziele verabreden zu können, deren Leistung nicht oder nicht vollständig mit Hilfe quantitativer Kriterien ermittelt werden kann.

- Ungeachtet dessen, dass das MbO-Konzept primär individualistisch ausgerichtet ist, sollten aufgrund zunehmender Leistungsverflechtungen neben Individual- auch Teamziele vereinbart werden können, um eine kooperative Zusammenarbeit sicherzustellen.[94] Letzteres wird auch für Finanzdienstleister immer wichtiger, da sich einige Ziele nur im Team sinnvoll erreichen lassen und/oder die Leistung des Einzelnen oftmals nicht verursachungsgerecht ermittelt werden kann.[95] So wird sich eine nachhaltige Steigerung der Kundenzufriedenheit für eine Filiale nur einstellen, wenn alle Filialmitglieder darum bemüht sind. Es lässt sich diesbezüglich aber genauso wenig die Leistung jedes einzelnen Mitarbeiters in Kundenbefragungen überschneidungsfrei bestimmen, da der Kunde beispielsweise bei Fragen zum Zahlungsverkehr in der Regel von unterschiedlichen Servicekräften bedient wird.[96]

---

[91] Vgl. Cisek, G. (1997), S. 224.

[92] Vgl. Erdmann, U. (1991), S. 159; Schiller, B. (1990), S. 171.

[93] Vgl. Kunz, G. (1999), S. 83.

[94] Vgl. zu dieser Forderung für das Bankgewerbe: Pankert, E./Preußer, H. (1993), S. 27; Prasch, E./Torka, W. (1995), S. 519; Svoboda, M. (1999), S. 372.

[95] Zudem würde ein individualistisch orientiertes Vergütungskonzept auch im Widerspruch zu den Bemühungen vieler Banken stehen, deren Ziel die Schaffung einer partnerschaftlichen Unternehmenskultur sowie eines kooperativen Führungsstils ist. Die daraus resultierende fehlende Anreizkompatibilität könnte bei den Mitarbeitern zur Desorientierung und Nichtakzeptanz führen. Vgl. dazu die Ausführungen unter Punkt 2.2.2.2.

[96] Vgl. Näheres zu Kundenzufriedenheitsbefragungen im Privatkundengeschäft, zur Zurechnungsproblematik sowie zur Kopplung der Ergebnisse an variable Vergütungsbestandteile bei: Schroth, M. (1997), S. 586-592.

Da die Leistung bei Teamzielen oftmals sowieso nicht den einzelnen Teammitgliedern zugerechnet werden kann, um den Zusammenhalt des Teams nicht zu gefährden und um das Verfahren nicht zusätzlich zu verkomplizieren, sollten alle Beteiligten die gleiche Zielerreichung bescheinigt bekommen.[97] Letztlich erscheint es dadurch auf relativ einfache Weise möglich, der Anforderung des Vergütungssystems nach „Gruppen- und Individualanwendbarkeit" Rechnung zu tragen.

In der **Leistungsbeurteilungsphase** sollten aus dem Blickwinkel der Akzeptanz die folgenden Punkte beachtet werden:

- Bei der Ermittlung der Zielerreichung ist dafür Sorge zu tragen, dass Ziele nicht bloß rechnerisch gemessen, sondern unter Berücksichtigung der geänderten internen und externen Leistungsbedingungen gewertet werden. Dadurch wird sichergestellt, dass eine Würdigung sämtlicher leistungsrelevanter Aspekte erfolgt.[98] Ohne Honorierung der hindernden wie auch der fördernden Umstände besteht ansonsten die Gefahr, dass besonders die leistungsstarken Mitarbeiter benachteiligt werden.[99] Kommt es nämlich zu einer Nichtberücksichtigung der ungünstigen Bedingungen in der Bewertung, haben darunter vor allem die leistungsstarken Mitarbeiter zu leiden, da es für sie mit zunehmenden negativen Leistungsbedingungen immer schwieriger wird, die Ziele zu erreichen, während leistungsschwache u.U. von vornherein die Ziele nicht erfüllt hätten. Umgekehrt werden leistungsstarke Mitarbeiter aber auch durch eine fehlende Würdigung günstiger Leistungsbedingungen benachteiligt, wenn sie im Vergleich zu leistungsschwachen trotz größerer Anstrengung ein ähnliches Leistungsergebnis bescheinigt bekommen. Um die vorhandene Motivation der Leistungsträger aufgrund dieser Ungerechtigkeiten nicht zu zerstören und um zu vermeiden, dass dadurch gerade die Mitarbeitergruppe, die durch das Vergütungssystem eigentlich angesprochen werden sollte, das Beurteilungsverfahren in Frage stellt, kann auf die Wertung der Ziele nicht verzichtet werden. In diesem Zusammenhang ist allerdings darauf zu achten, dass die Gründe für die Wertungen jeweils schriftlich fixiert werden, um zu verhindern, dass sie zur Manipulation der rechnerischen Ergebnisse und somit zur Anhebung des Beurteilungsniveaus missbraucht werden können.

- Neben dem Zielvereinbarungsgespräch zu Beginn und der kontinuierlichen Kommunikation während des Prozesses (ggf. im Rahmen von vorgeschriebenen Zwischengesprächen) sollte auch an seinem Ende ein Gespräch zwischen dem Beurteiler und der zu beurteilenden Person stattfinden. Im Rahmen dieses Beurteilungsgesprächs sollten mit dem zu beurteilenden Mitarbeiter zusammen seine Zielerreichung ermittelt und gewertet, mögliche Zielabweichungen analysiert sowie Folgemaßnahmen entwickelt werden. Auf diese Weise erhält der Mitarbeiter zum einen ein qualifiziertes Feedback, zum anderen kann durch seine Beteiligung an der Leistungsfeststellung das Vertrauen und Verständnis zwischen den Beteiligten gefördert werden.[100] Damit diese Wirkungen jedoch tatsächlich eintreten,

---

97 Vgl. zur näheren Begründung obiger Argumentation: Ueberschaer, N. (1998), S. 18 sowie Schneider, H./Knebel, H. (1995), S. 97-100.

98 Vgl. Rinker, A. (1997), S. 148.

99 Vgl. zu dieser Auffassung u. zur nachfolgenden Argumentation: Becker, F. G. (1998), S. 276f.

100 Vgl. Lattmann, C. (1994), S. 151.

sind im Beurteilungsgespräch von den Beteiligten gewisse „Spielregeln“[101] einzuhalten. Beispielsweise sollten dem Mitarbeiter Wege aufgezeigt werden, wie er seine Leistung in Zukunft verbessern kann. Letzteres vermeidet Frustrationen, wenn die Erreichung der Ziele hinter den Erwartungen des Mitarbeiters zurückgeblieben ist, und legt den Grundstein, dass der Mitarbeiter sich auch zukünftig für seine Ziele einsetzt.[102]

Die obige Argumentation lässt erkennen, dass es sich beim zielorientierten Beurteilungsverfahren um ein komplexes Instrument handelt, welches sich in einer Organisation nicht unmittelbar ohne Reibungsverluste implementieren lässt. Vielmehr ist davon auszugehen, dass es mehrere Jahre dauert, bis ein solches Verfahren im Sinne eines evolutionären Prozesses akzeptanzgerecht realisiert ist.[103] Wird aber nach Ablauf dieser Zeit das Verfahren wirklich von den Beteiligten „gelebt“, ist damit eine wichtige Voraussetzung für ein akzeptiertes Vergütungssystem gelegt.

3.2.2.3 Die Kombination von merkmals- und zielorientierten Verfahren als Ansatzpunkt für eine akzeptanzgerechte Ausgestaltung

Wenngleich zielorientierte Beurteilungsverfahren vor allem hinsichtlich ihres stärkeren Aufgaben- und Leistungsbezugs sowie der Qualität der Leistungsbewertung den merkmalsorientierten Verfahren überlegen sind, werden sie wahrscheinlich wegen der verbleibenden Schwachpunkte für sich alleine kein ausreichendes Maß an Akzeptanz erzielen können. Da diese Mängel jedoch mit geringem zusätzlichen Aufwand durch merkmalsorientierte Kriterien reduziert werden können, sollten ziel- und merkmalsorientierte Verfahren miteinander kombiniert werden:

Zunächst einmal wird dadurch in formaler Hinsicht sichergestellt, dass auch die Mitarbeiter beurteilt werden können, bei denen sich kaum sinnvolle Ziele finden lassen und/oder die zu wenig Handlungsspielraum besitzen, um auf die Zielerreichung Einfluss nehmen zu können. Auf diese Weise wird für eine Gleichbehandlung aller Mitarbeiter gesorgt, denn niemand bekommt eine variable Vergütung, ohne dass eine Leistungsbeurteilung zugrunde liegt.[104]

Des Weiteren wird sichergestellt, dass zum einen nicht nur die Ergebnisse einiger weniger, besonders bedeutsamer Ziele, die im Fokus der zielorientierten Verfahren stehen, in der Beurteilung berücksichtigt werden, sondern dass zusätzlich die Erfüllung der Gesamtaufgabenstellung Beachtung findet. Zum anderen können mit Hilfe der merkmalsorientierten Kopplung bestimmte Verhaltensweisen belohnt werden, welche ansonsten bei lediglich zielorientierten Verfahren wegen ihrer in der Praxis eher quantitativen Ausrichtung in den Hintergrund treten könnten.[105] Insbesondere

---

[101] Vgl. dazu etwa die Leitlinien u. die Checkliste bei Zander, E./Knebel, H. (1993), S. 207-213.

[102] Vgl. Lattmann, C. (1994), S. 148f.

[103] In der Literatur bestehen unterschiedliche Vorstellungen über den konkreten Zeitbedarf; er bewegt sich in einem Intervall zwischen 1,5 u. 5 Jahren. Vgl. Haitzmann, M. (1996), S. 479; Staehle, W. (1987), S. 684.

[104] Vgl. dazu auch die Ausführungen zum Geltungsbereich unter Punkt 3.1.

[105] Vgl. hierzu die dargelegten Schwachpunkte zur leistungsorientierten Beurteilung unter Punkt 3.2.2.2.

die Berücksichtigung der letztgenannten Punkte erweist sich hierbei für das Bankgewerbe und deren Mitarbeiter als bedeutsam, wie nachstehend dargelegt wird:

Um eine möglichst langfristige vertrauensvolle Bindung zwischen Kunden und Bank zu erhalten bzw. aufzubauen, sind die Kreditinstitute einerseits bestrebt, gewünschte Verhaltensweisen wie z.B. Freundlichkeit und Seriosität zu fördern. Dazu gehört auch, dass alle die Verhaltensweisen gestärkt werden, die zur Bewältigung der Gesamtaufgabe notwendig sind.[106] Andererseits versuchen sie unerwünschte Verhaltensweisen, wie etwa eine einseitige Verkaufsausrichtung ohne Berücksichtigung der Kundenwünsche („hard-selling") zu unterbinden. Finden nun die gewünschten Verhaltensweisen in der Beurteilung keinen Niederschlag, würden die Mitarbeiter benachteiligt, die sich etwa am Bedarf des Kunden orientieren oder sämtliche Aufgaben bewältigen, dadurch aber ihre Ziele nicht im selben Ausmaß wie die Berater erfüllen, die darauf keine Rücksicht nehmen.[107] Im Gegenteil, es besteht u.U. sogar ein Anreiz die gewünschten Verhaltensweisen nicht zu zeigen, wenn dadurch mehr Zeit für die vergütungswirksamen Tätigkeiten gewonnen wird und/oder sich die Ziele auf diese Weise einfacher erfüllen lassen. Neben der aus Banksicht bedenklichen Verhaltensfehlsteuerung bedeutet das für den Mitarbeiter, dass er entweder in Gewissenskonflikte gerät, wenn er sich nicht in gewünschter Weise verhält oder dass er frustriert wird, wenn er aufgrund der Beachtung von Verhaltensnormen seine Ziele nicht erfüllen kann. Unabhängig für welche Alternative der Mitarbeiter sich also entscheidet, sind mit ihnen jeweils negative Konsequenzen verbunden, die ihn zur Nichtakzeptanz veranlassen könnten.

Nachdem die Notwendigkeit einer Kombination beider Verfahren dargelegt ist, bleibt noch zu klären, in welchem Verhältnis merkmals- und zielorientierte Kriterien zu verknüpfen sind. Da diese Entscheidung allerdings nicht unabhängig von den jeweiligen unternehmensspezifischen Gegebenheiten getroffen werden kann, lässt sich an dieser Stelle eine allgemeine Aussage nur dazu treffen, wie groß der Anteil der merkmalsorientierten Kriterien mindestens zu sein hat: Er sollte wenigstens so groß sein, dass der Einfluss der merkmalsorientierten Kriterien auf die Vergütung spürbar ist, so dass sie für den Mitarbeiter einen Anreiz darstellen, sich für ihre Erfüllung einzusetzen. Hinsichtlich der Berücksichtigung der beiden Kriterienarten ist es hierbei einerseits möglich, beide Arten zunächst unabhängig in die variable Vergütung einfließen zu lassen bzw. für unterschiedliche variable Vergütungsbestandteile zu nutzen[108].

---

106 Da die Erfüllung der Gesamtaufgabe also letztlich ein Set v. Verhaltensweisen erfordert, wird die Verrichtung der Gesamtaufgabe im Folgenden als Unterfall aller gewünschter Verhaltensweisen angesehen. Die vorherige Trennung ist aber berechtigt, da die Erfüllung der Gesamtaufgabe zusätzlich eine quantitative Komponente erhält u. v. daher gesondert herauszustellen ist.

107 Vgl. zu folgender Auffassung: Bardens, R. E. (1998), S. 15; Cisek, G. (1997), S. 224f.; Haitzmann, M. (1996), S. 480; Zander, E. (1990), S. 214.

108 Vgl. hierzu die Ausführungen zum Fallbeispiel im Teil 4, bei dem etwa im AT-Bereich die Ergebnisse des merkmalsorientierten Verfahrens zur Anpassung der Grundgehälter verwendet werden, während der Zielerreichungsgrad zumeist für die Tantieme relevant ist.

Mitarbeiterbeurteilungsbogen

(persönlich und vertraulich)

Name:	______	Datum:	______
Funktion.	______	Beurteiler:	______
Filiale/Abteilung	______	Anlass der	
	______	Beurteilung:	______

I. Zielorientierte Leistungsbeurteilung								
Ziel- Nr.	Kurztitel des Jahreszieles	Bewertung 5	4	3	2	1	0	Punkt-Zahl

$$\frac{\textit{Gesamtpunktzahl}}{\textit{Zielanzahl}} = \ldots \approx \textit{Leistungsgrad}$$

II. Kriterienorientierte Leistungsbeurteilung							
Beurteilungskriterien	5	4	3	2	1	0	**Punkt-** Zahl
Arbeitsqualität							
Arbeitsquantität							
Ergebnisorientierte Zusammenarbeit							
Führungsleistung*							

$$\frac{\textit{Gesamtpunktzahl}}{\textit{Kriterienanzahl}} = \ldots \approx \textit{Leistungsgrad}$$

Gesamtergebnis der Leistungsbeurteilung (LB):
a) Leistungsgrad der zielorientierten LB:___ x 2= ______
b) Leistungsgrad der merkmalsorient. LB:__ + ______

Gesamtleistungsgrad: ______

- nur bei Mitarbeitern mit Personalverantwortung

Abb. 18: Muster eines kombinierten Leistungsbeurteilungsbogens[109]

[109] In Anlehnung an Cisek, G. (1997), S. 226. Im Unterschied zu seinem Musterbogen wurden jedoch beim merkmalsorientierten Beurteilungsteil Kriterien zugrunde gelegt, die sich eher auf Leistungsergebnisse o. auf gewünschte Verhaltensweisen anstatt auf unbeeinflussbare Persönlichkeitsmerkmale (persönliche Ausstrahlung, Belastbarkeit) beziehen.

Andererseits können sowohl die merkmals- wie auch die zielorientierten Kriterien unter Zuhilfenahme von expliziten Gewichtungsfaktoren im Rahmen einer Beurteilung erfasst werden.[110]

Ein Beispiel für die zweite Vorgehensweise bringt Cisek, der bezüglich der Relation zwischen ziel- und merkmalsorientierten Kriterien ein Verhältnis von 2:1 vorschlägt (vgl. dazu die Abb. 18).[111] Letzteres begründet er damit, dass durch die stärkere Gewichtung der Zielerreichung einerseits ein ausreichendes Maß an Gerechtigkeit und Objektivität gewährleistet ist, andererseits aber auch gewünschte Verhaltensweisen nicht vernachlässigt werden.

Zusammenfassend gesehen lässt sich vor dem Hintergrund der Erkenntnis, dass es kein perfektes System gibt, mit der Kopplung der beiden Verfahren wahrscheinlich ein größtmögliches Maß an Akzeptanz erzielen, weil dadurch die Systemanforderungen Gerechtigkeit und Transparenz am ehesten erfüllt sind.

3.3 Die Verknüpfung von individueller Leistung und variabler Vergütung

Wie bereits dargelegt, bilden sowohl das Instrument der Stellenbewertung als auch das der Leistungsbeurteilung den Ausgangspunkt für die Bemessung der variablen Vergütung, da mit ihrer Hilfe überhaupt erst die individuelle Leistung systematisch ermittelt werden kann. Nachstehend wird nun erläutert, wie die gezeigte Leistung in variable Vergütungsbestandteile transformiert werden kann. Dafür ist ein umfassendes Regelwerk notwendig, in dem etwa Gehaltsbandbreiten, der Prozess der Budgetvergabe oder die Ausschüttungsmodalitäten festgelegt sind. Zusätzlich zur Entwicklung des Regelwerks sind aus dem Blickwinkel der Akzeptanz vor allem zwei weitere Punkte bedeutsam: Zum einen sollten Teile des Regelwerks wie etwa die Gehaltsbänder oder die Höhe der Budgets regelmäßig überprüft werden, um die Anforderung der Marktgerechtigkeit erfüllen zu können.[112] Zum anderen sollte das Regelwerk in seiner Gänze offengelegt werden, damit sich ein größtmögliches Maß an Transparenz und Vertrauen einstellen kann.[113] Trotz letzterer Forderung werden etwa Gehälter, Gehaltsbandbreiten oder -budgets häufig von Banken tabuisiert bzw. systematisch geheim gehalten.[114] Als Hauptargument für dieses Vorgehen wird angeführt, dass zuviel Offenheit Missgunst erwecken und den Betriebsfrieden gefährden könnte.[115] Dabei darf jedoch nicht vergessen werden, dass diese Neidgefühle bei Geheimhaltung der Gehälter ebenfalls bestehen, nur beruhen sie hier oftmals auf überzogenen wirklichkeitsfremden Vermutungen und Gerüchten, so dass Neidgefühle dadurch eher verstärkt als verringert werden.[116] Entscheidender ist aber, dass

---

110 Aus Sicht der Akzeptanz lässt sich dabei allgemein ebenfalls nicht beurteilen, welche der beiden Vorgehensweisen als vorteilhafter anzusehen ist. Je nachdem, ob nämlich ein o. mehrere variable Vergütungsbestandteile vorhanden sind, ist entweder die eine oder die andere als transparenter u. weniger aufwendiger anzusehen.

111 Vgl. zu dieser Empfehlung u. seiner nachfolgenden Begründung: Cisek, G. (1997), S. 225.

112 Havranek, C./Niedl, K. (1999), S. 116 schlagen diesbezüglich eine jährliche Überprüfung vor.

113 Vgl. zu dieser Forderung etwa Havranek, C./Niedl, K. (1999), S. 119f. o. Hoppe, K. (1994), S. 384.

114 Vgl. Bucksteeg, T. (1994), S. 183.

115 Vgl. Zander, E. (1990), S. 306.

116 Vgl. Hagen, R. (1985), S. 143.

dadurch das Vertrauen in das System verloren geht, denn warum sollten etwa Gehälter verheimlicht werden, wenn ihre Höhe doch auf nachvollziehbaren Kriterien beruht?

3.3.1 Die Relation zwischen fixen und variablen Vergütungsbestandteilen

Bevor näher auf die Verknüpfung von individueller Leistung und variabler Vergütung eingegangen werden kann, ist es notwendig, generell die Höhe des variablen Anteils an der Gesamtentlohnung festzulegen, weil diese Entscheidung für die weiteren Gestaltungsfelder des variablen Gehalts den Rahmen vorgibt. Die Bestimmung seines relativen Anteils steht deshalb am Anfang der folgenden Ausführungen.

Um eine motivationale Wirkung mit einem variablen Vergütungsbestandteil erzielen zu können, darf einerseits sein Anteil an der Gesamtvergütung nicht zu gering sein, damit Leistungsunterschiede sich spürbar in der Entlohnung niederschlagen können. Andererseits darf sein Anteil nicht so hoch sein, dass bei unterdurchschnittlicher Leistung die Sicherung des Lebensunterhaltes gefährdet ist. Ansonsten besteht die Gefahr, dass das System aufgrund seines hohen Risikos für den Mitarbeiter inakzeptabel ist und letztlich ebenfalls der gewünschte motivationale Effekt nicht eintritt.[117] Zur Lösung dieses Konflikts bietet es sich an, den variablen Anteil mit zunehmender Hierarchiestufe auszuweiten, weil auf diese Weise gleichermaßen eine Leistungsstimulation auf höheren wie auch der Erhalt des Existenzminimums auf unteren Hierarchieebenen gewährleistet ist.[118] Dem diesbezüglichen Einwand, dass sich dadurch die unteren Gehaltsklassen benachteiligt fühlen könnten, weil ihnen relativ gesehen nicht dieselben Verdienstchancen wie den oberen eingeräumt würden,[119] ist entgegenzuhalten, dass das Ausmaß der Verantwortlichkeit bzw. die Möglichkeit der Ergebnisbeeinflussung mit zunehmender Hierarchiestufe wächst.[120] Ein wachsender prozentualer Anteil ist also völlig gerechtfertigt und wird bei richtiger Kommunikation wahrscheinlich auch von den Mitarbeitern in den unteren Gehaltsklassen akzeptiert.

Da die Akzeptanz des vorgegebenen Variabilisierungsfaktors vorwiegend von der individuellen Risikoneigung der Mitarbeiter abhängt, wird in der Literatur vorgeschlagen, die Mitarbeiter selbst den jeweils gewünschten Anteil ihrer variablen Vergütung in einer gewissen Bandbreite festlegen zu lassen.[121] So begrüßenswert dieser Vorschlag unter dem Gesichtspunkt der flexiblen Anreizgestaltung auch ist, darf dabei

---

117 Hinzu kommt, dass eine überwiegend variable Bezahlung in der Praxis schon aus arbeits- u. bankrechtlichen Restriktionen nicht realisierbar ist. Vgl. dazu die Ausführungen unter Punkt 2.3.4.3.

118 Vgl. Kappel, H./Uschatz, P. (1992), S. 65. Hierbei erweist sich die konkrete Vorgabe einer generellen prozentualen Bandbreite jedoch als schwierig, weil deren Spannweite unmittelbar im Zusammenhang mit dem jeweiligen absoluten Vergütungsniveau einer Bank zu sehen ist. Als oberste Grenze einer jeden Bandbreite gilt aufgrund aufsichtsrechtlicher Restriktionen jedoch ein 50% Wert; ansonsten wird meist vorgeschlagen, mit zunehmender Hierarchiestufe den variablen Anteil zwischen 20% u. 40% auszuweiten. Vgl. zu Letzterem z.B. Schmidt-Dorrenbach, H. (1995), S. 109 o. Erdmann, U. (1991), S. 48.

119 Vgl. Schierenbeck, H./Arnsfeld, T. (1996), S. 134.

120 Vgl. Kappel, H./Uschatz, P. (1992), S. 65.

121 Vgl. Rinker, A. (1997), S. 170; Kappel, H./Uschatz, P. (1992), S. 66.

nicht vergessen werden, dass das System dadurch komplizierter und aufwendiger wird. Auf diese Anregung sollte deshalb nur zurückgegriffen werden, wenn erwiesen ist, dass ein Großteil der Mitarbeiter mit den vorgegebenen Prozentsätzen nicht einverstanden ist.

3.3.2 Die Entwicklung marktgerechter Gehaltsbandbreiten

Nachdem eine Entscheidung zur unternehmensspezifischen Relation von variablen und fixen Vergütungsbestandteilen getroffen worden ist, können als nächstes Gehaltsbandbreiten definiert werden. Dies ist allerdings nur für AT-Mitarbeiter notwendig, da der Tarifvertrag des Bankgewerbes für die Tarifangestellten nach Tarifgruppen und Berufsjahren gestaffelt jeweils ein fixes Tarifgehalt vorgibt und die Honorierung von individueller Leistung und/oder von Marktwerten für letztere Mitarbeitergruppe lediglich im Rahmen v. Übertarifzulagen möglich ist.[122] Die Gehaltsbandbreiten der AT-Mitarbeiter knüpfen hingegen direkt an die Stellenbewertung an und bilden die Grundlage, um sowohl das individuelle Leistungsniveau als auch die Marktwerte einzelner Positionen berücksichtigen zu können. Zur Bildung von Bandbreiten bietet sich nachstehende Vorgehensweise an:[123]

In einem ersten Schritt werden sämtliche Gehaltszahlungen mit ihren dazugehörigen Punktwerten aus der Stellenbewertung aufgelistet und in einer zweidimensionalen Grafik eingetragen. Aus der daraus resultierenden Punktwolke lässt sich im Regelfall eine positive Korrelation erkennen. Mit Hilfe einer statistischen Regressionsanalyse ist es des Weiteren möglich, hieraus eine funktionale Beziehung herzuleiten, welche es erlaubt, die interne Gehaltsstruktur in Form einer Gehaltslinie darzustellen. Diese wird in einem zweiten Schritt mit den Gehaltsstrukturen anderer Banken im Rahmen von Vergütungsstudien überprüft. Auf Grundlage dieser Marktübersicht lässt sich nun in Abhängigkeit von der spezifischen Banksituation entscheiden, wo das künftige eigene Vergütungsniveau angesiedelt sein soll. Für diese grundsätzliche Entscheidung sind verschiedene Aspekte wie etwa der zukünftige Bedarf an Führungskräften zu beachten. In einem dritten Schritt werden die Punktwerte sämtlicher Positionen dergestalt in Funktionsgruppen zusammengefasst, dass möglichst wenige Positionen im Grenzbereich zwischen zwei Gruppen liegen und die den Gruppen zugeordneten Gehälter im jeweiligen Gehaltsband abgebildet werden (vgl. dazu die Abb. 19).

Folge dieser Gehaltsbänder ist es also, dass die Leistung und damit korrespondierend die variable Vergütung der Mitarbeiter im Rahmen der Bandbreiten schwanken kann. Die damit verbundene Begrenzung des individuellen Gehalts nach oben wie nach unten ist dabei gewollt, obwohl bei Erreichen der maximalen Vergütung die Leistungsmotivation der Mitarbeiter zurückgehen wird.[124]

---

[122] Vgl. Näheres hierzu unter den Punkten 2.3.4.3 u. 3.2.1.1 b).

[123] Vgl. Havranek, C./Niedl, K. (1999), S. 111-118; Erdmann, U. (1991), S. 187-191; Armstrong, M./Murlis, H. (1991), S. 177-181.

[124] Vgl. Baierl, F. (1974), S. 444.

Zum einen kann jedoch ein Nachlassen der Motivation bei hohem Leistungsniveau gewünscht sein,[125] zum anderen kann die Wirtschaftlichkeit des Systems gefährdet sein, wenn wie hier gefordert, nicht nur Betriebsergebnisgrößen als Leistungsmaßstab dienen.[126]

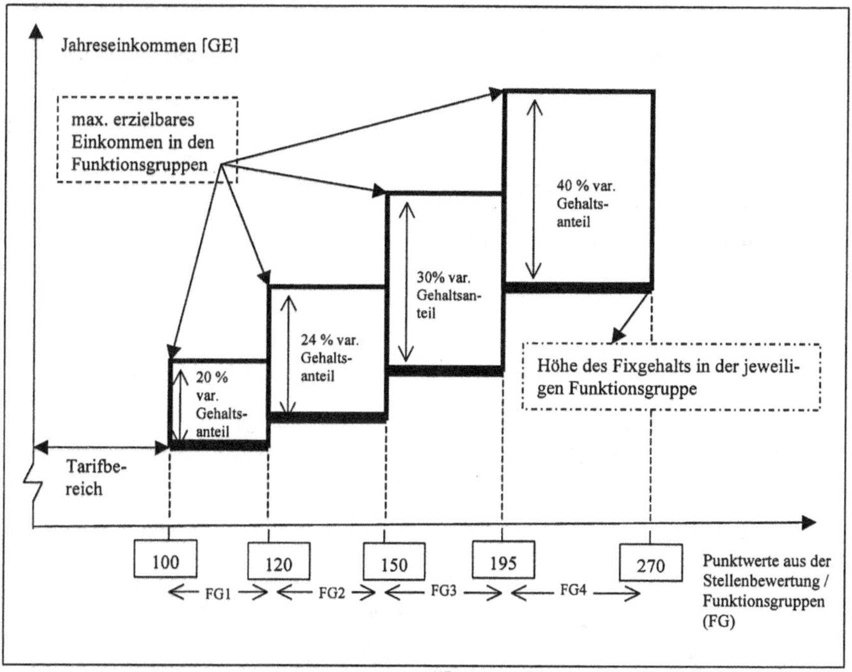

Abb. 19: Beispiel eines Gehaltsbändermodells[127]

Die Möglichkeit, keine variable Vergütung zahlen zu brauchen, ergibt sich ebenfalls aus der Anforderung der Wirtschaftlichkeit, weil das Unterschreiten einer bestimmten Mindestleistung für die Bank nutzlos sein kann.

---

[125] Vgl. zum Aspekt der gewünschten Leistungsbegrenzung die Ausführungen unter Punkt 3.3.6.

[126] Aufgrund dessen, dass alle anderen Bezugsgrößen - vor allem qualitative Ziele u. Verhaltensmerkmale - einen größeren Wertungsspielraum zulassen u. nicht direkt ergebnisrelevant sind, können sie zu einer Verbesserung des Beurteilungsniveaus führen, obwohl dies in der Summe nicht der Ertragssituation der Bank entspricht. Damit wird der Auffassung v. Kappel. H./Uschatz, P. (1992), S. 64 widersprochen, die davon ausgehen, dass das variable Gehalt immer „erwirtschaftet" sei.

[127] Vgl. etwa Cisek, G. (1997), S. 239 o. Schmeer, B. (1996), S. 790.

Richtet man den Blick auf das vorliegende Beispiel, lässt sich erkennen, dass in ihm eine Reihe von Gestaltungshinweisen bereits berücksichtigt sind:

- Der Hinweis auf den Tarifbereich verdeutlicht, dass die Funktionsgruppen unmittelbar an die Tarifstruktur anknüpfen, da im Allgemeinen ein bestimmter Abstand zwischen den höchsten Tarifgehältern und der AT-Vergütung gewahrt bleiben sollte. Ansonsten besteht u.U. für die Mitarbeiter kein ausreichender Anreiz, die Privilegien[128] eines Tarifangestellten aufzugeben und stattdessen eine außertarifliche Bezahlung anzustreben.

- Vergleicht man das Verhältnis des fixen zum variablen Gehaltsanteil in den einzelnen Bandbreiten – das untere Ende einer Bandbreite markiert die Höhe des Fixums, das obere Ende stellt dementsprechend die maximal mögliche Entlohnung dar – zeigt sich, dass der variable Bestandteil mit steigender Funktionsgruppe progressiv wächst. Damit wurde den motivationstheoretischen Überlegungen aus dem vorhergehenden Kapitel Rechnung getragen.

- Stellt man die Punktespannweite der einzelnen Funktionsgruppen gegenüber, lässt sich erkennen, dass sie ebenfalls mit steigender Funktionsgruppe wächst. Dadurch wurde der Sachverhalt berücksichtigt, dass die Punktwerte einzelner Stellen mit steigender Hierarchieebene stärker differieren. Um nun eine ausreichend große Funktionsgruppe bilden zu können, ist es notwendig, die Spannweite mit wachsender Funktionsgruppe auszudehnen.

- Im vorliegenden Beispiel wurden lediglich wenige breite Gehaltsbänder definiert, welche sich überlappen. Diese Konstellation[129] trägt dem Leistungsgedanken Rechnung und gibt einen großen Spielraum für Gehaltsentwicklungen in der gleichen Funktionsgruppe. Da es auf diese Weise möglich ist, an Gehaltssteigerungen zu partizipieren ohne einer höheren Funktionsgruppe anzugehören, nimmt die Bedeutung einer Aufstiegsversetzung ab. Dadurch wird vor allem den Mitarbeitern entsprochen, die schon zu Beginn ihrer beruflichen Entwicklung anspruchsvolle Aufgaben übernehmen wollen, ohne dafür die Karriereleiter emporklettern zu brauchen.[130] Die Konstellation kommt aber genauso den Kreditinstituten entgegen, weil dadurch spezifische Marktgegebenheiten berücksichtigt werden können und flache Hierarchien gefördert werden.[131]

  Allerdings werden mit der hier präferierten Konstellation vor allem an die Führungskräfte erhöhte Ansprüche gestellt: Aufgrund dessen, dass eine Gehaltssteigerung vor allem von der persönlichen Leistung abhängt, spielt deren Beurteilung

---

[128] Im Gegensatz zu den AT-Mitarbeitern braucht der Tarifangestellte bspw. nicht selber Gehaltsverhandlungen führen, dies übernehmen die Tarifvertragsparteien für ihn. Des Weiteren sind Überstunden im Tarifbereich zusätzlich zu berücksichtigen, während jene bis zu einer gewissen Grenze in der AT-Vergütung bereits enthalten sind. Vgl. Hoppe, K. (1994), S. 381.

[129] Vgl. zu den weiteren drei Alternativen, ihren Vor- u. Nachteilen: Kleb, R. H. (1996), S. 30f.; Armstrong, M./Murlis, H. (1991), S. 161-163.

[130] Vgl. Svoboda, M. (1999), S. 366.

[131] Vgl. Svoboda, M. (1999), S. 364 u. 367.

eine wichtige Rolle.[132] Wie bereits mehrfach betont, ist deshalb nicht nur auf eine akzeptanzgerechte Ausgestaltung der Leistungsbeurteilung, sondern auch auf den richtigen Umgang mit dem Instrument Wert zu legen. Insbesondere ein ungenügende Differenzierung bei der Leistungsbewertung seitens der Führungskräfte kann den Leistungsgedanken konterkarieren und eine ungerechtfertigte Erhöhung der variablen Gehaltssumme zur Folge haben.[133]

Insgesamt gesehen bildet die Schaffung von Gehaltsbandbreiten das Strukturelement für eine markt- und leistungsgerechte Entlohnung. Inwiefern aber tatsächlich innerhalb der Bandbreiten markt- und leistungsgerecht vergütet werden kann, hängt zum einen von der Höhe des zur Verfügung gestellten Gehaltsbudgets und zum anderen davon ab, wie stark sich eine Leistungsveränderung auf die individuelle Lage im Band auswirkt. Beides ist Gegenstand der folgenden Kapitel des vorliegenden Teils.

3.3.3 Top-to-down vergebene Budgets als Ausgangspunkt für die Verteilung variabler Vergütungsbestandteile

Zur Planung und Steuerung der variablen Gehaltsaufwendungen ist es notwendig, für jedes Geschäftsjahr ein Gesamtbankbudget und daraus abgeleitete Teilbudgets für die einzelnen Bereiche[134] vorzugeben. Wenn auch im Vorfeld des Budgetierungsprozesses die Vorstellungen der einzelnen Verantwortungsbereiche berücksichtigt werden sollten,[135] ist die Entscheidung über die absolute Höhe der Budgets letztlich von der Geschäftsleitung zu treffen, um unbegründete Personalkostensteigerungen zu vermeiden.[136] Ansonsten besteht nämlich bei der Festlegung der Budgets die Gefahr, dass diese von Periode zu Periode größer werden, ohne dass eine dementsprechende Ergebnissteigerung vorliegt. Der Grund dafür ist in der Koppelung zwischen Beurteilung und Vergütung zu sehen, insofern als die Beurteilungen in ihrer Summe im Zeitablauf dazu tendieren, immer besser zu werden.[137] Bedient man sich einer Gaußschen Normalverteilungskurve als Rahmen für eine Verteilung der Beurteilungsergebnisse, müsste sich die weitaus überwiegende Mehrheit der Mitarbeiter bei der Normalleistung wiederfinden und nur ein kleiner Teil dürfte herausragende bzw. unzureichende Leistungen erbracht haben (vgl. dazu die Abb. 20).

---

[132] Im Gegensatz dazu nimmt der Druck auf die Stellenbewertung ab, weil in der Regel auch ein paar Punkte mehr nicht ausreichen, um in eine höhere Funktionsgruppe zu gelangen. Vgl. Kleb, R. H. (1996), S. 30.

[133] Vgl. dazu die Ausführungen unter Punkt 3.3.3.

[134] Je nach Größe der Bank u. Struktur der Aufbauorganisation können die Bereiche auf Basis unterschiedlicher Kriterien, bspw. nach Kundengruppen, nach Regionen u./o. nach Produktgruppen gebildet werden.

[135] Vgl. dazu die Erläuterungen zum Budgetabstimmungsprozess bei: Scholz, C. (2000), S. 728f.

[136] Vgl. Zander, E./Knebel, H. (1993), S. 166-169; Torka, W. (1999), S. 384.

[137] Vgl. Schmidt-Dorrenbach, H. (1995), S. 111f.

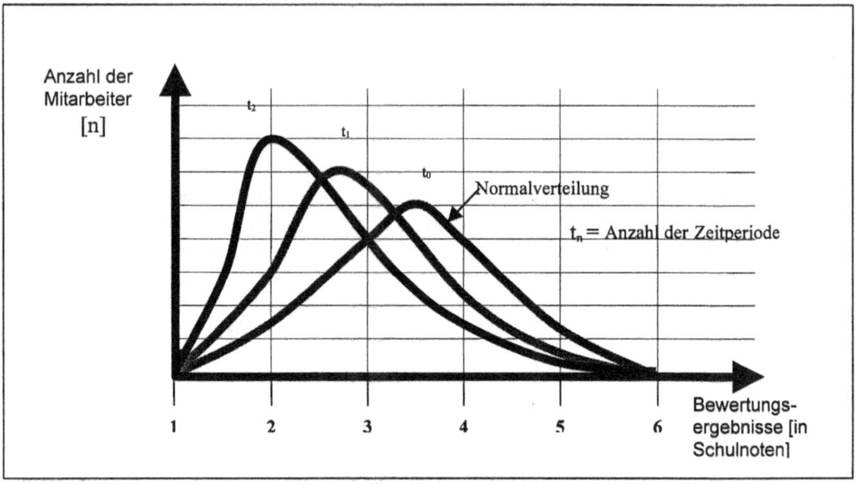

Abb. 20: Verlauf der Verteilungskurve über mehrere Beurteilungsperioden ohne Verteilungszwänge[138]

Tatsächlich ist es jedoch oftmals so, dass die Verteilung sich nach und nach in Richtung der positiven Werte verschiebt. Verantwortlich dafür ist eine un- bzw. bewusst begangene Leistungsfehleinstufung seitens der Führungskräfte. So kann eine „strenge" Beurteilung durch die Führungskraft die Zusammenarbeit mit ihren Mitarbeitern belasten, während eine milde Bewertung ihre Mitarbeiter zufrieden stellt und deren Führung erleichtert.[139] Durch das Vorgeben von Budgets gerät der Vorgesetzte nun in den Konflikt, dass er zwar alle seine Mitarbeiter gut beurteilen kann, aber nicht genug Geld zur Verfügung hat, um sie alle nach der attestierten Leistung belohnen zu können. Dies benachteiligt vor allem die wirklichen Leistungsträger und kann deshalb unangenehme Auseinandersetzungen mit ihnen zur Folge haben. Um diese abzuwenden, bleiben der Führungskraft drei Möglichkeiten: Zuerst einmal könnte sie versuchen, die aus Sicht des Mitarbeiters unzureichende Gehaltszahlung mit dem Argument zu rechtfertigen, dass von „oben", sprich von der Bankführung, ein viel zu kleines Budget bewilligt wurde.[140] Da diese Begründung jedoch die Leistungsträger langfristig nicht zufrieden stellen wird, bildet sie keine wirkliche Alternative. Als zweites könnte die Führungskraft sich für ein höheres Budget einsetzen, dessen Bewilligung bei einer nicht dementsprechenden Leistung jedoch unwahrscheinlich ist, wenn die Entscheidung bei der Geschäftsleitung liegt. Deshalb verbleibt für die Führungskraft nur die dritte Alternative, die zukünftige Beurteilung nach der tatsächlich erbrachten Leistung, was letztlich erwünscht ist.

Wie aus den vorherigen Ausführungen bereits deutlich wurde, dient die Vorgabe von Budgets hauptsächlich dazu, die Anforderung der Wirtschaftlichkeit – und damit mittelbar auch der Akzeptanz – des Systems zu erfüllen.

---

138 In Anlehnung an Zander, E. (1990), S. 257.
139 Vgl. Müller-Gebel, K. (1999), S. 62; Lattmann, C. (1994), S. 113f.
140 Vgl. Bucksteeg, T. (1994), S. 114f.

Da im Bankgewerbe infolge des bestehenden hohen Personalkostenniveaus für weitere Kostensteigerungen wenig Möglichkeiten bestehen, ist es nicht verwunderlich, dass zur Finanzierung der variablen Gehaltsbudgets oftmals ehemalige Sonderzahlungen wie z.B. Werbeprämien, Provisionen oder Übertarifzulagen gestrichen wurden.[141] Trotzdem darf bei der Budgetplanung nicht vergessen werden, dass allzu niedrige Budgets wiederum Akzeptanz- und Motivationsschwierigkeiten mit sich bringen könnten. Aus diesem Grund sollte etwa dafür Sorge getragen werden, dass bei guter Leistung mit einem variablen Vergütungssystem mehr verdient werden kann als bei einem solchen mit lediglich fixen Bestandteilen, weil ansonsten das übernommene Risiko der Mitarbeiter nicht honoriert wird.[142] Darüber hinaus erscheint es bedeutsam, dass das Budgetvolumen zumindest so groß ist, dass auch bei Vorliegen eines schlechten Geschäftsergebnisses den leistungsstarken Mitarbeitern eine, wenn vielleicht auch geminderte, variable Vergütung ausgezahlt werden kann.[143] Andernfalls besteht die Gefahr, dass diese Mitarbeiter das System nicht akzeptieren und das Unternehmen bei wiederholt schlechten Geschäftsergebnissen verlassen.

Nachdem nun grundsätzliche Aussagen über Sinn und Zweck von Budgets sowie ihrer Volumen getroffen wurden, wird als nächstes der Blick auf ihre Verteilung gerichtet (vgl. dazu im Folgenden die Abb. 21):

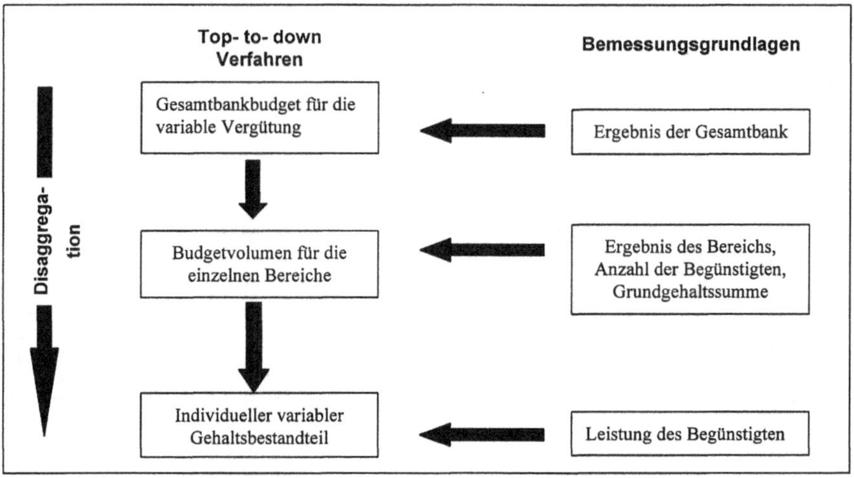

Abb. 21: Der Verteilungsprozess und dessen Bemessungsgrundlagen[144]

[141] Dies war z.B. in der Commerzbank, in der ehemaligen Bayerischen Vereinsbank – bei der Fusion mit der Bayerischen Hypotheken- u. Wechselbank wurde zum Großteil das Vergütungssystem der Bayerischen Vereinsbank AG übernommen – u. in der Volksbank Stadthagen der Fall. Vgl. Lindena, B. (1997b), S. 716; Torka, W. (1995), S. 328; Bartels, G. (1995), S. 30f.

[142] Vgl. Kappel, H./Uschatz, P. (1992), S. 66.

[143] Vgl. Herzog, R. (1994), S. 54, der das Problem mit der Frage umreißt: „Kann es dem Mitarbeiter gut gehen, wenn es der Bank schlecht geht?"

[144] Vgl. Rüschen, T. (1989), S. 114.

Wie bereits zuvor erwähnt, legt die Geschäftsleitung in einem ersten Schritt ein Gesamtbankbudget für die variable Vergütung fest. Sie orientiert sich hierbei un- bzw. mittelbar an den Geschäftsergebnissen der Bank. Als nächstes wird das gesamte Budgetvolumen auf die einzelnen Bankeinheiten verteilt. Bemessungsgrundlage dafür sollten in erster Linie wiederum die Ergebnisse eines Bereiches sein. Alleine sind sie allerdings nicht hinreichend, da außerdem auf die Anzahl der Mitarbeiter und deren Grundgehaltssumme im jeweiligen Bereich Rücksicht zu nehmen ist. Andernfalls reicht u.U. ein im Vergleich zu anderen Einheiten üppiges Volumen nicht aus, dem allein durch den höheren Personalbestand bedingten größeren Berechtigtenkreis eine variable Vergütung in motivierender Höhe zahlen zu können. Als letztes werden die Bereichsbudgets mit Hilfe der Führungskräfte auf die einzelnen Mitarbeiter verteilt, wobei hier deren individuelle Leistung im Vordergrund steht.

3.3.4 Bemessungsgrundlagen für die variable Vergütung

Wie der zuvor beschriebene Verteilungsprozess bereits verdeutlicht, hängt die individuelle variable Vergütungshöhe von unterschiedlichen Bemessungsgrundlagen ab, insofern als sie vom Gesamtbank-, Bereichs- und individuellen Leistungsergebnis beeinflusst werden kann. Damit wird dem Sachverhalt Rechnung getragen, dass die Leistung des Einzelnen ebenfalls Auswirkungen auf alle drei Ebenen hat.[145] Vor dem Hintergrund der Akzeptanz ist es dabei wichtig, dass mit den ausgewählten Bemessungsgrundlagen vollständig und objektiv die Leistung der Mitarbeiter erfasst wird. Im Folgenden werden deshalb in knapper Form[146] mögliche Alternativen vorgestellt.

3.3.4.1 Betriebsergebnisgrößen

Obwohl in der Praxis die Gewährung einer variablen Vergütung auch an Größen des externen Rechnungswesens geknüpft wird, wie z.B. an die Höhe des Jahresüberschusses oder der Dividende[147], werden diese Bezugsgrößen abgelehnt, weil sie von außerordentlichen Aufwendungen und Erträgen sowie steuerlichen Ansatz- und Bewertungsvorschriften beeinflusst werden und somit den tatsächlichen Erfolg des Unternehmens und damit auch die Leistung der Mitarbeiter nicht widerspiegeln.[148] Stattdessen wird empfohlen, Größen des internen Rechnungswesens wie etwa Betriebsergebnisse oder Deckungsbeiträge zugrunde zu legen, da sie den ordentlichen bankbetrieblichen Leistungsprozess weit besser abbilden können.

Bei der Verwendung von Betriebsergebnissen ist jedoch darauf Wert zu legen, dass die wirklichen Kosten und Erlöse unter Beachtung der banktypischen Gege-

---

145 Vgl. Schierenbeck, H. (1996a), S. 24.

146 Auf eine ausführliche Darstellung wird verzichtet, da die inhaltliche Spezifizierung der Bemessungsgrundlagen im Kern eine Aufgabe des Controlling darstellt. Deshalb sei hier auf die Arbeiten v. Schierenbeck, H./Arnsfeld, T. (1996), S. 80-125 u. Erdmann, U. (1991), S. 121-184 verwiesen, die sich sehr eingehend mit dieser Thematik für das Bankgewerbe beschäftigen. Zudem wurde die Bedeutung v. Zielerreichungsgraden u. Verhaltensmerkmalen bereits im Rahmen der Beurteilungsverfahren erläutert.

147 Vgl. Rüschen, T. (1989), S. 114f.

148 Vgl. Kappel, H./Uschatz, P. (1992), S. 98f.; Rüschen, T. (1989), S. 115.

benheiten ermittelt und zugerechnet werden. Das bedeutet beispielsweise, dass im Gegensatz zu anderen Dienstleistungsunternehmen nicht nur die Betriebskosten (Personal- und Sachkosten) und die Betriebserlöse (Provisionen) sondern genauso die Werterlöse (Zinserträge, ordentliche Kursgewinne) und die Wertkosten (Zinsaufwendungen, Risikokosten) berücksichtigt werden.[149] Andernfalls könnte etwa ein Anreiz bestehen, besonders ertragsreiche Geschäfte zu forcieren, ohne die damit verbundenen Risiken einzukalkulieren. Des Weiteren dürfen den Mitarbeitern keine Nachteile durch die mangelnde Lagerfähigkeit von Finanzprodukten entstehen, dergestalt, dass der Erfolgsbeitrag eines einzelnen Geschäfts durch nicht verursachungsgerechte Gemeinkosten (z.B. Leerkosten) geschmälert würde.[150] Zur Lösung der aufgeworfenen Probleme wurden mittlerweile eine Reihe von Verfahren entwickelt, die annähernd eine vollständige und verursachungsgerechte Kosten- und Erlöserfassung ermöglichen: Zu nennen sind in diesem Zusammenhang beispielsweise Verfahren zur Einbeziehung von Risikokosten[151] oder von Standard-Einzelkosten[152].

Weitere Voraussetzung für eine verursachungsgerechte Zuordnung ist die Abgrenzung organisatorischer Verantwortungsbereiche im Sinne von Profit-Centern für Marktbereiche und von Cost-Centern für Stabs- und Betriebsbereiche. Center-Konzepte zeichnen sich dadurch aus, dass für sie bestimmte Kosten- und Erlöskomponenten[153] zu eigenen Periodenergebnissen zusammengefasst werden können.[154] Auf diese Weise ist es möglich, dass für die individuelle Entlohnung nicht nur das Gesamtbetriebsergebnis, sondern ebenso der Erfolg des Teilbereichs, in dem der Mitarbeiter eingesetzt ist, von Relevanz sein kann. Die Einbeziehung sowohl von Erfolgsgrößen der Gesamtbank als auch ihrer Teilbereiche wird in diesem Zusammenhang als wichtig erachtet, um einerseits eine Identifikation mit dem Kreditinstitut an sich und eine Zusammenarbeit zwischen den Bereichen zu fördern, andererseits aber auch eine größtmögliche Ergebnisbeeinflussung zu gewährleisten.[155]

3.3.4.2 Zielerreichungsgrade

Wie bereits bei den Instrumenten zur Leistungsbewertung ausführlich erläutert,[156] kommen zusätzlich zu den Betriebsergebnisgrößen auch Zielerreichungsgrade als Bemessungsgrundlagen in Betracht. Im Grunde gibt es zwischen den beiden Bezugsgrößen Überschneidungen, weil der Zielvereinbarungsprozess ein Instrument

---

149 Vgl. zur Untergliederung der Kosten- u. Erlösarten etwa Eilenberger, G. (1997), S. 616f.

150 Vgl. Erdmann, U. (1991), S. 128f.

151 Durch die Berücksichtigung v. Risikokosten wird die Attraktivität v. für den Mitarbeiter lukrativen, aber für die Bank risikoreichen Geschäften vermindert, da vom Zinsertrag die durchschnittlichen o. standardisierten Risikoprämien abgezogen werden. Vgl. Näheres zur Kalkulation v. Risikokosten etwa bei Schierenbeck, H. (1997), S. 273-320.

152 Mit Hilfe v. Standard-Einzelkosten lassen sich Kostensätze finden, die unabhängig v. der tatsächlichen Ausnutzung v. Kapazitäten ermittelt werden. Vgl. Genaueres zur prozessorientierten Standard-Einzelkostenrechnung z.B. bei Schierenbeck, H. (1997), S. 327-341 o. Everding, M. (1995), S. 99-210.

153 Aufgrund des Charakters eines Cost-Centers lassen sich für sie nur Kosten erfassen.

154 Vgl. zur Organisationsform des Center-Konzepts in der Bankunternehmung: Rolfes, B./Krämer, C. (1988), S. 118-140; Schuster, L. (1973), S. 29-43.

155 Vgl. Sturzenegger, M. (19XX), S. 15.

156 Vgl. Näheres dazu unter Punkt 3.2.3.2.

darstellt, um gerade Betriebsergebnisgrößen vereinbaren und werten zu können. Da jedoch nicht alle quantitativen Ziele unmittelbaren Bezug zu Größen des Betriebsergebnisses aufweisen müssen – es sind auch Volumen- oder Stückgrößen denkbar[157] – und zudem auch qualitative Ziele vereinbart werden können, sind Zielerreichungsgrade hier separat als weitere mögliche Bezugsgrößen angeführt.

3.3.4.3 Verhaltensmerkmale

Auch das Offenbaren bestimmter Verhaltensmerkmale kann als Bezugsgröße dienen. Wie bereits im Rahmen der Beurteilungsverfahren dargestellt, können dadurch auf individueller Ebene gewünschte Verhaltensweisen und die Erfüllung der Gesamtaufgabe gefördert werden, wobei zur Erfassung beider Gesichtspunkte lediglich merkmalsorientierte Beurteilungsverfahren in Frage kommen.[158] Zur Forcierung wünschenswerter Verhaltensweisen auf der Bereichs- bzw. Gesamtbankebene bietet es sich des Weiteren an, mit den jeweiligen Verantwortlichen qualitative Ziele (Verbesserung der Beratungsqualität, Erhöhung der Kundenzufriedenheit in der Region XY) zu vereinbaren.

3.3.5 Zusammenstellung der Bemessungsgrundlagen

Zur Bestimmung des variablen Einkommens stehen grundsätzlich die verschiedenen dargestellten Bezugsgrößen zur Auswahl. Aufbauend auf den Überlegungen zur Kombination der Beurteilungsverfahren wird hier ein Bezugsgrößen-Mix vorgeschlagen, um die verschiedenen Leistungsaspekte berücksichtigen zu können.[159] Während die Wichtigkeit einer Verknüpfung von Zielerreichungsgraden und Verhaltensmerkmalen bereits mehrmals betont wurde,[160] wird im Folgenden geklärt, weshalb eine alleinige Orientierung an Betriebsergebnisgrößen ebenfalls ungeeignet ist:[161] Da sie sich immer auf den Erfolg einer Periode beziehen und somit kurzfristig angelegt sind, bleiben Mitarbeiterleistungen unberücksichtigt, die erst in zukünftigen Perioden ergebnisrelevant werden. Auf diese Weise würde lediglich operatives Handeln belohnt, so dass unmittelbar nur ein geringer Anreiz zur Erfüllung strategischer Ziele bestehen würde. Die Folge könnte sein, dass sich eine wesentliche Funktion des Systems – die Unterstützung der operativen *und* strategischen Unternehmensziele – nicht hinreichend erfüllen ließe. Aus diesem Grund sollten die strategischen Aspekte anhand weiterer Bezugsgrößen erfasst werden, wobei sich dafür die zwei anderen Bemessungsgrundlagen anbieten. Mit Hilfe von Zielvereinbarungen lassen sich nämlich auch solche Maßnahmen (z.B. die Akquisition neuer Kunden oder die Aufrechterhaltung einer ausgewogenen Produktstruktur) verabreden, die sich erst langfristig positiv auf die Geschäftsentwicklung auswirken. Das gleiche gilt für die Beurteilung bestimmter Verhaltensweisen, so sind für den dauerhaften Verbleib eines

---

157 Vgl. Wimmer, K./Bardens, R. E. (1999), S. 73; Leichtfuß, R./Bonacker, M. (1992), S. 625.

158 Vgl. dazu die Ausführungen unter Punkt 3.2.3.3.

159 Vgl. Rinker, A. (1997), S. 140; Leichtfuß, R./Bonacker, M. (1992), S. 626 u. S. 628; Zander, E. (1990), S. 330.

160 Vgl. dazu die Ausführungen unter Punkt 3.2.3.3.

161 Vgl. zu folgender Argumentation: Erdmann, U. (1991), S. 118f.

Kreditinstituts am Markt Mitarbeitertugenden wie Freundlichkeit oder Seriosität unverzichtbar.

Aufgrund der vorhergehenden Argumentation ist also eine Kombination der genannten Bezugsgrößen in einem variablen Vergütungssystem anzustreben. Dabei ist es denkbar, dass die Gewichtung der einzelnen Bemessungsgrundlagen beispielsweise nach hierarchischer Ebene, nach Art der strategischen Geschäftseinheit oder nach Marktsituation unterschiedlich erfolgt. Unter dem Gesichtspunkt der Transparenz ist allerdings darauf Wert zu legen, dass nicht zu viele unterschiedliche Bezugsgrößenkombinationen gebildet werden.[162]

3.3.6 Vergütungsfunktionen als Bindeglied zwischen Leistung und Höhe der variablen Vergütung

Wie zuvor erläutert, spiegelt das Ausmaß der Bemessungsgrundlagen die erbrachte Leistung wider. Um nun aus der ermittelten Bemessungsgröße die Höhe der variablen Vergütung ableiten zu können, ist es im Sinne des hier verfolgten Systemgedankens zweckmäßig, eine Vergütungsfunktion zu bestimmen, deren Funktionsverlauf die Abhängigkeit der variablen Vergütung von der Entwicklung der Bemessungsgrundlage beschreibt. Grundsätzlich ist ein progressiver, ein degressiver oder linearer Verlauf möglich:

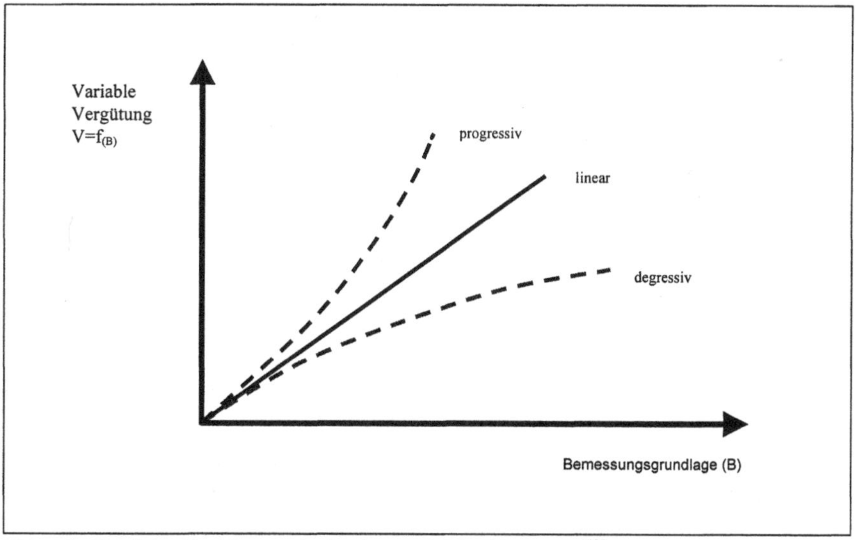

Abb. 22: Mögliche Funktionsverläufe einer variablen Vergütung[163]

[162] Vgl. Erdmann, U. (1991), S. 119f.

[163] In Anlehnung an Schiller, B. (1990), S. 173.

Bei einem progressiven Funktionsverlauf nimmt mit Verbesserung der Bezugsgröße der variable Einkommenszuwachs überproportional zu. Wenn damit auf den ersten Blick auch ein wünschenswerter, starker Anreiz zu hohem Leistungseinsatz verbunden ist, ist dieser Funktionsverlauf jedoch sowohl unter dem Aspekt der Wirtschaftlichkeit als auch unter dem der Akzeptanz abzulehnen. Eine Steigerung der Leistung würde nämlich zum einen dazu führen, dass die Ausschüttungsbeträge progressiv ansteigen, obwohl der daraus resultierende Ertragszuwachs für die Bank gleich bleibt, was letztlich zu Lasten des Betriebsergebnisses gehen würde.[164] Zum anderen würden auf diese Weise egoistische Verhaltensweisen der Mitarbeiter und ebenso die Anwendung von Hard-selling-Methoden begünstigt. Da mit den beiden letztgenannten Punkten u.a. eine Verschlechterung des Betriebsklimas einhergehen kann,[165] können sie zumindest mittelbar einen geringeren Akzeptanzgrad des Systems zur Folge haben.

Eine ähnliche Argumentation spricht gegen einen degressiven Funktionsverlauf, bei dem die variable Vergütungszunahme mit Verbesserung der Bezugsgröße abnimmt. Hierdurch wird nicht nur eine tendenziell bremsende Wirkung auf das Leistungsverhalten erzielt,[166] sondern darüber hinaus sind Akzeptanzschwierigkeiten mehr oder minder vorprogrammiert, weil eine Leistungssteigerung nicht im gleichen Maße wie eine Leistungsverschlechterung honoriert würde.

Aus den genannten Gründen verbleibt nur der lineare Funktionsverlauf, bei dem die Höhe der variablen Vergütung proportional zur Verbesserung der Bezugsgröße wächst. Der symmetrische Verlauf gewährleistet, dass eine Leistungsänderung sich im gleichen Ausmaß auf die variable Vergütungshöhe auswirkt und dass der Grenznutzen je Leistungseinheit für die Bank konstant bleibt. Als ein weiterer Vorteil der linearen Vergütungsfunktion ist dessen bessere Überschau- und Nachvollziehbarkeit zu erwähnen,[167] was der Transparenz und somit auch der Akzeptanz des Systems zu Gute kommt.

Eng mit dem Vergütungsverlauf verbunden sind die Fragen, welches Leistungsniveau mindestens für eine variable Vergütung erreicht sein muss (Untergrenze) und ab welchem Leistungsgrad die variable Vergütung nicht mehr erhöht werden sollte (Obergrenze). Dass es überhaupt eine Ober- bzw. Untergrenze für die variable Vergütung geben sollte, folgt schon aus den Überlegungen zur Bestimmung der Vergütungsrelationen und der Bandbreiten.[168] Als Untergrenze bietet sich die erwartete Normalleistung (100%) bzw. eine Leistung unterhalb dieser an. Eine Orientierung an der 100% Marke hat den Vorteil, dass dadurch nur die Leistung belohnt wird, welche nicht schon durch das Grundgehalt abgegolten wird.[169] Diese wirtschaftliche Lösung könnte jedoch Akzeptanzprobleme mit sich bringen, wenn im Gegensatz zum früheren überwiegend fixen Gehaltssystem das Grundgehalt zugunsten des variablen Anteils vermindert bzw. eingefroren wurde. Jene Konstellation könnte nämlich bei

---

164 Vgl. Rinker, A. (1997), S. 33f. Hierbei wird wie im Folgenden ein linearer Verlauf zwischen der Mitarbeiterleistung u. den Betriebsergebnisgrößen unterstellt.
165 Vgl. Schierenbeck, H./Arnsfeld, T. (1996), S. 136.
166 Vgl. Schiller, B. (1990), S. 173.
167 Vgl. Hartan, M./Preißler, P. R. (1980), S. 24.
168 Vgl. dazu die Ausführungen unter den Punkten 3.3.1 u. 3.3.2.
169 Vgl. Bardens, R. E. (1998), S. 12.

den Mitarbeitern den Verdacht aufkommen lassen, dass für das gleiche Gesamteinkommen im neuen, variablen System eine höhere Leistung zu erbringen sei, so dass in diesem Fall die Grenze unterhalb der Normalleistung liegen sollte.[170] Genauso wie sich allerdings für die Untergrenze keine allgemeingültige Aussage treffen lässt, kann auch für die Obergrenze kein Prozentsatz vorgegeben werden. Sie ist jedoch zweifelsfrei dort erreicht, wo eine weitere Leistungssteigerung negative Folgen – z.B. eine Geschäftsausweitung unter Vernachlässigung des Risikos – für die Bank beinhalten könnte.[171]

3.3.7 Ausschüttungsmodalitäten

3.3.7.1 Formen variabler Entlohnung

Im Gegensatz zu den in der Literatur dargestellten klassischen Lohnformen (Zeitlohn, Akkordlohn und Prämienlohn), die sich durch ihre unterschiedlichen Methoden zur Bestimmung der Lohnhöhe unterscheiden, kommen in der Bankpraxis Mischformen bzw. weitere Lohnformen (z.B. Provisionen[172]) zur Anwendung.[173] In Anlehnung an Abb. 6 unter Punkt 1.2.1.1 werden nachstehend die gängigsten variablen Vergütungsformen erläutert:

Zum einen sind dort die sogenannten Leistungsprämien,- boni, oder -zulagen zu nennen. Sie wurden in der Vergangenheit aber zum Großteil auch heute noch aufgrund einer guten Ertragslage der Bank pauschal für alle Mitarbeiter (14. Monatsgehalt) gewährt. Zunehmend werden sie jedoch durch solche abgelöst, die in Verbindung mit einer individuellen Leistungsbeurteilung stehen.[174] Der Grund für diese Umstellung liegt darin, dass bei der zweiten Variante die Zahlung bei schlechter Leistung ausbleiben kann. Bei der ursprünglichen Variante ist daraus oftmals eine rechtliche Verpflichtung entstanden [175] und infolgedessen die variable Zahlung faktisch zu einem festen Entgeltbestandteil geworden, der somit von den Mitarbeitern auch nicht mehr als variabel empfunden wurde bzw. wird. Vor allem unter Motivationsgesichtspunkten sollte deshalb angestrebt werden, den Anteil der leistungsbezogenen Prämien zu Lasten der pauschalen auszudehnen.

Zum anderen werden Tantiemen gewährt, die kraft ihrer Bezeichnung nur für außertariflich angestellte Mitarbeiter in Frage kommen, obgleich sie sich inhaltlich nicht von Leistungsprämien unterscheiden brauchen. Genauso wie die Leistungsprämien werden nämlich auch Tantiemen meist in Abhängigkeit von Größen des internen bzw. externen Rechnungswesens zugestanden. Die individuelle Höhe orientiert sich dabei beispielsweise an der Zahlung des Vorjahres oder beträgt pauschal einen be-

---

[170] Vgl. Becker, F. G. (1990), S. 133.
[171] Vgl. Schierenbeck, H./Arnsfeld, T. (1996), S. 137.
[172] Sie wird als fest vorgegebener Prozentsatz vom Umsatz o. vom DEB ermittelt u. kommt in Kreditinstituten im Allfinanz-, im Verkaufsaußendienst o. in Handelsbereichen zur Anwendung.
[173] Vgl. Berthel, J. (1997), S. 390 u. 394.
[174] Vgl. hierzu u. den folgenden Erläuterungen: Hören, M. v. (1999), S. 89-91 u. Erdmann, U. (1991), S. 58-64.
[175] Vgl. dazu die Ausführungen unter Punkt 2.3.4.3.

stimmten Prozentsatz der Grundvergütung.[176] Von daher gilt das im Rahmen der Leistungsprämien Gesagte entsprechend: Zur Förderung der Motivation ist es unerlässlich, das Ausmaß der Tantieme auch an die individuelle Leistung zu knüpfen.

Neben diesen zumindest in ihrem Wesen nach variablen Zahlungen sind einige Banken dazu übergegangen, den Fixcharakter der aufwendigsten Zusatzleistung – der betrieblichen Altersversorgung –[177] aufzuheben.[178] Während bislang die betriebliche Zusatzrente häufig an das zuletzt erreichte Monatsgrundgehalt anknüpfte, bildet in neueren Versorgungssystemen die Summe aller Jahresgehälter, also einschließlich aller variablen Vergütungsbestandteile, die Berechnungsbasis.[179] Dafür wird für jeden Mitarbeiter ein Rentenkonto eingerichtet, in dem jedes Jahr ein Rentenbaustein gutgeschrieben wird; aus der Summe aller Bausteine errechnet sich die endgültige Rente. Auf diese Weise wird sichergestellt, dass die im Verlauf eines Beschäftigungsverhältnisses erbrachte Gesamtleistung sich auch in der betrieblichen Altersversorgung fortsetzt und somit der Anreiz für eine Leistungssteigerung verstärkt wird.

3.3.7.2 Ausschüttungszeitpunkt

Die Bandbreite möglicher Zahlungszeitpunkte für die variable Vergütung reicht von der Ausschüttung während der Leistungsperiode (z.B. monatlich, quartalsweise) über Zahlungen nach Abschluss der Leistungsperiode bis hin zur Verteilung von Ausschüttungsanteilen über mehrere Perioden.[180] Bei der Auswahl des Ausschüttungszeitpunkts sollte Folgendes beachtet werden:[181]

Für eine sofortige Auszahlung schon während bzw. direkt nach der Leistungsperiode spricht, dass auf diese Weise eine direkte Beziehung zwischen Leistungsverhalten und Vergütung gewahrt bleibt, wodurch eine höhere Anreizwirkung zu erwarten ist.[182] Des Weiteren sind die Mitarbeiter daran interessiert, so schnell wie möglich über ihre variablen Gehaltszahlungen verfügen zu können. Aus Sicht der Bank ist jedoch zumindest gegen die unterjährige Ausschüttung von variablen Vergütungsbestandteilen einzuwenden, dass das tatsächliche Leistungsergebnis erst nach Abschluss der Bewertung feststeht, und so unter Umständen Zahlungen im vorhinein geleistet werden, die sich im nachhinein zwar als ungerechtfertigt erweisen, aber nicht mehr ohne weiteres zurückgefordert werden können. Zur Lösung dieses Dilemmas wird vorgeschlagen, einen Teil der fälligen variablen Vergütungsbestandteile sofort auszuschütten und den anderen Teil im Rahmen eines Leistungskontos zu-

---

176 Vgl. Rüschen, T. (1989), S. 114f.

177 Vgl. Hören, M. v. (1997a), S. 14. Sie betrug in der ehemaligen Bayerischen Vereinsbank z.B. ca. zwei Drittel des gesamten Zusatzleistungsbudgets. Vgl. Torka. W. (1995), S. 331.

178 Dies trifft etwa auf die Hypovereinsbank o. auf die Commerzbank zu. Vgl. für die Hypovereinsbank: Laber, H./Wolf, S. (1998), S. 523.

179 Vgl. dazu u. den folgenden Ausführungen: Laber, H./Maassen, O. (1996), S. 59f. o. Torka, W. (1995), S. 331-333.

180 Vgl. Rinker, A. (1997), S. 188.

181 Vgl. zu den folgenden Ausführungen etwa Becker, F. G. (1990), S. 160f. o. Isele, S. (1991), S. 215f.

182 Vgl. Isele, S. (1991), S. 222.

rückzustellen.[183] Damit würde die Motivationswirkung einer direkten Ausschüttung aufrechterhalten als auch die Leistung unberechtigter Zahlungen verhindert. Bei der Bewertung des Vorschlags sollte jedoch nicht aus den Augen verloren werden, dass die Einführung und Verwaltung von Leistungskonten das Gesamtsystem verkompliziert und dessen Aufwand wesentlich erhöht, so erfordert dies etwa eine mehrmalige Leistungsbeurteilung pro Periode. Aus diesem Grund sollte dieser Weg nur gewählt werden, wenn davon auszugehen ist, dass die Summe der eingesparten ungerechtfertigten Zahlungen die Kosten des Mehraufwandes deutlich übertrifft.[184]

3.3.7.3 Flexible Ausschüttungsgestaltung

Eine flexible und individuelle Umsetzung der Ausschüttungsmodalitäten kann durch die Einführung eines Cafeteria-Modells erfolgen, welches die Wahlmöglichkeiten nicht nur auf den Bereich der Zusatzleistungen beschränkt, sondern ebenso die variablen Vergütungsbestandteile einbezieht.[185] Die Berücksichtigung könnte derart erfolgen, dass die zur Barausschüttung vorgesehenen variablen Vergütungsbestandteile vollständig oder zum Teil gegen andere Leistungen eingetauscht werden. Grundidee des Cafeteria-Ansatzes ist es folglich, dass die Mitarbeiter sich aus einem bestimmten Angebot an Vergütungsbestandteilen, analog zur Menüwahl in einer Cafeteria, ein an ihren individuellen Bedürfnissen und Präferenzen orientiertes „Menü“ wählen können.[186] Das Ausmaß der Wahlmöglichkeiten wird hierbei von der Art des Cafeteria-Plans bestimmt:[187] Beim Kernplan werden die Leistungsangebote in einen Wahlblock mit frei wählbaren Leistungen und einen Kernblock differenziert, wobei Letzterer für alle Mitarbeiter in seiner Zusammenstellung verbindlich ist. Hingegen wird beim alternativen Menüplan kein Pflichtblock für sämtliche Mitarbeiter vorgegeben, vielmehr werden für einzelne Mitarbeitergruppen individuelle Leistungspakete bestimmt. Als dritte Alternative kommen sogenannte Buffetpläne in Frage, bei denen der einzelne Mitarbeiter sich aus einem gegebenen Gesamtangebot die gewünschten Leistungen selbst zusammenstellen kann und somit die größte Wahlfreiheit besteht.

Entscheidendster Pluspunkt eines Cafeteria-Plans ist die mit der bedürfnisbezogenen Möglichkeit zur Selbstentscheidung verbundene erhöhte Motivbefriedigung beim Belohnungsempfänger.[188] Durch das Eingehen auf die individuellen Präferenzen des Mitarbeiters kann – bei unverändertem Personalbudget – sein subjektiv empfundener Nutzen gesteigert werden. Zusätzlich zu diesen subjektiven lassen sich aber für den Mitarbeiter auch objektive Nutzenvorteile erzielen: So können unter Umständen durch das Aufschieben von Vergütungszahlungen (Deferred Compensa-

---

183 Vgl. Schierenbeck, H./Arnsfeld, T. (1996), S. 140.

184 Eine ähnliche Auffassung wird v. Erdmann, U. (1991), S. 199 vertreten, die den Aufwand für angemessen hält, wenn der variable Entgeltbestandteil nicht zu niedrig bemessen ist.

185 Vgl. Wagner, D./Grawert, A./Langemeyer, H. (1993), S. 9.

186 Vgl. Näheres zu Cafeteria-Plänen im Allgemeinen Berthel, J. (1997), S. 409-412; Dycke, A./Schulte, C. (1986), S. 577-589; Wagner, D. (1986), S. 16-27.

187 Vgl. zu den unterschiedlichen Arten von Cafeteria-Plänen: Föhr, S. (1994), S. 63-65.

188 Vgl. Isele, S. (1991), S. 219.

tion) in den Ruhestand[189] Steuerzahlungen verlagert bzw. sogar verringert werden. Des Weiteren lassen sich aufgrund von Beschaffungsvorteilen am Markt oftmals günstigere Konditionen etwa bei Versicherungsleistungen oder beim Job-Ticket erzielen. Aus Sicht der Banken erweist es sich als vorteilhaft, dass durch die Bewertung der Leistungen in Geldeinheiten den Mitarbeitern die Kosten der Leistungen vor Augen geführt werden und somit Letztere entsprechend gewürdigt werden können. Speziell für Zusatzleistungen, deren Kosten vielmals unterschätzt werden, ist dies ein positiver Effekt.[190]

Allerdings stehen den genannten Vorteilen einige tiefgreifende Schwierigkeiten bei der Umsetzung gegenüber, weshalb auch ihre geringe Verbreitung nicht verwunderlich ist.[191] Zum einen sind schon einfache Cafeteria-Modelle mit erheblichem administrativen Aufwand bei der Implementierung, Durchführung und Anpassung verbunden.[192] Zum anderen stellt sich ihre Gestaltung als sehr komplex dar, so dass aufgrund des notwendigen umfangreichen Reglements die Gefahr der Intransparenz besteht. Des Weiteren schränken in Deutschland arbeits- und tarifrechtliche – hier allerdings im außertariflichen weit weniger als im tariflichen Bereich – sowie sozialversicherungs- und steuerrechtliche Bestimmungen die Wahlmöglichkeiten teilweise erheblich ein.[193]

Um die Vorteile von Cafeteria-Modellen nutzen zu können, gleichfalls aber die Nachteile abzuschwächen, sollte wegen der geringeren Wahlmöglichkeiten und deren einfacheren Konstruktion für Tarif-Mitarbeiter ein Kernplan angeboten werden, während für AT-Mitarbeiter ein alternativer Menüplan in Frage kommt. Letzterer kann Schritt für Schritt zu einem Buffet-Plan erweitert werden, so dass sein administrativer Implementierungsaufwand über mehrere Perioden verteilt werden kann.[194] Damit sich hierbei nicht die Komplexität des Cafeteria-Plans auf das variable Vergütungssystem überträgt, sollte dafür Sorge getragen werden, dass der Cafeteria-Plan als zusätzliches Modul zum variablen Vergütungssystem verstanden wird. Den Mitarbeitern sollte diesbezüglich verdeutlicht werden, dass die Wahlmöglichkeiten erst zum Tragen kommen, nachdem die Höhe der variablen Vergütung bereits feststeht.

---

[189] Bei der aufgeschobenen Vergütung werden Sonderzahlungen o. Teile davon, die infolge fehlender gesetzlicher Voraussetzungen nicht zur Altersversorgung beitragen, in Höhe ihres vollen Bruttobetrages in Versorgungsleistungen umgewandelt. Die Versteuerung der Einzahlungen geschieht erst bei Inanspruchnahme der Versorgungsleistungen, also nach Ende der Erwerbstätigkeit. Aufgrund dessen, dass im Ruhestand normalerweise kein Arbeitseinkommen mehr aus unselbstständiger Arbeit erzielt wird, ist der Steuersatz c.p. geringer, so dass sich für den Mitarbeiter ein Steuervorteil ergibt. Vgl. Näheres zur Funktionsweise der aufgeschobenen Vergütung: Mölders, H.-W. (1995), S. 54-71; Gerstenberg, B. (1994), S. 288-296.

[190] Vgl. Becker, F. G. (1990), S. 119.

[191] Vgl. Kappel, H./Uschatz, P. (1992), S. 159 sowie ähnlich: Nagel, K./Schlegtendal, G. (1998), S. 189.

[192] Vgl. Stolzenburg, J. H./Diemer, P. W. (1992), S. 375, die davon ausgehen, dass für die Einführung Kosten in Höhe v. etwa 2% der Gehaltssumme aller einbezogenen sowie für die Verwaltung laufende Kosten v. jährlich 0,2 % der Gehaltssumme dieser Mitarbeiter zu veranschlagen sind.

[193] Vgl. zu den rechtlichen Restriktionen die Dissertation v. Mölders, H.-W., (1993).

[194] Vgl. Kappel, H./Uschatz, P. (1992), S. 160.

4 Fallbeispiel: Das Vergütungssystem der Commerzbank AG

Die vorstehenden Teile 2 und 3 gaben im Wesentlichen allgemeine Hinweise für eine akzeptanzgerechte Ausgestaltung von variablen Vergütungssystemen. Obgleich in diesem Zusammenhang eine Übereinstimmung mit den unternehmensspezifischen Gegebenheiten mehrfach betont wurde, blieb für die Darstellung derartiger Regelungen kein Raum. Dies wird im Folgenden anhand eines Fallbeispiels nachgeholt.[1] Die Intention dabei ist, das exemplarisch ausgewählte System hinsichtlich seiner akzeptanzgerechten Ausgestaltung auf Basis der hier aufgestellten Strategie zu beurteilen. Wenn notwendig und möglich, werden darüber hinaus Empfehlungen zur Systemverbesserung unterbreitet.

4.1 Zur Auswahl des Fallbeispiels

Die folgenden Ausführungen beziehen sich hauptsächlich auf das Vergütungssystem „ELOV" – also auf die ergebnis- und leistungsorientierte Vergütung – der Commerzbank. Das System der Commerzbank ist aus den nachstehenden drei Gründen ausgewählt worden:

- Zunächst war es nach dem Konzept der ehemaligen Bayerischen Vereinsbank[2] 1997 in diesem Umfang eines der ersten, welches im deutschen Bankgewerbe verwirklicht wurde. Infolge seines mehrjährigen Systembestehens lassen sich nicht nur Aussagen über den Akzeptanzgrad direkt nach seiner Einführung, sondern gleichfalls nach seiner mehrmaligen Anwendung, also nachdem die Mitarbeiter eigene Erfahrungen mit ihm gesammelt haben, treffen.

- Des Weiteren entsprach die Akzeptanz nach der Realisation des Systems anfänglich nicht den Erwartungen. Von daher ist es interessant zu untersuchen, welches die Ursachen dafür waren und wie es gelungen ist, die Akzeptanz zu verbessern. Insofern ist das Beispiel für eine Analyse besonders geeignet.

- Außerdem kann davon ausgegangen werden, dass wenn es gelingt, in einer Universalbank in dieser Größenordnung ein von den Mitarbeitern akzeptiertes Vergütungssystem zu installieren, dies ebenso in anderen Kreditinstituten möglich ist.

Um diesbezüglich einen Eindruck von der Größenordnung der Commerzbank zu gewinnen, sind nachstehend einige Kennzahlen angeführt:[3] Hinsichtlich der Bilanzsumme rangiert die Commerzbank im Konzernvergleich (am 31.12.1998 betrug die Bilanzsumme 638 014 Mill. DM) hinter der Deutschen Bank (1 225 530 Mill. DM), der Hypovereinsbank (901 119 Mill. DM) und der Dresdner Bank (714 808 Mill. DM) an vierter Stelle der Großbanken in Deutschland. Der Jahresüberschuss betrug in der Commerzbank im Jahre 1998 1 841 Mill. DM, insgesamt waren 32 470 Mitarbeiter im

---

1 Bezüglich der Systembeschreibung vgl. die Ausführungen bei: Lindena, B. (1997b), S. 712-716; Dahms, R./Lindena, B. (1997), S. 252-257; Aleweld, T. (1995), S. 846-851.

2 Hier wurde es in seinen Grundzügen bereits schon zum 1.1.1995 eingeführt.

3 Vgl. o.V. (1999), S. 449-457.

Konzern beschäftigt, wobei der Personalaufwand sich insgesamt auf 4 040 Mill. DM belief (das entspricht 57% der gesamten Verwaltungsaufwendungen).

4.2 Vorgehensweise bei der Ermittlung der Akzeptanz

Bevor sich die folgenden Kapiteln mit dem System als Solches beschäftigen, legt dieses zunächst dar, wie die Systemverantwortlichen die Akzeptanz ermittelten. Auf diese Weise erhält der Leser die Möglichkeit, die Untersuchungsergebnisse hinsichtlich ihrer Aussagekraft beurteilen zu können. Grundlage für die Bestimmung der Akzeptanz in der Commerzbank bildeten im Wesentlichen folgende Faktoren:

- In der Implementierungsphase fand eine Mitarbeiterbefragung statt. Dafür wurden die Mitarbeiter in 2 von 155 Regionalfilialen[4] befragt.

- Des Weiteren lagen die Ergebnisse einer DAG-Umfrage aus dem Jahre 1997 vor.[5] Sie basierte nach Gewerkschaftsangaben auf 8.000 Fragebögen, die an Filialmitarbeiter der Commerzbank verteilt wurden. Von diesen Fragebögen wurden 28% zurückgesendet.

- Zusätzlich wurden regelmäßig Führungskräfte, Mitarbeiter und Personalbetreuer in Schulungen oder Diskussionsrunden zu ELOV befragt. Außerdem standen die Systemverantwortlichen im ständigen Kontakt mit Betriebsrat und Sprecherausschuss.

- Darüber hinaus nahmen eine Vielzahl von Mitarbeitern und Führungskräften das Angebot der Systemverantwortlichen an und wandten sich per E-Mail oder Telefon direkt an letztgenannte.

- Schließlich wurden vom Verfasser 300 Zielvereinbarungsbögen aus den Jahren 1998 sowie 1999 hinsichtlich formaler und qualitativer Kriterien untersucht. Auf diese Weise sollten auch Rückschlüsse über die Akzeptanz des Systems gewonnen werden.

Untersucht man obige Faktoren bezüglich ihres empirischen Gehalts, ist einzuräumen, dass sie für sich alleine die an eine wissenschaftliche Untersuchung zu stellenden Gütekriterien nicht erfüllen.[6] So ist die Stichprobe der Mitarbeiterbefragung zu klein (39 Mitarbeiter) oder die Umfrage wegen anzunehmender Selbstselektion nicht repräsentativ für alle Mitarbeiter. Bei der Bogenauswertung bleibt zweifelhaft, ob man von der Qualität des Ausfüllens (Verhalten) tatsächlich auf die Akzeptanz des Systems seitens des Beurteilers schließen kann. Betrachtet man allerdings die Faktoren in ihrer Summe, lassen sich aus ihrer Kombination zumindest Tendenzaussagen zur Akzeptanz ableiten. Dies vor allem deshalb, weil die Daten in die gleiche Richtung weisen. Beispielsweise ist sowohl von Mitarbeiter-, wie von Führungs-

---

4 Sie betreuen durchschnittlich 5 Filialen in einer Region u. sind jeweils selbst einer der 20 dezentral arbeitenden Gebietsfilialen unterstellt.

5 Vgl. dazu die Anlage 3.

6 Vgl. dazu die Ausführungen unter Punkt 2.2.3.

kräfte- als auch von Betriebsratsseite die mangelnde Transparenz des Verfahrens kritisiert worden, was sich ebenfalls in den Umfrageergebnissen widerspiegelte.

Letzteres war dann auch der Hauptgrund, weshalb die Systemverantwortlichen auf eine empirisch aussagekräftige Befragung der Mitarbeiter verzichtet haben. Sie sind überzeugt davon, aufgrund der vorliegenden Daten die Systemakzeptanz richtig eingeschätzt zu haben. Vielmehr vertreten sie die Auffassung, dass den Kosten der Befragung kein dementsprechender Nutzen gegenübersteht. Zudem hätte die Planung und Durchführung der Befragung mehrere Monate in Anspruch genommen, was zu Lasten einer zügigen Umsetzung von Verbesserungsmaßnahmen gegangen wäre. Des Weiteren darf nicht vergessen werden, dass die Befragung neben den Stärken des Systems ebenso seine Schwächen offengelegt hätte, was unter Umständen den persönlichen Interessen der Systemverantwortlichen entgegengestanden hätte.[7]

Zusammenfassend bleibt festzuhalten, dass die Aussagen zur Akzeptanz im strengen Sinn nicht dem Postulat der Wissenschaftlichkeit genügen. Dennoch erlauben nach Ansicht des Verfassers die Daten Tendenzaussagen, auf deren Grundlage Gestaltungshinweise formuliert werden können. Nichtsdestotrotz wäre eine hinreichend wissenschaftlich abgesicherte Befragung wünschenswert.

4.3 Der Planungsprozess des Systems

4.3.1 Die Beachtung der Prinzipien „Information" und „Partizipation"

In Anlehnung an den Punkt 2.3 des Teiles 2 wird hier zunächst untersucht, inwieweit die Prinzipien „Information" und „Partizipation" im Planungsprozess berücksichtigt wurden, bevor im sich anschließenden Gliederungspunkt die Ablaufstruktur als Solches betrachtet wird.

a) Information

Als wesentlich für die Akzeptanz wurde im Zusammenhang mit dem Planungsprozess das Prinzip der Information identifiziert.[8] Hierbei stand ein möglichst früher Informationszeitpunkt, die Glaubwürdigkeit der Information sowie deren Inhalt im Mittelpunkt. In Bezug auf das Beispiel lässt sich dazu Folgendes feststellen:

- Mit der Informierung der Mitarbeiter wurde sehr frühzeitig begonnen, denn die Mitarbeiter wurden bereits per Brief erstmals nach Vorliegen des Vorstandsbeschlusses über die Schaffung eines neuen Vergütungssystems unterrichtet. Anschließend wurden die Mitarbeiter kontinuierlich über den weiteren Verlauf des Vorhabens durch die Systemverantwortlichen in Kenntnis gesetzt. Dafür setzten sie unterschiedliche Kommunikationsinstrumente wie Briefe, Rundschreiben, Broschüren oder die Mitarbeiterzeitschrift ein. Außerdem wählten sie verschiedene

---

[7] Vgl. zu weiteren, „verdeckten" Aspekten die Ausführungen bei Neuberger, O./Allerbeck, M. (1978), S. 26f.

[8] Vgl. hinsichtlich dieses Aspekts die Ausführungen unter Punkt 2.3.4.1.

Kommunikationswege. Beispielsweise wurden die Mitarbeiter von den Systemverantwortlichen direkt angeschrieben wie über Vorgesetzte indirekt informiert.

- Hinsichtlich der Glaubwürdigkeit der Information lässt sich feststellen, dass nicht alle hierfür verantwortlichen Faktoren berücksichtigt wurden. Zwar wurden die Informationen langfristig und kontinuierlich gegeben, dafür wurde das System teilweise zu positiv dargestellt. So wurde anfänglich negiert, dass aus einer nicht konformen Anwendung egoistische Verhaltensweisen resultieren können. Die Folge war vermutlich ein anfänglicher Vertrauensverlust gegenüber dem System und den Verantwortlichen. Anhaltspunkte dafür waren zum einen die mangelnde Bereitschaft des Betriebsrats, zu ELOV eine Betriebsvereinbarung abschließen zu wollen. Zum anderen äußerten eine Vielzahl von Mitarbeitern gegenüber ihren Vorgesetzten Bedenken, dass das System sie schlechter stellen könnte. Als Reaktion auf diesen mutmaßlichen Vertrauensverlust sahen sich die Systemverantwortlichen dazu veranlasst, ihre im Rahmen der Mitarbeiterzeitschrift getroffenen Aussagen – „ELOV besteht den Praxistest“, „bei den damit (mit Bonus, Anm. des Verf.) bedachten Mitarbeitern herrscht offensichtlich große Zufriedenheit vor“ – im darauffolgenden Heft mit der Frage zu revidieren: „Praxistest tatsächlich (schon) bestanden?“

- Der Inhalt der Informationen war zumeist anschaulich dargestellt und orientierte sich an den Interessen der Mitarbeiter. Vereinzelt waren die Informationen jedoch nicht auf Anhieb zu verstehen, z.B. erforderte das Nachvollziehen des Berechnungsschemas für den Leistungsbonus[9] einen gewissen Aufwand. Verantwortlich dafür war jedoch weniger die Informationspolitik als die nicht hinreichende Transparenz des Systems.[10]

Zusammenfassend lässt sich zur Informationspolitik konstatieren, dass von ihr keine negativen Einflüsse auf die Akzeptanz ausgegangen sein dürften. Für ihre nachhaltige Förderung hätte sie jedoch glaubwürdiger ausgestaltet werden müssen.

b) Partizipation

Zusätzlich zu dem Prinzip der Information wurde für die Akzeptanz als Zweites das der Partizipation herausgestellt. Allgemein wurde gefordert, dass ihr Umfang unter Berücksichtigung der unternehmensspezifischen Gegebenheiten so groß wie möglich sein sollte.

Für die Commerzbank lässt sich hierzu feststellen, dass für eine direkte Partizipation aufgrund der Anzahl der Mitarbeiter[11] wenig Spielraum bestand. Dennoch wurde versucht, durch eine Integration der betroffenen Abteilungen ins Projektmanagement, durch Diskussion mit den verschiedensten Mitarbeitergruppen oder durch das Sammeln von Anregungen Partizipationsmöglichkeiten zu eröffnen. Gleichwohl fand eine Beteiligung hauptsächlich im Rahmen der gesetzlichen Mitbestimmung statt, inso-

9 Vgl. hierzu die Abb. 33, in der das Berechnungsschema bereits vereinfacht wurde.

10 Vgl. bezüglich der Transparenz des Systems etwa die Darstellung unter Punkt 4.4.3.5.

11 Zum 31.12.1998 wurden im Commerzbank Konzern 32 470 Mitarbeiter beschäftigt. Vgl. o.V. (1999), S. 456.

fern, als dass Betriebsrat und Sprecherausschuss auf die Ausgestaltung und Weiterentwicklung des Systems entscheidend Einfluss nahmen.

In Bezug auf das Prinzip der Partizipation lässt sich deshalb festhalten, dass es unter den gegebenen Umständen so gut wie möglich verwirklicht wurde. Eventuell daraus resultierende Akzeptanzschwierigkeiten können deshalb als unvermeidlich angesehen werden.

4.3.2 Die Ablaufstruktur des Prozesses

In Anlehnung an die Ablaufstruktur des Planungsprozesses im Teil 2[12] wird im Folgenden dargelegt, wie das Vergütungssystem „ELOV" konzipiert, implementiert und verändert worden ist. Da in diesem Zusammenhang eine überschneidungsfreie Abgrenzung einzelner Phasen nicht möglich ist, wird nachstehend skizziert, in welchem Zeitraum jeweils welche Phase den Planungsprozess dominierte (vgl. dazu die Abb. 23): Ende 1994 wurde der Planungsprozess unter Vorgabe der zu erreichenden Ziele durch den Vorstand angestoßen; seit Beginn des Jahres 1994 wurde jedoch schon bereits ein Großteil der Vorbereitungen getroffen. Letztere waren für eine qualifizierte Entscheidung seitens des Vorstandes über die Verwirklichung eines variablen Vergütungssystems notwendig. Das Jahr 1995 stand dann vor allem im Zeichen der grundlegenden Konzeption von ELOV. Im Jahre 1996 wurde diese weiter verfeinert, gleichzeitig wurden sukzessive die dafür notwendigen Instrumente und die einzelnen Regularien implementiert, so dass es im Jahre 1997 zum vollständigen Einsatz von ELOV im Filialbereich kam. Ab dem Jahre 1998 konnte daraufhin das System als Ganzes hinsichtlich seiner Zielerfüllung kontrolliert und Veränderungen eingeleitet werden, wobei die vorliegende Untersuchung sämtliche Anpassungen erfasst, die bis Ende 1999 eingeleitet wurden.

Richtet man den Blick auf die einzelnen Phasen des Planungsprozesses, wurden in ihnen einige unternehmensspezifische Entscheidungen getroffen, die nachstehend dargelegt und beurteilt werden.

4.3.2.1 Vorbereitungsphase

Hinsichtlich der Vorbereitungsphase wurde es grundsätzlich als bedeutsam angesehen, eine Projektgruppe zu bilden, eine Entscheidung über den Einsatz eines externen Beraters zu treffen sowie die Ausgangssituation zu analysieren. Bezüglich des Beispiels lässt sich dazu Folgendes feststellen:

- Während des ganzen Prozesses wurde auf die Methoden des Projektmanagements zurückgegriffen. In diesem Zusammenhang wurde zum einen ein Lenkungsausschuss einberufen, der auf der obersten Führungsebene angesiedelt war und aus den Leitern der betroffenen Stabsabteilungen bestand. Zum anderen wurde ein Arbeitskreis mit Mitarbeitern derselben Stabsabteilungen gebildet, der als operative Projektgruppe fungierte. Aufgabe des Lenkungsausschusses war

---

[12] Vgl. dazu Näheres unter Punkt 2.3.5.

es, die durch den Arbeitskreis vorbereiteten Entscheidungen zu verabschieden, den Projektfortschritt zu überwachen sowie als Machtpromotor die getroffenen Entscheidungen durchzusetzen.

- Mit der Betreuung des Projekts, nicht jedoch mit seiner Leitung – Letztere wurde vom Zentralen Stab für Personal übernommen – wurde eine externe Unternehmensberatung beauftragt. Dank dieser Arbeitsaufteilung wurde eine unternehmensspezifische Ausgestaltung des Systems unter Beachtung praktischer Beratungserfahrung ermöglicht. Darüber hinaus wurde die Ausgangssituation hinreichend analysiert, allerdings wurde in diesem Zusammenhang auf eine Mitarbeiterbefragung verzichtet.[13]

Insgesamt gesehen entsprach die Vorbereitungsphase damit im Wesentlichen der Akzeptanzstrategie.

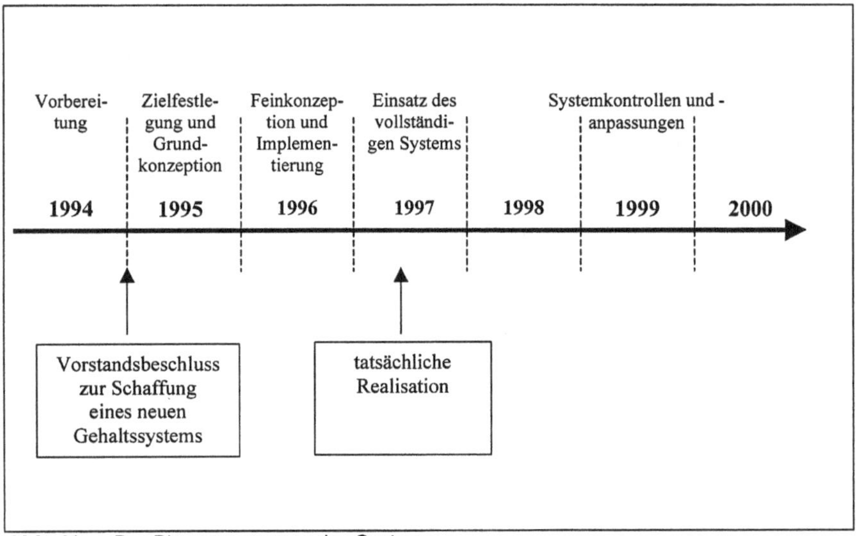

Abb. 23: Der Planungsprozess des Systems

[13] Vgl. hierzu die Ausführungen unter Punkt 4.2.

4.3.2.2 Zielfestlegungsphase

Allgemein wurde es als Hauptaufgabe der Zielfestlegungsphase angesehen, das erwünschte Akzeptanzausmaß zu bestimmen.

Dies wurde in der Commerzbank jedoch zumindest explizit nicht festgelegt. Stattdessen hat man in dieser Phase das erwünschte Ausmaß der Funktionen bestimmt. Der Grund dafür lag darin, dass die Akzeptanz lediglich als eine Anforderung unter vielen angesehen wurde. Damit wurde der Akzeptanz entsprechend der damaligen Literatur nur eine untergeordnete Bedeutung eingeräumt.[14] Vermutlich war jedoch genau das der entscheidende Fehler, der zu den anfänglichen Akzeptanzschwierigkeiten geführt hat. So ist davon auszugehen, dass ein Teil der Probleme hätte vermieden werden können, wenn bereits zu Beginn der Planungen der Akzeptanz ein größeres Gewicht eingeräumt worden wäre.

Bezüglich der Gewichtung ist der Bank allerdings zugute zu halten, dass nicht zuletzt infolge der Mitarbeiterkritik die Verbesserung der Akzeptanz im weiteren Prozess eine immer größere Rolle spielte. Spätestens seit Mitte 1997 konzentrierte sich der Großteil der Bemühungen auf eine strukturierte Verbesserung der Akzeptanz, so dass seitdem die Aktivitäten im weitesten Sinne unter dem Begriff der „Akzeptanzstrategie“ subsumiert werden können.

4.3.2.3 Konzeptionsphase

Genauso wie in Kapitel 2.3.5.3 gefordert, wurde in der Konzeptionsphase das System erst in seinen Grundzügen entwickelt und dann im Rahmen der Feinkonzeption konkretisiert (vgl. dazu die Abb. 23). In Übereinstimmung mit dem Aufbau der beiden vorherigen Teile wird hier ebenfalls die nähere inhaltliche Ausgestaltung separat – und zwar im folgenden Kapitel – erläutert.

4.3.2.4 Implementierungsphase

Generell ist in der Implementierungsphase die Einführung und Umsetzung des Systems zu planen. Hierbei wurde empfohlen, auf die Methodik der geplanten Evolution einschließlich einer Pilotierung zurückzugreifen sowie Schulungen zu initiieren. In Bezug auf das Beispiel lässt sich hierzu Nachstehendes feststellen:

- Methodisch ähnelte das Vorgehen bei der Implementierung überwiegend dem Konzept der geplanten Evolution. Dies lässt sich am schrittweisen und gleichfalls zeitlich überlappenden Systemaufbau erkennen:[15] Zum einen ist der Gültigkeitsbereich des Systems ständig ausgebaut worden. Ursprünglich war es nur auf den inländischen Filialbetrieb beschränkt, ab 1998 wurde die Zentrale mit einbezogen und zukünftig ist geplant, ebenfalls die ausländischen Einheiten zu involvieren.

---

[14] Vgl. diesbezüglich die Diskussion unter Punkt 1.2.3.2.1.

[15] Vgl. zur nachstehenden Systematisierung die Dimensionen v. Rinker, A. (1997), S. 271-273 sowie die Ausführungen unter Punkt 2.3.5.4.

Zum anderen wurde der Adressatenkreis erweitert. So galt das System im Jahre 1996 erst für die AT-Mitarbeiter, ab 1997 fand das System ebenso für die Tarifangestellten seine Anwendung. Des Weiteren wurde auch der Umfang des Systems nach und nach ausgeweitet. Im AT-Bereich wurde etwa zunächst das Grundgehalt leistungsbezogen angepasst, ab 1997 wurde dann ebenfalls die Höhe der Tantieme auf Grundlage der neuen leistungsorientierten Kriterien ermittelt.

- Während der Implementierungsphase wurde des Weiteren die Möglichkeit der Pilotierung genutzt, insofern als dass in 2 Regionalfilialen ein großer Teil des Systems vorab getestet wurde. Die damit gemachten Erfahrungen wurden u.a. mit Hilfe eines Mitarbeiterfragebogens erfasst.[16] Auf diese Weise konnten Hinweise auf Schwachstellen gewonnen werden, die überwiegend bis zur bundesweiten Filialeinführung abgebaut wurden. Bei den verbliebenen Schwachpunkten sahen die Systemverantwortlichen entweder keine Lösungsmöglichkeit oder keinen Handlungsbedarf. Letzteres war jedoch aus Sicht der Akzeptanz bedenklich, zumal die nicht ausgeräumten Schwachpunkte sich später als die wesentlichen Ursachen für das unbefriedigende Ausmaß der Akzeptanz herausstellten. Damit kann das Verhalten gleichfalls als Beispiel dafür dienen, dass man der Mitarbeiterakzeptanz anfänglich noch keine ausreichende Beachtung schenkte.

- Darüber hinaus wurde bei der Implementierung des Systems auf die Schulung der Führungskräfte besonders Wert gelegt. Neben der reinen Wissensvermittlung stand vor allem die richtige Anwendung des Systems mit Hilfe von Fallstudien im Vordergrund. Durch die Integration der Trainingsmaßnahmen in das Schulungsprogramm für zukünftige Führungskräfte ist zudem sichergestellt, dass diese sich ebenfalls mit dem System vertraut machen können.

Zusammenfassend lässt sich zur Implementierungsphase festhalten, dass die im Allgemeinen für die Phase als wesentlich erachteten Faktoren berücksichtigt wurden. Als positiv herauszustellen sind der Ablauf der Implementierung sowie die Gestaltung der Schulungen.

4.3.2.5 Kontroll- und Anpassungsphase

Im Rahmen der Kontroll- und Anpassungsphase wurden der Projektfortschritt überwacht und darauf fußende Veränderungen eingeleitet. Ursache für die Modifikationen waren zum einen veränderte interne und externe Gegebenheiten, zum anderen aber vor allem die nicht den Erwartungen entsprechende Akzeptanz. Da also ein Großteil der Anpassungen zur Verbesserung der Akzeptanz eingeleitet wurden, bedarf es einer genauen Darstellung und Bewertung der Maßnahmen, so dass diese genauso wie die ursprüngliche Konzeption einer gesonderten Betrachtung bedürfen. Aus diesem Grund werden die eingeleiteten Maßnahmen unter Punkt 4.4 separat analysiert.

Zusammenfassend lässt sich zum Planungsprozess festhalten, dass er im Wesentlichen im Sinne der Akzeptanzstrategie verlaufen ist. Zu bemängeln ist allerdings, dass zu Beginn des Prozesses der Akzeptanz eine noch nicht hinreichende

---

[16] Bezüglich der wissenschaftlichen Aussagekraft vgl. die Erläuterungen unter Punkt 4.2.

Beachtung geschenkt wurde. Das findet seinen Ausdruck gleichfalls darin, dass während des Prozesses auf das Instrument der Mitarbeiterbefragung verzichtet wurde. Eine Ausnahme stellte lediglich die im kleinen Rahmen (39 Teilnehmer) durchgeführte Fragebogenaktion zur Pilotierung dar. Dies ist um so bedauerlicher, als dass auf diese Weise Veränderungen bei der Akzeptanz und somit gleichfalls der Erfolg der Strategie nicht zweifelsfrei ermittelt werden können.

4.4 Die ursprüngliche Konzeption des Systems

In Anlehnung an den Teil 3 werden nachstehend die einzelnen Regularien und Instrumente hinsichtlich ihrer Akzeptanz analysiert, wobei die Untersuchung sich hier nur auf die konzeptionellen Maßnahmen bezieht, die bis zum erstmaligen Einsatz des vollständigen Systems, also bis Anfang 1997, umgesetzt wurden. Alle Maßnahmen, die erst in den Folgejahren Gültigkeit erlangten, werden als Systemveränderungen verstanden und unter Punkt 4.5 behandelt.

4.4.1 Geltungsbereich

Bezüglich des Geltungsbereichs wurde im Zusammenhang mit der Strategie vorgeschlagen, grundsätzlich alle Mitarbeiter an einem einheitlichen Grundsystem teilhaben zu lassen. Hinsichtlich des Beispiels lässt sich dazu Folgendes feststellen:

- Prinzipiell ist das Vergütungssystem mittlerweile[17] für alle inländischen Mitarbeiter von Relevanz. Dabei umfasst der horizontale Geltungsbereich das Filialgeschäft und die Zentralen Geschäftseinheiten, der vertikale Geltungsbereich schließt sowohl den Betriebs- wie den Vertriebsbereich als auch die AT- wie die Tarifmitarbeiter ein.

- Darüber hinaus fallen einzelne Mitarbeitergruppen aber auch nicht unter den Geltungsbereich bzw. ihnen werden Ausnahmen zugestanden. Nicht von ELOV erfasst werden die Mitarbeiter, welche sich in einer Ausbildungsphase befinden. Eine Ausnahme gilt für freigestellte Betriebsratsmitglieder. Die Höhe ihrer variablen Vergütung orientiert sich an dem Betrag, der durchschnittlich an die Mitarbeiter einer Einheit ausgeschüttet wird. Beide Regelungen werden unter dem Gesichtspunkt der Akzeptanz positiv beurteilt: So ermöglicht der Ausschluss von Mitarbeitern, die sich in einer Schulungsphase befinden, ihnen eine uneingeschränkte Konzentration auf ihre Ausbildungsinhalte. Des Weiteren kann die fehlende variable Zahlung mit den von der Bank getragenen Ausbildungskosten gerechtfertigt werden. Die Orientierung an einem Durchschnittssatz für Betriebsratsmitglieder sichert deren Unabhängigkeit, weil auf diese Weise auf eine Beurteilung zur Ermittlung der variablen Entgelthöhe verzichtet werden kann.

---

[17] Anfänglich war dies nicht der Fall, was im Wesentlichen mit den begrenzten Ressourcen u. der hier bevorzugten Implementierungsmethode zusammenhing. Vgl. Näheres zu Letzterem unter Punkt 4.3.2.4.

- Im Resultat wurde auf diese Weise ein einheitliches Grundsystem für fast alle Mitarbeiter geschaffen. Für einzelne Mitarbeitergruppen wurden darüber hinaus ergänzende Module eingeführt. Im Einzelnen wurde ein spezielles Bonusprogramm für Investmentbanker sowie ein Aktienoptionsplan und ein Deferred Compensation[18] Modul für Leitende Angestellte implementiert.[19]

Zusammenfassend betrachtet dürften sich aus dem Geltungsbereich keine nachhaltigen Akzeptanzschwierigkeiten ergeben haben. Wegen der zunehmenden Internationalisierung der Bank und der wachsenden Mobilität der Führungskräfte erscheint es jedoch für die zukünftige Entwicklung von Bedeutung, inwieweit es gelingt, auch die ausländischen Einheiten in das Vergütungssystem zu integrieren.

4.4.2 Instrumente

4.4.2.1 Die Stellenwert-Profil-Methode als kombiniertes Stellenbewertungsverfahren

Im Zusammenhang mit den Verfahren zur Stellenbewertung wurde es für die Akzeptanz als wesentlich erachtet, ein kombiniertes Verfahren zu verwenden, welches das Vertrauen aller Beteiligten genießt.

In der Commerzbank entschied man sich diesbezüglich für die Stellenwert-Profil-Methode der HAY-Unternehmensberatungsgruppe. Hierbei konzentrierten die Projektverantwortlichen sich auf den AT-Bereich. Eine gesonderte Bewertung der tariflich dotierten Stellen erwies sich als überflüssig, weil man sich an den Richtbeispielen des Manteltarifvertrages zu orientieren hatte und infolgedessen nur ein geringer Bewertungsspielraum verblieb. Nachstehend wird zunächst das Verfahren dargestellt, bevor im Anschluss daran dessen Beurteilung erfolgt.

Im Kern besteht die Stellenwert-Profil-Methode[20] zum einen aus einer analytischen Stellenwert-Methode zur Ermittlung einer funktionsorientierten Rangreihe und zum anderen aus einer summarischen Profil-Methode als Kontrollinstrument zur frühzeitigen Erkennung eventueller Bewertungsfehler. Ausgangspunkt des Verfahrens ist eine analytische Bewertung, die aus drei Hauptanforderungen mit insgesamt acht Bewertungsdimensionen besteht:

---

[18] Durch das Aufschieben v. Vergütungszahlungen (Deferred Compensation) lassen sich Steuerzahlungen verlagern bzw. sogar verringern. Vgl. Näheres dazu unter Punkt 3.3.7.3.

[19] Auf die einzelnen Module wird hier wegen ihres eingeschränkten Geltungsbereichs nicht näher eingegangen. Speziell zur Ausgestaltung des zuletzt angesprochenen Moduls in der Commerzbank vgl. Fritsch, W. (2000), S. 409f.

[20] Vgl. zu den folgenden Ausführungen: Schettgen, P. (1996), S. 127-131; Armstrong, M./Murlis, H. (1991), S. 474-484; Younger, W. F. (1986), S. 235-248; o.V. (1984), S. 65f.

Hauptanforderungen	Bewertungsdimensionen
1. Wissen	• Sach- und Fachwissen • Managementwissen • Wissen im Umgang mit Menschen
2. Denkleistung	• Rahmen, in dem sich das Denken vollzieht • Denkanforderungen/Art der Problemstellung
3. Verantwortungswert	• Handlungsfreiheit • Einfluss auf Ergebnisse • Größenordnung der Ergebnisse

Abb. 24: Hauptanforderungen und deren Bewertungsdimensionen im HAY-System[21]

Jede zu bewertende Position wird auf obige Kriterien untersucht, wobei den Einzelnen zur Operationalisierung dafür verschiedene Ausprägungsgrade zugeordnet werden. Dadurch kommt es für jede Hauptanforderung zu einer zwei- bzw. dreidimensionalen Matrix – von HAY als Guide-chart – bezeichnet, welche die Zuordnung von Bewertungspunkten ermöglicht (vgl. dazu die Abb. 25). Die Zahlenfelder der Matrizen nehmen dabei vertikal und horizontal proportional um 15% zu, um eine ausreichende Abstufung bei der Wahrnehmung der Bewertungsdimensionen zu gewährleisten.[22] Aus der Summe der drei Hauptanforderungen ergibt sich der Stellenwert einer Position.

Zunächst unabhängig vom Stellenwert erfolgt mit Hilfe der summarischen Profil-Methode eine Einstufung der zu bewertenden Positionen in neun mögliche Stellentypen. Im Mittelpunkt des Interesses steht bei der Festlegung der Stellentypen das Verhältnis von Verantwortung zu Denkleistung. Je nachdem, ob es sich um eine Stelle handelt, bei der mehr die Verantwortung oder die Denkleistung im Vordergrund steht, spricht man von einem V- oder D-Profil. Auf diese Weise werden die Charakteristika einer Stelle summarisch eingeschätzt. Letztlich werden die daraus resultierenden Profile mit den Stellenwerten verglichen, wodurch es zu einer Überprüfung der analytischen Bewertungsergebnisse kommt.

Die Beurteilung des Stellenwertes sowie des Profils erfolgt hierbei durch ein Bewertungskomitee, dessen Mitglieder neben einem HAY-Berater aus verschiedenen Linien und Stäben sowie aus verschiedenen Organisationsebenen kommen, um dadurch subjektive Momente so weit wie möglich ausschalten zu können und einen Gesamtüberblick über das Unternehmen zu erhalten.

---

[21] Vgl. Erdmann, U. (1991), S. 55f.

[22] Die Einführung dieses „Schrittkonzepts" begründet HAY mit Forschungsergebnissen aus der Sinnesphysiologie, die darauf hindeuten, dass die menschliche Wahrnehmung quantitative u. qualitative Unterschiede immer nur relativ zu einer Bezugsgröße, d. h. mit dem Überschreiten einer merklichen Schwelle, erkennen kann (Weber-Fechner'sches Gesetz). Vgl. Younger, W. F. (1986), S. 237.

	•• MANAGEMENT WISSEN ANFORDERUNG					
	BEGRENZT			HOMOGEN		
••• Umgang mit Menschen	1	2	3	1	2	3
GRUNDKENNTNISSE	50 57 66	57 66 76	66 76 87	66 76 87	76 87 100	87 100 115
FACHLICHE GRUND-KENNTNISSE	66 76 87	76 87 100	87 100 115	87 100 115	100 115 132	115 132 152
FACHKENNTNISSE	87 100 115	100 115 132	115 132 152	115 132 152	132 152 175	152 175 200
FORTGESCHRITTENE FACHKENNTNISSE	115 132 152	132 152 175	152 175 200	152 175 200	175 200 230	200 230 264
GRUNDLEGENDE SPEZIELLE ODER WISSENSCHAFTLICHE KENNTNISSE	152 175 200	175 200 230	200 230 264	200 230 264	230 264 304	264 304 350
AUSGEREIFTE SPE-ZIELLE ODER WIS-SENSCHAFTLICHE KENNTNISSE	200 230 264	230 264 304	264 304 350	264 304 350	304 350 400	350 400 460
BEHERRSCHUNG VON SPEZIALGEBIETEN	264 304 350	304 350 400	350 400 460	350 400 460	400 460 528	460 528 608
ANERKANNTE AUTO-RITÄT	350 400 460	400 460 528	460 528 608	460 528 608	528 608 700	608 700 800

• Grundkenntnisse und praktische Vorgehensweisen; Spezielle Techniken; Wissenschaftliche Grundlagen und Theorien;

Zunahme in 15% - Schritten

Abb. 25: Ausschnitt aus der Bewertungsmatrix für die Hauptanforderung „Wissen"[23]

Als positiv ist an dieser Methode herauszustellen, dass für ihre Anwendung nicht alle Stellen im Unternehmen, sondern nur Schlüsselstellen, die in ihrer Gesamtheit die Stellenstruktur eines Unternehmens abdecken, bewertet werden brauchen.[24] Auf diese Weise verringert sich der Erhebungsaufwand und die Wirtschaftlichkeit des Systems wird tendenziell erhöht. Der „unschätzbare"[25] Vorteil auch gegenüber ver-

[23] Vgl. Bechinie, E./Graf, L. (1979), S. 330.

[24] Über eine Typenzuordnung lassen sich 50-70% der Stellen erfassen, so dass nur bei den verbleibenden Stellen eine Einzelbewertung notwendig ist. Vgl. Torka, W. (1999), S. 376.

[25] Cisek, G. (1997), S. 209.

gleichbar strukturierten Bewertungsverfahren liegt jedoch in seiner weiten Verbreitung, insofern, als es sich hierbei um die bekannteste und international am weitesten verbreitete Methode zur Stellenbewertung handelt.[26] Speziell in der Bankbranche findet sie nicht nur hier Verwendung, sondern ebenso in zahlreichen anderen Kreditinstituten.[27] Dadurch lassen sich zum einen Stellenwerte nicht nur intern sondern ebenso extern aufgrund der immer ähnlich verwendeten Systematik vergleichen, was die Möglichkeit eröffnet, nicht nur der Anforderungsgerechtigkeit sondern auch der Marktgerechtigkeit zu entsprechen.[28] Zum anderen wird damit möglichen Systemgegnern die Argumentationsgrundlage entzogen, wenn sie behaupten, dass das System für das eigene Unternehmen ungeeignet sei.[29]

Vor allem der letzte Punkt spielt für die Mitarbeiterakzeptanz eine entscheidende Rolle, da sie nicht vom System als Solches, sondern vom Gefühl der Glaubwürdigkeit beeinflusst wird. Dies wird verständlich, wenn man sich vor Augen führt, dass obwohl die Stellenwert-Profil-Methode in vieler Hinsicht ein exaktes und plausibles Vorgehen demonstriert (Weber-Fechner´sches Grundgesetz[30], gleichbleibende Systematik), die Objektivität, Reliabilität und Validität des Verfahrens genauso wie bei allen anderen Methoden noch nicht bewiesen werden konnte.[31] Nicht umsonst sieht sich die HAY-Systematik dem Vorwurf der „Pseudo-Wissenschaftlichkeit" ausgesetzt, die sich an bereits bestehenden Gehaltsstrukturen orientiert und diese zementiert.[32] Der besondere Vorteil im Hinblick auf die Mitarbeiterakzeptanz ergibt sich deshalb auch nicht aus der wissenschaftlichen Fundierung der Methode, seiner Präzision oder seiner Verständlichkeit, sondern aus dem Glauben daran, dass dadurch der Wert der Arbeit gerecht ermittelt werden kann.[33] Dazu tragen einerseits Rituale wie z.B. die Einberufung eines Bewertungskomitees als Signal der Objektivität, andererseits aber auch der große Verbreitungsgrad der Methode bei. Letzterer führt zu einer Legitimation des Verfahrens und schützt es vor Kritik.

Diese auf den ersten Blick in seinen Auswirkungen unbefriedigend erscheinende Beurteilung der Methode – sie wird akzeptiert, obwohl sie wissenschaftlich nicht gerechtfertigt ist – sollte hierbei nicht verurteilt werden, denn solange der Wert der Arbeit nicht gerecht ermittelt werden kann, sind pragmatische Lösungen notwendig.[34] Dass sie dadurch u.U. zur Festigung bestehender Entgeltstrukturen beiträgt, sollte der Methode ebenfalls nicht angelastet werden, da die Strukturen in der Regel nicht willkürlich entstanden sind, sondern sich im Laufe der Zeit aus den betrieblichen Gegebenheiten herausgebildet haben und somit in der Regel Ausdruck eines gesellschaftlichen Konsens sind.[35] Insofern bestehen zum Einsatz dieser Methode keine

---

[26] Vgl. zu dieser Einschätzung z.B. Cisek, G. (1997), S. 208; Schettgen, P. (1996), S. 127.

[27] Gemäß einer telefonischen Auskunft der HAY-Unternehmensberatung vom 28.08.00 gegen 16.30 Uhr (Gesprächspartner: Herrn Nitschke) beruht etwa die Stellenbewertung der Hypovereinsbank, der BfG-Bank, der Industriekreditbank, der Hamburgischen Landesbank u. der Landesbank Württemberg auf diesem Verfahren.

[28] Vgl. o.V. (1984), S. 65.

[29] Vgl. Cisek, G. (1997), S. 209.

[30] Vgl. dazu die Ausführungen in der Fußn. Nr. 22.

[31] Vgl. Schettgen, P.(1996), S. 135.

[32] Vgl. Bisani, F. (1995), S. 448.

[33] Vgl. zu dieser Auffassung u. seiner nachstehenden Begründung: Schettgen, P. (1996), S. 135f.

[34] Vgl. zu dieser Meinung: Cisek, G. (1997), S. 202 u. Bisani, F. (1995), S. 448.

[35] Vgl. Bisani, F. (1995), S. 448.

Bedenken; entscheidend ist vielmehr, dass durch sie ein großes Maß an Akzeptanz erzielt werden kann.

Letzteres bestätigte sich ebenfalls für die Commerzbank, insofern, als damit ein kombiniertes Verfahren verwendet wurde, dem die Beteiligten das notwendige Vertrauen entgegenbrachten. Dies spiegelte sich darin wieder, dass gegenüber dem Verfahren nur wenig Kritik geäußert wurde, obgleich partiell über die konkrete Wertigkeit einiger Stellen unterschiedliche Auffassungen bestanden.

4.4.2.2 Die Ausgestaltung des merkmalsorientierten Beurteilungsverfahrens

Im Zuge der Diskussion bezüglich merkmalsorientierter Beurteilungsverfahren wurden unter Punkt 3.2.2.1 Anregungen für eine akzeptanzgerechte Ausgestaltung gegeben. In diesem Zusammenhang wurde etwa vorgeschlagen, einige wenige, möglichst klar voneinander abgegrenzte Beurteilungsmerkmale zu verwenden.[36]

Hinsichtlich des Fallbeispiels lässt sich dazu feststellen, dass bei der Gestaltung ein Großteil der im Teil 3 vorgeschlagenen Maßnahmen berücksichtigt wurde. Beispielsweise wurden bewusst lediglich vier bzw. für Führungskräfte fünf Beurteilungskriterien[37] ausgewählt, die sich unmittelbar auf das Leistungsergebnis und das Leistungsverhalten des Einzelnen anstatt auf dessen Persönlichkeitsmerkmale bezogen. Darüber hinaus war die Beurteilungsskala mit vier Stufen relativ niedrig.

Dennoch wurde das Verfahren vor allem in der dazugehörigen Schulung von Führungskräften und Mitarbeitern bemängelt. Dies lag zum Teil an den allgemeinen Schwächen von merkmalsorientierten Verfahren. Beispielsweise zeigte sich, dass trotz eindeutiger Definitionen zwischen den Kriterien „Aufgabenerfüllung“, „Arbeitsqualität“ und „Arbeitsquantität“ Abgrenzungsprobleme verblieben. Hinzu kam, dass die Systemverantwortlichen hinsichtlich der Leistungsstufen von falschen Voraussetzungen ausgingen und sie unglücklich bezeichnet wurden. So erwies sich die Annahme, mit einer geraden Beurteilungsskala die Führungskräfte zu einer Tendenzbeurteilung in Richtung positiver oder negativer Leistung bewegen zu können, als Trugschluss.[38] Bei der Benennung der Stufen musste festgestellt werden, dass die Bezeichnungen „Grenz-Leistung“, „Basis-Leistung“, „Voll-Leistung“ und „Top-Leistung“ zwar markant und einprägsam gewählt wurden, im Gegensatz zum intendierten Begriffsverständnis darunter jedoch etwas anderes verstanden wurde.[39] So assoziierten die Mitarbeiter mit einer Basis-Leistung nicht eine befriedigende sondern lediglich eine ausreichende und infolgedessen nicht erstrebenswerte Leistung.

---

36 Vgl. zu weiteren Vorschlägen die Ausführungen unter Punkt 3.2.2.1.

37 Anfangs handelte es sich um die Kriterien „Aufgabenerfüllung“, „Arbeitsqualität“, „Arbeitsquantität“, „ergebnisorientierte Zusammenarbeit“ sowie bei Führungskräften zusätzlich die „Führungsleistung“.

38 Vgl. allgemein zu den Vor- u. Nachteilen einer geraden bzw. ungeraden Zahl v. Stufen: Cisek, G. (1997), S. 216-218; Lattmann, C. (1994), S. 18.

39 Vgl. zur allgemeinen Problematik eines nicht immer absehbaren, unterschiedlichen Stufenverständnisses u. deren Folgen: Becker, F. G. (1998), S. 353; Zander, E. (1990), S. 207.

Faktisch kam es u.a. deshalb zu einer Einengung des Beurteilungsspektrums auf die Top- und die Voll-Leistung. Das wiederum war zu kritisieren, weil dadurch eine ausreichende Leistungsdifferenzierung und infolge des begrenzten Budgets auch eine hinreichende Honorierung überdurchschnittlicher Leistung nicht mehr gegeben war.[40]

Insgesamt gesehen konnte aus Sicht der Akzeptanz eine optimale Ausgestaltung des Verfahrens nicht erreicht werden. Deshalb ist es nicht verwunderlich, dass ein Schwerpunkt in der Kontroll- und Anpassungsphase auf der Verbesserung des Verfahrens lag.[41]

4.4.2.3 Die Ausgestaltung des zielorientierten Beurteilungsverfahrens

Zur Sicherstellung und Förderung der Akzeptanz wurde hinsichtlich des zielorientierten Verfahrens die Beachtung der MbO-Struktur herausgestellt. Über diese Struktur hinaus wurde es als wichtig erachtet, dass auch der Prozess an sich akzeptanzgerecht ausgestaltet wird. Für die Zielsetzungsphase wurde etwa hervorgehoben, dass Ziele partizipativ zu vereinbaren sein. Für die Phase der Leistungsbeurteilung wurde gefordert, dass Ziele nicht nur rechnerisch ermittelt, sondern gewertet werden.[42]

Vergleicht man die im Teil 3 geforderte Struktur des Verfahrens mit der in der Commerzbank, lassen sich keine wesentlichen Unterschiede feststellen, denn die zwei Phasen mit den jeweiligen Schritten finden sich ebenfalls im Fallbeispiel. Darüber hinaus wurden auch die allgemeinen Gestaltungshinweise seitens der Systemverantwortlichen bis auf den Teamzielgedanken[43] berücksichtigt. In der Kommunikation mit den Mitarbeitern wurde bezüglich der Setzung von Zielen etwa betont, dass Ziele partizipativ zu vereinbaren sein, dass sie realistisch zu formulieren und nicht einfach rigide „herunterzubrechen“ sein. Hinsichtlich der Phase der Leistungsbeurteilung wurde ausdrücklich auf die Möglichkeit der Wertung und auf die Bedeutung des Gesprächs zwischen Mitarbeitern und Vorgesetztem hingewiesen.

Ungeachtet dessen wurde das Verfahren vor allem von Seiten der Mitarbeiter heftig kritisiert. Hauptgrund dafür war, dass das Verfahren nicht immer so angewendet wurde, wie es gedacht war. So empfanden die Mitarbeiter das Setzen von Zielen teilweise eher als Vorgabe und nicht als Vereinbarung oder bezeichneten die mit ihnen vereinbarten Ziele als unrealistisch. Obgleich die meisten Ziele nach Ablauf des Geschäftsjahres von den Mitarbeitern erfüllt werden konnten,[44] begünstigte beides eine anfängliche negative Grundeinstellung gegenüber dem Verfahren und dem System als Ganzen. Verstärkt wurde dies dadurch, dass einige Führungskräfte tat-

---

40 Vgl. Weiteres dazu unter Punkt 4.5.

41 Vgl. dazu die Ausführungen unter Punkt 4.5.1.1.

42 Zu weiteren, beachtenswerten Gestaltungshinweisen vgl. die Ausführungen unter Punkt 3.2.2.2.

43 Er wurde erst im Rahmen der Kontroll- u. Anpassungsphase hinreichend berücksichtigt. Vgl. dazu die Ausführungen unter Punkt 4.5.1.2 a).

44 Dies ergab sich aus einer internen Untersuchung, in der 300 Zielvereinbarungen aus dem Jahre 1998 mit den dazugehörigen Zielerreichungen nach einem Jahr verglichen wurden. Gestützt wurden die Ergebnisse durch die bankweit hohe Anzahl guter Beurteilungsergebnisse.

sächlich ihre Ziele an die von ihnen zu führenden Mitarbeiter weitergaben, ohne deren jeweilige individuelle Situation zu berücksichtigen. Hinzu kam, dass einige Mitarbeiter in der Beurteilungsphase eine Wertung ihres erreichten Zielausmaßes sowie ein ausführliches Beurteilungsgespräch vermissten.

Als zentrale Ursache für die nicht beabsichtigte Anwendung wurde von den Systemverantwortlichen eine anfängliche Überforderung der Führungskräfte mit dem Verfahren identifiziert. Als Indiz dafür können fehlende Zielvereinbarungsgespräche wie das unreflektierte Weitergeben von Zielen gelten. Der Grund für diese Überforderung ist nach Ansicht der Systemverantwortlichen darin zu sehen, dass das zielorientierte Verfahren einen kooperativen Führungsstil verlangt, der sich in der Commerzbank – genauso wie in anderen Instituten – noch nicht vollkommen durchgesetzt hat.[45] Folgt man dieser Einschätzung könnten die daraus resultierenden Akzeptanzschwierigkeiten als ein Problem aufgefasst werden, welches aus der mangelnden Konformität zwischen System und Organisation resultierte.[46] Obgleich es damit absehbar war, war es vor dem Hintergrund der Bedeutung des Verfahrens für die Bank gleichfalls unvermeidbar. Insofern kann es als ein Beispiel dafür gelten, dass nicht alle akzeptanzrelevanten Faktoren angemessen berücksichtigt werden können.[47]

Des Weiteren wurde der adäquate Umgang mit dem Verfahren dadurch erschwert, dass den Führungskräften anlässlich enger Terminvorgaben bedingt durch den aufwendigen Prozessablauf mitunter zu wenig Zeit blieb, ausführliche Beurteilungsgespräche zu führen oder sich über sinnvolle Ziele für jeden Mitarbeiter Gedanken zu machen.

Insgesamt betrachtet wurde das zielorientierte Verfahren im Wesentlichen akzeptanzgerecht gestaltet. Die sich ergebenden Akzeptanzschwierigkeiten waren vermutlich eine Folge der mangelnden Übereinstimmung zwischen dem Verfahren und der Organisation, genauer dem Führungsstil. Als Reaktion auf die obige Kritik wurden in der Commerzbank im Rahmen der Kontroll- und Anpassungsphase zahlreiche Verfahrensänderungen eingeleitet und umgesetzt.[48] Unmittelbares Ziel war es in diesem Zusammenhang, eine bankweit einheitliche Anwendung im Sinne der Planung sicherzustellen sowie die Führungskräfte durch Verfahrensvereinfachungen bei der Anwendung des Verfahrens zu unterstützen. Mittelbar sollte auf diese Weise die Akzeptanz des zielorientierten Verfahrens verbessert und der kooperative Führungsstil forciert werden.

4.4.2.4 Die Kombination beider Beurteilungsverfahren

Damit sowohl die Gesamtaufgabenerfüllung wie die Zielerreichungen eines Mitarbeiters bei der variablen Vergütung berücksichtigt werden können, wurde unter Punkt 3.2.2.3 eine Kombination beider Beurteilungsverfahren befürwortet.

---

45 Als Beleg dafür wird die häufig gemachte Erfahrung v. Trainern angeführt, die in Führungskräfteseminaren immer noch autoritäre Verhaltensweisen beobachten.

46 Vgl. Näheres dazu im Rahmen des Akzeptanzmodells unter Punkt 2.2.2.2.

47 Vgl. zu diesem Aspekt die Diskussion unter Punkt 2.3.5.2.

48 Vgl. hierzu die Ausführungen unter Punkt 4.5.1.2.

Für die Commerzbank lässt sich dazu grundsätzlich feststellen, dass für die Höhe der Gesamtvergütung in der Commerzbank sowohl merkmals- wie zielorientierte Kriterien relevant sein können, aber beide nicht zwingend von Belang sein brauchen. Das liegt daran, dass entgegen dem Vorschlag von Cisek beide Kriterienarten nicht in einer Beurteilung erfasst werden,[49] sondern dass in Abhängigkeit von der Vergütungsform entweder die Ergebnisse der merkmals- oder der zielorientierten Beurteilung zum Tragen kommen können.

Da die Höhe der Gesamtvergütung im AT-Bereich von der Tantieme sowie vom Grundgehalt einschließlich seiner jährlichen Anpassungen geprägt wird,[50] bedeutet dies für die außertariflich bezahlten Mitarbeiter, dass für sie beide Kriterienarten von Bedeutung sind und es somit zu einer Kombination beider kommt. Üblicherweise wird die Höhe der Tantieme vom Zielerreichungsgrad beeinflusst, während die jährliche Anpassung des Grundgehalts vom Resultat der merkmalsorientierten Beurteilung abhängig ist. Im Gegensatz dazu wird der Leistungsbonus im Tarif, der als variable Vergütungsform in der Commerzbank das als fix anzusehende Tarifgehalt ergänzt, entweder von der merkmals- oder der zielorientierten Beurteilung beeinflusst, je nachdem ob der Mitarbeiter im Betrieb oder im Vertrieb zum Einsatz kommt.

Obgleich von Seiten der Tarifmitarbeiter bezüglich der einseitigen Verwendung keine Kritik geäußert wurde, zeigte sich hinsichtlich der Trennung der Verfahren, dass die parallele Anwendung beider das Verständnis des System erschwerte, weil den Mitarbeitern nicht auf Anhieb klar war, welches Verfahren für welche Vergütungsform und für welche Positionen (Vertrieb oder Betrieb) anzuwenden war. So bezogen sich ein Teil der an die Personalbetreuer gerichteten Fragen genau auf diesen Komplex. Außerdem erfordert das analoge Anwenden der beiden Verfahren beim Leistungsbonus dasselbe Anforderungsniveau. Da die aufgeführten Schwierigkeiten mit Hilfe einer Beurteilung, in der beide Kriterien erfasst werden, von vornherein umgangen werden können, sollte bei neu einzuführenden Systemen dem Vorschlag von Cisek gefolgt werden.

4.4.3 Die Verknüpfung von individueller Leistung und variabler Vergütung

Aus Sicht der Akzeptanz wurden allgemein hinsichtlich der Verknüpfung von individueller Leistung und variabler Vergütung zwei Punkte als bedeutsam herausgestellt:[51] Zum einen sollten Teile des Regelwerks wie etwa die Gehaltsbänder oder die Höhe des Budgets regelmäßig überprüft werden, zum anderen sollte das Regelwerk in seiner Gänze offengelegt werden.

Der erste Aspekt kann in der Commerzbank als uneingeschränkt erfüllt gelten, denn das Vergütungsniveau wird nicht nur jährlich unter Hinzuziehung von Vergütungsvergleichen auf seine Marktgerechtigkeit hin analysiert, sondern es wurden für außertariflich bezahlte Mitarbeiter sogar regelmäßige Grundgehaltsanpassungen in-

---

[49] Vgl. Näheres zu diesem Aspekt unter Punkt 3.2.2.3.

[50] Vgl. zur Ausgestaltung der unterschiedlichen Vergütungsformen die Ausführungen unter Punkt 4.4.3.5.

[51] Vgl. allgemein zu den beiden Aspekten die Erläuterungen unter Punkt 3.3.

stitutionalisiert.[52] Für den zweiten Punkt lässt sich das in diesem Ausmaß allerdings nicht konstatieren, denn obwohl erstmals Gehaltsbänder veröffentlicht und allgemeine Budgetveränderungen kommuniziert wurden, sind den Mitarbeitern etwa die für ihre Tantiemen relevanten Anpassungssätze nicht mitgeteilt worden.[53] Obgleich deshalb aus Gründen der Motivation, der Transparenz und des Vertrauens in das System eher eine weitere Veröffentlichung derartiger Daten zu empfehlen ist, wurde zeitweise im Gegensatz hierzu über eine zukünftig restriktivere Informationspolitik nachgedacht. Auslöser dieser Überlegungen war die Kritik einiger Führungskräfte, die bemängelten, dass die Bekanntgabe der Bandbreiten zu Begehrlichkeiten geführt habe, insofern, als dass vereinzelt Mitarbeiter nicht verstehen würden, weshalb sie bei guter Leistung nicht unverzüglich das höchste Gehalt ihres Bandes erzielen konnten. Hierbei handelte es sich jedoch weniger um ein Problem der Geheimhaltung, als um eines des Systemverständnisses, da von diesen Mitarbeitern die Bandbreiten nicht als Orientierungswerte begriffen wurden.

4.4.3.1 Die Relation zwischen fixen und variablen Vergütungsbestandteilen

In Bezug auf die Relation der beiden Vergütungsbestandteile erwies sich im Hinblick auf die Akzeptanz eine Ausweitung des variablen Anteils mit zunehmender Hierarchiestufe am zweckmäßigsten, weil auf diese Weise gleichermaßen eine Leistungsstimulation auf höheren wie auch der Erhalt des Existenzminimums auf unteren Hierarchieebenen gewährleistet ist.[54]

Zur Beurteilung des Verhältnisses in der Commerzbank wird zunächst auf den AT-Bereich eingegangen. Er setzt sich aus 9 Funktionsgruppen zusammen, wobei in der Gruppe 1 die Positionen mit den höchsten Punktwerten zusammengefasst sind, während dementsprechend in der tarifnahen Gruppe 9 die mit den geringsten Punktwerten vorzufinden sind.

Bezüglich der Relation lässt sich aus der Abb. 26 erkennen, dass im AT-Bereich mit zunehmender Hierarchiestufe der variable Gehaltsanteil, also die Leistungstantieme, am Gesamtgehalt von 4% auf 39% zunimmt. Dementsprechend verringert sich der Anteil des fixen Gehalts, welches sich aus dem Grundgehalt sowie der Grundtantieme zusammensetzt. Letztere wird den Mitarbeitern entgegen dem gewöhnlichen Charakter einer Tantieme als variable Erfolgsbeteiligung vertraglich garantiert, um das aus der Leistungstantieme resultierende Risiko der Mitarbeiter zu begrenzen. Äußeres Zeichen dessen ist, dass mit zunehmendem Anteil der Leistungstantieme in der Regel gleichfalls der Anteil der Grundtantieme geringfügig zunimmt. Zudem dient die Grundtantieme im tarifnahen Bereich dazu, auch bei vorübergehend unbefriedigender Leistung einen spürbaren Abstand zum Tarifbereich sicherzustellen. Aus diesem Grund übersteigt auf den unteren zwei Hierarchieebenen der Anteil der Grundtantieme den der Leistungstantieme.

---

[52] Für Tarifmitarbeiter ist dies nicht notwendig, da mit dem Abschluss eines neuen Tarifvertrages automatisch die Tarifgehälter anzupassen sind.

[53] Vgl. bezüglich Letzterem auch die Kritik an der für die Tantiemen relevanten Vergütungsfunktion unter Punkt 4.4.3.4 a).

[54] Vgl. Näheres hierzu unter Punkt 3.3.1.

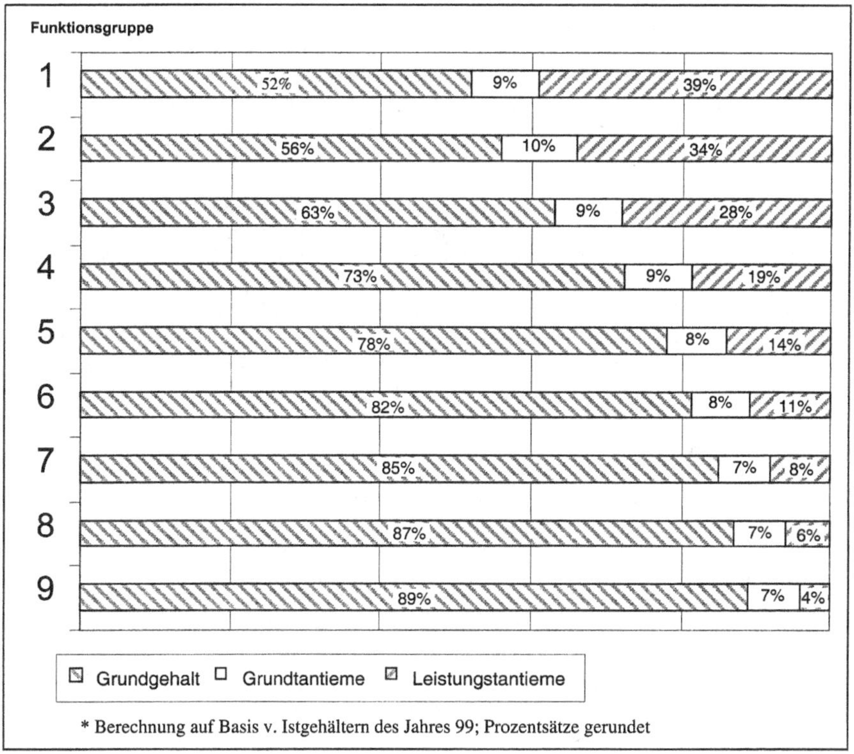

Abb. 26: Zusammensetzung der Gesamtvergütung für die einzelnen Funktionsgruppen des AT-Bereichs

Beurteilt man die Leistungstantieme nach der Höhe ihres relativen Anteils, erscheint es offensichtlich, dass von ihr allenfalls auf den oberen Hierarchieebenen eine motivierende Wirkung ausgehen dürfte. Dies gilt vor allem auch deshalb, weil die Leistungstantieme beim Systemstart infolge der bisherigen betrieblichen Übung streng genommen nicht als vollkommen variabel bezeichnet werden konnte. Ein Großteil von ihr wurde zunächst nämlich bestands- und nicht leistungsorientiert gezahlt. Insbesondere bei den leistungsstarken, jungen Führungskräften auf den unteren Hierarchieebenen führte dies teilweise zu Unmut, weil die Erhöhung der Tantieme ihrer Auffassung nach in keinem Verhältnis zu ihrer Leistung stand.

Im Unterschied zum AT-Bereich kommt es im Tarifbereich bei höherwertigen Tarifgruppen nicht zu einer Zunahme des variablen Gehaltsanteils. Stattdessen bleibt er in der Regel konstant, obwohl der Leistungsbonus absolut gesehen zwischen 1.000 DM und 5.000 DM variieren kann. Realisiert wird dies mit einer Vergütungsfunktion, welche die Höhe der Leistungsboni ins Verhältnis zu den Tarifgehältern setzt.[55] Genau das ist jedoch aus Sicht der Akzeptanz zu bemängeln, weil es auf diese Weise eben nicht zu einer Ausweitung des variablen Gehaltsanteils mit steigendem Tarifgehalt kommt. Von daher ist es auch verständlich, weshalb besonders die Mitarbeiter mit hohen Tarifgehältern ähnlich wie im AT-Bereich das absolute Ausmaß der Leistungsboni hinsichtlich ihrer Belohnungswirkung in Frage stellten.

Zusammenfassend betrachtet ist aus dem Blickwinkel der Akzeptanz deshalb sowohl im AT- wie im Tarifbereich eine Ausdehnung des variablen Anteils anzustreben. In diesem Sinne ist es zu begrüßen, dass man sich seitens der Systemverantwortlichen für eine zügige Ausweitung des ergebnis- und leistungsorientierten Anteils an der Leistungstantieme entschlossen hat. Da der geltende Manteltarifvertrag eine variable Vergütung nicht vorsieht, werden im Gegensatz dazu die Möglichkeiten für die Gewährung von höheren Leistungsboni im Tarifbereich als gering eingeschätzt. Eine Erhöhung der Leistungsboni würde deshalb zu weiteren Personalaufwendungen führen, was letztlich die Wirtschaftlichkeit des Systems gefährden könnte.

4.4.3.2 Die Ausgestaltung der Gehaltsbandbreiten

In Übereinstimmung mit der beschriebenen Vorgehensweise unter Punkt 3.3.2 wurden im Rahmen von ELOV für die neun Funktionsgruppen des AT-Bereichs[56] jeweils Gehaltsbänder entwickelt. Im Unterschied dazu wurden pro Funktionsgruppe allerdings sowohl ein Gehaltsband für die Tantiemen als auch für die Grundgehälter implementiert. Intention war es, nicht nur die Tantiemen variabler zu gestalten, sondern darüber hinaus zusätzlich die jährliche Anpassung der Grundgehälter systematisch mit der individuellen Mitarbeiterleistung zu verknüpfen.

Vergleicht man in diesem Zusammenhang den Aufbau der beiden Gehaltsbandarten in der Abb. 27 miteinander, lassen sich zunächst Gemeinsamkeiten feststellen, denn zum einen wächst mit zunehmender Funktionsgruppe der Spielraum für Leistungstantieme- bzw. Grundgehaltsveränderungen,[57] zum anderen sind sowohl die Tantieme- wie die Grundgehaltsbänder in Zonen unterteilt worden.[58] Dennoch greift ein solcher Vergleich inhaltlich zu kurz, da den Gehaltsbändern unterschiedliche Vergütungsformen zugrunde liegen. Im Gegensatz zur variabel konstruierten Leistungstantieme handelt es sich beim Grundgehalt im engeren Sinne nämlich weiterhin um fixe Zahlungen, die nicht gekürzt werden können, sondern im Einzelfall höchstens nicht mehr angepasst werden brauchen. Im weitesten Sinne können sie jedoch auch als variabel bezeichnet werden, weil im Idealfall das mehrmalige Ausbleiben bzw. auch schon das wiederholte unterdurchschnittliche Anpassen der Grundgehälter zu einer relativen Verschlechterung gegenüber anderen Mitarbeitern führt. Aus diesem Grund wird der Anpassungsmechanismus der Grundgehälter auch weiterhin

[55] Vgl. dazu die Ausführungen unter Punkt 4.4.3.5 b).

[56] Vgl. hinsichtlich des Verzichts auf Gehaltsbänder im Tarifbereich die Argumentation unter Punkt 3.3.2.

[57] Zudem wächst bei beiden die Punktespannweite mit zunehmender Funktionsgruppe. Auf die Darstellung dieses Sachverhaltes ist jedoch in der Abb. 27 aus Gründen der Übersichtlichkeit verzichtet worden.

[58] Vgl. zum Zweck der Zoneneinteilung die Ausführungen unter Punkt 4.4.3.5.

betrachtet, zumal die Bank sich dadurch ähnlich wie mit Hilfe von variablen Vergütungsbestandteilen eine Steigerung der Leistungsmotivation erhofft.

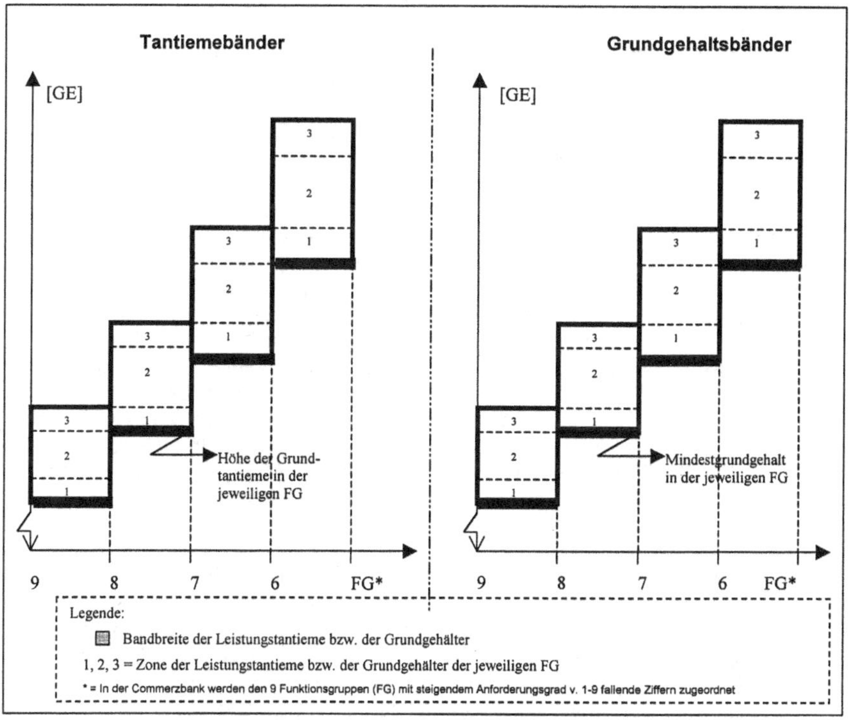

Abb. 27: Aufbau der Tantieme- und der Grundgehaltsbänder

Hinsichtlich der Akzeptanz des Vergütungssystems dürften von den Bandbreiten keine negativen Folgen ausgegangen sein, zumindest wurde diesbezüglich gegenüber den Systemverantwortlichen keine Kritik geäußert. Nach Ansicht des Verfassers erscheint es jedoch überlegenswert, ob die relativ große Anzahl von Funktionsgruppen in Verbindung mit den sich wenig überlappenden Bandbreiten vor dem Hintergrund komplexer werdender Strukturen noch zeitgemäß ist. Im Gegensatz zu den 9 Funktionsgruppen der Commerzbank kommen andere Großbanken mittlerweile mit deutlich weniger Funktionsgruppen aus. In der Deutschen Bank wurde die Anzahl der Funktionsgruppen etwa auf 4 reduziert, in der Hypovereinsbank existieren lediglich noch 5.[59]

59 Vgl. zur Anzahl in der Deutschen Bank: Svoboda, M. (1999), S. 367. Die Anzahl in der Hypovereinsbank wurde dem Verf. in einem Telefonat am 14.09.00 um 17.00 durch Herrn Kick (Leiter Compensation, Zentralbereich Personal) bestätigt.

4.4.3.3 Das Budgetvergabeverfahren

Zur Sicherstellung der Wirtschaftlichkeit des Systems wurde unter Punkt 3.3.3 empfohlen, die Budgets für die variable Vergütung im Wesentlichen top-to-down vorzugeben. Dies vor allem deshalb, weil sich im Zeitablauf die individuellen Beurteilungsergebnisse meist verbessern, ohne dass immer eine entsprechende Ergebnissteigerung der Banken vorliegt. Im Hinblick auf das Fallbeispiel wird nachstehend zunächst der Budgetierungsprozess anhand des inländischen Filialgeschäfts dargestellt. Anschließend wird analysiert, inwieweit die Budgets in diesem Zusammenhang top-to-down vergeben werden.

In einem ersten Schritt wird durch den Vorstand ein Gesamtbudget vorgegeben. In einem zweiten wird der Erfolg der 20 Gebietsfilialen der Bank ermittelt. Basis dafür ist eine Rangreihe der Gebietsfilialen untereinander. Der jeweilige Rangplatz für eine Gebietsfiliale ergibt sich in diesem Zusammenhang aus der Summe von 5 Kennzahlen[60] – in der Commerzbank als Steuerungsgrößen bezeichnet –, welche die Betriebsergebnisse der Einheiten abbilden. In einem dritten Schritt werden auf Ebene der Gebietsfiliale die zugesprochenen Töpfe auf die einzelnen Abteilungen in den Gebietsfilialen sowie den zugeordneten Regionalfilialen verteilt. Bemessungsgrundlage für die Volumen der nachgeordneten Filialen sind wiederum obige Kennzahlen, so dass beispielsweise die erfolgreichste Regionalfiliale innerhalb einer Gebietsfiliale die relativ größten Budgets erhält. In einem letzten Schritt erfolgt schließlich die individuelle Zuweisung der Tantiemen bzw. der Leistungsboni an die jeweiligen Mitarbeiter.

Insgesamt gesehen entspricht die Vorgehensweise damit im Wesentlichen dem geforderten Top-to-down-Verfahren. Aus Sicht der Akzeptanz ist jedoch an diesem Verfahren zu bemängeln, dass das Budgetvolumen der nachgeordneten Einheiten nicht direkt von ihrem Ergebnis, sondern vom Ranking der Gebietsfiliale beeinflusst wird. Die Folge war, dass es vereinzelt zu Beschwerden von Filialleitern sehr erfolgreicher regionaler Einheiten kam. Sie empfanden es als ungerecht, dass auf diese-Weise ihr Budget durch die weniger erfolgreiche Gebietsfiliale nivelliert wurde. Durch Umstellung des Verfahrens konnte dieser Schwachpunkt aber in der Kontroll- und Anpassungsphase abgestellt werden.[61]

4.4.3.4 Die Bemessungsgrundlagen und deren Zusammenstellung

Korrespondierend mit den allgemeinen Gestaltungshinweisen unter Punkt 3.3.4.1 dienen in der Commerzbank Betriebsergebnisgrößen, Zielerreichungsgrade sowie Verhaltensmerkmale als Bezugsgrößen für die Höhe der Vergütung. Dabei kommt es bei den beiden erstgenannten Größen zu Überschneidungen, insofern, als die Steuerungsgrößen[62] als maßgebliche Betriebsergebnisgrößen unmittelbar oder mittelbar

---

[60] Hierbei handelte es sich ursprünglich um folgende, gleichgewichtete Kennzahlen: Deckungsbeitrag (DEB) je Einheit Verwaltungsaufwand, Veränderung des DEB zum Vorjahr, Plan-/Ist-Abweichung des DEB´s, Netto-Ertragsbelastung zu DEB, Prozentuale Abweichung Standard-/Ist-Risikokosten.

[61] Vgl. Näheres dazu unter Punkt 4.5.2.2.

[62] Vgl. Genaueres hierzu unter Punkt 4.4.3.3.

die Grundlage für die Zielvereinbarungen bilden (vgl. dazu die Abb. 28). Unmittelbaren Einfluss gewinnen die Steuerungsgrößen in diesem Zusammenhang vor allem auf den oberen Hierarchieebenen, weil sie dort direkt als Ziele mit hoher Gewichtung definiert werden. Auf den unteren Ebenen kommt dagegen mehr ihre unmittelbare Bedeutung zum Tragen, insofern, als ein Großteil der Individualziele kaskadenförmig aus den Steuerungsgrößen abgeleitet wird.

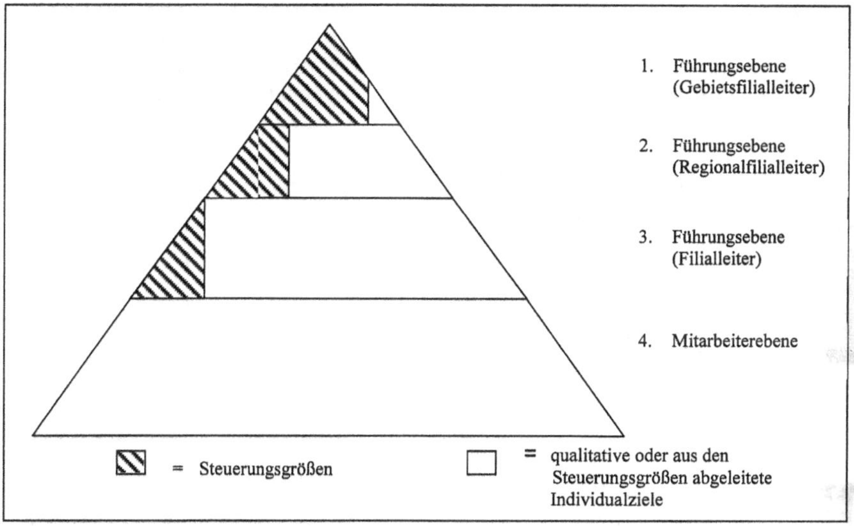

Abb. 28: Die Zielpyramide der Commerzbank

Zur Förderung erwünschter Verhaltensweisen wird vor allem auf die bereits beschriebenen Kriterien aus der merkmalsorientierten Beurteilung zurückgegriffen. Somit finden im Rahmen von ELOV grundsätzlich alle drei Bemessungsgrundlagen Verwendung. Das bedeutet allerdings nicht, dass für den einzelnen Mitarbeiter tatsächlich alle drei von Relevanz sind.[63]

4.4.3.5 Das Wesen der Vergütungsfunktionen

Hinsichtlich der Bestimmung einer akzeptanzgerechten Vergütungsfunktion wurde herausgestellt, dass diese gleichfalls transparent wie motivierend auszugestalten ist. In diesem Zusammenhang wurde ein linearer Vergütungsverlauf präferiert.[64] Dabei wurde vereinfachend davon ausgegangen, dass lediglich eine variable Vergütungsform existiert. Da jedoch im Fallbeispiel in Abhängigkeit von der Zugehörigkeit der Mitarbeiter zum AT- bzw. Tarifbereich unterschiedliche Formen zur Anwendung kommen, sind dementsprechend nicht nur eine, sondern mehrere Vergütungsfunktionen zu analysieren. Folglich werden sie nachstehend getrennt betrachtet:

---

63 Vgl. bezüglich dieser Kritik weiteres unter Punkt 4.4.2.4.

64 Vgl. dazu die Ausführungen unter Punkt 3.3.6.

a) Der Funktionsverlauf der Leistungstantieme

Hinsichtlich des Vergütungsverlaufs der Leistungstantieme lässt sich feststellen, dass dieser von der Höhe der bisherigen Tantieme sowie von dessen aktueller Leistung bestimmt wird (vgl. dazu die Abb. 29). Je nach Lage bzw. Zone im Tantiemeband wirkt sich hierbei eine Leistungssteigerung bzw. -verminderung unterschiedlich aus. Allgemein gilt, dass mit höherer Lage im Band für eine weitere Tantiemesteigerung eine immer höhere Leistung zu erbringen ist. Für einen Mitarbeiter in der Zone 3 bedeutet das etwa, dass er seine hohe Lage im Band nur über eine weiterhin gute Leistung halten kann, während ein Mitarbeiter in der Zone 1 u. U. schon mit einer befriedigenden Leistung eine Steigerung seiner Tantieme erreichen kann.

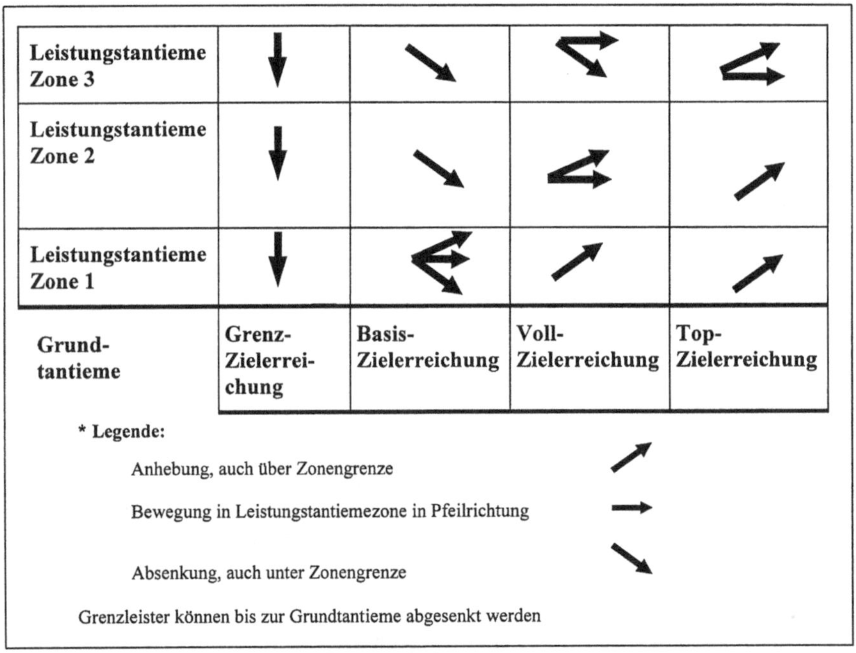

Abb. 29: Matrix zur Ermittlung der Tantiemehöhe

Da die Höhe der Leistungstantieme also von zwei Parametern beeinflusst wird, ist im Unterschied zur zweidimensionalen Abb. 22 hier eine dreidimensionale erforderlich (vgl. dazu die Abb. 30). Wie bereits oben umschrieben, zeichnet sich der Vergütungsverlauf hierbei dadurch aus, dass er progressive, lineare wie degressive Abschnitte enthält.

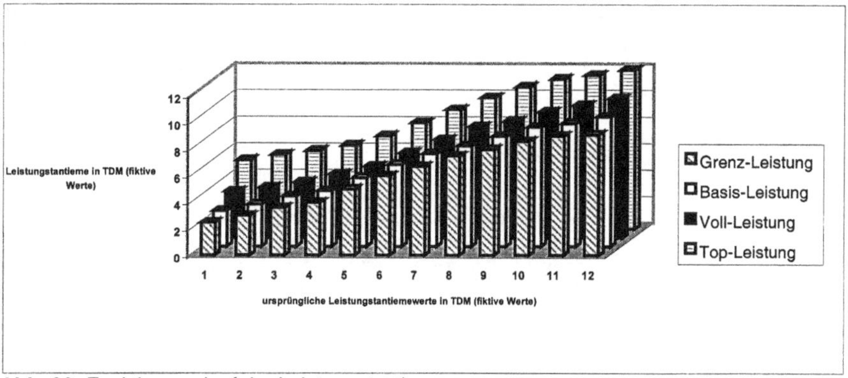

Abb. 30: Funktionsverlauf der Leistungstantieme

Der Vorteil dieses Verlaufes ist in seiner motivierenden Wirkung zu sehen, insofern, als durch ihn sowohl die leistungsschwachen wie die leistungsstarken Mitarbeiter zu einer Leistungssteigerung angeregt werden. Da darüber hinaus das jeweilige Tantiemewachstum an die bisherige Tantiemehöhe geknüpft ist, erfüllt der Verlauf zudem die Anforderung der Wirtschaftlichkeit. Dies liegt darin begründet, dass für eine sehr hohe Tantieme in der Regel mehrere Jahre hintereinander eine gute Leistung zu erbringen ist und der jährliche zusätzliche Personalaufwand auf diese Weise überschaubar bleibt. Allerdings gab diese Regelung auch Anstoß zur Kritik, denn insbesondere die jungen, leistungsstarken Mitarbeiter empfanden die Erhöhungssätze als zu gering. Letzteres war jedoch weniger ein Problem der Vergütungsfunktion, als dass das tatsächliche Beurteilungsniveau nicht dem einer Normalverteilung entsprach und somit für die wirklichen Leistungsträger zu geringe Mittel verblieben.

Aus Sicht der Akzeptanz ist an der Vergütungsfunktion vor allem deren geringe Transparenz zu bemängeln. Sie wird nicht nur von zwei Parametern beeinflusst, sondern darüber hinaus variiert der Vergütungsverlauf auch noch in Abhängigkeit von der Leistung. Verschärfend kommt hinzu, dass die Erhöhungssätze weder ex ante noch ex post den Mitarbeitern bekannt gemacht werden. Für die Mitarbeiter hat das zur Folge, dass sie nicht wissen, welche konkreten finanziellen Folgen sich aus einer Leistungssteigerung bzw. -verschlechterung für sie ergeben.

a) Der Funktionsverlauf für die Anpassung der Grundgehälter

In Übereinstimmung mit der Vergütungsfunktion der Leistungstantieme wird auch die individuelle Anpassung der Grundgehälter sowohl von der bisherigen Höhe des Gehalts wie von der persönlichen Leistung beeinflusst (vgl. dazu die Abb. 31). Zur Bestimmung des Grundgehalts wird hierbei in drei Schritten vorgegangen: Zuerst wird ausgehend von der Gehaltszone, in der sich der Mitarbeiter befindet, in Abhängigkeit von seiner Leistung der individuelle Matrixfaktor bestimmt. Dieser individuelle Faktor wird dann mit einem bankweit einheitlichen prozentualen Erhöhungsfaktor multipliziert. Der daraus resultierende individuelle prozentuale Anpassungssatz wird wiederum mit dem bisherigen Grundgehalt multipliziert. Aus dieser Verknüpfung ergibt sich schließlich ein absoluter Betrag, um den das bisherige Grundgehalt des Mitarbeiters zu erhöhen ist.

	Grenz-Leistung	Basis-Leistung	Voll-Leistung	Top-Leistung
Zone 3	E	E	0,5	1
Zone 2	E	0,5	1	1,5
Zone 1	E	1	1,5	2

E = Einzelfall

Abb. 31: Matrix zur Ermittlung der AT-Grundgehaltsanpassung

Die Vergütungsfunktion für die Anpassung der Grundgehälter ähnelt dabei nicht nur wegen seiner Bestands- und seiner Leistungsorientierung, sondern auch wegen seines analogen Verlaufs der Funktion der Leistungstantieme. Trotzdem ergeben sich zwei gravierende Unterschiede: Zum einen lässt der Anpassungsmechanismus bedingt durch die Vergütungsform beim Grundgehalt keine Gehaltskürzungen zu, während hingegen im Zusammenhang mit der Leistungstantieme bei nicht adäquater Leistung Tantiemekürzungen ausdrücklich vorgesehen sind. Zum anderen werden in der Matrix für die Grundgehälter die wesentlichen Erhöhungsfaktoren explizit vorgegeben, so dass diese Funktion als die transparentere angesehen werden kann.

b) Der Funktionsverlauf des Leistungsbonus

Korrespondierend zur Leistungstantieme wurde für die Mitarbeiter des Tarifbereichs der Leistungsbonus geschaffen. Er kann zwischen 1.000 DM und 5.000 DM betragen und jährlich neu erworben werden. Somit wird er im Vergleich zur Leistungstantieme also unabhängig davon gewährt, ob und in welcher Höhe der Mitarbeiter im Jahr zuvor bereits einen Leistungsbonus erhalten hat. Im engeren Sinne wird er deshalb auch nur von der Leistung der vorangegangen Beurteilungsperiode beeinflusst. Aus diesem Grund reicht folglich zunächst auch eine zweidimensionale Abb. aus (vgl. dazu die Abb. 32). Der Funktionsverlauf resultiert in diesem Zusammenhang daraus, dass für die Gewährung eines Leistungsbonus dem Mitarbeiter in seiner Beurteilung im Ergebnis mindestens eine gute Voll-Leistung[65] zu bescheinigen ist. Die Stufe im

[65] Der Einstufung als Voll-Leister liegt genauso wie bei den anderen Stufen unabhängig vom Beurteilungsverfahren eine Punktspannweite zugrunde, in der man eine Voll-Leistung erreicht hat. Diese liegt z.B. für die zielorientierte Beurteilung zwischen 2,5 u. 3,4 Punkten. Erst ab einer Punktzahl von 3,0 o. besser gilt man jedoch als guter Voll-Leister mit Bonusberechtigung.

weiteren Verlauf ergibt sich daraus, dass eine Top-Leistung doppelt so hoch wie eine gute Voll-Leistung honoriert wird.

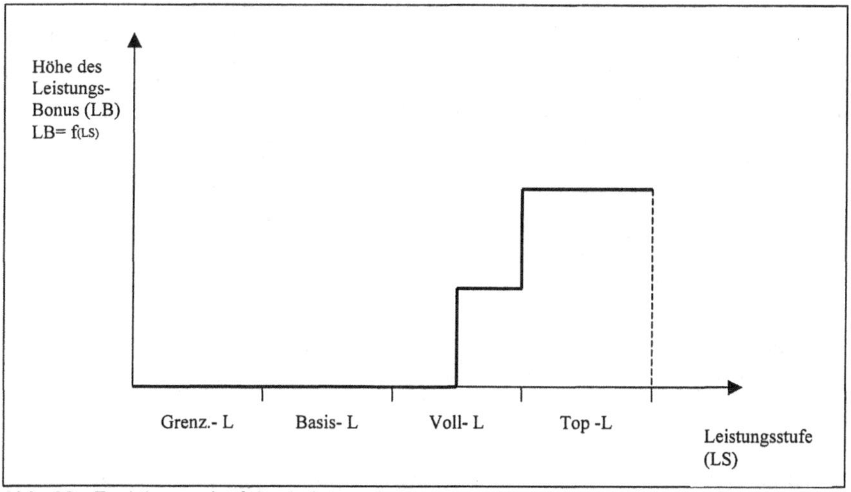

Abb. 32: Funktionsverlauf des Leistungsbonus

Mit der Vorgabe einer Mindestleistung bzw. einer unteren Leistungsgrenze soll in diesem Zusammenhang sichergestellt werden, dass nur die Leistung honoriert wird, welche nicht schon durch das Tarifgehalt abgegolten wird. Ziel der Stufenbildung ist es, die leistungsstärksten Mitarbeiter der Bank spürbar besser zu entlohnen.

Insbesondere die Belohnungswirkung der Funktion wurde jedoch von Seiten der Bonusempfänger bemängelt. Hier trifft allerdings das bereits zur Leistungstantieme Gesagte zu, insofern, als das weniger ein Problem der Funktion wie eines des guten Beurteilungsniveaus war. Zudem wurde vor allem die geringe Transparenz der Funktion kritisiert. Dies wird verständlich, wenn man sich vergegenwärtigt, dass die Bonushöhe im weiteren Sinne eben nicht nur von der Leistung, sondern auch von anderen Faktoren, wie etwa der Höhe des individuellen Tarifgehalts, der Summe aller Tarifgehälter einer Einheit oder dessen Bonusvolumen beeinflusst wird (vgl. dazu die Abb. 33). Obgleich auf diese Weise ein im Detail vergleichsweise sehr gerechtes Ermittlungsschema verwendet wurde, war es nur schwer nachzuvollziehen. Aus diesem Grund ist es in der Zwischenzeit auch vereinfacht worden.[66]

4.4.3.6 Ausschüttungsmodalitäten

Im Hinblick auf die Akzeptanz wurde bezüglich der Ausschüttungsmodalitäten unter Punkt 3.3.7 zum einen diskutiert, in welcher Form und zu welchem Zeitpunkt variable Entlohnungsbestandteile ausgezahlt werden sollten. Zum anderen wurde erörtert, weshalb und wie eine flexible Ausschüttungsgestaltung zur Steigerung der Akzep-

[66] Vgl. Näheres hierzu unter Punkt 4.5.2.2.

tanz beitragen könnte. Bezüglich des Fallbeispiels lässt sich dazu Folgendes feststellen:

- Aus Sicht der Akzeptanz sind die Formen der variablen Vergütung – im engeren Sinne der Leistungsbonus und die Tantieme – nicht zu bemängeln, da sie in Abhängigkeit von der persönlichen Leistung zur Verfügung gestellt werden. Im Tarifbereich gilt dies jedoch nicht für eine zusätzlich zum Leistungsbonus gewährte übertarifliche Sonderzahlung in Höhe eines halben Gehalts. Da sie pauschal gezahlt wird, ist eine motivierende Wirkung von ihr nicht zu erwarten. Aus diesem Grund sollte auf ihre weitere Zahlung verzichtet und stattdessen das dafür aufgewendete Budget unter Zugrundelegung eines attraktiven Chancen/Risikoprofils dem Leistungsbonusvolumen zugeschlagen werden. Im Ergebnis könnte dies zu einer Steigerung der Akzeptanz führen, zumal die absolute Höhe der Boni auf diese Weise erhöht werden könnte.

- Hinsichtlich des Ausschüttungszeitpunktes lässt sich sagen, dass sowohl die Tantieme wie der Leistungsbonus für ein Geschäftsjahr im Mai des Folgejahres ausgezahlt wird. Obgleich wegen der späten Auszahlung deshalb zwangsläufig ein Teil der Anreizwirkung verloren gehen muss, ist auf diese Weise sichergestellt, dass die Berechnung der Zahlungen auf Grundlage der endgültigen Geschäftszahlen beruht. Im Hinblick auf die Akzeptanz ist ferner positiv herauszustellen, dass die Auszahlung der beiden variablen Vergütungsformen am gleichen Termin erfolgt, so dass es zwischen den AT- und den Tarifmitarbeitern bezüglich der zeitlichen Verfügbarkeit zu einer Gleichbehandlung kommt.

- Bezogen auf die flexible Ausschüttungsgestaltung lässt sich konstatieren, dass sie zur Förderung der Systemakzeptanz geeignet ist, denn obschon in der Bank ein Cafeteria-Plan nicht zur Anwendung kommt, ist es gelungen, einen Teil der Vorzüge eines solchen Planes dennoch zu verwirklichen. So ist es etwa mit Hilfe einer individuellen, jährlichen Aufstellung sämtlicher erhaltener und ggf. bewerteter Vergütungsbestandteile möglich geworden, allen AT-Mitarbeitern den monetären Gegenwert ihrer erhaltenen Leistungen zu demonstrieren. Zur Nutzung von steuerlichen Vorteilen wird allen Mitarbeitern etwa ein Essenszuschuss gewährt, und sie erhalten die Möglichkeit, jährlich steuerfrei kursbegünstigte Belegschaftsaktien zu beziehen. Darüber hinaus steht es einem Teil der AT-Mitarbeiter offen, zusätzliche Versorgungsbausteine durch Umwandlung von Vergütungsbestandteilen zu erwerben (Deferred Compensation) und/oder an einem Aktienoptionsplan teilzunehmen. Insgesamt gesehen bilden die aufgezeigten Möglichkeiten dabei einen tragfähigen Kompromiss zwischen dem in der Realität machbaren und dem in der Theorie geforderten.

Beispiel: Für die Filiale XY steht ein Bonusvolumen von 6.000 DM zur Verfügung, das an zwei Mitarbeiter mit Top-Leistung und einen Mitarbeiter mit guter Voll-Leistung zu verteilen ist.

Schrittabfolge	Mitarbeiter 1 (Top-Leister)	Mitarbeiter 2 (Voll-Leister)	Mitarbeiter 3 (Top-Leister)	Summe
1. Ermittlung der Tarifgehälter in Abhängigkeit von Tarifgruppe und Berufsjahren	4.962 DM	5.418 DM	6.371 DM	---
2. Erfassung gewährter Übertarifzulagen (ÜT's)*	---	---	2.400 DM	---
3. Gewichtung der Gehälter*	4.962 DM	2.709 DM	6.371 DM	14.042 DM
4. Ermittlung der rechnerischen Boni (vor ÜT-Anrechnung)*	2.120 DM	1.158 DM	2.722 DM	---
5. Anrechnung der ÜT	---	---	./.2.400 DM	---
6. Verteilung der ÜT*	+ 800 DM	+ 800 DM	+ 800 DM	2.400 DM
7. Ermittlung der rechnerischen Boni (nach ÜT-Verteilung)	2.920 DM	1.958 DM	1.122 DM	6.000 DM
8. Korrektur zu Lasten der anderen Bonusbezieher (Vorgesetzter)*	./. 121 DM	+ 242 DM	./. 121 DM	---
9. auszuzahlender Leistungsbonus	2.799 DM	2.200 DM	1.001 DM	---

Erläuterungen zur Schrittabfolge*:

Zu Schritt 2: Individuelle Übertarifzulagen werden angerechnet, um eine doppelte Honorierung auszuschließen. Stattdessen erhöhen sie das Bonusvolumen der Einheit.

Zu Schritt 3: Da Top-Leistung doppelt so hoch wie Voll-Leistung honoriert werden soll, wird das Gehalt des 2. Mitarbeiters zur Hälfte, das Gehalt der anderen beiden in voller Höhe erfasst.

Zu Schritt 4: Im Rahmen dieses Schrittes wird zuerst das Bonusvolumen ins Verhältnis zum gewichteten Gehalt der Mitarbeiter gesetzt: 6.000 DM/ 14.042 DM = 0, 427

Dann wird das jeweilige Gehalt mit obigem Faktor multipliziert. Für Mitarbeiter 1 ergibt sich daraus etwa folgender Bonus: 4.962 DM x 0,427 = 2.120 DM

Folge dieses Schrittes ist, dass die Bonushöhe proportional zu Gehältern und Leistung verteilt wird.

Zu Schritt 6: 2.400 DM/ 3 Berechtigte = 800 DM pro Bonusbezieher

Zu Schritt 8: Durch die Erhöhung der Boni durch den Vorgesetzten bis maximal 500 DM zu Lasten der anderen Mitarbeiter können Bewertungsungerechtigkeiten verringert werden.

Abb. 33: Berechnungsschema für den Leistungsbonus

4.5 Systemveränderungen im Zuge der Kontroll- und Anpassungsphase

Nach der Realisation des Systems wurde zunächst überprüft, in welchem Ausmaß es von den Mitarbeitern akzeptiert wurde. Grundlage dafür bildeten die unter Punkt 4.2. angeführten Faktoren. Zumindest in der Tendenz konnte auf diese Weise ermittelt werden, in welchem Ausmaß es akzeptiert wurde.[67] Im Ergebnis zeigte sich, dass die Mehrzahl der Mitarbeiter einen stärkeren Leistungsbezug bei der Vergütung durchaus begrüßten, dass aber im Zusammenhang mit dem System Veränderungsbedarf gesehen wurde. Im Wesentlichen konzentrierte sich die Kritik dabei auf die folgenden Punkte:

- Transparenz: Das System wurde als zu undurchsichtig und als zu aufwendig empfunden.

- Belohnungswirkung: Die Höhe der jeweiligen variablen Vergütung wurde als nicht hinreichend motivierend erlebt.

- Gerechtigkeit: Infolge einer unzureichenden identischen Anwendung des Systems wurde eine fehlende Gleichbehandlung bemängelt.

Die Konsequenz daraus war, dass die Akzeptanz des Systems anfänglich nicht den Erwartungen entsprach. Eine genauere Ursachenanalyse obiger Punkte ergab des Weiteren, dass weniger die Systemkonstruktion an sich als ihre nicht konforme Anwendung dafür verantwortlich waren. So resultierte die unzureichende Belohnungswirkung vor allem aus der kontinuierlichen Verbesserung des Beurteilungsniveaus. Die Folge war, dass die Budgets auf eine größere Anzahl von Mitarbeitern zu verteilen waren, was im Ergebnis dazu führte, dass für den Einzelnen geringere Beträge zur Verfügung standen. In ähnlicher Weise galt dies ebenso für den zuletzt aufgeführten Kritikpunkt: Hier führte eine nicht systemkonforme Anwendung der Beurteilungsverfahren in Verbindung mit unterschiedlichen Leistungsvorstellungen zu Ungleichbehandlungen bei der Leistungsbeurteilung und somit auch bei der Vergütung.

Zur Verbesserung der Akzeptanz entschlossen sich die Systemverantwortlichen, das System zu vereinfachen und den konformen, einheitlichen Umgang mit ihm zu fördern. Hierbei war es ihnen wichtig, die Grundsystematik von ELOV nicht tiefgreifend zu verändern, um den Mitarbeitern in diesem Zusammenhang den Rückgriff auf bereits Vertrautes zu ermöglichen.

---

[67] Wie bereits unter Punkt 4.2 ausgeführt, wäre zur fundierteren Bestimmung der Systemakzeptanz u. zur genaueren Erfassung der Kritik an dieser Stelle die Durchführung einer Mitarbeiterbefragung lohnenswert u. nach Auffassung des Verfassers auch notwendig gewesen.

4.5.1 Modifizierungen im Rahmen der Leistungsbeurteilung

4.5.1.1 Beim merkmalsorientierten Verfahren

Wie zuvor bereits erläutert, entsprach das Beurteilungsverhalten im Ergebnis nicht dem einer Normalverteilung. Um einem weiteren Abweichen von dieser Verteilung entgegenzuwirken, wurden die Bezeichnungen und die Anzahl der Stufen verändert. Als Reaktion auf entstandene Abgrenzungsschwierigkeiten wurde darüber hinaus die Anzahl der Beurteilungsmerkmale verringert. Die eingeleiteten Maßnahmen werden im Folgenden vorgestellt und hinsichtlich ihrer Akzeptanz beurteilt.

a) Umbenennung der Stufen

Als Reaktion auf das unterschiedliche Stufenverständnis wurde von den Bezeichnungen „Top-Leistung", „Voll-Leistung" usw. Abstand genommen.[68] Stattdessen werden jene nur noch nummerisch benannt. Aus Sicht der Akzeptanz ist diese Umstellung zu begrüßen, denn sie kann zu einer Erweiterung des Beurteilungsspektrums beitragen. Ob sie jedoch zum Erfolg führt, wird u.a. davon abhängen, inwieweit sich die Mitarbeiter von den bisherigen, sehr verbreiteten Bezeichnungen lösen können.[69]

b) Veränderung der Stufenanzahl

Zusätzlich zur Umbenennung der vier Stufen wurde bei der merkmalsorientierten Beurteilung eine weitere, fünfte hinzugefügt (vgl. dazu die Abb. 34). Hierdurch wurde die vormals gerade Beurteilungsskala zu einer ungeraden. Die neu eingeführte Leistungsstufe 3 beschreibt dabei eine in jeder Hinsicht einwandfreie Leistung und sollte daher nach Auffassung der Systemverantwortlichen künftig für die Mehrzahl der Mitarbeiter in Frage kommen. Unmittelbare Intention der Skalenveränderung war es, den Führungskräften eine Leistungsmitte anzubieten, so dass eine Tendenzbeurteilung überflüssig wurde. Mittelbar erhoffte man sich dadurch eine bessere Ausnutzung des Beurteilungsspektrums.

Ursprüngliche Leistungsstufen	Neue Leistungsstufen	Umschreibung der neuen Stufen
Top-Leistung	Leistungsstufe 5	Die Aufgaben wurden in herausragender Weise übererfüllt
Voll-Leistung	Leistungsstufe 4	Die Aufgaben wurden übererfüllt
	Leistungsstufe 3	Die Aufgaben wurden erfüllt
Basis-Leistung	Leistungsstufe 2	Die Aufgaben wurden ausreichend erfüllt
Grenz-Leistung	Leistungsstufe 1	Die Aufgaben wurden nicht erfüllt

Abb. 34: Neue und bisherige Leistungsstufen im Vergleich

---

[68] Vgl. zur diesbezüglichen Kritik die Ausführungen unter Punkt 4.4.2.2.

[69] Vgl. zu weiteren Erfolgsfaktoren die noch folgenden Ausführungen unter diesem Gliederungspunkt.

Vor dem Hintergrund einer stetigen Nivellierung der Beurteilungsergebnisse im Zeitablauf war diese Maßnahme dringend erforderlich, um die Funktionen des Systems erfüllen zu können. Ohne diese Änderung schien vor allem eine nachhaltige Steigerung der Leistungsmotivation nicht möglich, weil zuvor unterschiedliche Leistungen zu ähnlichen Beurteilungsergebnissen führten. Im Hinblick auf die Akzeptanz musste dabei allerdings in Kauf genommen werden, dass vereinzelt bei leistungsschwachen Mitarbeitern durch die Neuausrichtung des Verfahrens das Gefühl aufkam, „den Brotkorb höher hängen zu wollen", obwohl z.B. weiterhin das Erreichen einer Top-Leistung (jetzt: Leistungsstufe 5) oder einer guten Voll-Leistung (jetzt: Leistungsstufe 4) mit Bonuszahlungen verbunden ist. Verantwortlich für dieses Dilemma war die unterschiedliche Interessenslage der Mitarbeiter, denn im Gegensatz zu den leistungsschwächeren befürworteten die leistungsstärkeren – die bei ELOV im Fokus stehen – die Umstellung, insofern als für sie infolge der erhofften geringeren Anzahl von Bonusberechtigten c.p. zukünftig mehr Geld verbleibt.

Fraglich ist jedoch, ob durch die Neuausrichtung des Verfahrens längerfristig tatsächlich eine Nivellierung der Ergebnisse verhindert werden kann und somit die in fast allen Unternehmen gemachten Erfahrungen widerlegt werden können.[70] Das scheint nach Einschätzung des Verfassers eher unwahrscheinlich, obwohl bankseitig alles sinnvoll erdenkliche[71] unternommen wurde. Trotz zahlreicher Appelle an die Führungskräfte, im Sinne des Leistungsverständnisses der Bank zu beurteilen, hat sich deren Konfliktbereitschaft wahrscheinlich nur wenig geändert. Folglich werden hier zukünftig weitere Systemanpassungen erforderlich sein.

c) Veränderung der Beurteilungsmerkmale

Im Zuge der Überarbeitung des Verfahrens wurde des Weiteren die Anzahl der Beurteilungsmerkmale reduziert. Entfallen ist das Kriterium der „Aufgabenerfüllung", es ist bei den Kriterien „Arbeitsqualität" und „Arbeitsquantität" mit eingeflossen. Auf diese Weise wurde auf Abgrenzungsschwierigkeiten reagiert,[72] die zwischen den drei Kriterien entstanden waren. Da auch nach dieser Verfahrensumstellung weiterhin der Erfüllungsgrad der Gesamtaufgabenstellung ermittelt werden kann, gleichfalls aber den Wünschen zahlreicher Beurteiler entsprochen werden konnte, ist diese Änderung aus dem Blickwinkel der Akzeptanz positiv zu beurteilen.

---

[70] Vgl. zu diesen Praxiserfahrungen etwa Schmidt-Dorrenbach, H. (1995), S. 111f., Lattmann, C. (1994), S. 113 o. Murphy, K. R./Clevland, J. N. (1991), S. 190-210 sowie die Ausführungen unter Punkt 3.3.3.

[71] Um Nivellierungstendenzen zu begegnen, werden in der Literatur im Wesentlichen vier Maßnahmen empfohlen: 1. Einführung einer weiteren Beurteilungsstufe, 2. Vergleich des Beurteilungsverhaltens jeder einzelnen Führungskraft mit der Normalverteilung u. Widerspiegelung der Ergebnisse; 3. Vorgabe v. Gehaltsbudgets, 4. Vorgabe einer prozentualen Verteilung. Vgl. Cisek, G. (1997), S. 227, Zander, E. (1990), S. 256-263. Im Rahmen v. ELOV kommen die ersten drei Punkte zur Anwendung; der vierte wird abgelehnt, weil dies einer Bevormundung der Führungskräfte gleich kommen würde. Vgl. allgemein zur Problematik v. Normvorgaben: Beyss, B. (1983), S. 329f.

[72] Vgl. allgemein zur mangelnden Trennschärfe v. Beurteilungskriterien bei merkmalsorientierten Verfahren die Ausführungen unter Punkt 3.2.2.1 einschließlich der dort angegebenen Literatur.

4.5.1.2 Beim zielorientierten Verfahren

Bezüglich der zielorientierten Beurteilung wurden ebenfalls eine Reihe von Maßnahmen verwirklicht, welche die Akzeptanz des Systems erhöhen sollten und nachstehend dargelegt werden. Konkret handelte es sich um die Einführung von Teamzielen, das Einräumen von Beschwerderechten, die Vorgabe von Korridoren zur Ermittlung der Zielerreichung sowie die Umsetzung von Maßnahmen, die den Umgang mit dem Instrument vereinfachen.

a) Einführung von Teamzielen

Intention bei der Einführung von Teamzielen war es, über die bestehenden Regelungen im System hinaus[73] einen Anreiz zur kooperativen Zusammenarbeit zu geben. Obgleich hierüber zwischen Betriebsrat und Bankführung Einigkeit bestand, existierten über die konkrete Ausgestaltung unterschiedliche Vorstellungen. Während dem Betriebsrat tendenziell daran gelegen war, durch das ausschließliche, obligatorische Vereinbaren von Teamzielen für alle Mitglieder die gleiche Zielerreichung zu bescheinigen und somit für alle den gleichen Bonus zahlen zu können, waren die Arbeitgebervertreter daran interessiert, dass das Individuum und dessen Leistung nicht zu Lasten des Teams vernachlässigt wird. Schließlich einigte man sich auf folgende Regelung:

- Neben den individuellen Einzelzielen können Teamziele vereinbart werden.
- Als Teamziele gelten solche, die (nur) sinnvoll in einem Team erbracht werden können, zum Beispiel das Teamziel „Kundenzufriedenheit" als ein gemeinsames Ziel für die Mitarbeiter einer Filiale.
- Am Ende eines Beurteilungszeitraumes bekommen alle Teammitglieder unabhängig von ihrem individuellem Beitrag für die Erfüllung eines Teamziels den gleichen Zielerreichungsgrad bescheinigt.

Der Vorteil dieser Übereinkunft liegt darin, dass letztlich die Entscheidung beim Vorgesetzten und den Gruppenmitgliedern verbleibt, ob überhaupt und wie viele Teamziele vereinbart werden sollen. Da die Bandbreite der Möglichkeiten sowohl einen Verzicht auf Teamziele als auch ein ausschließliches Vereinbaren von Teamzielen zulässt, kann der jeweiligen Filial- bzw. Abteilungssituation – sie wird in diesem Falle maßgeblich von der Art der Aufgaben sowie von der Harmonie in der Gruppe beeinflusst – entsprochen werden. Im Regelfall sollte es allerdings zu einer ausgewogenen Mischung von Einzel- und Teamzielen kommen, so dass egoistische Verhaltensweisen unterbunden werden, gleichfalls aber die individuelle Leistung gebührend berücksichtigt werden kann (vgl. dazu die Abb. 35).

[73] Zum einen wird in der merkmalsorientierten Beurteilung das Teamverhalten durch das Kriterium der „Ergebnisorientierten Zusammenarbeit" erfasst, zum anderen ist die Höhe der Budgets abhängig vom Teamergebnis der Filiale bzw. Abteilung.

Obschon es in Einzelfällen, da allen Mitgliedern für ein Teamziel die gleiche Zielerreichung zufällt, zu Leistungsnivellierungen kommen kann,[74] gehen die Systemverantwortlichen grundsätzlich davon aus, dass sich bedingt durch gruppendynamische Prozesse eine Leistungssteigerung erreichen lässt. Ein weiterer Pluspunkt dieser Regelung ist ihre einfache Handhabbarkeit, so braucht die Führungskraft nicht für jedes Teammitglied den individuellen Beitrag zum Teamergebnis zu ermitteln.

Zielart	Mitarbeiter A	Mitarbeiter B	Mitarbeiter C
1. Teamziel	102 %	102 %	102 %
2. Teamziel	101 %	101 %	101 %
3. Einzelziel	108 %	103 %	90 %
4. Einzelziel	109 %	98 %	87 %
Gesamtzielerreichung*	**105 %**	**101 %**	**95 %**

* Es sind alle Ziele mit jeweils 25% gewichtet.

Abb. 35: Exemplarischer Vergleich individueller Gesamtzielerreichungen eines Teams auf Basis von Team- und Einzelzielen

Zusammenfassend gesehen kann diese Regelung aus dem Blickwinkel der Akzeptanz als eine der bedeutsamsten Verfahrensänderungen angesehen werden, weil auf diese Weise dem Mitarbeiterverlangen nach kooperativer Zusammenarbeit entsprochen werden konnte.

b) Einspruchsmöglichkeiten der Beurteilten

Zusätzlich zur Einführung von Teamzielen wurde den Mitarbeitern sowohl nach Vereinbarung der Ziele wie nach Feststellung der Zielerreichung ein Beschwerderecht eingeräumt.[75]

Mit Hilfe der Einspruchsmöglichkeit bei der Zielvereinbarung soll eine konforme Anwendung des Verfahrens sichergestellt werden.

---

[74] Zum einen könnten die Leistungsträger wegen einer mangelnden Berücksichtigung ihrer Leistung demotiviert werden, zum anderen könnten die wenig leistungsbereiten Mitarbeiter sowohl bei schlechter Teamleistung (Leistung lohnt sich nicht, da sowieso kein Gehaltszuwachs erzielt werden kann) als auch bei guter Teamleistung (Gehaltszuwachs auch o. eigenes Zutun) keinen Anlass zur Anstrengung verspüren.

[75] Vgl. allgemein hierzu die bei Zander, E./Knebel, H. (1993), S. 175-178 dargestellten Einspruchsmöglichkeiten in anderen Unternehmen.

Kann hierbei der Mitarbeiter eine der folgenden Fragen nur mit „Nein“ beantworten, steht es ihm frei, sich im Wesentlichen formlos[76] an den örtlichen Betriebsrat wie auch an die zuständige Personalabteilung zu wenden. Letztere ist dazu verpflichtet, eine Korrektur in folgenden Fällen zu veranlassen:

- Wurde ein Zielvereinbarungsgespräch geführt?
- Wurden zwischen drei und fünf Ziele vereinbart?
- Beträgt die Zielgewichtung zwischen 10% und 50%?
- Wurden die Ziele schriftlich dokumentiert?
- Wurde dem Mitarbeiter eine Kopie ausgehändigt?

Kritisch anzumerken ist, dass es sich bei den obigen „Qualitätskriterien“ hauptsächlich um formale handelt, deren Beachtung noch nicht darauf schließen lässt, inwieweit das Instrument der Zielvereinbarung tatsächlich „gelebt“ wird. So erhält der Mitarbeiter kein Einspruchsrecht, wenn er subjektiv die Ziele als zu anspruchsvoll empfindet oder wenn er mit dem Verlauf des Zielvereinbarungsgesprächs nicht zufrieden ist. Folglich ist der sich aus dieser Einspruchsmöglichkeit ergebende Nutzen für den einzelnen Mitarbeiter gering, so dass ein häufiger Gebrauch dieser Möglichkeit zweifelhaft erscheint. Durch zu befürchtende Sanktionen kann durch diese Regelung deshalb allenfalls eine äußerlich konforme Anwendung des Verfahrens erreicht werden.

Darüber hinaus steht es dem Mitarbeiter frei, eine Korrektur der Zielerreichung zu verlangen, wenn er mit der Bewertung seiner Zielerreichung nicht einverstanden ist. Dazu kann er nach dem Zielerreichungsgespräch ein Anschlussgespräch mit dem Beurteiler und dessen Vorgesetzten fordern. In diesem Gespräch sollen strittige Punkte zur Sprache kommen und möglichst einvernehmlich geklärt werden, wobei letztlich der unmittelbare Vorgesetzte des Beurteilten entscheidet. Hält der Mitarbeiter darüber hinaus an seiner Auffassung fest, in wesentlichen Sachverhalten falsch beurteilt worden zu sein, kann er eine Schlichtungskommission[77] einberufen, die befugt ist, bei Einvernehmen eine offensichtlich falsche Zielerreichung zu ändern.

Im Hinblick auf dieses Verfahren gilt das bereits zum Einspruchsverfahren Gesagte in ähnlicher Weise: Aufgrund des damit verbundenen administrativen Aufwands, seinem ungewissen Ausgang sowie möglicherweise zu erwartender Sanktionen wird es, wenn überhaupt, nur bei gravierenden Benachteiligungen zur Anwendung kommen. Diese Vermutung deckt sich mit den Erfahrungen in der Bank, so ist im Jahre 1999 kein Fall bekannt geworden, in dem überhaupt ein Anschlussgespräch stattgefunden hat. In diesem Sinne erscheint der tatsächliche Nutzen dieses Verfahrens für den einzelnen Mitarbeiter ebenfalls gering.

Trotzdem ist die Einführung beider Regelungen aus Sicht der Akzeptanz zu befürworten, denn sie gibt den Mitarbeitern zu erkennen, dass den Systemverantwortli-

[76] Ausreichend dafür ist die Kopie des Zielvereinbarungsbogens mit Hinweis auf die Beanstandungen, ein formloses Anschreiben o. ein mündlicher Hinweis. Auf diese Weise ist gewährleistet, dass die Mitarbeiter nicht wegen eines erhöhten administrativen Aufwandes auf eine Beanstandung verzichten.

[77] Sie besteht aus je einem Vertreter der zuständigen Personalabteilung u. des zuständigen Betriebsrats.

chen zum einen an der weiteren Optimierung des Zielvereinbarungsprozesses, zum anderen aber ebenso an einer fairen Beurteilung gelegen ist. Die Regelungen schaffen damit Vertrauen gegenüber dem System, wobei es hier ähnlich wie bei den Verfahren zur Stellenbewertung zunächst weniger von Bedeutung ist, ob sich die Situation der Mitarbeiter dadurch tatsächlich verändert.

c) Vorgabe von Zielkorridoren

Auf ausdrücklichen Wunsch des Betriebsrats wurden außerdem zur Ermittlung der jeweiligen Zielerreichungsgrade quantitative Korridore vorgegeben (vgl. hierzu die Abb. 36). Auf diese Weise sollten die Beteiligten das Zustandekommen der Zielerreichung einfacher nachvollziehen können, zudem sollten willkürliche Abweichungen verhindert sowie eine möglichst gleichförmige Ermittlung gewährleistet werden. Obwohl sich die aufgezählten Punkte auf die Mitarbeiterakzeptanz im Allgemeinen positiv auswirken, sind infolge dieser Maßnahme eher negative Konsequenzen für die Akzeptanz zu befürchten. So sind mit der durchgängigen Verwendung der Bandbreiten an sich schon Probleme verbunden, weil sich bei allen Zielen die vorgegebenen Prozentwerte nicht brauchbar numerisch errechnen lassen. In diesem Sinne lässt sich beispielsweise bei dem Ziel „Akquisition von drei neuen Firmenkunden" ein 85%-Wert nicht eindeutig bestimmen. Viel gravierender ist jedoch, dass dadurch trotz unterschiedlicher Schwierigkeitsgrade für alle Zielarten fälschlicherweise die gleichen Korridore gelten. Letztendlich besteht sogar die Gefahr, dass durch die Vorgabe dieser Korridore der Charakter der zielorientierten Beurteilung als Führungsinstrument entwertet wird, weil dadurch sowohl zum Zeitpunkt der Zielvereinbarung wie auch bei der Feststellung der Zielerreichung die Berücksichtigung der situationsspezifischen und individuellen Gegebenheiten an Bedeutung verliert.

Zielkorridore	**Umschreibung der Zielerreichung (ZE)**	**Leistungsstufe**
105% ≤ ZE < X % →	Ziel wurde übertroffen	≅ 4
95% ≤ ZE < 105% →	Ziel wurde in vollem Umfang erreicht	≅ 3
85% ≤ ZE < 95% →	Ziel wurde annähernd erreicht	≅ 2
X % ≤ ZE < 85% →	Ziel wurde nicht erreicht	≅ 1

Abb. 36: Korridore zur Ermittlung der Zielerreichung

Insgesamt gesehen scheint der Erfolg dieser Maßnahme auch aus Sicht des Betriebsrats fraglich, weil dadurch keinesfalls gerechtere Beurteilungsergebnisse erzielt oder willkürliche Beurteilungen vermieden werden können. Da der Betriebsrat trotzdem auf Einführung bestanden hat, sind die Bandbreiten also letztlich als Kompromiss zu verstehen, die das Beurteilungsverfahren zwar nicht verbessert, aber ein Weiterbestehen des Vergütungssystems ermöglicht haben.

d) Maßnahmen für den vereinfachten Umgang mit dem Instrument

Schließlich wurden eine Reihe von Maßnahmen getroffen, die den Umgang mit dem Instrument vereinfacht haben.

- Zur Reduzierung des Aufwands werden zentralseitig von den einzelnen Ressorts vor Beginn eines Geschäftsjahres jeweils für die unterschiedlichen Positionen Musterziele entwickelt, die von den Führungskräften übernommen werden können, aber nicht übernommen werden müssen. Auf diese Weise bleibt der Freiheitsgrad der Führungskräfte bestehen, gleichfalls wird ihr Blick auf die für die Bank bedeutsamen Ziele gerichtet. Vor allem wird damit den Führungskräften eine Hilfestellung gegeben, die sich bei der Zielgenerierung überfordert fühlen. Insbesondere in dieser Gruppe scheint die Maßnahme deshalb zur Verbesserung der Akzeptanz geeignet.

- Während ursprünglich für die Zielvereinbarung sowie ebenso für die Zielerreichung ein gesondertes Formular benötigt wurde, wird heutzutage nur noch ein Bogen verwendet. Damit hat man das zweckmäßige Vorgehen einiger Führungskräfte übernommen, welche die Zielerreichung auf dem Zielvereinbarungsbogen vermerkten, um sich ein Übertragen der Ziele auf den Zielerreichungsbogen zu ersparen. Ferner sind als Reaktion auf die veränderten Arbeitsweisen der Führungskräfte die Beurteilungsformulare mittlerweile auch in elektronischer Form erhältlich. Letztlich ist es damit gelungen, besonders den Mitarbeitern entgegenzukommen, die den administrativen Aufwand des Verfahrens bemängelten.

- Die regelmäßige Zahlung sowohl der Leistungsboni wie auch der Leistungstantiemen im Mai setzt die Einhaltung eines strikten Zeitplans voraus.[78] Problematisch war in diesem Zusammenhang, dass wegen der großen Anzahl der zu Beurteilenden der Zeitraum für die Mitarbeitergespräche von den Betroffenen als zu eng empfunden wurde. Aufgrund einer besseren Koordinierung des Prozesses ist es möglich geworden, dass für die Gespräche ein längerer Zeitraum zur Verfügung steht. Dadurch wird die Terminvereinbarung für ein ausführliches Gespräch zwischen Führungskraft und Mitarbeiter vereinfacht, was sich letztlich positiv auf die Akzeptanz gegenüber dem System auswirken wird.

4.5.2 Modifizierungen bei der Verknüpfung von individueller Leistung und variabler Vergütung

4.5.2.1 Bei der Relation zwischen fixen und variablen Vergütungsbestandteilen

Wie bereits im Rahmen der Vergütungsfunktionen dargelegt, wird die Höhe der Leistungstantieme von der bisherigen Lage im Band sowie von der jeweiligen Leistung des Mitarbeiters bestimmt.[79] Folglich können bei den branchenüblichen, moderat steigenden Budgets überdurchschnittliche Tantiemezuwächse an leistungsstarke Mitarbeiter nur gewährt werden, wenn im Gegenzug die Tantiemen leistungsschwa-

---

78 Vgl. allgemein zu dieser Problematik: Havranek, C./Niedl, K. (1999), S. 176-178.
79 Vgl. dazu die Ausführungen unter Punkt 4.4.3.5 a).

cher Mitarbeiter verringert werden. Letzteres war jedoch zu Beginn der Einführung ausgeschlossen, weil eine spürbare Verminderung von Tantiemen nicht ohne Verletzung arbeitsrechtlich geschützter Besitzstände möglich gewesen wäre. Die Folge dieser Restriktion war, dass nach der Implementierung ein Großteil der als variabel konzipierten Leistungstantieme von den Mitarbeitern als fix empfunden wurden. Dies stieß besonders bei den Leistungsträgern auf wenig Akzeptanz, die sich bereits sehr schnell eine deutliche Steigerung ihrer Tantieme erhofft hatten. Aus diesem Grund hat man sich seitens der Commerzbank dazu entschlossen, die Variabilität der Leistungstantieme kontinuierlich auszubauen, so kann sie mittlerweile bei unzureichender Leistung ganz entfallen.

Aus Sicht der Akzeptanz ist diese Entscheidung zu begrüßen. Fraglich bleibt allerdings, ob dadurch tatsächlich eine hinreichende Variabilität gewährleistet ist, da die Tantieme weiterhin an die Leistung der Vorjahre geknüpft ist. Zur Verstärkung der Belohnungswirkung und damit zur weiteren Verbesserung der Akzeptanz wäre es nach Ansicht des Verfassers besser gewesen, auf diese Verknüpfung zu verzichten.[80]

4.5.2.2 Im Rahmen der Budgetermittlung und –vergabe

Hinsichtlich der Budgetermittlung und -vergabe wurden folgende Veränderungen vorgenommen:

- Im Vergleich zur ursprünglichen Regelung werden die Tantieme- und Bonusbudgets nicht mehr für eine gesamte Gebietsfiliale ermittelt und anschließend auf die Regionalfilialen verteilt, sondern es erfolgt eine getrennte Zuteilung für das Privat- und Firmenkundengeschäft unmittelbar auf Ebene der Regionalfilialen bzw. an die Abteilungen in den Gebietsfilialen. Damit wurde zum einen der organisatorischen Neuausrichtung der Bank entsprochen, bei der obige Kundengruppen als eigenständige Sparten behandelt werden und folglich auch ein vom Ergebnis der anderen Division unabhängiges Budget zu erhalten haben. Zum anderen wurde auf diese Weise auf die Kritik von Filialleitern sehr erfolgreicher regionaler Einheiten reagiert, die es als ungerecht empfanden, dass ihre Budgets durch die weniger erfolgreiche Gebietsfiliale nivelliert wurden.

- Im Unterschied zum ursprünglichen Verteilungsmodus des Budgets für den Leistungsbonus ist dieses nicht mehr nur vom Ergebnis der Einheit, sondern vielmehr von ihrer Grundgehaltssumme abhängig (vgl. die Abb. 40). Dazu wird das Gesamtvolumen jetzt auf einen Leistungstopf und einen Ergebnistopf verteilt. Während der Leistungstopf 2/3 des Gesamtvolumens beträgt und in Abhängigkeit von der Grundgehaltssumme der jeweiligen Einheit festgelegt wird, beläuft sich der Ergebnistopf auf 1/3 des gesamten Budgets. Letzterer wird nur an die Einheiten ausgeschüttet, die eine Zielerreichung über 100% erreicht haben. Verteilt werden die beide Töpfe für die bonusberechtigten Mitarbeiter wie bisher auf Grundlage der individuellen Zielerreichung bzw. der merkmalsorientierten Leistungsbeurteilung.

[80] Vgl. Näheres zur Umsetzung dieses Vorschlags unter Punkt 4.6 b).

Der Vorteil dieser Umstellung liegt darin, dass auf diese Weise eine bankweite einheitliche Honorierung individueller Leistung unabhängig vom Ergebnis der Einheit gewährleistet ist. Dies kommt besonders den Einheiten in strukturschwachen Gebieten zugute, die bedingt durch diese Ausgangslage ihre Ziele nicht erfüllen konnten und folglich Leistungsboni in nur unzureichender Höhe gewähren konnten. Obwohl dadurch gleichfalls die ergebnisorientierte Ausrichtung des Systems zurückgedrängt wurde, ist diese Modifikation aus dem Blickwinkel der Akzeptanz wegen der damit verbundenen Gleichbehandlung zu begrüßen.

- Bei der Zuteilung der Leistungsboni auf Filial- bzw. Abteilungsebene ist ab dem Geschäftsjahr 1999 auf eine Anrechnung von Übertarifzulagen verzichtet worden. Ziel der Umstellung war es, das Berechnungsschema (vgl. dazu die Abb. 33) zu vereinfachen und somit die Transparenz zu erhöhen. Um im Zuge dessen weiterhin eine doppelte Leistungshonorierung infolge einer gleichzeitigen Gewährung von Leistungszulage und Bonus zu vermeiden, wurden sämtliche bestehenden Leistungszulagen hinsichtlich ihrer Berechtigung überprüft und ggf. widerrufen. Zur Verringerung daraus eventuell resultierender Akzeptanzschwierigkeiten wurden die DM-Beträge der weggefallenen Leistungszulagen nicht eingespart, sondern dem Bonusvolumen der Einheit zugeschlagen. Da nicht alle Leistungszulagen widerrufen werden konnten, war eine überschaubare Personalkostensteigerung unvermeidbar, die in ihrer Höhe durch die bessere Nachvollziehbarkeit des Verfahrens jedoch gerechtfertigt war.

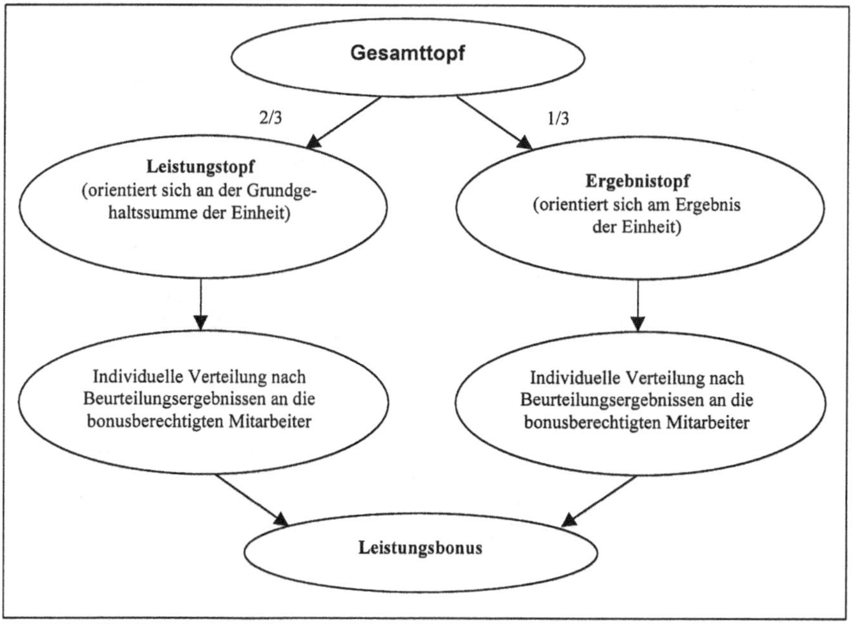

Abb. 37: Modifizierter Verteilungsmodus des Bonusvolumens

4.5.2.3 Bei den Bemessungsgrundlagen

Bei den Steuerungsgrößen zur Ermittlung der ergebnisorientierten Tantieme- und Bonusvolumen kam es seit der Implementierung des Systems insgesamt zu zwei Änderungen. Ohne hier näher auf die Steuerungsgrößen als solche eingehen zu wollen,[81] lässt sich aus Sicht der Akzeptanz dazu feststellen, dass jede Änderung in diesem Bereich bei den Mitarbeitern zunächst zur Verunsicherung führt. Da die Änderungen jedoch unvermeidlich waren, mussten sich daraus ergebende Akzeptanzschwierigkeiten in Kauf genommen werden.

4.6 Zusammenfassende Beurteilung des Systems und Empfehlungen für eine weitere Verbesserung seiner Akzeptanz

Im Folgenden wird zunächst das System hinsichtlich seiner akzeptanzgerechten Ausgestaltung zusammenfassend bewertet. Abschließend werden dann Empfehlungen für eine weitere Verbesserung der Systemakzeptanz unterbreitet.

a) Zusammenfassende Beurteilung

Beurteilt man das System „ELOV" hinsichtlich seiner Akzeptanz auf Grundlage der im Allgemeinen an ein Vergütungssystem gestellten Anforderungen[82], lässt sich unter Berücksichtigung der Rahmenbedingungen insgesamt eine positive Bilanz ziehen:

- Die Vielzahl der zuvor beschriebenen, umgesetzten Modifikationen beweist bereits die **Flexibilität** des Systems. Positiv hervorzuheben ist in diesem Zusammenhang, dass trotz aller Neuerungen im Wesentlichen die Grundsystematik nicht verändert werden musste. Dies spricht zum einen für die Grundkonzeption, zum anderen konnte auf diese Weise auf Bestehendes zurückgegriffen werden, so dass durch die Weiterentwicklungen wahrscheinlich nur wenig zusätzliche Unsicherheiten erzeugt wurden.

- Bezüglich der **Individual- und Gruppenanwendbarkeit** lässt sich feststellen, dass ELOV sowohl kollektive wie individuelle Elemente enthält. Bei genauerer Betrachtung des Verhältnisses der beiden Komponenten lässt sich erkennen, dass im Mittelpunkt zwar die Leistung des Einzelnen steht, darüber hinaus jedoch ebenfalls die Gruppenleistung für den Einzelnen von Bedeutung ist. Letzteres rückte verstärkt durch die Einführung von Teamzielen ins Bewusstsein der Mitarbeiter.

- Infolge der Einführung kam es zu den üblicherweise damit verbundenen Kostensteigerungen sowohl bei der Verwaltung des Systems wie bei den Gehaltsbudgets. Obgleich sich demgegenüber über den zusätzlichen Nutzen nur spekulieren lässt, ist davon auszugehen, dass dieser die im Zusammenhang mit dem System stehenden Aufwendungen auf jeden Fall kompensiert und somit die **Wirtschaft-**

[81] Auf die Darstellung der Steuerungsgrößen u. deren Gewichtung wird verzichtet, da die Steuerungsgrößen an sich nicht im Zentrum der Kritik standen.

[82] Vgl. dazu die Ausführungen unter Punkt 1.2.3.2.

lichkeit des Systems außer Frage steht. Eine nachhaltige Variabilität der Personalkosten scheint jedoch utopisch, da aus Gründen der Akzeptanz nur ein Teil der Budgets tatsächlich ergebnisorientiert festgelegt werden kann.

- In Bezugnahme auf die Anforderung der **Gerechtigkeit** lässt sich feststellen, dass gegenüber der bisher im Bankgewerbe üblichen Vergabe von Leistungszulagen durch das System wegen seiner strikten Orientierung an Beurteilungsergebnissen und wegen seines einheitlichen Regelwerks eine stärkere Gleichbehandlung aller Mitarbeiter gewährleistet ist. Trotzdem blieb es vereinzelt nicht aus, dass einige Mitarbeitergruppen sich nach seiner Einführung benachteiligt fühlten, wobei die Gründe dafür im Rahmen der Weiterentwicklungsphase zumeist ausgeräumt werden konnten. Wo dies jedoch nicht der Fall ist, sollte bedacht werden, dass es eine absolute Gerechtigkeit nicht gibt und dass diese zudem höchst subjektiv ist. Beispielsweise standen die Systemverantwortlichen vor der Herausforderung, dass eine Mitarbeitergruppe etwas als gerecht empfindet, was eine andere als ungerecht ansieht.

- Hinsichtlich der **Belohnungswirkung** lässt sich konstatieren, dass diese zu Beginn der Einführung weder im AT- noch im Tarifbereich in zufriedenstellendem Ausmaße gegeben war. Verantwortlich hierfür waren die Nivellierungstendenzen im Beurteilungswesen, die eine Identifizierung und Honorierung wirklich guter Leistungen erschwerten. Im AT-Bereich kam die mangelnde Variabilität der Tantiemen hinzu, welche eine Gehaltserhöhung für die Leistungsträger und eine Sanktionierung von ungenügender Leistung verhinderte. Infolge der eingeleiteten Maßnahmen im Rahmen der Beurteilungsinstrumente, hauptsächlich aber durch die Aufhebung des Bestandsschutzes bei der Leistungstantieme, wurde die Belohnungswirkung der einzelnen variablen Vergütungsbestandteile verbessert. Dennoch werden bezüglich der Leistungstantieme weiterhin Verbesserungsmöglichkeiten gesehen, weil ihre Höhe weiterhin abhängig von den Tantiemen der Vorjahre ist und sich somit eine einmalige Leistungssteigerung nur in geringem Maße auf die Höhe der Tantieme auswirkt.

- Betrachtet man nur die Vielzahl der Informationen über ELOV, lässt sich erkennen, dass die Bank große Anstrengungen unternommen hat, um den Mitarbeitern die Funktionsweise des Systems zu verdeutlichen. In Zusammenhang mit den in der Zwischenzeit umgesetzten Systemvereinfachungen und selbst gemachten Erfahrungen der Beteiligten ist deshalb davon auszugehen, dass zumindest allen Mitarbeitern die Grundsystematik, also der Zusammenhang zwischen Ergebnis der Einheit, Budget, individueller Leistung und Höhe der persönlichen Leistungszulage bekannt sein dürfte. Im Ergebnis ist damit ein großes Maß an **Transparenz** erreicht worden, dennoch wären weitere Systemvereinfachungen wünschenswert.

Aufgrund obiger Analyse lässt sich festhalten, dass obgleich zu Beginn der Einführung noch nicht alle Kriterien in ausreichendem Maße berücksichtigt werden konnten, inzwischen die Anforderungen hinreichend erfüllt und trotz Zielkonflikten zwischen ihnen ein tragbares Verhältnis erzielt worden ist. Im Wesentlichen wurde es somit akzeptanzgerecht ausgestaltet. Dass es hierbei auch tatsächlich von der Mehrzahl der Mitarbeiter akzeptiert wird, lässt sich daran erkennen, dass mittlerweile sämtliche das Vergütungssystem betreffende Betriebsvereinbarungen verifiziert werden konnten.

b) Empfehlungen zur Verbesserung der Akzeptanz

Wie die vorangegangen Ausführungen zeigen, erfüllt das System mittlerweile die Anforderungen für eine hinreichende Mitarbeiterakzeptanz. Dennoch werden von Seiten des Verfassers bezüglich der Anforderungen „Belohnungswirkung" und „Transparenz" weitere Verbesserungsmöglichkeiten gesehen. Obgleich die dafür notwendigen Maßnahmen insgesamt eine Veränderung der Grundsystematik mit sich bringen würden, erscheint die Umsetzung der nachstehend dargestellten Vorschläge aus Sicht der Akzeptanz lohnenswert:

- Wie bereits unter Punkt 4.4.3.2 angesprochen, sollte die Anzahl der Funktionsgruppen verringert und gleichfalls die der Gehaltsbänder vergrößert werden. Diese Konstellation würde es den Mitarbeitern auch ohne Beförderung bei guter Leistung ermöglichen, über ihr jetziges Band hinaus an Gehaltssteigerungen zu partizipieren.

- Wie schon unter Punkt 4.4.3.6 erwähnt, sollte im Tarifbereich auf die weitere Gewährung der pauschalen Übertarifzulagen verzichtet werden, da von ihnen kein motivierender Anreiz ausgeht. Stattdessen sollte das dafür aufgewendete Budget unter Zugrundelegung eines attraktiven Chancen/Risiko-Profils dem Leistungsbonusvolumen zugeschlagen werden. Auf diese Weise könnten die Leistungsboni erhöht und somit ihre Belohnungswirkung verstärkt werden.

- Zur Verbesserung der Transparenz und der Belohnungswirkung sollte die Höhe der Leistungstantieme nicht mehr an die Tantieme der Vorjahre geknüpft werden. Statt dessen sollte der Erhalt einer Tantieme genauso wie beim Leistungsbonus vorwiegend von der Leistung des letzten Jahres abhängig sein. Realisiert werden könnten letztere Überlegungen mit Hilfe sogenannter „Zieltantiemen" bzw. „Zielboni".[83] Pro Funktionsgruppe ist dafür vor Beginn eines Geschäftsjahres jeweils eine Zieltantieme festzulegen, mit welcher der Mitarbeiter rechnen kann, wenn seine persönliche Zielerreichung sowie die Betriebsergebnisse der Bank den Erwartungen entsprechen. Nach Ende des Geschäftsjahres wird die Zieltantieme dann mit einem Leistungsfaktor sowie einem Ergebnisfaktor multipliziert. Die Höhe des Leistungsfaktors ist dabei abhängig von der persönlichen Zielerreichung, der Ergebnisfaktor spiegelt den Geschäftsverlauf der Gesamtbank und des Bereiches wider. Das Ergebnis dieser Multiplikation bildet schließlich die Ist-Tantieme:

  Ist-Tantieme = Zieltantieme x Leistungsfaktor x Ergebnisfaktor[84]

  Der Vorteil dieses Berechnungsverfahrens liegt in seiner leichten Verständlichkeit und Handhabung sowie in seiner hohen Anreizwirkung. Darüber hinaus kann

---

[83] Sie finden z.B. Verwendung im Vergütungssystem der Deutschen Bank u. in dem der Hypovereinsbank. Vgl. für die Deutsche Bank: Svoboda, M. (1999), S. 374-377, für die Hypovereinsbank: Laber, H./Wolf, S. (1998), S. 522f.

[84] Vgl. dazu die Berechnungsformel der Deutschen Bank bei Svoboda, M. (1999), S. 374-377.

durch eine Begrenzung der Faktoren nach unten das Risiko der Mitarbeiter verringert werden, mit Hilfe einer oberen Grenze kann die Wirtschaftlichkeit des Verfahrens gewährleistet werden.

Zusammenfassend betrachtet lässt sich durch die Verwirklichung der obigen Vorschläge die Systemakzeptanz wahrscheinlich noch weiter verbessern. Aus diesem Grund wäre eine baldige Umsetzung der Anregungen zu begrüßen.

5 Schlussbetrachtung

Intention dieser Arbeit war es, den Stellenwert der Mitarbeiterakzeptanz für variable Vergütungssysteme im Bankgewerbe zu bestimmen, die akzeptanzrelevanten Faktoren zu identifizieren und aufbauend darauf, eine Strategie zur Verbesserung der Akzeptanz zu entwickeln.

Im ersten Teil wurde deshalb die Bedeutung variabler Vergütungssysteme für Kreditinstitute ermittelt. In diesem Zusammenhang zeigte sich, dass sich der Finanzdienstleistungsmarkt durch angebots- wie durch nachfrageseitige Veränderung in einem tiefgreifenden Wandel befindet, der in Zukunft noch schneller voranschreiten wird. Resultat dessen ist eine weiter zunehmende Wettbewerbsdynamik in Verbindung mit einer Verringerung der Erträge bzw. Erhöhung der Kosten. Um im Wettbewerb bestehen zu können, sind die Kreditinstitute folglich gezwungen, ihre Produktivität zu steigern, wobei die Mitarbeiter der Hauptansatzpunkt sind, weil sie zum einen maßgeblich für die Erträge verantwortlich sind und zum anderen die durch sie induzierten Personalaufwendungen den größten Kostenblock der Banken ausmachen. Als Reaktion auf diese Herausforderungen wurden in letzter Zeit verstärkt variable Vergütungssysteme eingeführt, weil sie zur Steigerung der Produktivität vor allem seitens der Mitarbeiter beitragen können.

Bei Betrachtung der Funktionen von variablen Vergütungssystemen stellte sich heraus, dass sie die Mitarbeiter nicht nur zu einer Leistungssteigerung motivieren können, sondern dass sie des Weiteren die Aktivitäten auf die operativen und strategischen Unternehmensziele lenken sowie das Anwerben und Halten von Mitarbeitern erleichtern können. Unabdingbare Voraussetzung zur Erfüllung dieser Funktionen ist es jedoch, dass das System einer Reihe von Anforderungen genügt. Gelingt dies nicht, besteht ansonsten das Risiko, dass infolge einer ungenügenden Beachtung einer oder mehrerer Anforderungen die Mitarbeiter das System nicht akzeptieren und dadurch wiederum die Erfüllung einer oder mehrerer Funktionen gefährdet ist. Da die Akzeptanz also von zentraler Bedeutung für den Erfolg solcher Systeme ist, dessen Ausmaß u.a. von der Berücksichtigung der einzelnen Anforderungen beeinflusst wird, ist ihr die Stellung einer Generalanforderung einzuräumen. Darüber hinaus wird in ihr ein Maßstab für ein humanes Arbeitsumfeld gesehen, was ebenfalls dafür spricht, ein größtmögliches Maß an Akzeptanz ins Auge zu fassen.

Im zweiten Teil wurde daraufhin eine Strategie zur Verbesserung der Akzeptanz von variablen Vergütungssystemen entwickelt. Dafür war es zunächst unerlässlich, sich Klarheit über den Begriff der Akzeptanz zu verschaffen, weil dieser vielfältig verwendet wird und je nach Kontext und/oder wissenschaftlicher Disziplin darunter Unterschiedliches verstanden wird. Ohnehin ließ sich feststellen, dass zur Beantwortung von Akzeptanzfragestellungen auf verschiedene Fachdisziplinen wie etwa auf die Organisationstheorie, die Akzeptanz- oder die Innovationsforschung zurückzugreifen ist. Die genauere Untersuchung einzelner Begriffsbestimmungen ergab dann, dass sie sich im Wesentlichen darin unterscheiden, ob sie den Verhaltens-, den Einstellungsaspekt oder eine Kombination beider betonen, wobei aufgrund der hier vorliegenden Untersuchungsperspektive eine einstellungsorientierte Definition verwendet wurde, welche die konative Komponente betont. Dementsprechend wurde unter Akzeptanz die Bereitschaft eines Mitarbeiters verstanden, sein Verhalten auf die Erreichung der Funktionen des variablen Vergütungssystems auszurichten. Dabei wurde der Terminus als etwas Relatives angesehen, der sich in unterschiedlichen Akzeptanzgraden äußern kann.

Anschließend wurde das sozialpsychologische Einstellungskonstrukt näher erläutert und auf variable Vergütungssysteme übertragen. In diesem Zusammenhang zeigte sich, dass das Ausmaß der individuellen Akzeptanz von der Ausgestaltung des Systems an sich, seiner organisatorischen Integration sowie vom sozioökonomisch-politischen Umfeld beeinflusst wird. Der Akzeptanzgrad und damit die Bereitschaft, sich im Sinne der Funktionen zu verhalten, ist also dementsprechend abhängig davon, wie gut es gelingt, den drei Faktoren gerecht zu werden. Dies wiederum wird durch Zielkonflikte bei der Systemgestaltung, einer mangelnden Konformität zwischen System und Bankorganisation sowie durch die generelle Entstehung von Ängsten bei der Systemeinführung erschwert.

Zur systematischen Reduktion der Akzeptanzbarrieren ist deshalb ein planvolles Vorgehen im Sinne einer Strategie notwendig. Als entscheidend für den Erfolg der Strategie wurde hierbei die Beachtung von Prinzipien und rechtlichen Restriktionen identifiziert. Dazu gehört zum einen die kontinuierliche, umfassende Versorgung der Mitarbeiter mit Informationen, um u.a. Ängste verringern und Vertrauen aufbauen zu können. Zum anderen sollten den Mitarbeitern hinreichend Möglichkeiten zur Partizipation eingeräumt werden, um u.a. Interessenskonflikte zu verringern und eine Identifikation mit dem System zu erleichtern. Ohne die Einhaltung der rechtlichen Rahmenbedingungen ist die Schaffung eines Systems von vornherein zum Scheitern verurteilt, weshalb sie ebenfalls im Planungsprozess zu berücksichtigen sind. Zur Gewährleistung einer sachlogischen Ablaufstruktur wurde des Weiteren eine Orientierung an den fünf Grundphasen des Planungsprozesses vorgeschlagen: Begonnen werden sollte dieser Prozess mit einer Vorbereitungsphase, in der eine Projektgruppe ggf. mit einem externen Berater als Mitglied gebildet und die Ausgangssituation analysiert werden sollte. In der darauffolgenden Zielfestlegungsphase steht dann die Festlegung des anzustrebenden Akzeptanzausmaßes im Mittelpunkt. In diesem Zusammenhang zeigte sich, dass sich eine vollkommene oder eine auch nur annähernd vollkommene Akzeptanz bei allen Mitarbeitern u.a. wegen unauflösbarer Ziel- und Interessenskonflikte sowie wegen einer Vielzahl zu beachtender Aspekte bei der organisatorischen Integration wahrscheinlich nicht erreichen lässt. Deshalb kann es nur Ziel der Strategie sein, unter Berücksichtigung der unternehmensspezifischen Gegebenheiten einen anspruchsvollen, aber realistischen Akzeptanzgrad anzustreben. In der sich anschließenden Konzeptionsphase sollte daraufhin das Vergütungssystem konstruiert werden, bevor im Zuge der Implementierungsphase seine Einführung geplant wird. Hierbei sollte vor allem auf das Konzept der geplanten Evolution zurückgegriffen werden, um eine zügige, aber nicht überhastete Umsetzung zu gewährleisten. Beendet wird der Prozess schließlich durch die Kontroll- und Anpassungsphase, mit Hilfe derer zugleich den Projektfortschritt überwacht wie eine Anpassung an veränderte Gegebenheiten sichergestellt wird.

Da die Phase der Konzeption innerhalb des Planungsprozesses für die Strategie die bedeutsamste Aufgabe darstellt, wurde im dritten Teil das Augenmerk auf die akzeptanzgerechte Ausgestaltung des Systems gelegt. Bezüglich des Geltungsbereichs wurde vorgeschlagen, möglichst alle Mitarbeiter an einem Grundsystem teilhaben zu lassen, wenn notwendig darüber hinaus jedoch für einzelne Mitarbeitergruppen ergänzende Vergütungsmodule zu konzipieren. Ferner wurden die für ein Vergütungssystem erforderlichen Instrumente zur Stellenbewertung und zur Leistungsbeurteilung vorgestellt und diskutiert. Hinsichtlich der grundsätzlichen Verfahren zur Stellenbewertung musste dabei festgestellt werden, dass aus Sicht der Akzeptanz keines ohne Mängel ist, weshalb in der Praxis oftmals kombinierte Verfahren zur Anwendung kommen. In Bezug auf die Leistungsbeurteilung ergab die Untersuchung, dass die anspruchsvolleren, zielorientierten Verfahren bei richtiger Anwendung zwar den merkmalsorientierten überlegen sind, dass sie aber trotzdem wegen der verbleibenden Schwachpunkte für sich alleine im Bankgewerbe wahrscheinlich kein ausreichendes Maß an Akzeptanz erzielen können, weshalb eine Kombination von beiden ratsam erscheint.

Im Rahmen der Betrachtung, inwiefern die individuelle Leistung mit der variablen Vergütung verknüpft werden könnte, wurde zunächst untersucht, wie hoch der Anteil der variablen Bezüge an der Gesamtentlohnung sein sollte. Hierbei wurde der Schluss gezogen, dass der variable Anteil mit zunehmender Hierarchiestufe ausgeweitet werden sollte, weil so gleichermaßen eine Leistungsstimulation wie ein Erhalt des Existenzminimums auf unteren Hierarchieebenen gewährleistet ist. Danach wurde die Entwicklung von marktgerechten Gehaltsbandbreiten erläutert und diskutiert, welches Gehaltsbändermodell für Kreditinstitute im Allgemeinen am geeignetsten ist. Es stellte sich in diesem Zusammenhang heraus, dass die Schaffung einiger weniger, breiter Gehaltsbänder sowohl den Mitarbeitern wie den Banken entgegenkommt, weil auf diese Weise die Bedeutung einer Aufstiegsversetzung abnimmt sowie flache Hierarchien gefördert werden. Anschließend wurde dargelegt, dass zur Verteilung variabler Vergütungsbestandteile nur top-to-down vergebene Budgets in Frage kommen, da ansonsten die Wirtschaftlichkeit des Systems aufgrund sich verbessernder Beurteilungsergebnisse gefährdet wäre. Bezüglich der Bemessungsgrundlagen für die variable Vergütung wurde herausgearbeitet, dass sowohl Betriebsergebnisgrößen wie Zielerreichungsgrade als auch Verhaltensmerkmale gleichermaßen berücksichtigt werden sollten. Eine Verbesserung der Bezugsgrößen sollte dabei zu einer linearen Erhöhung der variablen Vergütung führen, weil eine derartige Vergütungsfunktion nicht gegen das Postulat der Wirtschaftlichkeit verstößt und durch sie kein Anreiz für eine einseitige und/oder übertriebene Verkaufsausrichtung geschaffen wird, sie aber im Vergleich zu den anderen Funktionsverläufen für die Mitarbeiter transparenter ist. Schließlich wurden noch unterschiedliche Ausschüttungsmodalitäten erörtert, so wurden die banküblichen Formen der variablen Entlohnung und die Bandbreite möglicher Zahlungszeitpunkte vorgestellt sowie Möglichkeiten zur flexiblen Ausschüttungsgestaltung diskutiert.

Im Rahmen des vierten Teils wurde dann das Vergütungssystem der Commerzbank einschließlich seiner eingeleiteten Veränderungen beschrieben und bezüglich seiner akzeptanzgerechten Ausgestaltung und Umsetzung beurteilt. Hierbei zeigte sich, dass das Vergütungssystem der Commerzbank anfänglich nicht akzeptanzgerecht ausgestaltet und umgesetzt worden ist. Verantwortlich dafür war zunächst eine nicht hinreichende Beachtung der Akzeptanz im Planungsprozess wie Schwächen bei der Ausgestaltung. Letztere konnten jedoch mit Hilfe zahlreicher Modifikationen in der Zwischenzeit behoben werden. Im Ergebnis konnte damit eine hinreichende Akzeptanz des Systems sichergestellt werden. Dennoch werden hinsichtlich der Transparenz und der Belohnungswirkung des Systems weitere Verbesserungsmöglichkeiten gesehen. Die in diesem Zusammenhang erarbeiteten Vorschläge sollten dafür erste Anregungen geben.

Insgesamt gesehen hat die Arbeit gezeigt, dass die Schaffung eines akzeptierten Vergütungssystems eine komplexe Aufgabe darstellt, weshalb sich eine vollkommene Akzeptanz auch nicht einstellen wird. Dennoch sollte versucht werden, ein größtmögliches Maß an Akzeptanz zu erreichen. Das ist nicht nur aus rein betriebswirtschaftlichen Erwägungen zu fordern, sondern es ist zugleich ein Ausdruck der Wertschätzung gegenüber jedem einzelnen Mitarbeiter. Insofern wären zum einen auf der wissenschaftlicher Ebene weitere Anstrengungen zur Fundierung der Akzeptanzproblematik wünschenswert. Zum anderen bleibt zu hoffen, dass zukünftig noch mehr Institute in ähnlich starkem Ausmaß wie die Commerzbank an einer akzeptanzgerechten Ausgestaltung interessiert sind.

Anhangverzeichnis

Anhang 1

Statistisches Bundesamt
VIII B - 174/1- B

Dezember 1996

Modellrechnungen zur Bevölkerungsentwicklung bis zum Jahr 2040

Die Modellrechnungen sind von der Interministeriellen Arbeitsgruppe Bevölkerungsfragen unter dem Vorsitz des Bundesministeriums des Innern erarbeitet und vom Statistischen Bundesamt durchgeführt worden.

Überblick über die Modelle

Für die Modellrechnungen wurden mehrere Varianten zur Wanderung und zur Geburtenhäufigkeit erstellt, um der Unsicherheit über die künftige Entwicklung Rechnung zu tragen.
Um die Auswirkungen der **Wanderungen** auf den Bevölkerungsstand sowie den möglichen Fehlerspielraum aufzuzeigen, wurden zwei Varianten mit niedrigeren und höheren Zuwanderungssalden für Ausländer (Variante A, jährlicher Wanderungsgewinn 100 000, Variante B, jährlicher Wanderungsgewinn 200 000) sowie auch eine Kontrollvariante (K), die ab 1996 keine Wanderungsgewinne von Ausländern vorsieht, berechnet. Bei der Festlegung dieser Annahmen wurde davon ausgegangen, daß angesichts der wirtschaftlichen Lage und der Situation auf dem Arbeitsmarkt die Aufnahmepraxis auch nach wirtschaftlichen Kriterien in absehbarer Zukunft weiter restriktiv sein müsse. Werde langfristig (unter Berücksichtigung der künftigen wirtschaftlichen Entwicklung und der Lage am Arbeitsmarkt sowie der demographischen Entwicklung) ein zusätzlicher Bedarf an Arbeitskräften erwartet, sollte durch eine sorgfältige Abwägung aller Kosten und Nutzen festgestellt werden, inwieweit Zuwanderungen sinnvoll erscheinen.

Um den Einfluß der **Geburtenhäufigkeit** auf die künftige Bevölkerungsentwicklung deutlich zu machen, wurde für die deutsche Bevölkerung neben dem Modell mit konstanter Geburtenhäufigkeit (Modell I) auch ein Modell mit abnehmender (Modell II) sowie mit zunehmender (Modell III) Geburtenhäufgkeit berechnet.

Bezeichnung der Ergebnisse

Die Ergebnisse für die Gesamtbevölkerung sind dementsprechend mit Kombinationen aus den Ziffern I bis III für die Geburtenhäufigkeit der Deutschen und den Buchstaben A, B und K für die Wanderungen der Ausländer gekennzeichnet.

Werden Ergebnisse der Modellrechnungen nach Deutschen und Ausländern getrennt verwendet, so ist folgendes zu beachten:
Die Modelle für die deutsche Bevölkerung sind mit I, II oder III für die jeweilige Annahme zur Geburtenhäufigkeit gekennzeichnet. Diese Modelle werden weiter mit A, B oder K untergliedert, je nachdem, mit welcher der Varianten zur Wanderung der Ausländer die deutsche Bevölkerung kombiniert werden soll. Diese Unterscheidung ist notwendig, weil für die einzelnen Varianten zur Wanderung der Ausländer jeweils unterschiedliche Annahmen zur Einbürgerung getroffen wurden, die wiederum Auswirkungen auf die deutsche Bevölkerung haben. So kennzeichnet z.B. das Modell IA für Deutsche das Modell mit konstanter Geburtenhäufigkeit und den Einbürgerungen gemäß Variante A der Ausländerwanderungen.

Entwicklung der Bevölkerung in Deutschland von 1995 bis 2040

Basis: 01.01.1994

Modell: I B

- 1000 -

Jahr (jeweils 01.01.)	M W I	Insgesamt	Alter von ... bis unter ... Jahren 0-5	5-10	10-15	15-20	20-25	25-30	30-35	35-40	40-45	45-50	50-55	55-60
1995 ...	M	39688.5	2153.4	2366.9	2295.4	2188.0	2589.4	3605.8	3707.9	3214.7	2893.9	2394.9	2832.3	2886.0
	W	41861.2	2042.5	2244.2	2187.5	2058.7	2438.3	3335.3	3445.6	3018.7	2805.4	2309.6	2765.4	2894.8
	I	81549.6	4195.9	4611.1	4482.9	4246.7	5027.7	6941.0	7153.5	6233.4	5699.3	4704.5	5597.8	5780.8
1996 ...	M	39869.1	2075.1	2415.6	2307.3	2248.7	2434.0	3483.7	3775.3	3328.2	2924.8	2581.8	2549.4	2983.5
	W	41908.9	1966.8	2287.4	2186.5	2118.4	2286.7	3226.3	3491.5	3115.8	2823.1	2492.9	2494.1	2889.3
	I	81778.0	4041.8	4703.0	4493.7	4367.1	4720.8	6710.0	7266.8	6444.0	5747.9	5074.7	5043.5	5872.8
1997 ...	M	40058.3	2034.1	2404.6	2329.5	2297.6	2325.3	3339.1	3818.8	3442.9	2986.3	2712.4	2356.6	3030.1
	W	41960.9	1926.3	2274.7	2204.2	2166.4	2174.9	3093.2	3517.8	3218.3	2863.8	2627.6	2305.7	3033.1
	I	82019.2	3960.3	4679.3	4533.7	4464.1	4500.2	6432.3	7336.6	6661.2	5850.1	5340.0	4662.3	6063.2
1998 ...	M	40238.7	2001.0	2366.3	2359.4	2344.4	2284.6	3153.0	3827.3	3557.3	3055.3	2797.4	2328.0	2960.2
	W	42006.9	1892.5	2239.7	2228.6	2210.9	2126.2	2919.9	3519.7	3315.6	2908.2	2717.4	2280.8	2962.9
	I	82245.5	3893.5	4605.9	4588.1	4555.3	4410.9	6072.9	7346.9	6872.9	5963.5	5514.7	4608.8	5923.1
1999 ...	M	40408.6	1968.4	2305.6	2413.6	2376.8	2299.4	2932.9	3791.1	3685.8	3141.7	2851.5	2317.0	2869.1
	W	42046.5	1860.8	2181.0	2276.8	2241.8	2129.5	2716.9	3482.1	3423.5	2967.4	2779.0	2269.2	2871.9
	I	82455.1	3829.1	4486.6	4690.4	4618.7	4428.9	5649.8	7273.2	7109.3	6109.1	5630.5	4586.3	5741.0
2000 ...	M	40567.3	1942.8	2241.2	2457.0	2401.6	2330.0	2736.9	3714.5	3787.2	3245.4	2884.6	2360.1	2729.6
	W	42078.7	1836.4	2116.3	2317.6	2263.2	2151.8	2533.3	3409.0	3503.3	3048.1	2812.0	2308.0	2736.1
	I	82646.0	3779.1	4357.5	4774.7	4664.8	4481.8	5270.2	7123.5	7290.5	6293.5	5696.5	4668.1	5465.7
2001 ...	M	40659.0	1905.8	2158.4	2501.1	2399.4	2388.1	2580.7	3580.6	3851.5	3357.6	2914.2	2540.8	2457.5
	W	42050.9	1801.3	2036.1	2356.3	2258.2	2208.9	2379.8	3306.6	3545.0	3143.2	2828.0	2487.2	2468.5
	I	82709.9	3707.1	4194.5	4857.4	4657.6	4597.0	4960.5	6887.2	7396.5	6500.8	5742.1	5028.0	4926.0
2002 ...	M	40738.6	1865.7	2112.1	2484.8	2416.5	2432.8	2468.4	3442.0	3890.3	3468.9	2973.3	2665.5	2272.5
	W	42015.5	1763.3	1990.5	2338.4	2271.1	2253.2	2264.4	3159.1	3566.4	3242.4	2866.4	2618.0	2282.2
	I	82754.1	3629.0	4102.6	4823.2	4687.6	4686.0	4732.8	6601.1	7456.6	6711.3	5839.7	5283.5	4554.7
2003 ...	M	40806.4	1824.9	2073.8	2441.1	2441.1	2475.2	2423.8	3252.3	3894.1	3579.4	3039.8	2746.1	2244.2
	W	41974.4	1724.5	1951.6	2298.3	2290.4	2294.0	2212.2	2981.8	3563.3	3336.0	2908.5	2704.6	2256.0
	I	82780.8	3549.4	4025.4	4739.4	4731.5	4769.2	4636.0	6234.1	7457.5	6915.4	5948.2	5450.7	4500.2
2004 ...	M	40863.3	1785.7	2035.8	2375.2	2490.0	2503.3	2434.3	3028.9	3853.7	3703.4	3123.4	2796.6	2233.4
	W	41928.5	1687.4	1914.8	2234.5	2333.4	2320.9	2211.8	2775.1	3521.1	3439.6	2965.1	2763.4	2243.2
	I	82791.8	3473.1	3950.6	4609.7	4823.3	4824.2	4646.1	5804.0	7374.8	7143.0	6088.5	5560.0	4476.6
2005 ...	M	40910.5	1750.7	2004.8	2305.5	2528.0	2523.5	2460.6	2829.6	3773.1	3800.1	3224.1	2827.0	2274.5
	W	41878.3	1654.1	1885.4	2164.6	2369.1	2338.0	2230.4	2588.0	3443.4	3514.7	3043.4	2794.1	2279.8
	I	82788.7	3404.8	3890.2	4470.1	4897.1	4861.5	4691.0	5417.6	7216.5	7314.8	6267.5	5621.1	4554.3
2006 ...	M	40949.4	1722.1	1968.0	2222.8	2572.1	2521.6	2518.7	2674.5	3650.6	3864.7	3335.9	2856.8	2447.4
	W	41828.2	1627.0	1850.3	2084.6	2407.7	2333.1	2287.4	2434.9	3331.6	3556.6	3138.2	2810.5	2456.2
	I	82777.6	3349.2	3818.3	4307.3	4979.8	4854.7	4806.1	5108.3	6982.3	7421.3	6474.2	5667.3	4903.6
2007 ...	M	40979.7	1698.8	1928.0	2176.5	2555.8	2538.9	2563.4	2562.9	3503.5	3904.2	3446.4	2915.7	2566.5
	W	41773.1	1604.9	1812.4	2039.0	2389.9	2346.0	2331.7	2319.8	3194.7	3578.1	3237.1	2849.0	2584.8
	I	82752.8	3303.7	3740.4	4216.5	4945.7	4884.9	4895.0	4882.7	6698.2	7482.2	6683.5	5764.7	5151.3
2008 ...	M	41002.5	1681.4	1887.2	2138.2	2512.2	2562.6	2605.8	2518.6	3315.4	3908.8	3556.2	2981.8	2643.8
	W	41715.2	1588.4	1773.7	2000.1	2349.8	2365.3	2372.4	2267.8	3018.1	3575.3	3330.3	2891.0	2670.2
	I	82717.7	3269.8	3661.0	4138.3	4862.0	4928.0	4978.2	4786.4	6333.4	7484.1	6886.5	5872.9	5314.0
2009 ...	M	41018.7	1669.9	1848.2	2100.2	2446.3	2612.5	2639.9	2529.2	3093.6	3869.5	3679.2	3064.7	2692.5
	W	41655.4	1577.4	1736.6	1963.3	2286.2	2408.3	2399.3	2267.4	2812.1	3533.6	3433.4	2947.5	2728.1
	I	82674.1	3247.3	3584.8	4063.6	4732.5	5020.8	5039.2	4796.6	5905.7	7403.1	7112.6	6012.1	5420.6
2010 ...	M	41029.1	1663.3	1813.1	2069.3	2376.8	2650.5	2654.2	2555.5	2895.7	3790.2	3775.4	3164.1	2722.8
	W	41593.9	1571.2	1703.4	1933.9	2216.4	2444.0	2416.3	2285.9	2625.7	3456.4	3508.2	3025.1	2758.6
	I	82623.0	3234.5	3516.5	4003.2	4593.2	5094.5	5070.5	4841.4	5521.4	7246.6	7283.5	6189.2	5481.3
2011 ...	M	41013.8	1658.2	1782.7	2030.5	2292.5	2692.9	2650.8	2611.4	2739.6	3668.2	3838.8	3273.5	2752.1
	W	41511.0	1566.3	1674.5	1897.0	2134.7	2481.3	2410.1	2341.0	2471.2	3344.5	3548.9	3118.1	2774.0
	I	82524.8	3224.5	3457.2	3927.6	4427.2	5174.2	5060.9	4952.4	5210.8	7012.7	7387.7	6391.6	5526.1
2012 ...	M	40992.6	1657.3	1757.4	1988.6	2244.5	2675.3	2666.5	2654.0	2627.0	3521.5	3877.5	3381.5	2809.7
	W	41426.0	1565.4	1650.5	1857.2	2087.4	2462.2	2421.7	2383.4	2354.7	3207.3	3569.6	3215.0	2811.3
	I	82418.6	3222.7	3407.9	3845.8	4331.9	5137.5	5088.2	5037.5	4981.7	6728.8	7447.1	6596.5	5620.9
2013 ...	M	40965.3	1659.1	1738.1	1946.0	2204.3	2630.4	2689.7	2694.6	2581.1	3334.0	3881.7	3488.8	2874.1
	W	41338.7	1567.1	1632.1	1816.7	2046.7	2420.8	2439.6	2422.4	2301.1	3030.4	3566.1	3306.4	2852.0
	I	82303.9	3226.2	3370.2	3762.7	4251.0	5051.2	5129.3	5117.0	4882.2	6364.4	7447.8	6795.3	5726.1
2014 ...	M	40931.9	1662.2	1724.7	1905.0	2164.4	2563.2	2736.8	2720.9	2589.7	3112.7	3842.6	3609.1	2954.5
	W	41249.1	1570.0	1619.3	1777.7	2008.1	2355.8	2481.2	2447.8	2298.8	2824.1	3524.0	3407.6	2906.8
	I	82181.0	3232.3	3344.0	3682.7	4172.5	4919.0	5218.0	5168.7	4888.5	5936.8	7366.6	7016.7	5861.3
2015 ...	M	40892.5	1665.7	1716.1	1868.0	2131.6	2492.3	2773.2	2739.5	2614.0	2915.0	3763.9	3703.2	3051.0
	W	41157.9	1573.3	1611.2	1742.7	1976.8	2284.5	2515.5	2463.3	2315.5	2637.1	3446.8	3480.8	2982.5
	I	82050.4	3239.0	3327.4	3610.7	4108.4	4776.9	5288.7	5202.8	4929.5	5552.1	7210.7	7184.0	6033.5
2016 ...	M	40847.0	1668.8	1711.1	1837.6	2092.9	2408.4	2815.6	2736.2	2669.6	2760.5	3644.0	3766.1	3157.8
	W	41065.2	1576.2	1606.4	1713.8	1940.0	2203.0	2552.7	2457.1	2370.4	2483.5	3335.8	3521.3	3074.3
	I	81912.2	3245.0	3317.4	3551.4	4032.8	4611.4	5368.3	5193.3	5040.0	5243.9	6979.8	7287.5	6232.1

Anhang 1

Entwicklung der Bevölkerung in Deutschland von 1995 bis 2040

Basis: 01.01.1994

Modell: I B

- 1000 -

Jahr (jeweils 01.01.)	M W I	Ins-gesamt	Alter von ... bis unter ... Jahren											
			0- 5	5-10	10-15	15-20	20-25	25-30	30-35	35-40	40-45	45-50	50-55	55-60
2017 ...	M	40796.1	1670.4	1710.2	1812.4	2061.1	2380.6	2798.1	2751.9	2712.0	2649.0	3499.6	3805.0	3263.0
	W	40968.6	1577.6	1605.5	1688.8	1900.2	2135.8	2533.6	2468.7	2412.8	2367.7	3199.8	3542.1	3170.0
	I	81764.6	3248.0	3315.6	3502.1	3961.2	4516.3	5331.7	5220.6	5124.8	5016.7	6699.4	7347.0	6433.0
2018 ...	M	40736.2	1669.6	1711.9	1793.1	2008.5	2320.5	2753.5	2775.0	2752.4	2603.7	3314.8	3809.9	3367.9
	W	40869.2	1576.9	1607.1	1671.4	1859.7	2115.2	2492.4	2486.6	2451.7	2314.3	3024.3	3538.9	3260.2
	I	81605.4	3246.5	3319.0	3464.5	3868.1	4435.8	5245.8	5261.7	5204.1	4918.0	6339.1	7348.8	6628.1
2019 ...	M	40669.8	1665.8	1715.1	1779.8	1967.5	2280.8	2686.7	2822.1	2778.7	2612.3	3096.8	3772.6	3485.2
	W	40762.4	1573.2	1610.1	1658.5	1820.8	2076.6	2427.5	2528.2	2476.9	2312.1	2819.7	3497.5	3360.1
	I	81432.2	3239.0	3325.1	3438.3	3788.3	4357.4	5114.1	5350.2	5255.6	4924.4	5916.4	7270.1	6845.3
2020 ...	M	40595.2	1658.4	1718.6	1771.1	1930.6	2248.1	2616.1	2858.4	2797.2	2636.4	2901.9	3696.5	3577.7
	W	40647.9	1566.1	1613.3	1650.5	1785.7	2045.3	2356.3	2562.4	2492.5	2328.7	2634.1	3421.4	3432.5
	I	81243.1	3224.5	3331.9	3421.7	3716.4	4293.4	4972.4	5420.8	5289.7	4965.1	5536.0	7117.9	7010.1
2021 ...	M	40502.5	1646.0	1720.7	1765.1	1899.4	2208.7	2531.7	2899.7	2793.0	2691.2	2749.3	3579.5	3639.4
	W	40516.8	1554.3	1615.3	1644.7	1756.0	2007.8	2274.3	2598.6	2485.4	2383.0	2481.2	3311.3	3472.2
	I	81019.2	3200.3	3336.0	3409.8	3655.4	4216.5	4806.0	5498.4	5278.4	5074.2	5230.5	6890.7	7111.6
2022 ...	M	40401.8	1629.8	1721.3	1763.2	1873.2	2166.2	2483.3	2881.5	2807.8	2732.8	2639.3	3438.5	3678.2
	W	40380.0	1539.0	1615.8	1642.9	1731.2	1967.4	2226.4	2578.7	2496.1	2424.7	2365.9	3176.5	3492.5
	I	80781.8	3168.8	3337.1	3406.1	3604.4	4133.6	4709.7	5460.2	5303.9	5157.5	5005.2	6614.9	7170.7
2023 ...	M	40293.3	1610.4	1719.6	1764.0	1853.0	2123.0	2442.6	2836.2	2830.0	2772.3	2594.4	3257.9	3683.9
	W	40237.4	1520.5	1614.1	1643.6	1711.9	1926.3	2185.2	2536.8	2513.1	2462.9	2312.6	3002.9	3489.4
	I	80530.7	3130.9	3333.7	3407.6	3564.9	4049.3	4627.8	5373.0	5343.1	5235.2	4907.0	6260.8	7173.3
2024 ...	M	40177.1	1588.4	1714.8	1766.1	1838.6	2081.9	2402.3	2768.9	2876.0	2797.7	2602.5	3044.7	3649.1
	W	40088.5	1499.7	1609.5	1645.6	1698.2	1886.7	2146.0	2471.2	2553.6	2487.3	2310.0	2799.7	3448.6
	I	80265.6	3088.1	3324.3	3411.8	3536.8	3968.6	4548.3	5240.1	5429.6	5285.1	4912.5	5844.4	7097.7
2025 ...	M	40053.3	1564.7	1706.4	1768.7	1829.1	2043.7	2368.9	2697.9	2911.2	2815.4	2626.0	2854.2	3576.7
	W	39932.9	1477.1	1601.5	1647.9	1689.1	1850.9	2114.1	2399.5	2586.9	2502.1	2326.1	2615.8	3373.7
	I	79986.2	3041.8	3307.9	3416.6	3518.3	3894.7	4483.1	5097.4	5498.1	5317.4	4952.1	5470.0	6950.5
2026 ...	M	39922.3	1540.0	1694.0	1770.8	1823.1	2012.6	2329.7	2613.9	2952.5	2811.4	2680.2	2705.4	3465.0
	W	39770.8	1453.7	1589.7	1649.9	1683.3	1821.3	2076.7	2317.7	2623.1	2495.1	2380.0	2464.7	3265.7
	I	79693.0	2993.7	3283.7	3420.7	3506.4	3833.9	4406.4	4931.6	5575.6	5306.5	5060.3	5170.1	6730.7
2027 ...	M	39784.3	1514.8	1677.9	1771.4	1821.2	1996.5	2287.4	2565.8	2934.4	2826.2	2721.5	2598.5	3330.0
	W	39602.6	1429.8	1574.4	1650.4	1681.5	1786.5	2036.4	2269.9	2603.3	2506.9	2421.5	2350.8	3133.4
	I	79386.8	2944.6	3252.3	3421.8	3502.7	3783.0	4323.7	4835.7	5537.7	5332.1	5143.0	4949.3	6463.4
2028 ...	M	39639.4	1489.6	1658.6	1769.7	1822.0	1966.4	2244.3	2525.3	2889.5	2848.5	2760.8	2555.1	3156.7
	W	39428.4	1405.9	1556.0	1648.7	1682.2	1777.2	1995.3	2228.8	2561.5	2522.9	2459.4	2298.1	2962.6
	I	79067.7	2895.5	3214.6	3418.4	3504.3	3743.6	4239.6	4754.0	5451.0	5371.4	5220.2	4853.2	6119.2
2029 ...	M	39487.8	1464.9	1636.6	1764.9	1824.2	1952.0	2202.8	2485.1	2822.7	2894.3	2786.0	2563.5	2951.5
	W	39248.2	1382.4	1535.2	1644.1	1684.2	1763.5	1955.8	2189.7	2496.2	2563.4	2483.8	2295.6	2763.2
	I	78736.0	2847.2	3171.8	3409.0	3508.4	3715.6	4158.6	4674.8	5318.9	5457.7	5268.8	4858.0	5714.7
2030 ...	M	39330.0	1440.8	1613.0	1756.5	1826.7	1942.6	2166.4	2451.9	2752.2	2929.5	2803.6	2586.8	2768.5
	W	39062.7	1359.6	1512.7	1636.1	1686.6	1754.5	1920.0	2157.9	2424.7	2596.7	2498.5	2311.5	2582.4
	I	78392.7	2800.4	3125.6	3392.6	3513.3	3697.1	4086.4	4609.8	5176.9	5526.2	5302.1	4898.3	5350.9
2031 ...	M	39161.3	1417.3	1587.8	1743.6	1828.4	1936.2	2133.9	2412.3	2668.3	2970.4	2799.7	2640.1	2625.4
	W	38867.3	1337.3	1488.8	1623.9	1688.1	1748.4	1890.1	2120.0	2342.7	2632.6	2481.5	2364.7	2433.7
	I	78028.6	2754.6	3076.6	3367.5	3516.5	3684.6	4024.0	4532.4	5011.0	5603.0	5281.1	5004.8	5059.1
2032 ...	M	38983.6	1395.3	1562.2	1727.1	1828.5	1934.0	2107.6	2369.7	2619.9	2952.4	2814.3	2680.7	2523.1
	W	38664.6	1316.3	1464.4	1608.1	1688.2	1746.2	1865.0	2079.4	2294.7	2612.7	2502.1	2405.5	2321.6
	I	77648.2	2711.6	3026.6	3335.2	3516.7	3680.2	3972.6	4449.1	4914.6	5565.1	5316.4	5086.2	4844.7
2033 ...	M	38797.3	1374.9	1536.6	1707.2	1826.3	1934.4	2087.1	2326.4	2579.2	2907.6	2836.4	2719.2	2481.6
	W	38454.8	1297.0	1440.1	1589.2	1686.0	1746.6	1845.4	2038.0	2253.2	2570.8	2518.9	2443.0	2269.6
	I	77252.1	2671.9	2976.7	3296.5	3512.3	3681.0	3932.5	4364.4	4832.4	5478.4	5355.3	5162.2	4751.2
2034 ...	M	38602.6	1356.3	1511.3	1684.8	1821.1	1936.2	2072.6	2284.7	2538.8	2841.1	2881.7	2743.9	2489.8
	W	38237.6	1279.4	1416.2	1568.0	1681.0	1748.3	1831.4	1998.1	2213.7	2505.5	2559.0	2466.9	2266.9
	I	76840.2	2635.7	2927.5	3252.8	3502.1	3684.4	3903.9	4282.8	4752.5	5346.5	5440.8	5210.8	4756.6
2035 ...	M	38399.6	1339.8	1486.8	1660.7	1812.2	1938.3	2062.7	2246.9	2505.3	2770.7	2916.4	2761.0	2512.3
	W	38013.2	1263.7	1392.9	1545.0	1672.5	1750.2	1822.1	1962.1	2181.6	2434.0	2591.9	2481.2	2282.3
	I	76412.9	2603.5	2879.8	3205.7	3484.7	3688.5	3884.8	4209.1	4686.8	5204.7	5508.4	5242.2	4794.6
2036 ...	M	38189.2	1325.3	1463.4	1635.6	1799.4	1939.9	2056.3	2215.6	2465.9	2687.6	2957.0	2757.3	2564.0
	W	37783.3	1250.0	1370.7	1521.1	1660.3	1751.7	1816.0	1932.2	2143.9	2352.3	2627.7	2474.3	2334.7
	I	75972.5	2575.3	2834.1	3156.7	3459.6	3691.7	3872.3	4147.9	4609.8	5039.9	5584.7	5231.6	4898.7
2037 ...	M	37971.5	1312.8	1441.3	1609.9	1782.8	1940.1	2054.1	2189.4	2423.5	2639.6	2939.2	2771.9	2603.3
	W	37548.5	1238.1	1349.8	1496.8	1644.5	1751.8	1813.8	1907.2	2103.3	2304.5	2608.0	2484.9	2375.0
	I	75520.0	2550.9	2791.1	3106.8	3427.3	3691.9	3867.9	4096.6	4526.8	4944.2	5547.2	5256.8	4978.3
2038 ...	M	37746.7	1302.1	1421.0	1584.3	1763.0	1937.9	2054.5	2169.0	2380.4	2599.2	2895.1	2793.8	2640.7
	W	37308.7	1228.0	1330.4	1472.5	1625.7	1749.6	1814.2	1887.8	2062.0	2263.2	2566.4	2501.7	2411.9
	I	75055.4	2530.1	2751.4	3056.8	3388.7	3687.6	3868.7	4066.7	4442.4	4862.5	5461.5	5295.6	5052.7

Anhang 1

Entwicklung der Bevölkerung in Deutschland von 1995 bis 2040

Basis: 01.01.1994

Modell: I B

248

- 1000 -

Jahr (jeweils 01.01.)	M W I	Ins-gesamt	Alter von ... bis unter ... Jahren											
			0- 5	5-10	10-15	15-20	20-25	25-30	30-35	35-40	40-45	45-50	50-55	55-60
2039 ...	M	37515.3	1293.1	1402.5	1559.1	1740.6	1932.7	2056.3	2154.4	2338.8	2559.1	2829.4	2838.6	2664.6
	W	37063.4	1219.5	1312.9	1448.6	1604.4	1744.8	1815.8	1873.7	2022.3	2224.0	2501.6	2541.6	2435.5
	I	74578.7	2512.7	2715.3	3007.7	3345.0	3677.3	3872.2	4028.1	4361.2	4783.1	5331.0	5380.2	5100.1
2040 ...	M	37277.4	1285.6	1385.9	1534.7	1716.5	1923.9	2058.4	2144.7	2301.4	2525.8	2760.0	2872.8	2681.1
	W	36812.8	1212.4	1297.2	1425.3	1581.5	1736.2	1817.8	1864.4	1986.4	2191.9	2430.5	2574.3	2449.6
	I	74090.3	2498.0	2683.1	2960.0	3298.0	3660.0	3876.2	4009.1	4287.8	4717.8	5190.5	5447.1	5130.7

Anhang 1

Entwicklung der Bevölkerung in Deutschland von 1995 bis 2040

Basis: 01.01.1994

Modell: I B

- 1000 -

Jahr (jeweils 01.01.)	M W I	60-65	65-70	70-75	75-80	80-85	85-90	90u.m.	0-20	20-60	60u.m.	0- 6	0-18	18-21
		Alter von ... bis unter ... Jahren												
1995 ...	M	2104.5	1750.0	1216.1	578.7	566.2	254.8	78.6	9018.7	24124.8	6549.9	2629.6	8149.0	1304.0
	W	2231.1	2233.9	2216.6	1207.4	1395.6	750.5	279.8	8532.9	23013.3	10315.0	2495.8	7722.8	1226.1
	I	4335.6	3984.0	3432.7	1786.0	1961.8	1005.3	358.4	17548.6	47138.1	16864.9	5125.4	15871.8	2530.1
1996 ...	M	2183.3	1822.8	1230.0	647.9	536.3	258.3	84.1	9046.6	24060.8	6761.8	2562.1	8180.3	1320.1
	W	2300.7	2212.2	2174.6	1341.7	1328.9	777.2	294.6	8559.1	22920.0	10429.9	2428.1	7729.3	1233.9
	I	4484.0	4035.1	3404.7	1989.6	1864.2	1035.4	378.7	17605.6	46980.7	17191.7	4990.3	15889.7	2554.0
1997 ...	M	2297.4	1859.1	1250.9	743.1	481.8	261.1	87.7	9065.8	24011.5	6981.0	2480.7	8165.8	1347.9
	W	2412.9	2176.0	2121.0	1534.4	1207.7	790.8	313.1	8571.6	22834.4	10554.9	2349.4	7729.6	1259.1
	I	4710.3	4034.1	3371.8	2277.5	1689.5	1051.9	400.8	17637.4	46845.8	17535.9	4830.1	15895.4	2607.0
1998 ...	M	2429.4	1865.3	1298.4	831.1	422.0	266.8	91.4	9071.1	23963.0	7204.6	2434.2	8158.1	1369.4
	W	2544.8	2140.0	2079.5	1713.3	1063.4	811.7	331.8	8571.7	22750.7	10684.5	2303.6	7716.0	1280.0
	I	4974.2	4005.3	3377.9	2544.4	1485.5	1078.4	423.2	17642.8	46713.7	17889.0	4737.9	15874.1	2649.4
1999 ...	M	2593.0	1836.4	1392.3	897.7	371.5	270.3	94.4	9064.4	23888.5	7455.7	2394.5	8116.8	1409.3
	W	2713.6	2089.9	2070.8	1858.3	937.6	826.3	349.9	8560.4	22639.6	10846.5	2263.5	7668.1	1320.7
	I	5306.6	3926.4	3463.1	2756.0	1309.2	1096.6	444.3	17624.8	46528.1	18302.2	4658.0	15785.8	2730.0
2000 ...	M	2706.5	1892.7	1478.9	821.8	369.1	270.4	97.1	9042.6	23788.2	7736.5	2354.4	8067.5	1444.5
	W	2829.7	2134.5	2056.8	1905.1	916.3	834.2	368.0	8533.4	22501.6	11044.6	2224.7	7615.0	1356.4
	I	5536.2	4027.2	3535.7	2826.9	1285.4	1104.6	465.1	17576.0	46289.8	18781.1	4579.2	15682.5	2801.0
2001 ...	M	2797.0	1966.7	1541.9	935.5	419.1	254.0	98.9	8964.7	23681.1	8013.1	2314.3	7984.5	1475.7
	W	2919.9	2201.7	2038.9	1873.7	1032.2	792.7	382.9	8451.9	22357.1	11241.9	2186.6	7531.1	1385.0
	I	5716.9	4168.4	3580.8	2809.2	1451.3	1046.7	481.8	17416.6	46038.2	19255.1	4500.9	15515.6	2860.7
2002 ...	M	2838.9	2070.9	1573.1	954.8	481.4	226.3	100.4	8879.2	23613.7	8245.7	2269.3	7903.6	1470.8
	W	2960.3	2308.3	2005.8	1832.1	1183.9	716.2	393.7	8363.3	22252.0	11400.3	2143.8	7449.1	1377.8
	I	5799.2	4379.2	3578.9	2786.9	1665.3	942.5	494.1	17242.4	45865.6	19646.0	4413.1	15352.7	2848.5
2003 ...	M	2771.3	2190.1	1579.3	994.0	535.4	197.5	103.1	8780.9	23654.8	8870.7	2221.9	7818.4	1465.1
	W	2889.5	2432.7	1974.4	1799.8	1318.1	629.9	408.7	8264.8	22256.3	11453.2	2098.8	7362.1	1369.2
	I	5660.8	4622.8	3553.7	2793.8	1853.6	827.4	511.8	17045.7	45911.1	19823.9	4320.7	15178.5	2834.3
2004 ...	M	2684.8	2336.9	1557.4	1068.0	573.0	174.8	104.8	8686.6	23677.0	8499.7	2175.0	7718.9	1457.8
	W	2799.2	2591.6	1929.7	1795.3	1422.3	559.3	420.8	8170.1	22240.2	11518.2	2054.3	7265.2	1362.0
	I	5484.0	4928.5	3487.1	2863.3	1995.3	734.1	525.5	16856.7	45917.2	20017.9	4229.3	14984.4	2819.9
2005 ...	M	2554.2	2440.3	1609.8	1134.8	586.4	178.3	105.2	8588.9	23712.6	8609.0	2131.4	7598.8	1479.7
	W	2666.0	2701.2	1973.4	1786.2	1456.3	561.4	429.9	8073.2	22231.7	11574.9	2013.0	7146.8	1381.5
	I	5220.2	5141.4	3583.2	2921.0	2042.7	739.7	535.1	16662.1	45944.3	20183.3	4144.4	14745.6	2861.2
2006 ...	M	2301.8	2525.2	1678.3	1185.0	597.6	206.9	99.4	8484.9	23870.4	8594.1	2093.8	7463.0	1515.4
	W	2407.2	2788.4	2039.4	1775.4	1438.2	647.4	414.2	7969.7	22348.4	11510.1	1977.3	7016.7	1412.3
	I	4709.0	5313.6	3717.7	2960.4	2035.7	854.3	513.5	16454.6	46218.7	20104.3	4071.1	14479.7	2927.7
2007 ...	M	2132.0	2565.0	1771.0	1209.8	613.1	238.3	89.9	8359.1	24001.4	8618.2	2062.4	7310.0	1561.4
	W	2228.0	2827.7	2140.7	1750.0	1411.8	746.5	381.1	7846.2	22441.2	11486.9	1947.5	6869.7	1453.0
	I	4360.0	5392.7	3911.7	2959.7	2024.9	984.8	471.0	16205.2	46442.6	20104.9	4009.8	14179.8	3014.4
2008 ...	M	2107.9	2504.6	1875.0	1215.7	641.4	263.6	81.2	8219.0	24094.1	8689.3	2037.6	7167.6	1576.8
	W	2203.8	2760.4	2257.2	1724.9	1390.6	827.5	348.4	7712.1	22490.4	11512.8	1924.0	6730.7	1467.2
	I	4311.7	5265.0	4132.3	2940.6	2032.0	1091.0	429.6	15931.1	46584.5	20202.1	3961.6	13898.3	3043.9
2009 ...	M	2101.0	2428.2	2001.7	1202.1	661.7	279.5	74.9	8064.6	24175.1	8779.0	2020.0	7015.1	1588.9
	W	2193.0	2675.1	2405.0	1688.6	1390.3	885.6	324.6	7563.6	22529.6	11562.2	1907.3	6584.3	1479.3
	I	4294.0	5103.3	4406.7	2890.6	2052.0	1165.1	399.6	15629.2	46704.7	20341.2	3927.3	13599.4	3068.2
2010 ...	M	2142.7	2313.0	2093.5	1248.6	736.1	285.8	78.5	7922.6	24208.3	8898.2	2009.0	6904.6	1545.7
	W	2230.4	2549.7	2508.5	1731.6	1386.0	905.2	337.5	7424.9	22520.2	11648.9	1896.8	6477.6	1438.1
	I	4373.1	4862.7	4602.0	2980.2	2122.1	1191.0	416.0	15347.5	46728.4	20547.1	3905.8	13382.1	2983.8
2011 ...	M	2304.7	2086.7	2169.5	1307.6	770.7	294.2	89.0	7764.0	24227.5	9022.4	2001.0	6802.3	1488.9
	W	2401.3	2303.8	2591.1	1794.0	1381.3	898.7	379.2	7272.6	22489.0	11749.4	1889.2	6377.9	1392.3
	I	4706.1	4390.5	4760.6	3101.6	2151.9	1192.9	468.2	15036.5	46716.8	20771.8	3890.1	13180.2	2881.2
2012 ...	M	2415.8	1936.7	2205.2	1389.5	787.3	304.9	98.3	7647.9	24213.0	9131.7	1896.8	6709.4	1434.1
	W	2525.6	2134.6	2628.4	1885.7	1363.3	886.9	415.9	7160.5	22425.2	11840.3	1985.1	6289.9	1329.9
	I	4941.3	4071.3	4833.6	3269.2	2150.6	1181.9	514.2	14808.4	46638.2	20972.0	3881.9	12998.3	2764.0
2013 ...	M	2488.2	1917.5	2152.8	1466.2	792.2	321.7	105.0	7547.5	24174.4	9243.5	1996.8	6633.4	1395.0
	W	2608.0	2112.7	2565.3	1988.9	1344.7	876.7	440.7	7062.6	22338.9	11937.2	1885.1	6218.6	1291.1
	I	5096.1	4030.2	4718.2	3455.1	2136.6	1198.4	545.7	14610.1	46513.3	21180.6	3881.9	12849.9	2686.1
2014 ...	M	2533.7	1914.7	2088.0	1565.3	786.4	349.2	108.6	7456.3	24129.6	9346.0	1999.3	6561.6	1367.1
	W	2663.7	2104.0	2486.5	2118.5	1318.5	879.6	457.0	6975.2	22246.1	12027.8	1887.4	6148.3	1262.1
	I	5197.4	4018.7	4574.5	3683.8	2104.9	1228.8	565.6	14431.5	46375.8	21373.8	3886.7	12710.0	2629.2
2015 ...	M	2562.7	1956.1	1991.5	1640.3	823.2	372.7	112.3	7381.5	24052.1	9458.8	2002.9	6496.7	1342.4
	W	2692.9	2141.5	2371.5	2211.7	1358.1	879.9	472.3	6904.0	22126.1	12127.8	1890.8	6085.6	1237.9
	I	5255.6	4097.6	4363.0	3852.0	2181.2	1252.6	584.7	14285.5	46178.2	21586.7	3893.9	12581.4	2580.2
2016 ...	M	2592.1	2104.2	1798.7	1703.5	868.2	392.0	119.8	7310.4	23958.1	9578.5	2006.5	6439.8	1326.6
	W	2708.5	2306.8	2144.4	2286.9	1413.6	881.3	490.1	6836.2	21998.2	12230.8	1894.1	6029.6	1222.7
	I	5300.6	4410.0	3943.1	3990.4	2281.9	1273.4	609.9	14146.6	45956.3	21809.3	3900.6	12468.4	2549.3

Entwicklung der Bevölkerung in Deutschland von 1995 bis 2040

Basis: 01.01.1994

Modell: I B

- 1000 -

Jahr (jeweils 01.01.)	M W I	Alter von ... bis unter ... Jahren												
		60-65	65-70	70-75	75-80	80-85	85-90	90u.m.	0-20	20-60	60u.m.	0-6	0-18	18-21
2017 ...	M	2648.4	2205.3	1674.2	1732.8	922.4	401.3	127.6	7244.0	23833.2	9712.0	2008.9	6385.5	1306.2
	W	2745.5	2426.1	1989.9	2320.7	1489.9	872.4	502.7	6773.0	21850.4	12346.1	1896.4	5980.7	1203.3
	I	5393.9	4630.3	3664.1	4053.4	2412.3	1273.7	630.3	14017.0	45683.6	22058.1	3905.4	12366.2	2509.5
2018 ...	M	2711.2	2271.9	1661.4	1690.1	979.2	405.0	136.6	7183.1	23697.7	9855.4	2009.1	6341.6	1282.3
	W	2785.8	2504.7	1971.9	2263.2	1572.7	862.4	509.8	6715.1	21683.6	12470.5	1896.5	5938.9	1180.5
	I	5497.0	4776.6	3633.3	3953.4	2551.9	1267.4	646.4	13898.1	45381.3	22326.0	3905.6	12280.5	2462.8
2019 ...	M	2789.0	2314.1	1664.2	1640.0	1046.1	404.8	148.5	7128.1	23535.1	10006.7	2006.1	6304.9	1255.8
	W	2839.8	2558.6	1967.0	2193.9	1675.0	848.7	518.3	6662.7	21498.5	12601.3	1893.6	5903.9	1155.4
	I	5628.8	4872.6	3631.2	3833.9	2721.1	1253.6	666.7	13790.7	45033.5	22607.9	3899.6	12208.8	2411.2
2020 ...	M	2882.0	2342.2	1705.4	1567.4	1100.1	429.0	158.1	7078.7	23392.3	10184.2	1899.1	6273.4	1229.1
	W	2914.4	2587.5	2005.6	2094.9	1752.1	881.8	522.8	6615.7	21273.2	12759.1	1886.9	5873.9	1130.0
	I	5796.4	4929.7	3711.0	3662.3	2852.2	1310.8	680.9	13694.4	44665.5	22943.2	3786.0	12147.3	2359.1
2021 ...	M	2984.5	2371.2	1834.5	1417.6	1146.5	457.2	167.4	7031.1	23092.6	10378.8	1986.5	6242.2	1203.1
	W	3004.2	2603.4	2159.8	1895.7	1815.2	925.7	528.6	6570.3	21013.8	12932.6	1875.0	5844.2	1105.3
	I	5988.7	4974.6	3994.3	3313.4	2961.6	1382.9	696.0	13601.4	44106.4	23311.4	3861.5	12086.4	2308.3
2022 ...	M	3085.3	2425.2	1921.9	1325.3	1167.5	488.7	172.8	6887.6	22827.5	10586.7	1969.6	6213.2	1180.0
	W	3097.7	2639.8	2271.2	1763.6	1842.8	980.4	527.3	6628.8	20728.4	13122.9	1858.8	5816.5	1083.3
	I	6183.0	5065.0	4193.1	3088.8	3010.4	1469.1	700.1	13516.3	43555.9	23709.6	3828.4	12029.7	2263.3
2023 ...	M	3186.0	2485.0	1980.3	1319.8	1137.4	520.4	176.9	6947.0	22540.3	10806.0	1848.5	6184.3	1160.5
	W	3186.0	2679.5	2346.1	1751.0	1794.3	1036.9	524.8	6490.1	20428.8	13318.6	1938.9	5788.8	1064.8
	I	6371.9	5164.5	4326.5	3071.0	2931.7	1557.4	701.7	13437.0	42969.1	24124.6	3787.4	11973.1	2225.2
2024 ...	M	3298.6	2558.5	2017.5	1328.7	1104.8	557.2	181.3	6908.0	22222.5	11046.6	1924.1	6153.5	1145.7
	W	3283.6	2732.2	2396.8	1751.7	1739.5	1105.3	523.2	6453.0	20103.4	13532.2	1815.6	5758.5	1050.7
	I	6582.2	5290.7	4414.3	3080.3	2844.3	1662.5	704.4	13361.0	42325.8	24578.8	3739.8	11912.0	2196.4
2025 ...	M	3387.9	2646.1	2043.9	1368.2	1059.5	589.4	195.2	6868.9	21894.1	11290.3	1897.0	6121.0	1134.1
	W	3354.6	2804.8	2424.7	1791.6	1664.4	1161.0	546.9	6415.7	19769.2	13748.0	1789.9	5728.5	1039.6
	I	6742.5	5450.9	4468.6	3159.9	2723.9	1750.4	742.1	13284.7	41663.3	25038.3	3686.9	11849.5	2173.7
2026 ...	M	3448.5	2742.8	2072.0	1471.7	960.6	617.7	210.4	6827.9	21570.0	11523.8	1868.2	6085.4	1125.5
	W	3394.1	2892.5	2441.0	1929.6	1507.9	1207.6	577.1	6376.8	19444.9	13949.8	1762.6	5694.6	1031.5
	I	6842.6	5635.4	4513.1	3401.2	2468.5	1825.3	787.5	13204.6	41014.9	25473.6	3630.8	11780.0	2157.0
2027 ...	M	3487.5	2837.8	2122.5	1540.8	904.4	630.6	225.1	6785.4	21250.3	11748.6	1838.5	6045.6	1118.3
	W	3414.9	2983.8	2476.7	2028.6	1408.7	1228.2	608.0	6336.1	19117.6	14148.9	1734.4	5656.7	1025.5
	I	6902.4	5821.6	4599.2	3569.4	2313.1	1858.7	833.1	13121.5	40367.9	25897.5	3572.9	11702.4	2143.8
2028 ...	M	3494.9	2932.8	2178.1	1598.0	906.4	613.7	239.0	6739.9	20946.4	11963.0	1808.4	6001.1	1116.4
	W	3412.6	3070.0	2515.4	2085.9	1404.0	1194.0	637.7	6292.8	18805.9	14319.7	1705.8	5614.3	1022.8
	I	6907.6	6002.8	4693.5	3683.9	2310.4	1807.7	876.7	13032.7	39752.3	26282.7	3514.2	11615.4	2139.2
2029 ...	M	3464.2	3039.1	2245.5	1618.3	919.5	597.7	254.9	6690.6	20658.0	12139.2	1778.6	5951.6	1115.9
	W	3373.8	3165.3	2566.4	2141.3	1411.8	1159.1	673.4	6245.9	18511.2	14491.1	1677.5	5567.2	1022.1
	I	6838.0	6204.4	4811.9	3759.6	2331.4	1756.9	928.3	12936.5	39169.2	26630.4	3456.1	11518.8	2138.0
2030 ...	M	3397.8	3124.2	2325.5	1641.8	953.8	576.6	272.9	6637.0	20400.5	12292.6	1749.4	5897.0	1116.7
	W	3301.5	3235.1	2636.4	2167.6	1452.0	1114.1	714.8	6194.9	18246.3	14621.4	1649.9	5515.4	1023.0
	I	6699.3	6359.2	4961.8	3809.4	2405.8	1690.6	987.8	12832.0	38646.7	26914.0	3399.3	11412.4	2139.7
2031 ...	M	3293.4	3182.6	2413.7	1667.7	1025.9	524.8	289.7	6577.2	20186.4	12397.7	1720.8	5835.9	1118.2
	W	3196.5	3274.4	2720.4	2183.9	1564.3	1012.1	753.9	6138.1	18023.7	14705.6	1622.7	5457.3	1024.9
	I	6489.9	6457.0	5134.0	3851.6	2590.2	1536.9	1043.6	12715.2	38210.1	27103.2	3343.4	11293.2	2142.5
2032 ...	M	3166.7	3220.8	2499.5	1711.6	1072.6	498.9	298.9	6513.0	20001.7	12468.9	1693.6	5770.7	1119.9
	W	3067.7	3295.6	2807.6	2217.4	1643.4	952.1	776.6	6077.1	17827.1	14760.5	1596.8	5395.3	1026.0
	I	6234.4	6516.3	5307.1	3929.0	2716.1	1450.9	1075.5	12590.1	37828.8	27229.4	3290.4	11165.9	2145.9
2033 ...	M	3003.0	3229.0	2585.3	1759.2	1105.0	504.0	294.9	6444.9	19871.9	12480.5	1668.2	5701.9	1121.2
	W	2901.0	3294.0	2889.7	2253.5	1697.9	954.4	766.5	6012.4	17685.5	14757.0	1572.8	5330.0	1027.1
	I	5904.0	6523.1	5475.0	4012.7	2802.9	1458.4	1061.4	12457.3	37557.4	27237.5	3241.0	11031.9	2148.3
2034 ...	M	2808.8	3202.0	2680.5	1815.6	1125.3	515.9	292.4	6373.6	19788.5	12440.5	1644.9	5630.6	1121.6
	W	2706.2	3257.2	2980.0	2300.2	1733.8	966.6	759.4	5944.5	17589.8	14703.4	1550.7	5262.2	1027.5
	I	5515.0	6459.2	5660.5	4115.8	2859.1	1482.5	1051.8	12318.1	37378.3	27143.9	3195.6	10892.8	2149.1
2035 ...	M	2635.6	3141.6	2757.0	1882.1	1142.5	538.9	288.9	6299.5	19713.6	12386.6	1623.9	5557.7	1120.6
	W	2529.6	3187.8	3046.3	2364.0	1755.6	1001.0	749.4	5874.2	17505.4	14633.6	1530.8	5193.0	1026.5
	I	5165.2	6329.4	5803.3	4246.2	2898.2	1539.9	1038.3	12173.6	37219.0	27020.2	3154.6	10750.7	2147.1
2036 ...	M	2500.4	3045.6	2809.2	1955.0	1162.2	577.9	271.7	6223.6	19643.6	12322.0	1605.2	5484.4	1117.8
	W	2384.4	3086.7	3083.6	2440.2	1769.8	1077.3	706.3	5802.1	17432.9	14548.4	1513.1	5123.4	1023.8
	I	4884.7	6132.3	5892.8	4395.2	2932.0	1655.2	978.1	12025.7	37076.5	26870.3	3118.3	10607.8	2141.6
2037 ...	M	2404.2	2929.0	2843.7	2025.3	1194.8	601.7	264.6	6146.9	19561.2	12263.4	1589.0	5411.9	1112.6
	W	2275.1	2962.6	3104.1	2519.2	1798.1	1129.5	682.2	5729.2	17348.5	14470.8	1497.7	5054.6	1018.9
	I	4679.3	5891.7	5947.8	4544.6	2992.9	1731.2	946.8	11876.1	36909.6	26734.3	3086.7	10466.5	2131.5
2038 ...	M	2365.4	2778.3	2851.4	2095.9	1229.8	618.6	266.2	6070.4	19470.9	12205.6	1575.0	5341.5	1104.9
	W	2224.5	2802.0	3102.9	2593.4	1828.5	1166.0	677.9	5656.6	17256.9	14395.3	1484.5	4987.8	1011.5
	I	4589.9	5580.3	5954.3	4689.3	3058.3	1784.6	944.1	11727.0	36727.8	26600.8	3059.5	10329.3	2116.4

Anhang 1

Entwicklung der Bevölkerung in Deutschland von 1995 bis 2040

Basis: 01.01.1994

Modell: I B

- 1000 -

Jahr (jeweils 01.01.)	M W I	Alter von ... bis unter ... Jahren												
		60-65	65-70	70-75	75-80	80-85	85-90	90u.m.	0-20	20-60	60u.m.	0-6	0-18	18-21
2039 ...	M	2373.4	2599.4	2828.3	2174.0	1270.4	628.8	271.5	5995.4	19374.1	12145.8	1563.2	5274.1	1094.7
	W	2221.9	2614.2	3068.8	2674.7	1867.1	1189.5	682.7	5585.3	17159.1	14319.0	1473.2	4923.8	1001.7
	I	4595.3	5213.6	5897.1	4848.8	3137.5	1818.3	964.2	11580.7	36533.2	26464.8	3036.4	10197.8	2096.4
2040 ...	M	2394.9	2440.2	2775.7	2237.3	1318.4	639.1	280.9	5922.7	19268.2	12086.5	1558.2	5210.3	1082.4
	W	2237.1	2444.2	3003.9	2734.8	1920.5	1205.1	699.8	5516.4	17051.0	14245.5	1463.8	4863.2	990.1
	I	4632.0	4884.4	5779.6	4972.1	3238.9	1844.2	980.8	11439.1	36319.3	26331.9	3016.9	10073.4	2072.5

Entwicklung der Bevölkerung in Deutschland von 1995 bis 2040

Basis: 01.01.1994

Modell: I B

- 1000 -

Jahr (jeweils 01.01.)	M W I	Alter von ... bis unter ... Jahren												
		0-15	15-65	65u.m.	15-45	45-65	20-40	40-60	0-3	3-6	6-10	10-16	16-19	19-25
1995 ...	M	6825.7	28417.4	4445.4	18199.6	10217.8	13117.7	11007.1	1230.0	1399.6	1890.7	2749.8	1315.3	3017.7
	W	6474.2	27303.0	8083.9	17102.0	10201.0	12237.9	10775.3	1167.0	1328.8	1790.9	2608.2	1237.5	2838.9
	I	13300.0	55720.4	12529.3	35301.6	20418.8	25355.7	21782.4	2397.0	2728.4	3681.6	5358.0	2552.8	5856.6
1996 ...	M	6797.9	28492.8	4578.4	18194.7	10298.1	13021.2	11038.5	1205.9	1356.2	1928.5	2778.5	1335.6	2875.9
	W	6440.7	27339.0	8129.3	17062.0	10277.0	12120.5	10798.5	1141.7	1286.4	1826.1	2634.0	1257.7	2699.9
	I	13238.6	55831.8	12707.7	35256.7	20575.1	25141.7	21839.0	2347.7	2642.6	3754.6	5412.5	2593.3	5575.9
1997 ...	M	6768.2	28606.5	4683.6	18210.1	10396.4	12926.1	11085.4	1185.4	1295.3	1958.0	2801.2	1375.5	2775.7
	W	6405.2	27413.7	8142.0	17034.4	10379.3	12004.1	10830.3	1121.6	1227.8	1851.6	2651.9	1298.4	2595.3
	I	13173.3	56020.2	12825.6	35244.4	20775.8	24930.2	21915.6	2307.0	2523.1	3809.5	5453.1	2673.9	5371.0
1998 ...	M	6726.7	28736.8	4775.2	18221.9	10514.9	12822.2	11140.8	1173.9	1260.3	1833.0	2837.4	1410.8	2740.3
	W	6360.8	27506.5	8139.6	17000.5	10505.9	11881.4	10869.4	1110.6	1193.0	1928.5	2679.9	1334.1	2551.7
	I	13087.5	56243.2	12914.8	35222.4	21020.8	24703.6	22010.2	2284.6	2453.3	3761.6	5517.3	2744.9	5292.0
1999 ...	M	6687.6	28858.3	4862.7	18227.7	10630.6	12709.2	11179.4	1157.8	1236.7	1879.4	2882.6	1444.5	2762.7
	W	6318.6	27595.1	8132.9	16961.3	10633.8	11752.1	10887.5	1095.3	1168.2	1778.3	2719.6	1364.9	2563.6
	I	13006.1	56453.4	12995.6	35189.0	21264.4	24461.2	22066.9	2253.1	2404.9	3657.7	5602.2	2809.4	5326.3
2000 ...	M	6641.0	28896.3	5030.0	18215.6	10680.7	12568.6	11219.6	1138.2	1216.3	1829.5	2928.0	1442.3	2820.3
	W	6270.3	27594.4	8214.9	16908.6	10685.8	11597.9	10904.2	1076.7	1148.1	1727.9	2759.5	1360.2	2612.9
	I	12911.3	56490.7	13244.9	35124.3	21366.5	24166.0	22123.8	2214.9	2364.3	3557.4	5685.5	2802.5	5433.2
2001 ...	M	6565.3	28877.6	5216.1	18168.0	10709.5	12410.9	11270.2	1112.9	1201.6	1749.9	2974.0	1436.6	2878.1
	W	6193.7	27535.1	8322.1	16831.7	10703.5	11430.3	10926.8	1052.5	1134.0	1650.8	2802.3	1351.6	2669.4
	I	12759.0	56412.7	13538.2	34999.7	21413.0	23841.2	22197.0	2165.3	2335.6	3400.7	5776.3	2788.2	5547.5
2002 ...	M	6462.7	28869.1	5406.8	18118.9	10750.2	12233.4	11380.3	1087.0	1182.2	1709.6	2976.6	1429.3	2928.2
	W	6092.2	27483.3	8440.0	16756.5	10726.8	11243.0	11008.9	1028.1	1115.7	1608.9	2801.7	1344.4	2716.6
	I	12554.8	56352.4	13846.8	34875.4	21477.0	23476.4	22389.2	2115.2	2297.9	3318.5	5778.4	2773.7	5644.8
2003 ...	M	6339.8	28867.2	5599.4	18066.0	10801.3	12045.4	11609.5	1062.5	1159.4	1676.8	2946.8	1451.1	2960.6
	W	5974.4	27436.2	8563.7	16677.6	10758.6	11061.3	11205.0	1004.8	1094.0	1577.3	2770.9	1363.9	2747.9
	I	12314.2	56303.4	14163.1	34743.6	21559.8	23086.7	22814.5	2067.3	2253.4	3254.1	5718.7	2814.9	5708.5
2004 ...	M	6186.6	28851.9	5814.9	18013.5	10838.3	11820.2	11856.8	1040.9	1134.0	1646.5	2894.0	1486.7	2987.7
	W	5836.7	27372.8	8719.0	16601.9	10770.9	10828.9	11411.3	984.4	1069.9	1547.9	2721.3	1394.6	2772.8
	I	12033.4	56224.6	14533.9	34615.4	21609.2	22649.1	23268.2	2025.3	2204.0	3194.4	5615.4	2881.4	5760.5
2005 ...	M	6061.0	28794.8	6054.7	17914.9	10879.8	11586.9	12125.7	1023.0	1108.4	1624.1	2812.5	1532.8	3011.7
	W	5704.1	27266.8	8906.3	16483.6	10783.2	10599.7	11632.0	967.4	1045.5	1526.5	2642.2	1435.4	2794.1
	I	11765.1	56061.6	14963.1	34398.5	21663.1	22186.6	23757.7	1990.4	2153.9	3150.6	5454.7	2968.1	5805.8
2006 ...	M	5912.9	28744.2	6292.3	17802.2	10942.0	11365.4	12504.9	1008.9	1083.9	1596.3	2739.7	1548.0	3028.8
	W	5561.9	27163.3	9103.0	16351.2	10812.1	10387.0	11961.4	956.0	1022.3	1500.1	2569.3	1449.6	2806.5
	I	11474.8	55907.5	15395.3	34153.4	21754.0	21752.4	24466.4	1964.9	2106.2	3096.4	5309.0	2997.6	5835.2
2007 ...	M	5803.3	28689.3	6487.1	17628.6	11060.7	11168.7	12832.8	1000.0	1062.4	1584.4	2652.0	1560.2	3058.9
	W	5456.2	27059.1	9257.8	16160.2	10898.8	10192.2	12249.0	945.6	1001.9	1469.8	2484.5	1461.7	2828.7
	I	11259.5	55748.4	15744.9	33788.8	21959.5	21360.9	25081.7	1945.6	2064.3	3054.2	5136.5	3022.0	5887.6
2008 ...	M	5706.8	28714.2	6581.5	17424.5	11289.7	11003.4	13080.7	993.1	1044.5	1591.0	2599.2	1517.0	3097.9
	W	5362.2	27044.1	9308.9	15948.7	11095.4	10023.5	12466.9	939.1	985.0	1438.1	2432.7	1420.4	2862.2
	I	11069.0	55758.2	15890.4	33373.2	22385.1	21027.0	25547.6	1932.2	2029.4	3029.1	5031.9	2937.4	5960.1
2009 ...	M	5618.3	28722.4	6678.1	17185.0	11537.9	10869.2	13305.9	988.6	1031.4	1498.0	2553.2	1471.0	3134.9
	W	5277.4	27008.6	9369.2	15706.8	11302.0	9887.1	12642.5	934.8	972.5	1406.8	2386.5	1375.4	2896.0
	I	10895.7	55731.1	16047.3	32891.8	22839.3	20756.3	25948.4	1923.4	2003.9	2904.8	4939.6	2846.4	6030.9
2010 ...	M	5545.8	28727.8	6755.5	16922.9	11804.9	10755.9	13452.4	987.5	1021.5	1467.4	2506.7	1407.1	3182.8
	W	5208.5	26966.9	9418.5	15444.7	11522.2	9771.9	12748.2	933.7	963.1	1377.7	2341.6	1313.8	2938.8
	I	10754.3	55694.7	16174.0	32367.6	23327.1	20527.8	26200.6	1921.2	1984.7	2845.2	4848.4	2721.0	6121.6
2011 ...	M	5471.5	28824.8	6717.7	16655.5	12169.3	10694.8	13532.8	987.5	1013.5	1439.9	2464.4	1367.9	3183.7
	W	5137.8	27025.1	9348.1	15182.8	11842.3	9703.6	12785.4	933.6	955.5	1351.6	2301.3	1275.0	2936.7
	I	10609.3	55849.8	16065.8	31838.3	24011.5	20398.4	26318.2	1921.1	1969.0	2791.5	4765.7	2643.0	6120.3
2012 ...	M	5403.4	28873.3	6716.0	16388.9	12484.4	10622.8	13580.2	989.0	1007.8	1418.0	2417.1	1340.0	3151.3
	W	5073.1	27038.2	9314.7	14916.7	12121.4	9622.0	12803.2	935.0	950.1	1330.8	2256.4	1246.1	2904.3
	I	10476.5	55911.4	16030.7	31305.6	24605.9	20244.8	26383.4	1924.0	1957.9	2748.7	4673.6	2586.1	6055.5
2013 ...	M	5343.2	28866.8	6755.3	16134.0	12732.8	10595.8	13578.6	991.2	1005.5	1400.4	2367.5	1315.2	3097.9
	W	5015.8	26993.6	9329.2	14651.1	12332.5	9583.8	12755.0	937.2	947.9	1314.1	2209.3	1221.8	2853.2
	I	10359.0	55860.4	16084.5	30785.1	25065.3	20179.7	26333.6	1928.4	1953.5	2714.5	4576.8	2537.0	5951.0
2014 ...	M	5291.9	28827.9	6812.2	15887.9	12939.9	10610.7	13518.9	993.8	1006.5	1387.6	2318.4	1299.4	3014.8
	W	4967.1	26917.8	9364.1	14415.8	12502.1	9583.6	12662.6	939.6	947.9	1301.9	2162.6	1206.7	2772.4
	I	10259.0	55745.7	16176.4	30303.7	25442.0	20194.3	26181.5	1933.4	1953.4	2689.5	4481.0	2506.1	5787.2
2015 ...	M	5249.9	28746.4	6896.1	15665.6	13080.8	10619.0	13433.1	995.9	1007.0	1379.0	2272.6	1279.0	2940.4
	W	4927.2	26795.8	9435.0	14182.8	12603.0	9578.8	12547.2	941.6	949.3	1293.7	2119.1	1187.2	2697.7
	I	10177.1	55542.2	16331.1	29848.4	25683.8	20197.8	25980.3	1937.5	1956.3	2672.6	4391.7	2466.2	5638.1
2016 ...	M	5217.5	28643.1	6986.4	15483.1	13160.1	10629.7	13328.4	997.2	1009.3	1373.4	2232.7	1255.1	2851.1
	W	4896.3	26646.7	9522.3	14006.7	12639.9	9583.3	12414.9	942.7	951.4	1288.4	2081.2	1164.5	2611.1
	I	10113.8	55289.8	16508.7	29489.8	25800.0	20213.0	25743.3	1939.9	1960.7	2661.8	4313.9	2419.6	5462.2

Entwicklung der Bevölkerung in Deutschland von 1995 bis 2040

Basis: 01.01.1994

Modell: I B

- 1000 -

Jahr (jeweils 01.01.)	M W I	0-15	15-65	65u.m.	15-45	45-65	20-40	40-60	0-3	3-6	6-10	10-16	16-19	19-25
2017 ...	M	5192.8	28538.6	7063.5	15322.8	13216.0	10822.6	13216.6	997.1	1011.8	1371.6	2199.0	1228.6	2798.3
	W	4872.8	26496.1	9600.7	13638.7	12657.3	9570.8	12279.5	942.6	953.8	1286.6	2049.2	1139.3	2557.3
	I	10065.7	55034.7	16664.2	29161.4	25873.3	20193.4	25496.1	1939.7	1965.6	2658.2	4248.2	2367.9	5353.6
2018 ...	M	5174.6	28417.4	7144.2	15213.6	13203.8	10601.4	13096.3	995.1	1014.0	1372.5	2172.0	1201.9	2748.2
	W	4855.4	26329.1	9684.8	13719.8	12609.2	9545.8	12137.8	940.7	955.8	1287.4	2023.5	1113.9	2508.9
	I	10030.0	54746.4	16829.0	28933.4	25813.0	20147.2	25234.0	1935.8	1969.8	2659.9	4195.5	2315.7	5257.1
2019 ...	M	5160.5	28291.6	7217.7	15148.0	13143.8	10568.2	12866.9	990.8	1015.3	1374.9	2152.1	1176.3	2699.6
	W	4841.9	26159.1	9761.4	13642.0	12517.1	9509.1	11989.4	936.6	957.0	1289.7	2004.5	1089.5	2461.9
	I	10002.4	54450.7	16979.1	28790.1	25660.6	20077.3	24856.2	1927.4	1972.2	2664.5	4156.6	2265.8	5161.5
2020 ...	M	5148.1	28144.9	7302.2	15086.8	13058.1	10519.8	12812.5	983.9	1015.2	1377.9	2138.8	1153.6	2657.4
	W	4829.9	25973.3	9844.7	13571.0	12402.3	9456.5	11816.7	930.0	956.9	1292.5	1991.9	1068.0	2421.7
	I	9978.0	54118.3	17146.9	28657.8	25460.4	19976.3	24629.2	1913.9	1972.0	2670.4	4130.6	2221.7	5079.1
2021 ...	M	5131.7	27976.4	7394.3	15023.7	12952.7	10433.2	12659.4	973.9	1012.6	1380.1	2129.5	1134.1	2609.5
	W	4814.3	25774.1	9928.4	13505.2	12268.9	9366.2	11647.7	920.6	954.4	1294.6	1983.1	1049.5	2376.0
	I	9946.0	53750.5	17322.7	28528.9	25221.6	19799.3	24307.1	1894.5	1967.0	2674.8	4112.6	2183.6	4985.5
2022 ...	M	5114.3	27786.0	7501.5	14944.8	12841.2	10338.8	12488.7	961.9	1007.7	1381.5	2124.2	1119.3	2559.1
	W	4797.6	25557.3	10025.1	13424.5	12132.7	9268.7	11459.7	909.1	949.7	1295.9	1977.9	1035.4	2328.2
	I	9911.9	53343.3	17526.6	28369.3	24973.9	19607.5	23948.4	1871.0	1957.5	2677.4	4102.1	2154.7	4887.3
2023 ...	M	5094.0	27579.3	7620.0	14857.1	12722.2	10231.8	12308.5	948.3	1000.2	1381.4	2123.0	1107.7	2509.2
	W	4778.2	25326.6	10132.6	13336.1	11990.5	9161.4	11267.4	896.3	942.6	1295.7	1976.8	1024.3	2280.7
	I	9872.2	52905.9	17752.6	28193.2	24712.7	19393.2	23575.9	1844.6	1942.9	2677.2	4099.8	2132.0	4789.9
2024 ...	M	5069.4	27359.7	7748.0	14764.8	12594.8	10128.5	12094.0	933.8	990.3	1379.2	2124.4	1099.1	2462.6
	W	4754.8	25085.1	10248.6	13243.1	11842.0	9057.6	11045.7	882.5	933.1	1293.5	1978.0	1016.2	2236.4
	I	9824.2	52444.8	17996.6	28008.0	24436.8	19186.1	23139.7	1816.3	1923.4	2672.7	4102.4	2115.2	4699.0
2025 ...	M	5039.8	27111.1	7902.4	14666.3	12444.8	10021.8	11872.3	918.7	978.3	1374.1	2126.8	1092.8	2421.9
	W	4726.6	24812.8	10393.4	13142.7	11670.2	8951.5	10817.7	868.2	921.7	1288.7	1980.3	1010.2	2197.6
	I	9766.4	51924.0	18295.8	27809.0	24115.0	18973.3	22690.0	1786.9	1900.0	2662.8	4107.1	2103.0	4619.5
2026 ...	M	5004.8	26842.2	8076.3	14543.1	12299.1	9908.7	11661.9	903.4	964.8	1365.8	2129.2	1090.0	2387.3
	W	4693.3	24521.8	10555.7	13017.2	11504.6	8838.8	10605.6	853.7	908.9	1280.8	1982.4	1007.6	2164.6
	I	9698.1	51364.0	18631.0	27560.3	23803.6	18747.4	22267.5	1757.1	1873.6	2646.7	4111.7	2097.4	4551.9
2027 ...	M	4964.1	26559.0	8261.1	14421.5	12137.5	9774.1	11476.2	888.2	950.3	1354.3	2130.5	1089.4	2359.2
	W	4654.6	24214.1	10734.0	12893.4	11320.6	8706.0	10411.5	839.2	895.2	1269.8	1983.6	1006.8	2137.9
	I	9618.7	50773.1	18995.1	27314.9	23458.1	18480.1	21887.8	1727.4	1845.5	2624.1	4114.1	2096.2	4497.2
2028 ...	M	4917.9	26263.4	8458.1	14295.9	11967.5	9625.4	11321.0	873.2	935.2	1339.8	2129.5	1080.3	2338.3
	W	4610.6	23900.7	10917.1	12767.9	11132.8	8562.8	10243.1	825.0	880.9	1256.1	1982.6	1007.7	2117.9
	I	9528.5	50164.1	19375.2	27063.9	23100.2	18188.2	21564.0	1698.1	1816.1	2595.9	4112.1	2087.9	4456.2
2029 ...	M	4866.4	25946.4	8675.1	14181.2	11765.2	9462.7	11195.3	858.6	920.0	1322.9	2125.3	1092.0	2323.9
	W	4561.7	23569.2	11117.3	12652.8	10916.4	8405.2	10106.0	811.1	866.4	1240.0	1978.5	1009.2	2104.1
	I	9428.1	49515.6	19792.4	26834.0	22681.6	17867.8	21301.3	1669.7	1786.4	2562.9	4103.8	2101.2	4428.0
2030 ...	M	4810.3	25624.9	8894.8	14068.3	11556.7	9312.0	11088.4	844.7	904.8	1304.4	2117.2	1093.9	2314.7
	W	4508.4	23234.4	11319.9	12540.4	10694.0	8257.2	9989.1	797.9	851.8	1222.4	1970.8	1011.1	2095.4
	I	9318.6	48859.3	20214.7	26608.7	22250.7	17569.2	21077.5	1642.6	1756.7	2526.8	4087.9	2105.0	4410.1
2031 ...	M	4748.8	25308.2	9104.3	13949.6	11359.6	9150.8	11035.6	831.3	889.5	1284.4	2104.1	1095.2	2308.9
	W	4450.0	22908.3	11509.0	12421.9	10486.4	8101.2	9822.4	785.2	837.4	1203.4	1958.3	1012.3	2089.8
	I	9198.8	48216.5	20613.3	26371.5	21846.0	17252.0	20858.1	1616.5	1726.9	2487.8	4062.4	2107.5	4398.8
2032 ...	M	4684.5	24996.9	9302.2	13812.1	11184.8	9031.2	10970.5	818.9	874.8	1263.9	2086.6	1095.6	2307.3
	W	4388.9	22582.9	11692.8	12286.1	10296.9	7985.2	9841.9	773.5	823.3	1183.9	1941.7	1012.6	2088.3
	I	9073.4	47579.8	20995.0	26098.2	21481.6	17016.4	20812.3	1592.4	1698.0	2447.8	4028.3	2108.2	4395.6
2033 ...	M	4618.6	24701.2	9477.4	13661.0	11040.2	8927.1	10944.8	807.7	860.5	1243.2	2065.1	1094.6	2308.2
	W	4326.4	22272.4	11856.0	12140.0	10132.4	7883.2	9802.3	762.9	809.9	1164.3	1921.2	1011.6	2089.1
	I	8945.0	46973.7	21333.5	25801.0	21172.7	16810.3	20747.1	1570.6	1670.3	2407.6	3986.2	2106.3	4397.3
2034 ...	M	4552.5	24418.4	9631.7	13494.2	10924.2	8832.1	10966.4	797.8	847.1	1222.7	2040.1	1091.8	2310.2
	W	4263.5	21977.0	11997.1	11978.0	9999.0	7791.6	9788.3	753.5	797.2	1144.9	1897.4	1008.9	2090.9
	I	8816.0	46395.4	21628.8	25472.2	20923.2	16623.6	20754.7	1551.3	1644.3	2367.6	3937.5	2100.7	4401.0
2035 ...	M	4487.3	24161.4	9751.0	13336.1	10825.3	8753.2	10960.4	789.1	834.7	1202.7	2012.5	1086.6	2312.0
	W	4201.7	21707.5	12104.1	11822.4	9885.0	7716.0	9789.4	745.3	785.5	1125.9	1871.2	1004.0	2092.6
	I	8689.0	45868.9	21855.0	25158.5	20710.4	16469.1	20749.9	1534.4	1620.2	2328.6	3883.6	2090.6	4404.6
2036 ...	M	4424.2	23943.4	9821.6	13164.8	10778.6	8677.8	10965.8	781.7	823.6	1183.4	1983.2	1078.9	2312.8
	W	4141.8	21477.5	12164.0	11656.4	9821.1	7643.8	9789.1	738.2	774.9	1107.6	1843.3	996.6	2093.2
	I	8566.0	45420.9	21985.6	24821.1	20599.7	16321.6	20754.9	1519.9	1598.5	2291.0	3826.5	2075.5	4406.0
2037 ...	M	4364.1	23748.2	9859.2	13029.6	10718.6	8607.1	10954.1	775.3	813.7	1165.1	1952.9	1068.7	2311.3
	W	4084.7	21268.1	12195.7	11525.1	9743.0	7576.1	9772.4	732.2	765.5	1090.2	1814.6	986.8	2091.7
	I	8448.8	45016.3	22054.9	24554.7	20461.6	16183.2	20726.5	1507.6	1579.2	2255.3	3767.5	2055.5	4402.9
2038 ...	M	4307.4	23598.2	9840.1	12904.1	10696.1	8541.9	10928.9	770.0	805.0	1148.0	1922.3	1056.4	2306.5
	W	4031.0	21107.0	12170.8	11402.4	9704.6	7513.5	9743.3	727.2	757.3	1074.0	1785.5	975.2	2087.1
	I	8338.4	44706.2	22010.9	24306.5	20399.7	16055.4	20672.2	1497.2	1562.3	2222.0	3707.8	2031.6	4393.6

Anhang 1

Entwicklung der Bevölkerung in Deutschland von 1995 bis 2040

Basis: 01.01.1994

Modell: I B

\- 1000 -

Jahr (jeweils 01.01.)	M W I	Alter von ... bis unter ... Jahren												
		0-15	15-65	65u.m.	15-45	45-65	20-40	40-60	0- 3	3- 6	6-10	10-16	16-19	19-25
2039 ...	M	4254.7	23488.1	9772.4	12782.2	10708.0	8482.4	10891.7	765.6	797.5	1132.4	1892.0	1042.6	2297.8
	W	3980.9	20985.4	12097.1	11284.8	9700.6	7456.5	9702.8	723.0	760.2	1059.1	1756.7	962.1	2078.8
	I	8235.7	44473.5	21869.5	24067.0	20406.6	15938.8	20594.4	1488.7	1547.8	2191.5	3648.7	2004.7	4376.6
2040 ...	M	4206.2	23379.7	9691.6	12670.9	10708.8	8428.4	10839.8	761.9	791.2	1118.4	1862.3	1027.9	2284.8
	W	3934.9	20869.6	12008.4	11178.1	9691.5	7404.7	9646.4	719.5	744.2	1045.8	1728.6	948.1	2066.3
	I	8141.1	44249.3	21699.9	23848.9	20400.3	15833.1	20486.1	1481.5	1535.5	2164.2	3590.9	1976.0	4351.1

Tabelle 5: Wichtigste Faktoren im Beruf
Hier auf dieser Liste steht Verschiedenes über die berufliche Arbeit. Sagen Sie mir bitte, was Sie persönlich an einem Beruf für ganz besonders wichtig halten.

	Total	Berufsgruppe des Haushaltungsvorstandes					Berufstätigkeit des Befragten		Haus-frau	Haush.-vorst.	Kinder b. u. 14 Jahre	
		Selbst, Freie, Landw.	Leit. Ang. + Beamte	And. Ang. + Beamte	Fach-arbeiter	And. Arbeiter	ja	nein			ja	nein
Basis (=100%)	1016 %	95 %	82 %	427 %	281 %	131 %	536 %	380 %	515 %	596 %	238 %	778 %
gute Bezahlung	82.7	81.0	75.1	80.4	86.4	88.7	85.0	78.9	81.4	82.9	82.5	82.8
sicherer Arbeitsplatz	80.5	83.8	63.4	81.4	87.2	71.3	81.6	78.7	81.6	78.4	85.5	78.9
nette Arbeitskollegen, Mitarbeiter	62.7	60.2	61.2	64.0	61.3	64.2	65.9	57.3	65.1	59.0	64.3	62.2
Interessante Tätigkeit	57.6	39.1	58.8	64.4	56.0	51.8	57.6	57.5	59.7	53.0	59.1	57.1
ein Beruf, der den eigenen Fähigkeiten entspricht	52.1	55.2	55.1	52.6	53.8	42.5	54.3	48.3	51.7	50.9	53.0	51.8
ein Beruf, in dem man das Gefühl hat, etwas zu erreichen, zu leisten	42.8	51.3	38.8	48.2	39.6	28.7	44.4	40.1	42.4	41.5	48.6	41.1
günstige Arbeitszeiten	39.5	44.6	21.4	38.2	45.7	38.0	41.7	35.8	41.9	34.8	46.5	37.4
ein Beruf mit Verantwortung	38.3	34.8	59.8	42.7	32.9	24.9	40.0	35.4	39.2	36.6	35.9	39.0
ein Beruf, bei dem man mit Menschen zusammentrifft	37.7	42.9	38.6	41.5	30.5	36.8	38.8	36.0	42.2	32.8	31.7	39.6
die Möglichkeit, eigene Initiative zu entfalten	36.6	37.9	59.2	40.5	29.5	24.2	37.6	35.0	36.8	33.8	36.8	35.9
gute Aufstiegsmöglichkeiten	36.5	33.1	40.0	41.4	31.9	30.9	39.4	31.7	36.2	33.5	36.1	36.6
ein Beruf, der anerkannt und geachtet ist	34.3	34.1	40.0	35.2	33.0	30.8	30.5	40.7	34.4	34.0	26.9	36.6
wenig Streß	33.2	28.1	20.1	35.1	32.1	41.7	32.9	33.8	34.9	31.5	28.2	34.8
ein Beruf, bei dem man etwas Nützliches für die Allgemeinheit tun kann	27.8	26.2	41.1	32.1	22.2	18.8	26.6	29.9	28.6	27.0	24.7	28.8
großzügige Urlaubsregelung	26.1	25.3	8.7	27.4	26.2	32.7	26.2	25.8	28.1	22.9	27.0	25.8
keine Angabe	0.3	0.5	-	0	0.2	1.2	0.3	0.2	0.1	0.4	-	0.4
Summe	688.7	677.9	681.2	724.9	668.5	627.3	702.8	665.2	704.3	652.9	688.6	688.7

Befragungszeitraum: 07.03.-17.03.1997

Anhang 2

Tabelle 5: Wichtigte Faktoren im Beruf
Hier auf dieser Liste steht Verschiedenes über die berufliche Arbeit. Sagen Sie mir bitte, was Sie persönlich an einem Beruf für ganz besonders wichtig halten.

	Total	Total		Geschlecht		Alter				
		West	Ost	M	W	14 - 29 Jahre	30 - 39 Jahre	40 - 49 Jahre	50 - 59 Jahre	60 + Jahre
Basis (=100%)	*1016* %	*810* %	*206* %	*462* %	*534* %	*236* %	*186* %	*153* %	*177* %	*264* %
gute Bezahlung	82.7	82.6	83.1	85.3	80.4	85.9	87.8	78.9	84.3	77.5
sicherer Arbeitsplatz	80.5	79.0	86.2	79.4	81.5	85.8	85.1	78.2	69.2	81.3
nette Arbeitskollegen, Mitarbeiter	62.7	65.1	53.3	59.8	65.3	65.3	67.6	60.2	62.6	58.5
interessante Tätigkeit	57.6	59.1	51.7	55.7	59.4	64.0	61.4	54.6	51.8	54.9
ein Beruf, der den eigenen Fähigkeiten entspricht	52.1	52.0	52.4	52.7	51.5	54.9	61.4	43.9	50.1	49.0
ein Beruf, in dem man das Gefühl hat, etwas zu erreichen, zu leisten	42.8	42.8	42.7	43.5	42.2	51.4	47.3	41.1	35.4	.37.9
günstige Arbeitszeiten	39.5	37.6	46.9	36.8	42.0	52.5	48.5	33.4	31.2	30.6
ein Beruf mit Verantwortung	38.3	40.4	30.0	37.4	39.1	41.1	46.4	34.0	32.4	36.6
ein Beruf, bei dem man mit Menschen zusammentrifft	37.7	37.5	38.7	32.8	42.2	44.2	41.7	30.8	36.1	34.3
die Möglichkeit, eigene Initiative zu entfalten	36.6	38.4	29.4	37.1	36.2	42.7	49.3	33.0	27.1	30.7
gute Aufstiegsmöglichkeiten	36.5	40.2	21.9	37.5	35.6	49.4	38.7	33.3	26.1	32.2
ein Beruf, der anerkannt und geachtet ist	34.3	35.8	28.3	34.4	34.2	39.0	30.8	23.4	24.2	45.7
wenig Streß	33.2	37.0	18.3	31.8	34.6	37.0	35.9	32.1	27.5	32.5
ein Beruf, bei dem man etwas Nützliches für die Allgemeinheit tun kann	27.8	30.4	17.7	26.9	28.7	30.4	23.6	22.5	25.6	33.0
großzügige Urlaubsregelung	26.1	27.1	22.0	24.2	27.8	35.4	34.3	13.9	18.9	23.8
keine Angabe	0.3	0.3	0.3	0.2	0.4	0.1	-	1.0	0.4	0.1
Summe	688.7	705.5	622.9	675.3	700.9	779.2	759.8	614.2	602.8	658.5

Befragungszeitraum: 07.03.-17.03.1997

Tabelle 5: Wichtigte Faktoren im Beruf
Hier auf dieser Liste steht Verschiedenes über die berufliche Arbeit. Sagen Sie mir bitte, was Sie persönlich an einem Beruf für ganz besonders wichtig halten.

	Total	Schulbildung				Haushaltsnettoeinkommen (monatlich in DM)					Personen im Haushalt			
		Volks ohne Lehre	Volks mit Lehre	mittl. Bild. Absch	Uni, Abi	- u. 2000	2000 - u. 3000	3000 - u. 4000	4000 - u. 5000	5000 +	1 Person	2 Personen	3 Personen	4+ Personen
Basis (=100%)	*1016* %	*127* %	*417* %	*303* %	*159* %	*131* %	*150* %	*188* %	*153* %	*246* %	*186* %	*346* %	*219* %	*265* %
gute Bezahlung	82.7	90.4	82.4	82.4	78.6	85.1	76.6	79.8	86.3	83.3	83.3	81.4	87.0	80.6
sicherer Arbeitsplatz	80.5	73.6	86.5	81.5	68.7	85.7	83.1	75.1	78.8	78.2	82.2	75.1	80.2	86.5
nette Arbeitskollegen, Mitarbeiter	62.7	61.6	63.3	62.3	62.7	52.0	61.0	59.0	73.2	62.9	61.8	63.6	59.2	65.1
interessante Tätigkeit	57.6	48.7	57.2	61.1	58.8	58.0	47.1	61.9	56.4	59.7	52.4	60.1	59.8	56.2
ein Beruf, der den eigenen Fähigkeiten entspricht	52.1	51.7	46.6	56.0	59.0	59.4	41.7	44.7	51.1	51.5	57.7	49.6	55.0	49.0
ein Beruf, in dem man das Gefühl hat, etwas zu erreichen, zu leisten	42.8	33.9	37.8	52.7	44.1	41.9	38.0	36.9	46.5	42.0	41.7	42.2	42.9	44.3
günstige Arbeitszeiten	39.5	33.1	35.5	51.9	32.0	33.6	42.6	31.2	43.0	37.9	38.1	36.0	41.2	43.6
ein Beruf mit Verantwortung	38.3	25.7	31.3	46.0	51.4	26.8	30.1	36.9	39.7	39.7	38.0	41.4	38.8	34.0
ein Beruf, bei dem man mit Menschen zusammentrifft	37.7	32.0	30.5	48.4	40.8	38.7	28.0	34.9	38.0	39.4	38.0	42.5	35.4	34.7
die Möglichkeit, eigene Initiative zu entfalten	36.6	15.8	26.5	46.1	60.0	34.2	22.2	34.5	43.1	36.6	39.3	35.6	36.9	35.8
gute Aufstiegsmöglichkeiten	36.5	22.7	35.6	42.6	38.2	25.6	28.0	35.2	34.9	40.6	38.5	38.6	36.6	32.3
ein Beruf, der anerkannt und geachtet ist	34.3	30.6	32.2	40.2	31.8	36.9	36.7	35.8	27.4	28.4	40.2	41.2	27.9	26.5
wenig Streß	33.2	42.4	32.6	33.6	27.3	31.2	34.4	28.0	33.4	33.0	36.9	31.8	31.3	34.1
ein Beruf, bei dem man etwas Nützliches für die Allgemeinheit tun kann	27.8	17.5	27.2	31.1	31.2	25.6	25.3	36.8	28.8	19.2	30.5	34.3	24.2	20.4
großzügige Urlaubsregelung	26.1	26.8	23.2	32.9	20.2	25.8	28.6	18.8	20.6	25.5	29.4	20.6	27.7	29.6
keine Angabe	0.3	-	0.4	0.1	0.4	0.2	-	0.4	-	-	0.1	0.7	-	-
Summe	688.7	606.6	648.8	769.1	705.2	660.5	623.5	650.0	701.3	677.7	706.0	694.8	684.0	672.7

Befragungszeitraum: 07.03.-17.03.1997

Anhang 3

Nr. 23
Nov. / Dez. 1997

COBA INTERN

INHALT

- DAG-Umfrage-ergebnis ELOV
- Neues Konzept: PK-Reengi-neering
- BVV – Ist unsere Rente noch sicher?

DAG-MAGAZIN FÜR DIE BESCHÄFTIGTEN DER COMMERZBANK

DAG-UMFRAGEERGEBNIS LIEGT VOR

ELOV IM PRAXISTEST: "K.K."*

* KANN'ST KNICKEN!

Zunächst sagt die COBA-Intern-Redaktion all' jenen herzlichen Dank, die sich an der ELOV-Umfrage der DAG so rege beteiligt haben. Die Ergebnisse der Umfrage belegen eindrucksvoll, daß es nicht nur richtig, sondern dringend notwendig war, Sie in der Testphase zu ELOV zu befragen.

8.000 Fragebogen wurden im August '97 ausschließlich im Filialbereich (Vertrieb und Betrieb) verteilt, der Rücklauf beträgt 28% und liegt damit in einer normalen Bandbreite üblicher Rücklaufquoten. Damit sind aussagekräftige Schlußfolgerungen möglich.

...da hab' ich mehr

DAG

Anhang 3

FESTZUSTELLEN IST:

DIE REGELUNGSABSPRACHE ZU ELOV WIRD NICHT EINGEHALTEN!

- Die Zielvereinbarungen wurden diktiert und nicht einvernehmlich besprochen und vereinbart.
- Es wurden mehr Ziele vereinbart als über die Regelung vorgesehen.
- Beim Dissens wurde dieser entweder nicht dokumentiert oder den Betriebsräten nicht vorgelegt.
- Die Mitarbeiter/innen wurden nicht über ihre Rechte aufgeklärt, wenn bei den Zielvereinbarungen kein Konsens erreicht wurde.
- Im Betriebsbereich wurde den Mitarbeiter/innen noch nicht einmal der Beurteilungsbogen mit ihren Aufgabenstellungen ausgehändigt; ebenso sind die Mitarbeiter/innen nicht über ihre Rechte aufgeklärt, wenn sie mit der Leistungsbeurteilung nicht einverstanden sein sollten.

ALS ANREIZSYSTEM FÄLLT ELOV SCHLICHT AUS!

- Für die Mehrheit (53%) derjenigen, die antworteten, ist ELOV kein Anreizsystem, ja sogar im Gegenteil **persönlich belastend!** Weitere 21% sind noch unschlüssig, nur magere 6% empfinden ELOV als ein sehr leistungssteigerndes Anreizsystem.
- Kein Wunder, daß kaum jemand mit einem Bonus rechnet. An einen persönlichen Bonus glauben gerademal 14%, dagegen glauben **70% (!) nicht daran.** Ein klares Indiz für überzogene Zielvorgaben.

ELOV SCHNEIDET MIT RECHT IM URTEIL DER MITARBEITER/INNEN SO SCHLECHT AB!

Der Bonus-Topf für das materielle Volumen ist entschieden zu klein bemessen, die Erwartungshaltung der Mitarbeiter/innen auf einen **spürbaren** Bonus allein von daher berechtigterweise gering.

Hinzu kommt, daß ein (im wahrsten Sinne des Wortes) „Volleister" nach der Regelungsabrede ELOV **gar keinen Bonus** bekommt, sondern nur „Topleister" und „gute (beste) Volleister" (das sind Mitarbeiter/innen ohne Führungsverantwortung ab 12 Punkte, Mitarbeiter/innen mit Führungsverantwortung ab 15 Punkte).

Und nun setzen Sie sich hin oder halten sich gut fest, wenn Sie sich die Auswertung anschauen.

Das DAG-Fazit ziehen wir zum Schluß.

1

Fragen an Mitarbeiter/innen im Vertriebs- und Betriebsbereich

Alle Angaben in Prozent.

Ist Ihnen die **Vereinbarung** zwischen GBR und Bank zum Thema ELOV bekannt?

Ja 75 Nein 22 3 Keine Angaben

Ist die Konzeption aus Ihrer Sicht **verständlich** und **transparent?**

Ja 35,33 Nein 56,33 8,34 Keine Angaben

Ist ELOV für Sie persönlich ein **Anreizsystem,** Ihre Leistung zu steigern?

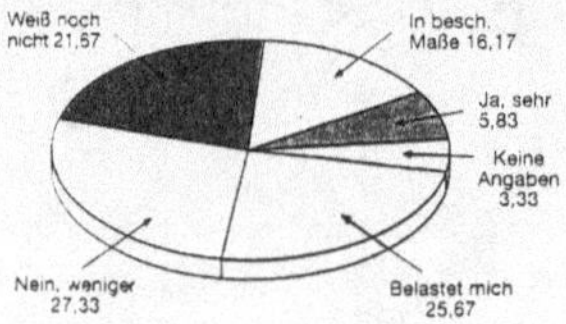

Anhang 3

Wodurch bzw. durch wen wurden Sie von der **ELOV-Konzeption informiert?**

Rundschreiben	58,33	Betriebsrat	16
Commerzielles	38,33	DAG-Seminar	1,83
Vorgesetzte/r	56,67	COBA-INTERN Nr. 20	31,17
Mitarbeiter-Gespräch	32,17	gar nicht informiert	2,17

Mehrfach-Nennungen waren möglich.

Fragen nur an Mitarbeiter/innen im Vertriebsbereich

2

Gab es mit Ihnen ein **Zielvereinbarungs-Gespräch?**

Ja 86,39 Nein 12,38 1,24 Keine Angaben

Wie **erhielten** Sie Ihre Ziele?

im Gespräch 84,65 Telefon/ Fax/Brief 5,45 9,90 Keine Angaben

Wieviele Ziele wurden mit Ihnen definiert?

weniger als 3 Ziele 2,48 3–5 Ziele 74,26 mehr als 5 Ziele 12,87

10,39 Keine Angaben

Konnten Sie im Zielvereinbarungs-Gespräch **eigene Vorstellungen einbringen . . .**

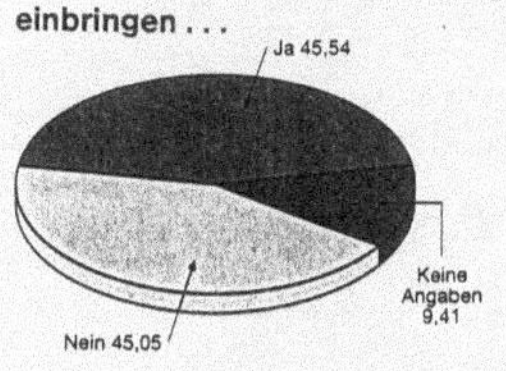

. . . und durchsetzen?

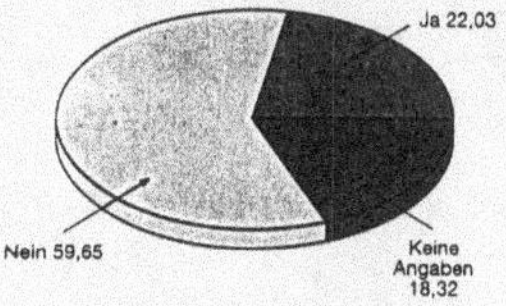

Gab es **Konsens** zur Zielvereinbarung zwischen Ihnen und Ihrem Vorgesetzten?

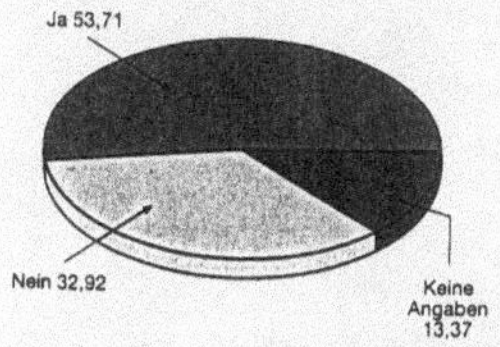

Bei Nein:
Wurde der **Dissens** dokumentiert?

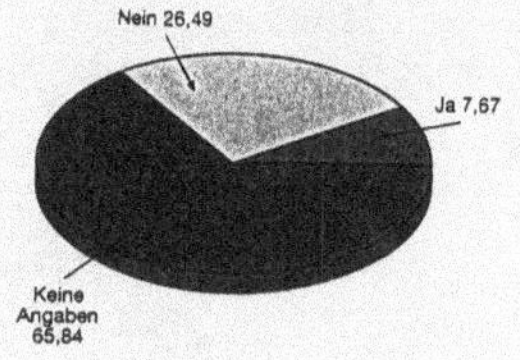

Alle Angaben in Prozent.

Anhang 3

Wurde von der vorgesehenen Gewichtung der Ziele (Systematik, 40/30/20/10) bereits im Zielvereinbarungs-Gespräch abgewichen? *

Ja 25,99 Nein 57,67 16,34 Keine Angaben

* 21.78% haben Angaben zur abweichenden Aufteilung gemacht.

Halten Sie Ihre **Ziele** für **nachvollziehbar . . .** **. . . realistisch-erreichbar?**

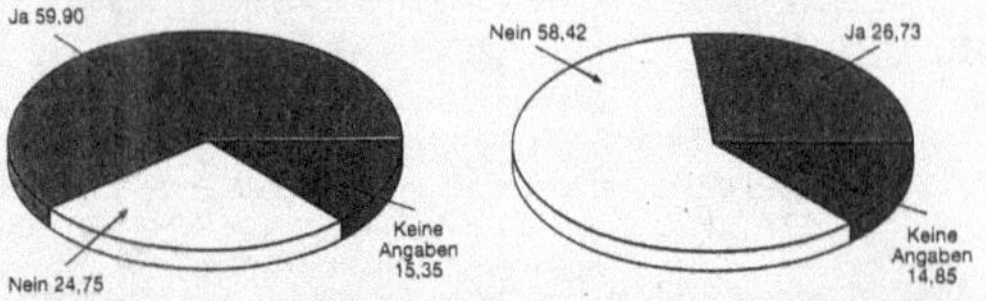

Fragen nur an Mitarbeiter/innen im Betriebsbereich

3

Kennen Sie die (für den Bonus wichtige) **„Betriebsvereinbarung Leistungsbeurteilung"?**

Ja 61,85 Nein 37,04 1,11 Keine Angaben

Kennen Sie Ihre **Rechte,** wenn Sie mit der Leistungsbeurteilung **nicht einverstanden** sind?

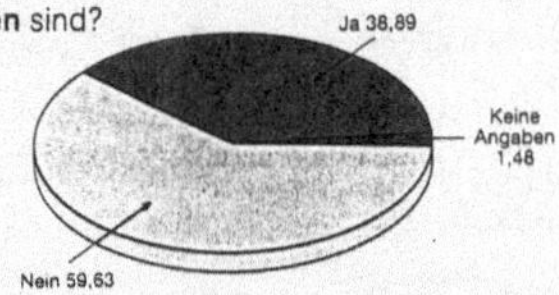

Wurde Ihnen der Beurteilungsbogen **mit Ihrer konkreten Aufgabenstellung** ausgehändigt?

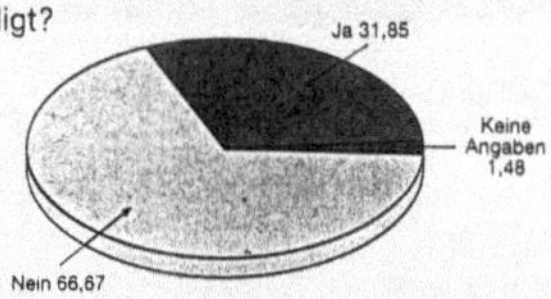

Kennen Sie die Leistungsbeurteilungs-**Merkmale und -Stufen?**

Ja 57,78 Nein 41,11 1,11 Keine Angaben

Und wissen Sie, **wie diese angewendet** werden?

Ja 35,19 Nein 62,96 1,85 Keine Angaben

Rechnen Sie persönlich mit einem Bonus?

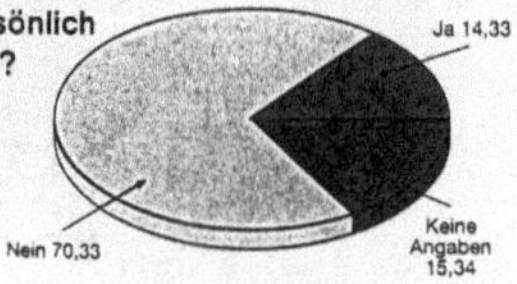

Alle Angaben in Prozent.

Anhang 3

Fazit: !
ELOV Kannst Knicken!
ELOV Kannst Knicken!
Sofern es nicht möglich ist,
in Nachverhandlungen
zwischen GBR und Bank
erhebliche Detailverbesse-
rungen zu erreichen, vor allem
bei den
• Zielvereinbarungen,
• Konfliktregelungen,
• Teamorientierung und
• der finanziellen Ausgestaltung
ist aus der DAG-Sicht die weitere
Fortführung von ELOV uninteressant
und somit überflüssig.
Vor diesem Hintergrund kann es aus der DAG-
Sicht keine dauerhafte Betriebsvereinbarung
zu ELOV geben, zumindest nicht für die
Mitarbeiter/innen im Tarifbereich.

Anhang 4

COMMERZBANK

Betriebsvereinbarung

zwischen der

Commerzbank Aktiengesellschaft
(nachstehend Bank genannt)

und dem

Gesamtbetriebsrat der Commerzbank AG

über
die Grundsätze der
ergebnis- und leistungsorientierten variablen Vergütung
für tariflich bezahlte Mitarbeiter (Leistungsbonus)

Anhang 4

2

1. Präambel

Die Entgeltpolitik muß die Unternehmensziele und -strategie fördern. Durch ergebnis- und leistungsorientierte Vergütung soll unternehmerisches Denken und Handeln der Mitarbeiter gefördert, individuelle Leistung und Leistungsbeiträge sollen honoriert werden.

Die Bank und der Gesamtbetriebsrat sind sich darüber einig, daß die Grundsätze der ergebnis- und leistungsorientierten Vergütungen für die tariflich bezahlten Mitarbeiter (Leistungsbonus) und die dafür erforderlichen Instrumente zur Bewertung der individuellen Leistung (Leistungsbeurteilung und Zielvereinbarung) überarbeitet werden müssen.

Als Grundlage für die Auszahlung der Leistungsboni für Tarifmitarbeiter für das Geschäftsjahr 1998 in 1999 und für den Zielfindungsprozeß des Geschäftsjahres 1999 werden als Übergangsregelung die folgenden Grundsätze vereinbart:

2. Geltungsbereich

Diese Betriebsvereinbarung bezieht sich auf alle tariflich bezahlten Mitarbeiter der Commerzbank AG. Ausgeschlossen sind Mitarbeiter in der Zentrale in den Geschäftsfeldern ZAM, ZTD, ZGE und ZGB, die unter den Geltungsbereich einer für diese Geschäftsfelder geltenden Bonusregelung fallen sowie freigestellte Betriebsratsmitglieder, Mitarbeiter in einer COMMIT-Ausbildungsphase, Volontäre/Praktikanten, Aushilfs- und Reinigungskräfte.

3. Leistungsbonusvolumen

Das Bonusvolumen wird von der Bank ergebnisorientiert festgelegt. Die Zuweisung von Budgets für den Filialbereich erfolgt ergebnisorientiert. Die relevanten Ergebniskriterien sind:

- Umsatz mit einer Gewichtung von 60 %
- Aufwandsquote mit einer Gewichtung von 20 %
- Kernkapitalrendite mit einer Gewichtung von 20 %

Auf der Grundlage des vom Vorstand bewilligten Gesamtauszahlungsvolumens für Leistungsbonus an Tarifangestellte im Filialbereich erfolgt die ergebnisorientierte Zuteilung der Einzelvolumina an die Sparten der Regionalfilialen, bzw. an die Abteilungen in der Gebietsfiliale.

Das Auszahlungsvolumen der Zentrale entspricht proportional dem der Gebietsfilialen. Bezüglich der Zentralen Geschäftsfelder ZCF, ZFK, ZIB, ZPK und ZRM erfolgt die Zuteilung ergebnisorientiert nach Absatz 1.

In der Zentrale werden die Budgets den Zentrale-Abteilungen zugewiesen.

Der Gesamtbetriebsrat wird über das Gesamtvolumen und die Verteilung auf die Gebietsfilialen/Zentralen Stäbe, Geschäftsfelder und Servicebereiche informiert.

4. Bewertung der individuellen Leistung

Die Bewertung der individuellen Leistungen erfolgt im Filialbereich für Vertriebsfunktionen über Zielvereinbarungen, in Betriebsbereichen über die Leistungsbeurteilung. In der Zentrale können sowohl die Leistungsbeurteilung als auch Zielvereinbarungen eingesetzt werden. Soweit geeignete quantifizierbare Ziele formuliert werden können, sollen diese über Zielvereinbarungen umgesetzt werden.

Soweit eine Leistungsbeurteilung für die Höhe des individuellen Leistungsbonus maßgeblich wird, gelten die Grundsätze der Betriebsvereinbarung über die „Leistungsbeurteilung für tariflich bezahlte Mitarbeiter".

Die Ziele werden grundsätzlich in einem Zielvereinbarungsgespräch zwischen dem Mitarbeiter, für den die Ziele aufgestellt werden sollen, und seinem direkten Vorgesetzten vereinbart. Die Ziele sollen nachvollziehbar, widerspruchsfrei und erreichbar sein. Das Mitarbeitergespräch soll zu einer einvernehmlichen Zielvereinbarung führen.

Neben den individuellen Einzelzielen können für das Geschäftsjahr 1999 auch Teamziele vereinbart werden. Teamziele richten sich i.d.R. an Einheiten mit weitgehend gleicher Zielsetzung, fördern die Zusammenarbeit im Team und werden gemeinsam verfolgt. Die Zielerreichung von Teamzielen wird auf das Team bezogen und in allen Zielvereinbarungen der Teammitglieder ohne Bewertung des individuellen Beitrags mit dem gleichen Zielerreichungsgrad berücksichtigt.

Die Mitarbeiter erhalten rechtzeitig vor dem Zielvereinbarungs- bzw. Zielerreichungsgespräch die notwendigen Unterlagen zur Vorbereitung.

5. Qualitätskontrolle der Zielvereinbarung

Um eine weitgehend konforme Anwendung der Vereinbarung von Zielen zu sichern, müssen bestimmte formale Kriterien eingehalten werden.

Der Mitarbeiter kann seine Zielvereinbarung kommentieren und bei Abweichungen vom vorgesehenen Verfahren das für ihn zuständige Personalzentrum und/oder den Betriebsrat hinzuziehen. Ausreichend dafür ist die Kopie des ZV-Bogen mit Hinweis auf die Beanstandungen, ein formloses Anschreiben oder ein mündlicher Hinweis.

In den folgenden Fällen wird das Personalzentrum eine Korrektur veranlassen:

- Es wurde kein Zielvereinbarungsgespräch geführt
- Es wurden weniger als drei oder mehr als fünf Ziele festgelegt.
- Ziele wurden niedriger als 10 % oder höher als 50 % gewichtet
- Ziele sind zueinander offensichtlich widersprüchlich
- Die Ziele wurden nicht schriftlich dokumentiert
- Der Mitarbeiter hat keine Kopie der Dokumentation erhalten

Anhang 4

4

6. Zielerreichung

Die Zielerreichungen werden möglichst zeitnah nach Ablauf des festgelegten Zeitraums mit dem Mitarbeiter besprochen und durch die folgenden Zielerreichungsstufen ausgedrückt.

Für jedes Ziel wird zunächst ein rechnerisch ermittelter Zielerreichungsgrad (z.B. 108 %) festgestellt und anschließend wegen unerwarteter Erschwerungen oder Erleichterungen wertend betrachtet und ggfs. angepaßt. Die gewertete Zielerreichung (z.B. 102 %) wird in Punkten bezeichnet, und zwar:

4 Punkte, wenn das Ziel übertroffen wurde (gewertete Zielerreichung mindestens 105 %),
3 Punkte, wenn das Ziel in vollem Umfang erreicht wurde (gewertete Zielerreichung zwischen 95 % und weniger als 105 %)
2 Punkte, wenn das Ziel annähernd erreicht wurde (gewertete Zielerreichung zwischen 85 % und weniger als 95 %% oder die Eingangsstufe)
1 Punkt, wenn das Ziel nicht erreicht wurde (gewertete Zielerreichung unter 85 %)

Die Punktwerte werden mit der Gewichtung des Ziels multipliziert (z.B. 3 * 30% = 0,9). Die Addition dieser für jedes Ziel ermittelten gewichteten Punkte ergibt den Punktwert der Gesamtzielerreichung und führen bei

3,5 bis 4,0 Punkten zu einer Top-Zielerreichung,
2,5 bis 3,4 Punkten zu einer Voll-Zielerreichung,
1,5 bis 2,4 Punkten zu einer Basis-Zielerreichung,
1,0 bis 1,4 Punkten zu einer Grenz-Zielerreichung.

Der Mitarbeiter kann ein Mitglied des örtlichen Betriebsrats zum Zielerreichungsgespräch hinzuziehen und zu seiner festgestellten Zielerreichung zeitnah eine schriftliche Stellungnahme abgeben.

Ein Dissens im Zielerreichungsgespräch wird dokumentiert und sowohl dem Vorgesetzten des Vorgesetzten wie auch dem zuständigen Betriebsrat zur Kenntnis gebracht.

Hält der Mitarbeiter die festgestellten Zielerreichungen für offensichtlich falsch, kann er innerhalb von 14 Tagen nach dem Zielerreichungsgespräch ein Anschlußgespräch mit seinem Vorgesetzten und dessen Vorgesetzten fordern. Nach Ablauf der vorgenannten Frist wird davon ausgegangen, daß kein Gesprächsbedarf besteht. In diesem Gespräch sollen strittige Punkte der Bewertung zur Sprache kommen und möglichst einvernehmlich geklärt werden. Dabei werden als Bewertungsgrundlage auch die Zielvereinbarungen, bzw. Zielerreichungen vergleichbarer Mitarbeiter derselben Einheit herangezogen. Letztendlich entscheidet der unmittelbare Vorgesetzte des Mitarbeiters.

Soweit der Mitarbeiter an seiner Auffassung festhält, offensichtlich falsch bewertet worden zu sein, kann er innerhalb von drei Tagen nach dem Anschlußgespräch eine Schlichtung fordern.

7. Schlichtung

Ziel der Schlichtung durch je einen Vertreter des zuständigen Personalzentrums, bzw. ZPI und des zuständigen Betriebsrats ist eine einvernehmliche Regelung. Im Falle einer offensichtlich falschen Wertung der Zielerreichung können die Schlichter sie einvernehmlich ändern.

8. Dokumentation

Zielvereinbarungen und die Zielerreichung werden auf den anliegenden Dokumentationsbögen festgehalten.

Der Mitarbeiter bestätigt durch Unterzeichnung des Zielvereinbarungs-, bzw. Zielerreichungsbogens die Durchführung eines Mitarbeitergesprächs und entsprechende Kenntnisnahme.

Der Mitarbeiter erhält eine Kopie der Zielvereinbarung. Diese ist Grundlage für das Zwischengespräch und für das Zielerreichungsgespräch.
Nach Ablauf des Zielerreichungszeitraums wird die Zielerreichungsstufe ebenfalls auf diesem Bogen dokumentiert und von Vorgesetztem und Mitarbeiter unterschrieben. Mit den Unterschriften ist kein Einverständnis mit den Inhalten verbunden.

Der Bogen ist Bestandteil dieser Betriebsvereinbarung.

Die Feststellung der Ziele und deren Erreichungsgrade kann auf PC-gestützten Formularen erstellt werden. Die Bank stellt sicher, daß die Bögen nicht abgeändert und diese Feststellungen als solche nicht verändert werden.

Die Bank ist berechtigt, die folgenden Angaben der Zielerreichung zum Zwecke der Entgeltsteuerung elektronisch zu erfassen, zu speichern, zu bearbeiten und auszuwerten:

- Name
- Personalnummer
- Zielerreichungsgrad bzw. Leistungsstufe
- Datum des Gespräches.

9. Auszahlung des Leistungsbonus

Unter Einhaltung der in dieser Betriebsvereinbarung festgelegten Kriterien sollen die Budgets voll ausgeschüttet werden.

Die festgestellte Leistung ist im Rahmen der vorhandenen Mittel maßgebend für die Höhe des Leistungsbonus. Der Leistungsbonus für tariflich vergütete Mitarbeiter wird als Anerkennung für die im abgelaufenen Geschäftsjahr geleistete Arbeit und im Hinblick auf erwartete Betriebstreue gezahlt.

Topleistern bzw. Mitarbeitern mit einer Top-Zielerreichung sowie den besten Volleistern (12 oder mehr, bei Führungsaufgaben 15 oder mehr Punkte) bzw. Mitarbeitern mit Voll-Zielerreichung (Zielerreichungsgrad 3,0 oder besser) wird im Rahmen der vorhandenen Mittel ein Leistungsbonus gezahlt.

Der Leistungsbonus soll eine Höhe von DM 1.000,-- brutto nicht unter- und die Höhe von DM 5.000,-- nicht überschreiten. Der Mindestbonus kann in besonderen Fällen bis auf DM 500 reduziert werden.

Die individuelle Höhe des Leistungsbonus derjenigen Mitarbeiter, die einen Leistungsbonus erhalten sollen, wird - wie in der Anlage zu dieser Betriebsvereinbarung beschrieben - zunächst rechnerisch ermittelt. Der Vorgesetzte kann im Rahmen des Budgets diesen Wert individuel bis zu DM 500,– erhöhen oder reduzieren. Soll eine darüber hinausgehende Erhöhung bzw. Reduzierung erfolgen, bedarf es der Zustimmung des Betriebsrates.

Soweit Empfänger von Übertarifzulagen (ÜT) aufgrund ihrer festgestellten Leistung bonusberechtigt sind, erfolgt abweichend von der bisherigen Praxis keine Verrechnung des Bonus mit der Übertarifzulage. Der Vorgesetzte ist jedoch angehalten, im Rahmen seiner Entscheidung nach Absatz 5 grobe Ungleichgewichte auszugleichen, die sich daraus ergeben können, daß ÜT-Empfänger (nicht berücksichtigt werden Funktions- und Erschwerniszulagen) durch zusätzlichen Bonus gegenüber Kollegen ohne ÜT besser gestellt wären.
Der Leistungsbonus für Teilzeitbeschäftigte bemißt sich entsprechend des Teilzeitanteils.

Die auszuzahlenden Bonusbeträge werden kaufmännisch auf volle DM 10 aufgerundet.

Voraussetzung für die Auszahlung des Leistungsbonus ist ein ungekündigtes Arbeitsverhältnis am 20. Mai des betreffenden Jahres, dessen Beendigung auch nicht bereits einvernehmlich vereinbart wurde.

Unterjährige Eintritte in die Bank werden p.r.t. behandelt, soweit der Eintritt spätestens zum 1.7. des relevanten Geschäftsjahrs erfolgt.

Unterjährige Austritte schließen die Bonusberechtigung aus. Mitarbeitern, die in Pension oder Vorruhestand gehen, bzw. die wegen Mutterschutzes, Erziehungsurlaubs, Ableistung des Grundwehr- oder des Zivildienstes ausscheiden, wird ein Bonus p.r.t. gezahlt. Gleiches gilt für Mitarbeiter in Altersteilzeit bei Beendigung der aktiven Phase.

10. Rechte des Betriebsrats

Der örtlich zuständige Betriebsrat wird über das der Gebietsfiliale, bzw. der Zentrale insgesamt sowie das in seinem Zuständigkeitsbereich zur Verfügung stehende Volumen informiert.

Ein Mitglied des zuständigen Betriebsrats kann auf Wunsch des Mitarbeiters an dem Anschlußgespräch nach § 6 Abs. 5 teilnehmen.

Der Betriebsrat erhält die erste Seite der Dokumentation einer Zielerreichung bzw. der Leistungsbeurteilung in Kopie.

Der zuständige Betriebsrat erhält eine Liste über die Höhe und Berechnung der individuellen Boni in seinem Zuständigkeitsbereich, sobald diese Liste den Personalzentren vorliegt.

Darüber hinausgehende gesetzliche Rechte des Betriebsrates bleiben von dieser Betriebsvereinbarung unberührt.

Anhang 4

7

11. Schlußbestimmung

Diese Betriebsvereinbarung tritt mit dem Datum der Unterzeichnung in Kraft. Sie betrifft zunächst nur die Zielerreichungsgespräche und die Auszahlung von Boni für das Geschäftsjahr 1998 sowie Zielvereinbarungen für das Geschäftsjahr 1999.

Der Gesamtbetriebsrat und die Bank sind sich einig, eine Regelung über die Grundsätze des Zielvereinbarungsprozesses zu vereinbaren; darüber hinaus besteht Einigkeit zwischen Bank und Gesamtbetriebsrat, daß diese Regelungen, insbesondere die in § 6 geregelten Bandbreiten zur Bestimmung der gewerteten Zielerreichungen in Zielerreichungsstufen, keine präjudizierende Wirkung auf die noch abzuschließende Betriebvereinbarung haben.

Frankfurt am Main, den 20. Oktober 1998

Für den Gesamtbetriebsrat

Für die Commerzbank AG

Anhang 4

COMMERZBANK

Betriebsvereinbarung

zwischen der

Commerzbank Aktiengesellschaft
(nachstehend Bank genannt)

und dem

Gesamtbetriebsrat der Commerzbank AG

über
die Grundsätze der
ergebnis- und leistungsorientierten variablen Vergütung
für außertariflich bezahlte Mitarbeiter (Tantieme)

Anhang 4

2

1. Präambel

Die Entgeltpolitik muß die Unternehmensziele und -strategie fördern. Durch ergebnis- und leistungsorientierte Vergütung soll unternehmerisches Denken und Handeln der Mitarbeiter gefördert, individuelle Leistung und Leistungsbeiträge sollen honoriert werden.

Die Bank und der Gesamtbetriebsrat sind sich darüber einig, daß die Grundsätze der ergebnis- und leistungsorientierten Vergütungen für die außertariflich bezahlten Mitarbeiter (Tantieme) und die dafür erforderlichen Instrumente zur Bewertung der individuellen Leistung (Leistungsbeurteilung und Zielvereinbarung) überarbeitet werden müssen.

Als Grundlage für die Auszahlung der Tantieme für außertariflich vergütete Mitarbeiter für das Geschäftsjahr 1998 in 1999 und für den Zielfindungsprozeß des Geschäftsjahres 1999 werden als Übergangsregelung die folgenden Grundsätze vereinbart.

2. Geltungsbereich

Diese Betriebsvereinbarung bezieht sich auf alle AT-bezahlten Mitarbeiter der Commerzbank AG soweit sie nicht leitende Angestellte im Sinne von § 5 Abs. 3 BetrVG und freigestellte, AT-bezahlte Betriebsräte sind; ausgenommen sind in der Zentrale die Geschäftsfelder ZAM, ZTD, ZGE und ZGB, die unter den Geltungsbereich einer für diese Geschäftsfelder geltenden Bonusregelung fallen.

3. Tantiemevolumen

Der Vorstand entscheidet grundsätzlich jährlich über die Höhe des Tantiemevolumens.
Für dem Filialbereich erfolgt die ergebnisorientierte Zuweisung von Budgets nach den folgenden Ergebniskriterien:

- Umsatz mit einer Gewichtung von 60 %
- Aufwandsquote mit einer Gewichtung von 20 %
- Kernkapitalrendite mit einer Gewichtung von 20 %

Auf der Grundlage des vom Vorstand bewilligten Gesamtauszahlungsvolumens für Tantieme an außertariflich vergütete Mitarbeiter im Filialbereich erfolgt die ergebnisorientierte Zuteilung der Einzelvolumina an die Sparten der Regionalfilialen, bzw. an die Abteilungen in der Gebietsfiliale

Das Gesamttantiemevolumen für die Zentrale wird an die Zentralen Geschäftsfelder, Stäbe und Servicebereiche unter Zugrundelegung der bisherigen Tantiemesumme verteilt. Bezüglich der Zentralen Geschäftsfelder ZCF, ZFK, ZIB, ZPK und ZRM erfolgt die Zuteilung ergebnisorientiert nach Absatz 1.

Gesamtbank und Betriebsrat sind sich darüber einig, daß für eine differenzierte Zuteilung des Tantiemevolumens an die einzelnen Abteilungen ergebnisorientierte Verteilungskriterien erforderlich sind.

Anhang 4

4. Bewertung der individuellen Leistung

Die Bewertung der individuellen Leistungen erfolgt grundsätzlich auf der Grundlage konkret formulierter Zielvereinbarungen oder ausnahmsweise auf Basis der Leistungsbeurteilung gemäß Betriebsvereinbarung „Leistungsbeurteilung der AT-bezahlten Mitarbeiter" für alle AT-Mitarbeiter ohne Zielvereinbarung.

Die Ziele werden grundsätzlich in einem Zielvereinbarungsgespräch zwischen dem Mitarbeiter, für den Ziele aufgestellt werden sollen, und seinem direkten Vorgesetzten vereinbart. Die Ziele sollen nachvollziehbar, widerspruchsfrei und erreichbar sein. Das Mitarbeitergespräch soll zu einer einvernehmlichen Zielvereinbarung führen.

Neben den individuellen Einzelzielen können für das Geschäftsjahr 1999 auch Teamziele vereinbart werden. Teamziele richten sich an i.d.R. drei bis sieben Mitarbeiter mit weitgehend gleicher Zielsetzung, fördern die Zusammenarbeit im Team und werden gemeinsam verfolgt. Die Zielerreichung von Teamzielen wird auf das Team bezogen und in allen Zielvereinbarungen der Teammitglieder ohne Bewertung des individuellen Beitrags mit dem gleichen Zielerreichungsgrad berücksichtigt.

Die Mitarbeiter erhalten rechtzeitig vor dem Zielvereinbarungs- bzw. Zielerreichungsgespräch die notwendigen Unterlagen zur Vorbereitung.

5. Qualitätskontrolle der Zielvereinbarung

Um eine weitgehend konforme Anwendung der Vereinbarung von Zielen zu sichern, müssen bestimmte formale Kriterien eingehalten werden.

Der Mitarbeiter kann seine Zielvereinbarung kommentieren und bei Abweichungen vom vorgesehenen Verfahren das für ihn zuständige Personalzentrum und/oder den Betriebsrat mit der Bitte um Unterstützung einschalten. Ausreichend dafür ist die Kopie des ZV-Bogen mit Hinweis auf die Beanstandungen, ein formloses Anschreiben oder ein mündlicher Hinweis.

In den folgenden Fällen wird das Personalzentrum eine Korrektur veranlassen:

- Es wurde kein Zielvereinbarungsgespräch geführt
- Es wurden weniger als drei oder mehr als fünf Ziele festgelegt.
- Ziele wurden niedriger als 10 % oder höher als 50 % gewichtet
- Ziele sind zueinander offensichtlich widersprüchlich
- Die Ziele wurden nicht schriftlich dokumentiert
- Der Mitarbeiter hat keine Kopie der Dokumentation erhalten

6. Zielerreichung

Die Zielerreichungen werden möglichst zeitnah nach Ablauf des festgelegten Zeitraums mit dem Mitarbeiter besprochen und durch die folgenden Zielerreichungsstufen ausgedrückt.

Für jedes Ziel wird zunächst ein rechnerisch ermittelter Zielerreichungsgrad (z.B. 108 %) festgestellt und anschließend wegen unerwarteter Erschwerungen oder Erleichterungen wertend betrachtet und ggfs. angepaßt. Die gewertete Zielerreichung (z.B. 102 %) wird in Punkten bezeichnet, und zwar:

4 Punkte, wenn das Ziel übertroffen wurde (gewertete Zielerreichung mindestens 105 %),
3 Punkte, wenn das Ziel in vollem Umfang erreicht wurde (gewertete Zielerreichung zwischen 95 % und weniger als 105 %)
2 Punkte, wenn das Ziel annähernd erreicht wurde (gewertete Zielerreichung zwischen 85 % und weniger als 95 % oder die Eingangsstufe)
1 Punkt, wenn das Ziel nicht erreicht wurde (gewertete Zielerreichung unter 85 %)

Die Punktwerte werden mit der Gewichtung des Ziels multipliziert (z.B. 3 * 30% = 0,9). Die Addition dieser für jedes Ziel ermittelten gewichteten Punkte ergibt den Punktwert der Gesamtzielerreichung und führen bei

3,5 bis 4,0 Punkten zu einer Top-Zielerreichung,
2,5 bis 3,4 Punkten zu einer Voll-Zielerreichung,
1,5 bis 2,4 Punkten zu einer Basis-Zielerreichung,
1,0 bis 1,4 Punkten zu einer Grenz-Zielerreichung.

Der Mitarbeiter kann ein Mitglied des örtlichen Betriebsrats zum Zielerreichungsgespräch hinzuziehen und zu seiner festgestellten Zielerreichung zeitnah eine schriftliche Stellungnahme abgeben.

Ein Dissens im Zielerreichungsgespräch wird dokumentiert und sowohl dem Vorgesetzten des Vorgesetzten wie auch dem zuständigen Betriebsrat zur Kenntnis gebracht.

Hält der Mitarbeiter die festgestellten Zielerreichungen für offensichtlich falsch, kann er innerhalb von 14 Tagen nach dem Zielerreichungsgespräch ein Anschlußgespräch mit seinem Vorgesetzten und dessen Vorgesetzten fordern. Nach Ablauf der vorgenannten Frist wird davon ausgegangen, daß kein Gesprächsbedarf besteht. In diesem Gespräch sollen strittige Punkte der Bewertung zur Sprache kommen und möglichst einvernehmlich geklärt werden. Dabei werden als Bewertungsgrundlage auch die Zielvereinbarungen, bzw. Zielerreichungen vergleichbarer Mitarbeiter derselben Einheit herangezogen. Letztendlich entscheidet der unmittelbare Vorgesetzte des Mitarbeiters.

Soweit der Mitarbeiter an seiner Auffassung festhält, offensichtlich falsch bewertet worden zu sein, kann er innerhalb von drei Tagen nach dem Anschlußgespräch eine Schlichtung fordern.

7. Schlichtung

Ziel der Schlichtung durch je einen Vertreter des zuständigen Personalzentrums, bzw. ZPI und des zuständigen Betriebsrats ist eine einvernehmliche Regelung. Im Falle einer offensichtlich falschen Wertung der Zielerreichung können die Schlichter sie einvernehmlich ändern.

Anhang 4

5

8. Dokumentation

Zielvereinbarungen und die Zielerreichung werden auf den anliegenden Dokumentationsbögen festgehalten.

Der Mitarbeiter bestätigt durch Unterzeichnung des Zielvereinbarungs-, bzw. Zielerreichungsbogens die Durchführung eines Mitarbeitergesprächs und entsprechende Kenntnisnahme.

Der Mitarbeiter erhält eine Kopie der Zielvereinbarung. Diese ist Grundlage für das Zwischengespräch und für das Zielerreichungsgespräch.

Nach Ablauf des Zielvereinbarungszeitraums wird die Zielerreichungsstufe ebenfalls auf diesem Bogen dokumentiert und von Vorgesetztem und Mitarbeiter unterschrieben. Mit den Unterschriften ist kein Einverständnis mit den Inhalten verbunden.

Der Bogen ist Bestandteil dieser Betriebsvereinbarung.

Die Feststellung der Ziele und deren Erreichungsgrade kann auf PC-gestützten Formularen erstellt werden. Die Bank stellt sicher, daß die Bögen nicht abgeändert und diese Feststellungen als solche nicht verändert werden.

Die Bank ist berechtigt, die folgenden Angaben der Zielerreichung zum Zwecke der Entgeltsteuerung elektronisch zu erfassen, zu speichern, zu bearbeiten und auszuwerten:

- Name
- Personalnummer
- Zielerreichungsgrad bzw. Leistungsstufe
- Datum des Gespräches.

9. Ausschüttung der Grund- und Leistungstantieme

Die Gesamttantieme der AT-bezahlten Mitarbeiter wird differenziert nach einer Grund- und einer Leistungstantieme. Die Höhe der Grundtantieme wird pro Funktionsgruppe nach Beratung mit dem Gesamtbetriebsrat festgelegt.

Die Leistungstantieme ist im Hinblick auf die erbrachte Leistung variabel.

Die aus den Leistungstantiemen entstehenden Tantiemebänder der einzelnen Funktionsgruppen gelten zusammen mit der Grundtantieme als Orientierungsgröße für die individuelle Tantiemezumessung. Dabei hat der Vorgesetzte gemäß den Individualarbeitsverträgen nach billigem Ermessen die bisherige Tantiemehöhe, die gezeigte Leistung bzw. Zielerreichung und die nach dem Tantiemeband anzustrebende Tantiemehöhe zu berücksichtigen.

Anhang 4

10. Rechte des Betriebsrats

Der örtlich zuständige Betriebsrat wird über das der Gebietsfiliale insgesamt sowie das in seinem Zuständigkeitsbereich zur Verfügung stehende Volumen informiert.

Ein Mitglied des zuständigen Betriebsrats kann auf Wunsch des Mitarbeiters an dem Anschlußgespräch nach § 6 Abs. 5 teilnehmen.

Der Betriebsrat erhält die erste Seite der Dokumentation einer Zielerreichung bzw. der Leistungsbeurteilung in Kopie.

Darüber hinausgehende gesetzliche Rechte des Betriebsrates bleiben von dieser Betriebsvereinbarung unberührt.

11. Schlußbestimmung

Diese Betriebsvereinbarung tritt mit dem Datum der Unterzeichnung in Kraft. Sie betrifft zunächst nur die Zielerreichungsgespräche und die Auszahlung von Tantieme für das Geschäftsjahr 1998 sowie Zielvereinbarungen für das Geschäftsjahr 1999.

Der Gesamtbetriebsrat und die Bank sind sich einig, eine Regelung über die Grundsätze des Zielvereinbarungsprozesses zu vereinbaren; darüber hinaus besteht Einigkeit zwischen Bank und Gesamtbetriebsrat, daß diese Regelungen, insbesondere die in § 6 geregelten Bandbreiten zur Bestimmung der gewerteten Zielerreichungen in Zielerreichungsstufen, keine präjudizierende Wirkung auf die noch abzuschließende Betriebvereinbarung haben.

Frankfurt am Main, den 20. Oktober 1998

Für den Gesamtbetriebsrat

Für die Commerzbank AG

Anhang 4

COMMERZBANK

Zielvereinbarung

PERSÖNLICHE DATEN

Name:

Vorname:

Personal-Nr.:

Geboren am:

2. Zum Zeitpunkt der Zielerreichung:

Zielerreichungsstufe Punkte:

ZIELVEREINBARUNGSZEITRAUM

von:

bis:

ZUR KENNTNISNAHME AN

1. Zum Zeitpunkt der Zielvereinbarung

- ☐ Vorgesetzten des Vorgesetzten

2. Zum Zeitpunkt der Zielerreichung:

- ☐ Vorgesetzten des Vorgesetzten
- ☐ Personalzentrum
- ☐ Kopie 1. Seite an Betriebsrat (bei nichtleitenden Angestellten)

STELLE UND FUNKTION

Einsatzstelle: (Filiale, Abteilung oder Fachbereich)

Gebietsfilialbereich bzw. Stab/ Geschäftsfeld/Servicebereich

Funktionsbezeichnung: (soweit möglich gemäß Anforderungsprofil)

in Funktion seit:

1. Zielvereinbarung: Anmerkungen des Mitarbeiters

Datum und Unterschrift

(Datum) (Unterschrift des Mitarbeiters) (Name und Unterschrift des Vorgesetzten)

- zur Kenntnisnahme des Zielvereinbarungsgespräches -

2. Zielerreichung: Anmerkungen des Mitarbeiters

Datum und Unterschrift

(Datum) (Unterschrift des Mitarbeiters) (Name und Unterschrift des Vorgesetzten)

- zur Kenntnisnahme des Zielerreichungsgespräches -

Anhang 4

COMMERZBANK

Name des Mitarbeiters: ______________________ Personal-Nr.: ______________

Zielvereinbarung | *Zielerreichung*

Nr.	*bitte mindestens 3 und maximal 5 Ziele formulieren*	*Gewichtung in %*	*Nr.*		*Gewichtung in %*	*gewertete Zielerreichung **)*	*Gewichtete Zielerreichung*
1	A* B* C* A* B* C*		1	D* E*			
3	A* B* C*						
		100			100	Punkte ***	

* A = Zielgebiet → Wo muß was geschehen?
* B = Ziel → Das Ziel ist voll erreicht, wenn .....
* C = Eintrittstufe → Was muß mindestens erreicht werden?
* D = Messen → Was ist erreicht worden?
* E = Werten und entscheiden → Was muß bei Festlegung der Zielerreichung (positiv oder negativ) berücksichtigt werden?

** Zielerreichung (ZE):

4 Ziele wurden übertroffen (gewertete ZE mindestens 105%)
3 Ziele wurden in vollem Umfang erreicht (gewertete ZE zwischen 95% und weniger als 105%)
2 Ziele wurden annähernd erreicht (gewertete ZE zwischen 85% und weniger als 95%)
1 Ziele wurden nicht/bzw. unzureichend erreicht (gewertete ZE unter 85%)

*** Punkte	Zielerreichungsstufen
3,5 bis 4,0	Top-Zielerreichung
2,5 bis 3,4	Voll-Zielerreichung
1,5 bis 2,4	Basis-Zielerreichung
1,0 bis 1,4	Grenz-Zielerreichung

Literaturverzeichnis

Ackermann, K.-F. (1986): Mitarbeiterbefragung als Instrument partizipativer Entlohnungspolitik, in: BFuP, 38. Jg., H. 1, S. 28-42

Adams, J. S. (1963): Toward An Understanding Of Inequity, in: Journal of Abnormal and Social Psychology, 67. Jg. H. 5, S. 422-436

Adams, R./Droege, W. P. (1993): Schlanker, einfacher, schneller, in: Bank Magazin, H. 8, S. 18-21

Ajzen, I./Fishbein, M. (1977): Attitude-Behavior Relations: A Theoretical Analysis and Review of Empirical Research, in: Psychological Bulletin, 84. Jg., H. 5, S. 888-918

Aleweld, T. (1995): Leistung soll sich lohnen, in: Personalführung, H. 10, S. 846-851

Allerbeck, M./Helmreich, R. (1991): Akzeptanz planen - wie man die Weichen richtig stellt, in: Helmreich, R. (Hrsg.): Bürokommunikation und Akzeptanz, Heidelberg, S. 1-13

Ambros, H. (1987): Theorie und Praxis der Akzeptanz von Kundenselbstbedienungsinstrumenten, in: Geldinstitute, H. 1, S. 35-40

Anger, H. (1969): Befragung und Erhebung, in: Graumann (Hrsg.): Handbuch der Psychologie, Bd. 7: Sozialpsychologie, Göttingen, S. 567-617

Arbeitskreis „Planung in Banken" der Schmalenbach-Gesellschaft, (1992), Krumnow, J./Büschgen, H. E. (Hrsg.): Finanzwettbewerb in den 90-er Jahren, Thesen und Informationen, Wiesbaden

Armstrong, M./Murlis, H. (1991): Reward Management, A Handbook Of Remuneration, Strategy & Practice, 2. völlig überarb. Aufl., London

Backhaus, K./Kleine, D. W. (1996): Qualitäts- und Kostenführerschaft als strategische Konzeptionen für Kreditinstitute, in: Rolfes, B./Schierenbeck, H./Schüller, S. (Hrsg.): Ertragsmanagement und Rationalisierung in Kreditinstituten, Bd. 9 der Schriftenreihe des Zentrums für Ertragsorientiertes Bankmanagement, Frankfurt a. M., S. 17-44

Baierl, F. (1974): Lohnanreizsysteme, Mittel zur Produktivitätssteigerung, 5. völlig überarb. u. erw. Aufl., München

Balzer, A./Wilhelm, W. (1996): Zeit zum Sparen, in: mm, H. 3, S. 122-131

Bank für internationalen Zahlungsausgleich (1998): Statistics on payment systems in the group of ten countries, Basel

Bardens, R. E. (1998): Zielvereinbarungsgespräche als Führungsinstrument, in: Leistung und Lohn, Nr. 315/316

Bartels, G. (1995): Erfolgs- und leistungsorientierte Bezahlung in der Volksbank Stadthagen, Wiesbaden

Bea, F. X./Dichtl, E./Schweitzer, M (1993): Allgemeine Betriebswirtschaftslehre, Bd. 2, Führung, 6. neubearb. Aufl., Stuttgart/Jena

Bea, F. X./Haas, J. (1997), Strategisches Management, 2. neu bearb. Aufl., Stuttgart

Bechinie, E./Graf, L. (1979): Gehaltsmanagement in der Bank, in: Die Bank, H. 7, S. 327-333

Becker, F. G. (1985): Anreizsysteme für Führungskräfte im Strategischen Management, Köln

Becker, F. G. (1987): Zur Ausgestaltung eines strategisch-orientierten Anreizsystems, in: ZfO, H. 3, S. 159-164

Becker, F. G. (1988): Flexibilisierung der Führungskräftevergütung?, in: ZfP, H. 2, S. 83-88

Becker, F. G. (1990): Anreizsysteme für Führungskräfte, Möglichkeiten zur strategisch-orientierten Steuerung des Managements, Stuttgart

Becker, F. G. (1994): Lexikon des Personalmanagements, München

Becker, F. G. (1998): Grundlagen betrieblicher Leistungsbeurteilungen, Leistungsverständnis- und prinzip, Beurteilungsproblematik und Verfahrensprobleme, 3. überarb. u. erw. Aufl., Stuttgart

Becker, F. G./Fallgatter, M. J./Seitz, S. (1995): Zielorientierte Leistungsbeurteilung, in: Die Bank, H. 5, S. 270-278

Becker, F. G./Kramarsch, M. (1998): Anreizsysteme der Zukunft, in: Personalwirtschaft, H. 4, S. 49-51

Becker, F. G./Seitz, S./Fallgatter, M. (1995): Aufgabenorientierte Leistungsbeurteilung im Kreditgewerbe, in: Sparkasse, 112. Jg., H. 1, S. 34-39

Becker, J. (1991): Flexible Anreizsysteme zum Führen und Motivieren, in Personalwirtschaft, H. 9, S. 38-41

Benninghaus, H. (1976): Ergebnisse und Perspektiven der Einstellungs-Verhaltens-Forschung, Meisenheim am Glan

Benölken, H./Wings, H. (1994): Lean banking – Wege zur Marktführerschaft, Von der Konzeption bis zur Realisierung, Wiesbaden

Bernet, B. (1997): Künftige wettbewerbsstrategische Rahmenbedingungen im Retail Banking, in: Sparkasse, 114. Jg., H. 8, S. 349-351

Berthel, J. (1991): Personal-Management, Grundzüge für Konzeptionen betrieblicher Personalarbeit, 3. überarb. u. erw. Aufl., Stuttgart

Berthel, J. (1997): Personal-Management, Grundzüge für Konzeptionen betrieblicher Personalarbeit, 5. aktualisierte u. korrigierte Aufl., Stuttgart

Bestmann, U. (1992): Kompendium der Betriebswirtschaftslehre, 6. überarb. u. erw. Aufl., München

Beyss, B. (1983): Akzeptanz neuer Personalbeurteilungssysteme, Einflußfaktoren der Akzeptanz bei der Implementierung neuer Personalbeurteilungssysteme, Versuch einer Wirkungsanalyse, Diss., Mannheim

Bierer, H./Fassbender, H./Rüdel, T. (1992): Auf dem Weg zur „schlanken Bank“, in: Die Bank, H. 9, S. 500-506

Bierhoff, H. W. (1998): Sozialpsychologie, Ein Lehrbuch, 4. überarb. u. erw. Aufl., Stuttgart/Berlin/Köln

Bisani, F. (1995): Personalwesen und Personalführung, 4. vollst. überarb. u. erw. Aufl., Wiesbaden

Bleicher, K. (1992): Strategische Anreizsysteme, Flexible Vergütungssysteme für Führungskräfte, Stuttgart/Zürich

Bleicher, K. (1994): Strategische Anreizsysteme, in: Riekhof, H.-C. (Hrsg.): Praxis der Strategieentwicklung, Konzepte – Erfahrungen – Fallstudien, Stuttgart, S. 291-307

Bochenek, T. (1995): Anreizsysteme - Führungsinstrumente zur Erreichung der geschäftspolitischen Ziele, in: Sparkasse, 112. Jg., H. 4, S. 186-189

Böhnisch, W. (1979): Personale Widerstände bei der Durchsetzung von Innovationen, Stuttgart

Bork, I. (2000): Führungsinstrument Mitarbeiterbefragung, Theorien, Tools und Praxiserfahrungen, 2. überarb. u. erw. Aufl., Göttingen

Bornewasser, M. u. a. (1986): Einführung in die Sozialpsychologie, 3. unveränd. Aufl., Heidelberg/Wiesbaden

Brandstätter, H. (1970): Die Beurteilung von Mitarbeitern, in: Mayer, A./Herwig, B. (Hrsg.): Betriebspsychologie, 9. Bd. des Handbuches der Psychologie, 2. Aufl., Göttingen, S. 668-734

Bucksteeg, T. (1994): Vergütungspolitik in Banken, Eine empirische Untersuchung im Kundenbetreuungsbereich von Banken, München/Mering

Büschgen, H. E. (1998): Bankbetriebslehre, Bankgeschäfte und Bankmanagement, 5. vollst. überarb. u. erw. Aufl., Wiesbaden

Bungert, W. (1997): Mitarbeiterbefragungen als Instrument modernen Innovations- und Qualitätsmanagements, in: Bungard, W./Jöns, I. (Hrsg.): Mitarbeiterbefragung, Weinheim, S. 5-14

Cisek, G. (1994): Gestaltungsmöglichkeiten variabler Vergütung, in: Personal, H. 9, S. 412-415

Cisek, G. (1997): Entgelt-Politik, in: Mensch und Arbeit, Arbeitsbuch für Studium und Praxis, 10. überarb. u. erw. Aufl., Köln, S. 197-254.

Clotten,C. (1999): Management Stock Options – Grundsätzliche Überlegungen und das Modell des Dresdner Bank Konzerns, in: Pellens, B. (Hrsg.): Unternehmenswertorientierte Entlohnungssysteme, Stuttgart, S. 101-113

Conrad, P. (1983): Maslow-Modell und Selbsttheorie, Eine Kritik, in: Die Unternehmung, 37. Jg., Heft 3, S. 258-277

Corsten, H. (1995): Partizipation, in: Corsten, H. (Hrsg.): Lexikon der Betriebswirtschaftslehre, München, S. 713-716

Dahms, R./Lindena, B. (1997): Gemeinsam die Ziele der Bank besser erreichen, in: Personalführung, H. 3, S. 252-257

Deal, T. E./Kennedy, A. A. (1982): Corporate Cultures, The Rites and Rituals of Corporate Life, Massachusetts etc.

Deutsche Bundesbank (1998): Monatsbericht August 1998, Frankfurt a. M.

Deutsche Bundesbank (1999a): Monatsbericht Januar 1999, Frankfurt a. M.

Deutsche Bundesbank (1999b): Bankenstatistik Mai 1999, Statistisches Beiheft zum Monatsbericht, Frankfurt a. M.

Döhl, W. (1983): Akzeptanz innovativer Technologien in Büro und Verwaltung, Grundlagen, Analyse und Gestaltung, Göttingen

Dörfler, H.-W. (1993): Grundlagen der praktischen Gestaltung von Anreizsystemen zur Unternehmensführung, Ein Weg zur Unternehmenssteuerung durch Erfolgsfaktoren, Frankfurt a. M.

Dombret, A. (1998): Der deutsche Bankensektor im Zeichen des globalen Wandels, in: Die Bank, H. 10, S. 630-632

Domsch, M./Gerpott, T. J. (1985): Verhaltensorientierte Beurteilungsskalen, in: Die Betriebswirtschaft, 45. Jg., H. 6, S. 666-680

Domsch, M./Gerpott, T. J. (1987): Personalbeurteilung von Führungskräften, in: Kieser, A./Reber, G./Wunderer, R. (Hrsg.): HWFü, Stuttgart, Sp. 1647-1656

Domsch, M./Schneble, A. (1995): Mitarbeiterbefragungen, in: Rosenstiel, L. v./Regnet, E./Domsch, M. (Hrsg.): Führung von Mitarbeitern, Handbuch für erfolgreiches Personalmanagement, 3. überarb. u. erw. Aufl., Stuttgart, S. 635-648

Drucker, P. F. (1954): The Practice Of Management, New York

Drumm, H. J. (1995): Personalwirtschaftslehre, 3. neu bearb. u. erw. Aufl., Berlin etc.

Dycke, A./Schulte, C. (1986): Cafeteria-Systeme, in: Der Betriebswirt, 46. Jg., H. 5, S. 577-589

Early, C. (1985): Influence of Information, Choice and Task Complexitiy Upon Goal Acceptance, Performance and Personal Goals, in: JAP, 70 Jg., H. 3, S. 481-491

Ehrlich u. a. (1957): Postdecision Exposure To Relevant Information, in: The Journal of Abnormal and Social Psychology, 54. Jg., S. 98-102

Eilenberger, G. (1997): Bankbetriebswirtschaftslehre, 7. durchges. Aufl., München/Wien

Endruweit, G. (1989): Akzeptanz und Sozialverträglichkeit, in: Endruweit, G./Trommsdorff, G. (Hrsg.): Wörterbuch der Soziologie, Bd. 1, Reinbek bei Hamburg, S. 9

Engell, C. (1998): Markt für das Firmenkundengeschäft, in: Dahmen, A./Jacobi, P. (Hrsg.): Firmenkundengeschäft der Kreditinstitute, Frankfurt a. M., S. 15-24

Epple, M. H. (1991): Die Kundenbindung wird schwächer: Vertrieb von Bankprodukten, in: Die Bank, H. 10, S. 544-551

Erdmann, U. (1991): Die Entlohnung von Führungskräften in Kreditinstituten, Bd. 43 der Schriftenreihe des Instituts für Kreditwesen der Universität Münster, Frankfurt a. M.

Erez, M./Arad, R. (1986): Participative Goal-Setting: Social, Motivational, and Cognitive Factors, in: JAP, 71 Jg., H. 4, S. 591-597

Erez, M./Zidon, I. (1984): Effect of Goal Acceptance on the Relationship of Goal Difficulty to Performance, in: JAP, 69 Jg., H. 1, S. 69-78

Everding, M. (1995): Kostenmanagement in Kreditinstituten, Bd. 4 der Schriftenreihe des Zentrums für Ertragsorientiertes Bankmanagement in Münster, Frankfurt a. M.

Evers, H. (1994): Zukunftsweisende Anreizsysteme für Führungskräfte, in: Kienbaum, J. (Hrsg.): Visionäres Personalmanagement, 2. erw. Aufl., Stuttgart, S. 439-455

Evers, H. (1998): Variable Bezüge für Führungskräfte: Wertorientierung als Herausforderung, in: Pellens, B. (Hrsg.): Unternehmenswertorientierte Entlohnungssysteme, Stuttgart, S. 53-67

Fallgatter, M. J. (1996): Beurteilung von Lower Management-Leistung, Konzeptualisierung eines zielorientierten Verfahrens, Lohmar/Köln

Fallgatter, M. J. (1998): Beurteilung von Lower Management-Leistung – Ein zielorientiertes Verfahren, in: Personal, H. 2, S. 80-84

Fest, A. (1999): Motive der Bankloyalität von Privatkunden, in: Sparkasse, 116. Jg., H. 3, S. 106-115.

Festinger, L. (1957): A Theory of Cognitive Dissonance, Stanford

Festinger, L. (1964): Conflict, Decision, and Dissonance, Stanford

Festinger, L. (1978): Theorien der kognitiven Dissonanz, A theory of cognitive dissonance, Hrsg. von Irle, M./Möntmann, V., Bern

Fischer, K. (1995): Vergütungssysteme für den Außendienst, in: Die Bank, H. 6, S. 330-334

Fischer, L./Wieswede, G. (1997): Grundlagen der Sozialpsychologie, München

Fischer, R. (1997): Das Recht der Bankenaufsicht, in: Schimansky, H./Bunte, H.-J./Lwowski, H.-J. (Hrsg.): Bankrechts-Handbuch, Bd. 3, München, S. 3715-3724

Fishbein, M./Coombs, F. S. (1974): Basis for Decision: An Attitudinal Analysis of Voting Behavior, in: Journal of Applied Social Psychology, 4. Jg., H. 2, S. 95-124

Föhr, S. (1994): Zur Vorteilhaftigkeit von Cafeteria-Systemen, in: ZfP, H. 1., S. 58-86

Frese, E. (1971): Ziele als Führungsinstrument, Kritische Anmerkungen zum „Management by Objectives“, in: ZfO, H. 5, S. 227-238

Frese, M./Brodbeck, F. C. (1989): Computer in Büro und Verwaltung, Psychologisches Wissen für die Praxis, Berlin etc.

Frey, D./Gaska, A. (1993): Die Theorie der kognitiven Dissonanz, in: Frey, D./Irle, M. (Hrsg.): Kognitive Theorien, 1. Bd. der Theorien der Sozialpsychologie, 2. vollst. überarb. u. erw. Aufl., Bern etc., S. 275-324

Frey, D./Irle, M. (1993): Kognitive Theorien, 1. Bd. der Theorien der Sozialpsychologie, 2. vollst. überarb. u. erw. Aufl., Bern etc.

Frey, D./Rosch, M. (1984): Information Seeking After Decisions: The Roles of Novelty of Information and Decision Reversibility, in: Personality and Social Psychology Bulletin, 10. Jg., H. 1, S. 91-98

Frey, D./Stahlberg, D. (1986): Selection of Information After Receiving More or Less Reliable Self-Threatening Information, in: Personality and Social Psychology Bulletin, 12. Jg., H. 4, S. 434-441

Fritsch, W. (2000): Angebot Deferred Compensation – Ein Baustein im Rahmen der Eigenvorsorge, in: Clermont, A./Schmeisser, W./Krimphove, D. (Hrsg.): Personalführung und Organisation, München, S. 399-411

Gälweiler, A. (1986): Unternehmensplanung, Grundlagen und Praxis, Frankfurt a. M./New York

Gälweiler, A. (1990): Strategische Unternehmensführung, 2. Aufl., Frankfurt a. M./New York

Gaugler, E./Lay, G./Schilling, W. (1979): Einführung und Auswertung von Leistungsbeurteilungssystemen, Betriebliche Ansätze und Erfahrungen, Baden-Baden

Gaul, D. (1986): Das Arbeitsrecht im Betrieb, Von der Einstellung bis zur Entlassung, 8. vollständig neubearb. Aufl., Heidelberg

Gebert, D./Ulrich, J. G.: Erfolgreiches Führen im Kreditbereich, Wiesbaden

Gerl, K. (1975): Analyse, Erfassung und Handhabung von Anpassungswiderständen beim organisationalen Wandel, Diss., München

Gerstenberg, B. (1994): Finanzielle Sicherheit im Alter, Personalführung, H. 4, S. 288-296

Gmür, U./Scherrer, C. (1993): Lohn- und Gehaltssysteme, Ein Rahmenkonzept für die praktische Gestaltung, 3. aktualisierte Aufl., Goldach

Göschel, G./Wolf, G. (1991): Führungsstil als Leistungskiller, in: ZfgK, H. 6, S. 254-257

Grunow, D. (1976): Personalbeurteilung, Empirische Untersuchung von Personalbeurteilungssystemen in Wirtschaft und Verwaltung, Stuttgart

Guttman, L. (1994): The Mathematics In Ordinary Speech, in: Levy, S. (Hrsg.): Louis Guttman on theory and methodology, Selected writing, Aldershot, S. 103-119

Hacker, Nicole (1995): Mitwirkungsrechte der Sprecherausschüsse der leitenden Angestellten nach dem Gesetz vom 20.12.1988, Diss., Gießen

Hagen, R. (1985): Anreizsysteme zur Strategiedurchsetzung, Spardorf

Hahn, D./Willers, H. G. (1992): Unternehmensplanung und Führungskräftevergütung, in: Hahn, D./Taylor, B. (Hrsg.): Strategische Unternehmungsplanung – Strategische Unternehmungsführung, 6. aktualisierte Aufl., Heidelberg, S. 494-503

Haitzmann, M. (1996): Leistungsbeurteilung durch Zielvereinbarung, in: Personal, H. 9, S. 478-482

Hammer, M./Champy, J (1993): Reegineering the Corporation, A manifesto for business revolution, New York

Hammer, R. M. (1991): Unternehmungsplanung, Lehrbuch der Planung und strategischen Unternehmensführung, 4. durchgesehene Aufl., München/Wien

Hanssmann, F. (1995): Quantitative Betriebswirtschaftslehre, Lehrbuch der modellgestützten Unternehmensplanung, 4. unwesentl. veränd. Aufl., München/Wien

Hartan, M./Preißler, P. R. (1980): Leistungsorientierte Vergütung für den Verkaufsaußendienst, Eschborn

Hasse, M. (1998): Know how ohne Know why, Das Internet als virtuelles Akzeptanzobjekt in: Lucke, D./Hasse, M. (Hrsg.): Annahme verweigert, Beiträge zur soziologischen Akzeptanzforschung, Opladen, S. 187-213

Hattke, W./Sydow, J. (1982): Information und Partizipation bei technisch-organisatorischen Veränderungen der Arbeit, Ergebnisse einer Befragung zur Praxis der Einführung von Datensichtgeräten im Bürobereich, in: Office Management, H. 7-8, S. 710-719

Hauschildt, J. (1997): Innovationsmanagement, 2. völlig neu überarb. u. erw. Auflage, München

Havranek, C./Niedl, K. (1999): Gehaltsmanagement, Stellenbewertung, Entgeltsysteme, leistungsorientierte Vergütung, Prämien- und Bonusmodelle, Wien/Frankfurt

Heidemann, F. J. (1987): Die Arbeitsmotivation von Arbeitern und Angestellten der deutschen Wirtschaft, Ergebnisse und Analysen einer Umfrage bei Arbeitern und Angestellten, Gütersloh

Heinen, E. (1966): Das Zielsystem der Unternehmung, Grundlagen betriebswirtschaftlicher Entscheidungen, Wiesbaden

Heinen, E. (1987): Unternehmenskultur, Perspektiven für Wissenschaft und Praxis, München/Wien

Heitmüller, H.-M. (1997): Marktstrategie und Kundenbindung im Zeitalter der Globalisierung, in: Sparkasse, 114. Jg., H. 10, S. 457-464

Heitmüller, H.-M. (1998): Konzentration am Bankenmarkt – Konsequenzen für den regionalen Marktführer, in: Sparkasse, 115. Jg., H. 9, S. 398-403

Helmreich, R. (1980): Was ist Akzeptanzforschung? in: Elektronische Rechenanlagen, 22. Jg., H. 1, S. 21-24

Hentze, J. (1995): Personalwirtschaftslehre 2, 6. überarb. Aufl., Bern/Stuttgart/Wien

Hentze, J./ Brose, P. (1985): Unternehmensplanung, Eine Einführung, Bern/Stuttgart

Hentze, J./Kammel, A. (1992): Lean Production - Personalwirtschaftliche Aspekte der „schlanken“ Unternehmung, in: Die Unternehmung, H. 5, S. 319-331

Hentze, J./Kammel, A./Lindert, K. (1997): Personalführungslehre, Grundlagen, Funktionen und Modelle der Führung, 3. vollst. überarb. Aufl., Bern/Stuttgart/Wien

Herkner, W. (1992): Einstellungen, in: Gaugler, E./Weber, W. (Hrsg.): HWP, 2. neubearb. u. erg. Aufl., Stuttgart, Sp. 792-807

Herzberg, F. (1968): Work and the nature of man, London

Herzberg, F. (1988): Was Mitarbeiter wirklich in Schwung bringt, in: Harvard Manager, 10. Jg., H. 2, S. 42-54

Herzberg, F./Mausner, B./Snyderman, B. B. (1959): The Motivation to Work, New York/London/Sydney

Herzog, R. (1994): Zum Aufwand und Nutzen von leistungsorientierten Entlohnungssystemen, in: Bankinformation, 20. Jg., S. 51-54

Hill, W./Fehlbaum, R./Ulrich, U. (1981): Organisationslehre 1, Ziele, Instrumente, und Bedingungen der Organisation sozialer Systeme, 3. verb. Auflage, Stuttgart

Hillert, A. u. a. (1976): Personalpolitik für leitende Angestellte, Schriften der Deutschen Gesellschaft für Personalführung e. V., Bd. 40, Köln

Hölscher, C./Aleweld, T. (1998): Mit Aktienoptionen vergüten - Neue Perspektiven nicht nur für Führungskräfte, in: Personalführung, H. 9, S. 72-79

Hören, M. v. (1997a): Unter der Lupe – Gehälter und variable Zusatzleistungen, in: Bank Magazin, H. 2, S. 12-15

Hören, M. v. (1997b): Aktuelle Tendenzen der Führungskräftevergütung, in: Personalführung, H. 4, S. 302-307

Hören, M. v. (1999): Stärkere Leistungsorientierung bei der Führungskräftevergütung, in: Die Bank, H. 2, S. 89-91

Hörner, M. (1991): Entgeltsysteme: Neue Ideen und Wege, in: Feix, W. E. (Hrsg.): Personal 2000, Visionen und Strategien erfolgreicher Personalarbeit, Wiesbaden, S. 149-166

Hoppe, K. (1992): Entgelt, in: Wagner, D./Zander, E./Hauke, Chr. (Hrsg.): Handbuch der Personalleitung, Funktionen und Konzeptionen der Personalarbeit im Unternehmen, München, S. 259-308

Hoppe, K. (1994): Entgeltfindung für Führungskräfte, in: Dahlems, R. (Hrsg.): Handbuch des Führungskräfte-Managements, München, S. 375-410

Hromadka, W. (1991): Die Betriebsverfassung, Ein Überblick über Betriebsverfassungsgesetz und Sprecherausschußgesetz, Köln

Isele, S. (1991): Managerleistung, Messen – beurteilen – honorieren, Bd. 169 des Handelswissenschaftlichen Seminars der Universität Zürich, Zürich

Juncker, K. (1993): Firmenkundengeschäft: Den Wandel managen, in: Juncker, K./Priewasser, E. (Hrsg.): Handbuch Firmenkundengeschäft, Das Firmenkundengeschäft auf dem Weg ins 21. Jahrhundert, Frankfurt a. M., S. 72-100

Kadel, P./Meier, H. (1992): Vergütung außertariflicher Angestellter, in: Gaugler, E./Weber, W. (Hrsg.): HWP, 2. neubearb. u. erg. Aufl., Stuttgart, Sp. 2253-2263

Kalbermatten, M. (1963): Der Personaleinsatz in der elektronischen Datenverarbeitung, Hamburg/Berlin

Kappel, H./Uschatz, P. (1992): Variable Kaderentlöhnung, Erfolg und Leistung honorieren, Zürich

Katz, D./Stotland, E. (1959): A Preliminary Statement To A Theory Of Attitude Structure And Change, in: Koch, S. (Hrsg.): Psychology: A Study Of A Science, New York/Toronto/London, S. 423-475

Kick, T. (1997): Total Compensation, Ein attraktives und zukunftsorientiertes Vergütungssystem zum Ausbau der Wettbewerbsfähigkeit von Banken im Arbeitsmarkt, in: Personalführung, H. 4, S. 308-313

Kieser, A. (1969): Innovationen, in: Grochla, E. (Hrsg.): HWO, Stuttgart, Sp.741-750

Kill, V. (1972): Die Führungskonzeption des „Management By Objectives" und ihre Bedeutung für die Leistungsbeurteilung, Dissertation, Augsburg

Kirsch, W./Esser, W.-M./Gabele, E. (1979): Das Management des geplanten Wandels von Organisationen, Stuttgart

Klapprott, J. (1975): Die Anatomie von Einstellungen, Empirische Ergebnisse zur Feinstruktur einer Einstellung, Stuttgart

Kleb, R. H. (1996): Vergütungspolitische Szenarien, in: Personalwirtschaft Special, S. 28-31

Knebel, H. (1979): Zielvereinbarungen mit Ergebnisbeurteilung – wann funktioniert das?, in: Personal, H. 1, S. 15-18

Knebel, H. (1980): Leistungsplanung mit Zielvereinbarungen für Führungskräfte, in: FB/IE, 29. Jg., H. 5, S. 327-330

Knebel, H. (1995): AT-Vergütung im Wandel, in: Leistung und Lohn, Nr. 295/296

Knebel, H./Zander, E. (1989): Arbeitsbewertung und Eingruppierung: ein Leitfaden für die Entgeltfestsetzung, 2. neubearb. Aufl., Heidelberg

Koch, H. (1982): Integrierte Unternehmensplanung, Wiesbaden

Kobmann, W. (1996): Die Auswirkungen des Lean Management auf die Zweigstellen- und Abteilungsorganisation der Genossenschaftsbanken, Frankfurt a. M. etc.

Köhler, A.-B./Risch, S./Sommer, C. (1998): Rette sich, wer kann, in: mm, H. 5, S. 257-269

Kohlhaussen, M. (1998): Perspektiven der Universalbanken deutscher Tradition im kommenden Jahrhundert, in: ZfgK, H. 6, S. 255-258

Kohn, A. (1993): Why Incentive Plans Cannot Work, in: HBR, H. 5, S. 54-63

Kokemoor, A./Samm, C. T. (Stand 03/00): § 6 RdNr. 36-44, in: Samm, C. T. (Hrsg.): Gesetz über das Kreditwesen, Kommentar nebst Materialien und ergänzenden Vorschriften, Heidelberg

Kollmann, T. (1999): Das Konstrukt der Akzeptanz im Marketing, in: WiSt, H. 3., S. 125-130.

Kosiol, E. (1962): Leistungsgerechte Entlohnung, Wiesbaden

Krämer, H.-P. (1997): Erfolgsabhängige Vergütung bei der KSK Köln: ein Quentchen mehr für die Mittelstürmer, in: bum, H. 8, S. 20-25

Kreikebaum, H. (1997): Strategische Unternehmensplanung, 6. überarb. u. erw. Aufl., Stuttgart/Berlin/Köln

Kroeber-Riel, W./Weinberg, P. (1996): Konsumentenverhalten, 6. völlig überarb. Aufl., München

Krüger, W. (1998): Personalpolitik vor neuen Herausforderungen, in: Die Bank, H. 7, S. 446-448

Kubicek, H. (1975): Informationstechnologie und organisatorische Regelungen, Berlin

Kühlmann, T. M. (1988): Technische und organisatorische Neuerungen im Erleben betroffener Arbeitnehmer, Längsschnittstudien zum Verlauf neuerungsbezogener Wahrnehmungen und Erwartungen, Stuttgart

Kühlmann. T. M. (1991): Mitarbeiterinformation bei betrieblichen Neuerungsvorhaben, in: ZfO, H. 1, S. 26-28

Küttner, W. (1995): Entgeltanpassung: Vorbeugende Vertragsgestaltung und nachträgliche Korrektur, in: Hromadka, W. (Hrsg.): Die Mitarbeitervergütung, Entgeltsysteme der Zukunft, Stuttgart, S. 61-73

Kunz, G. (1998a): Es gibt kein perfektes System, in: Handelsblatt, Nr. 56, 20./21.03.1998, S. K1-K2

Kunz, G. (1998b): Wenn das Zielvereinbarungssystem zum Patienten wird, in: Handelsblatt, Nr. 102, 29./30.05.1998, S. K1-K2

Kunz, G. (1999): Ziele partnerschaftlich vereinbaren – ein Weg zum Erfolg, in: HBM, H. 2, S. 79-88

Laber, H./Maassen, O (1996): Mitarbeiterleistung muß sich „lohnen“, in: Bank Magazin, H. 5, S. 58-60

Laber, H./Wolf, S. (1998): Bankenfusionen: Den Wandel personalpolitisch gestalten, in: Die Bank, H. 9, S. 520-524

LaPiere, R. T. (1934): Attitudes vs. Actions, in: Social Forces, 13. Jg., S. 230-237

Lattmann, C. (1975): Die Leistungsbeurteilung als Führungsmittel, Zwecke u. Aufgaben von Qualifikationssystemen, Bern/Stuttgart,

Lattmann; C. (1994): Die Leistungsbeurteilung als Führungsmittel, 2. verbesserte Aufl., Heidelberg

Laupheimer, Y. (1985): Kundenakzeptanz der neuen Technologien, in: Die Bank, H. 12, S. 610-617

Laux, H. (1992): Anreizsysteme, ökonomische Dimension, in: Frese, E. (Hrsg.): HWO, 3. völlig neu gestaltete Aufl., Stuttgart, Sp. 112-122

Lawler III, E. E. (1988): Pay for Performance: Making It Work, in: Personnel, 65. Jg., H. 10, S. 68-71

Leichtfuß, R./Bonacker, M. (1992): Erfolgsorientierte Anreizsysteme, in: Die Bank, H. 11, S. 624-631

Leiderer, W. (1976): Betriebliche Lohnsysteme, München

Lenzen, A. (1996): Corporate Identity in Banken, Wie sich Unternehmenskultur in Rendite verwandelt, Wiesbaden

Lie, H.-H. (1995). Partizipation in Unternehmen, Analyse der Partizipation und ihr Beitrag zur Problemlösung industrieller Arbeitsbeziehungen am Beispiel Koreas, Diss., Bayreuth

Likert, R. (1967): The Method of Constructing an Attitude Scale, in: Fishbein, M. (Hrsg.): Attitude Theory and Measurement, New York/London/Sydney, S. 90-95

Lindena, B. (1997a): Der Tarifvertrag im System der Tarifautonomie, in: Die Bank, H. 4, S. 230-235

Lindena, B. (1997b): Leistungsanreize durch variables Vergütungssystem, in: Die Bank, H. 12, S. 712-716

Löhnert, G. (1985): Optimierung der Akzeptanz ist wichtig, in: dialog Geldinstitute, H. 1, S. 7

Lucke, D. (1995): Akzeptanz, Legitimität in der „Abstimmungsgesellschaft", Opladen

Lucke, D. (1998): Riskante Annahmen - Angenommene Risiken, Eine Einführung in die Akzeptanzforschung, in: Lucke, D./Hasse, M. (Hrsg.): Annahme verweigert, Beiträge zur soziologischen Akzeptanzforschung, Opladen, S. 15-35

Lurse, K. (1997): Richtige und falsche Zielvorgaben, in: Personalwirtschaft, H. 9, S. 46-48

Macharzina, K. (1999): Unternehmensführung, Das internationale Managementwissen, Konzepte – Methoden - Praxis, 3. aktualisierte u. erw. Aufl., Wiesbaden

Madauss, B. J. (1994): Handbuch Projektmanagement. Mit Handlungsanleitungen für Industriebetriebe, Unternehmensberater und Behörden, 5. überarb. u. erw. Aufl., Stuttgart

Mann, F.C./Neff, F. W. (1969): Managing major change in organizations, 8. Aufl., Ann Arbor

Manstein, R. v. (1991): Perspektiven eines strategisch-orientierten Incentive Systems, in: Schanz, G. (Hrsg.): Handbuch Anreizsysteme, Stuttgart, S. 777-793

Manz, U. (1983): Zur Einordnung der Akzeptanzforschung in das Programm sozialwissenschaftlicher Begleitforschung, München

Martin, A. (1992): Arbeitszufriedenheit, in: Gaugler, E./Weber, W. (Hrsg.): HWP, 2. neubearb. u. erg. Aufl., Stuttgart, Sp. 481-493

Martin, A. (1994): Personalforschung, 2. Aufl., München/Wien

Maslow, A. H. (1981): Motivation und Persönlichkeit, Reinbeck bei Hamburg

McGregor, D. (1957): An Uneasy Look at Performance Appraisal, in: HBR, 35. Jg., S. 89-94.

Meinefeld, W. (1983): Einstellung, in: Asanger, R./Wenninger, G. (Hrsg.): Handwörterbuch der Psychologie, 3. Aufl., Weinheim/Basel

Mende, W./Bieta, V. (1997): Projektmanagement. Praktischer Leitfaden, München/Wien

Michael, C. (1999): Alles aus einer Hand, in: Bank Magazin, H. 4, S. 12-16

Mölders, H.-W. (1993): Cafeteria-Systeme, Rechtliche Gestaltungsmöglichkeiten und Objektivierung der Arbeitnehmerwahlrechte bei der Individualisierung von Entgeltbestandteilen, Diss., Hagen

Mölders, H.-W. (1995): Deferred Compensation – Ein Ansatz zur Steigerung der Nettovergütung durch aufgeschobene Zahlungen, in: ZfP, H. 1, S. 54-71

Moormann, J./Gossmann, A. (1997): Erfolgsfaktoren von Reengineering-Projekten, in: Die Bank, H. 6, S. 372-376

Moser, K.(1993): Planung und Durchführung organisationspsychologischer Untersuchungen, in: Schuler, H. (Hrsg.): Lehrbuch Organisationspsychologie, Bern etc., S. 71-105

Mülder, W. (1984): Organisatorische Implementierung von computergestützten Personalinformationssystemen, Einführungsprobleme und Lösungsansätze, Berlin etc.

Müller, A. (1998): Legitimation per Knopfdruck, Akzeptanz und Akzeptanzverlust von Autos und Atomkraft, in: Lucke, D./Hasse, M. (Hrsg.): Annahme verweigert, Beiträge zur soziologischen Akzeptanzforschung, Opladen, S. 165-185

Müller, B. R. (1999): Marktstrategien von Auslandsbanken, in: Bank Magazin, H. 3, S. 22-26

Müller, C. (1987): Die Problematik einer Implementierung von Informationstechnologie im Bürobereich, Gestaltungsvorschläge auf der Basis einer Einstellungsanalyse (Fallstudien), Köln

Müller, V./Schienstock, G. (1978): Der Innovationsprozeß in westeuropäischen Industrieländern, Bd. 1: Sozialwissenschaftliche Innovationstheorie, Berlin/München

Müller-Böling, D. (1978): Arbeitszufriedenheit bei automatisierter Datenverarbeitung, München/Wien

Müller-Böling, D./Müller, M. (1986): Akzeptanzfaktoren der Bürokommunikation, München/Wien

Müller-Gebel, K. (1999): Personalwirtschaftliche Ziele in Kreditinstituten, in: Siebertz, P./Stein, J. H. v. (Hrsg.): Handbuch Banken und Personal, Frankfurt a. M., S. 51-75

Mummendey, H. D. (1979): Einstellung und Verhalten bei Fernsehzuschauern, in: Mummendey, H. D. (Hrsg.): Einstellung und Verhalten, Psychologische Untersuchungen in natürlicher Umgebung, Bern/Stuttgart/Wien, 1979, S. 135-155

Mungenast, M. (1990): Grenzen merkmalsorientierter Einstufungsverfahren und ihre mögliche Überwindung durch zielorientierte Leistungsbeurteilungsverfahren, München

Mungenast, M. (1994): Leistungsbeurteilung und Ziele, in: Personal, H. 2, S. 56-59

Murphy, K. R./Cleveland, J. N. (1991): Performance Appraisal – An Organizational Perspective, Massachusetts

Nagel, K./Schlegtendal, G. (1998): Flexible Entgeltsysteme, Fair entlohnen - besser motivieren, Landsberg/Lech

Neuberger, O. (1974a): Theorien der Arbeitszufriedenheit, Stuttgart etc.

Neuberger, O. (1974b): Messung der Arbeitszufriedenheit, Verfahren und Ergebnisse, Stuttgart etc.

Neuberger, O. (1976): Der Arbeits-Beschreibungs-Bogen, Ein Verfahren zur Messung von Arbeitszufriedenheit, Arbeiten zur Organisationspsychologie aus der Abt. für Organisations- u. Wirtschaftspsychologie des Instituts für Psychologie der Universität Augsburg, Augsburg

Neuberger, O./Allerbeck, M. (1978): Messung und Analyse von Arbeitszufriedenheit, Bern/Stuttgart/Wien

Neumeier, J. (1991): Ergonomie zahlt sich aus - gute Bedienung wirtschaftlich betrachtet, in: Helmreich, R. (Hrsg.): Bürokommunikation und Akzeptanz, Heidelberg, S. 145-166

Newton, N./Newton, M. (1950): Relationship Of Abilitiy To Breast Feed And Maternal Attitudes Toward Breast Feeding, in: Pediatrics, 5. Jg., S. 869-875.

Obst, G./Hinter, O. (1993): Geld-, Bank- und Börsenwesen, 39. Aufl., Stuttgart

Oechsler, W. A. (1997): Personal und Arbeit, Einführung in die Personalwirtschaft unter Einbeziehung des Arbeitsrechts, 6. überarb. u. erw. Aufl., München/Wien

Oehler, A. (1990): Die Akzeptanz der technikgestützten Selbstbedienung im Privatkundengeschäft von Universalbanken, Stuttgart

Olfert, K./Steinbuch, P. A. (1999): Personalwirtschaft, 8. aktualisierte u. durchgesehene Aufl., Ludwigshafen

Opaschowski, H. W. (1989): Wie arbeiten wir nach dem Jahre 2000?, Eine Projektstudie zur Freizeitforschung vom B.A.T Freizeit-Forschungsinstitut, Hamburg

Ostrom, T. M. (1969): The Relationship between the Affective, Behavioral and Cognitive Components of Attitude, in: Journal of Experimental Social Psychology, 5. Jg., S. 12-30

o.V. (1984): Gehaltsfindung, in: Management-Wissen, Nr. 12, S. 65f.

o.V. (1995): Ohne Boni geht es künftig nicht, in: Bank Magazin, H. 9, S. 22f.

o.V. (1997): Tarifverträge für das private Bankgewerbe und die öffentlichen Banken (Stand: 01.10.1997), Arbeitgeberverband des privaten Bankgewerbes (Hrsg.), Köln

o.V. (1998a): Bankarbeitgeber werfen den Gewerkschaften Blockade vor, in: Handelsblatt, Nr. 115 (19./20.6.1998), S. 8

o.V. (1998b): Bankentarif soll flexibler werden, Arbeitgeber plädieren für leistungsabhängige Vergütung, in: Börsenzeitung, 20.6.1998, S. 5

o.V. (1999): Die Großbanken: Commerzbank, Deutsche Bank, Dresdner Bank und Hypovereinsbank im Konzernvergleich, in: ZfgK, H. 9, S. 449-457

Pankert, E./Preußer, H. (1993): Variables Gehalt für Banker?, in: Bank Magazin, H. 3, S. 26f.

Pankow, M. (1986): Untersuchungen zur Verbesserung der betrieblichen Arbeitssituation unter Verwendung der Akzeptanz im Rahmen von Arbeitsanalyse und Arbeitsentwicklung, Hamburg

Panse, W. (1989): Wertewandel 1949-1989. Menschen im Wertewandel gesellschaftlicher Prozesse, in: Finanzierung – Leasing – Factoring, H. 4, S. 119-123

Pellens, B./Crasselt, N./Rockholtz, C. (1998): Wertorientierte Entlohnungssysteme für Führungskräfte, Anforderungen und empirische Evidenz, in: Pellens, B. (Hrsg.): Unternehmenswertorientierte Entlohnungssysteme, Stuttgart, S. 1-28

Perry, R. W./Gillespie, D. F./Lotz, R. E. (1976): Attitudinal variables as estimates of behavior: A theoretical examination of the attitude-action controversy, in: European Journal of Social Psychology, 6. Jg., H. 2, S. 227-243

Petermann, F. (1980): Einstellungsmessung und –forschung: Grundlagen, Ansätze und Probleme, in: Petermann, F. (Hrsg.): Einstellungsmessung – Einstellungsforschung, Göttingen/Toronto/Zürich, S. 9-36

Petty, R. E./Cacioppo, J. T. (1984): The Effects of Involvement on Responses to Argument Quantity and Quality: Central and Peripheral Routes to Persuasion, in: Journal of Personality and Social Psychology, 46. Jg., H. 1, S. 69-81

Pfeiffer, W./Weiß, E. (1991): Lean Management - Zur Übertragbarkeit eines neuen japanischen Erfolgsrezepts auf hiesige Verhältnisse, Bd. 18 der Forschungs- u. Arbeitsberichte am Lehrstuhl für Industriebetriebslehre des Fachbereichs Wirtschafts- und Sozialwissenschaften der Friedrich-Alexander Universität Erlangen-Nürnberg, Nürnberg

Pochhammer, M. (1990): Vorteile durch leistungsorientierte Vergütungssysteme, in: Personalwirtschaft, H. 1, S. 28f.

Porter, L. W./Lawler III, E. E. (1968): Managerial Attitudes and Performance, Homewood/Illinois

Prasch, E./Torka, W. (1995): Neues Vergütungssystem: Die Leistung zählt, in: Die Bank, H. 9, S. 516-520

Priewasser, E. (1994): Die Priewasser-Prognose. Bankstrategien und Bankmanagement 2009, Frankfurt a. M.

Raffee, H. (1995): Grundprobleme der Betriebswirtschaftslehre, 9. unveränd. Nachdruck der 1. Aufl. v. 1974, Göttingen

Reber, C./Theilmann, O. (1998): Die neue Konkurrenz der Banken, Finanzdienstleistungen von Non- und Near-Banks, in: Bank Magazin, H. 8, S. 10-12

Reber, G. (1980): Anreizsysteme, in: Grochla, E. (Hrsg.): HWO, 2. völlig neu gestaltete Aufl., Stuttgart, Sp. 78-86

Reichwald, R. (1978), Zur Notwendigkeit der Akzeptanzforschung bei der Entwicklung neuer Systeme der Bürotechnik, Bd. 1 der Arbeitsberichte „Die Akzeptanz neuer Bürotechnologie", München

Reichwald, R./Manz, U. (1982): Akzeptanzchancen neuer Systeme der Bürokommunikation aus Anwendersicht, in: Krallmann, H. (Hrsg.): Sozio-ökonomische Anwendungen der Kybernetik und Systemtheorie, Herausforderungen an Theorie und Praxis, Berlin, S. 231-250

Reuter, W. (1999): Banken – Angriff auf die Dinos, in: Spiegel, H. 21, S. 82-84

Rinker, A. (1997): Anreizsysteme in Kreditinstituten, Gestaltungsprinzipien und Steuerungsimpulse aus Controllingsicht, Bd.15 der Schriftenreihe des Zentrums für Ertragsorientiertes Bankmanagement in Münster, Frankfurt a. M.

Rolfes, B./Krämer, C. (1988): Erfolgsorientierte Steuerung marktbezogener Organisationseinheiten in Kreditinstituten, in: Kredit und Kapital, 21. Jg., 1988, S. 118-140

Rosenberg, M. J./Hovland, C. I. (1960): Cognitive, Affective and Behavioral Components of Attitudes, in: Hovland, C. I./Rosenberg, M. J. (Hrsg.): Attitude Organization and Change, Yale, S. 1-14

Rosenstiel, L. v. (1975): Die motivationalen Grundlagen des Verhaltens in Organisationen, Leistung und Zufriedenheit, Berlin

Rosenstiel, L. v. (1989): Innovation und Veränderung in Organisationen, in: Roth, E. (Hrsg.): Enzyklopädie der Psychologie, Organisationspsychologie, Bd. 3, Göttingen/Toronto/Zürich, S. 652-684

Rosenstiel, L. v. (1995): Arbeitszufriedenheit, in: Rosenstiel, L. v./Regnet, E./Domsch, M. (Hrsg.): Führung von Mitarbeitern, Handbuch für erfolgreiches Personalmanagement, 3. überarb. u. erw. Aufl. Stuttgart, S. 181-192

Rosenstiel, L. v. (2000): Grundlagen der Organisationspsychologie, 4. überarb. u. erw. Aufl., Stuttgart

Rosenstiel, L. v. u. a. (1983): Betriebsklima heute, 2. unveränderte Aufl., Ludwigshafen

Roth, T. (1998): Symbolische Politik und die Preisgabe des Politischen, Akzeptanzprobleme der Parteien in: Lucke, D./Hasse, M. (Hrsg.): Annahme verweigert, Beiträge zur soziologischen Akzeptanzforschung, Opladen, S. 37-64

Rühl, G. (1973): Untersuchungen zur Arbeitsstrukturierung, in: Industrial Engineering, 3. Jg., H. 3, S. 147-197

Rühl, G./Zink, K. J. (1974): Zur Kritik an der Herzbergschen Motivationstheorie, in: Fortschrittliche Betriebsführung, 23. Jg., H. 3, S. 173-185

Rüschen, T. (1989): Tantieme-Regelungen für leitende Angestellte im Kreditgewerbe, in: Personal, H. 3, S. 113-117

Ruß, T. (1999): Qualitätsmanagement in der Bankunternehmung, Frankfurt a. M.

Sachverständigenrat zur Begutachtung der gesamtwirtschaftlichen Entwicklung (1998): Vor weitreichenden Entscheidungen – Jahresgutachten 1998/99, Stuttgart

Schaefer, F. (1998): Alltagsarbeit und Arbeitsalltag, Akzeptanz bei verschobenen Grenzen, in: Lucke, D./Hasse, M. (Hrsg.): Annahme verweigert, Beiträge zur soziologischen Akzeptanzforschung, Opladen, S. 145-164

Schanz, G. (1991): Motivationale Grundlagen der Gestaltung von Anreizsystemen, in: Schanz, G (Hrsg.): Handbuch Anreizsysteme, Stuttgart, S. 3-30

Schanz, G. (1992): Partizipation, in: Frese, E. (Hrsg.): HWO, 3. völlig neu gestaltete Aufl., Stuttgart, Sp. 1901-1914

Schanz, G. (1994): Organisationsgestaltung, Management von Arbeitsteilung und Koordination, 2. neu bearb. Aufl., München

Schaub, G. (2000): Arbeitsrechts-Handbuch, Systematische Darstellung und Nachschlagewerk für die Praxis, 9. überarb. Aufl., München

Schein, E. H. (1985): Organizational Culture and Leadership, San Francisco

Scheitler, C. (1999): Zielvereinbarungen erfolgreich treffen, in: Personal, H. 10, S. 498-501

Schellhaas, H./Schönecker, H. G. (1983): Kommunikationstechnik und Anwender, Akzeptanzbarrieren, Bedarfsstrukturen, Einsatzbedingungen, Bd. 1 des Forschungsprojekts Bürokommunikation, München

Schettgen, P. (1996): Arbeit, Leistung, Lohn, Analyse- und Bewertungsmethoden aus sozioökonomischer Perspektive, Stuttgart

Schierenbeck, H. (1996a): Vergütungssysteme im Spannungsfeld von Kostendruck und Leistungsmotivation, in: Basler Bankvereinigung (Hrsg.): Bankführung im Wandel, Tagungsband zum 3. Basler Bankentag, Bern/Stuttgart/Wien, S. 3-70

Schierenbeck, H. (1996b): Vergütungssysteme als Instrument ertragsorientierter Banksteuerung, in: Rolfes, B./Schierenbeck, H./Schüller, S. (Hrsg.): Ertragsmanagement und Rationalisierung in Kreditinstituten, Bd. 9 der Schriftenreihe des Zentrums für Ertragsorientiertes Bankmanagement in Münster, Frankfurt a. M., S. 177-235

Schierenbeck, H. (1997): Ertragsorientiertes Bankmanagement, Bd. 1: Grundlagen, Marktzinsmethode und Rentabilitäts-Controlling, 5. vollst. überarb. u. erw. Aufl., Wiesbaden

Schierenbeck, H./Arnsfeld, T. (1996): Leistungsorientierte Vergütungssysteme in Banken, WWZ-Forschungsbericht 1/1996 des Wirtschaftswissenschaftlichen Zentrums der Universität Basel, Basel

Schiller, B. (1990): Leistungsbeeinflussung von Mitarbeitern im Bankaußendienst, in: Sparkasse, 107. Jg., H. 4, S. 171-176

Schmeer, B. (1996): Neue Trends bei den Vergütungssystemen, in: Personalführung, H. 9, S. 788-791

Schmidt, R.-B. (1969): Wirtschaftslehre der Unternehmung, Grundlagen, Band 1, Stuttgart

Schmidt-Dorrenbach, H. (1995): Ergebnisorientierte Vergütung für Führungskräfte, in: Deutsche Gesellschaft für Personalführung e. V. (Hrsg.): Neue Wege der Vergütung, Fallstudien und Werkstattberichte, Köln, S. 105-118

Schneider, H. J./Zander, E. (1982): Erfolgs- und Kapitalbeteiligung der Mitarbeiter in Klein- und Mittelbetrieben, Freiburg i. Br.

Schneider, H./Knebel, H. (1995): Team- und Teambeurteilung, Neue Trends in der Arbeitsorganisation, Köln

Scholz, C. (2000): Personalmanagement, 5. neubearb. u. erw. Aufl., München

Schönecker, H. G. (1980): Bedienerakzeptanz und technische Innovation, Akzeptanzrelevante Aspekte bei der Einführung neuer Bürotechniksysteme, München

Schönecker, H. G. (1982): Akzeptanzforschung als Regulativ bei Entwicklung, Verbreitung und Anwendung technischer Innovationen, in: Reichwald, R. (Hrsg.): Neue Systeme der Bürotechnik, Beiträge zur Büroarbeitsgestaltung aus Anwendersicht, Berlin, S. 49-69

Schönecker, H. G. (1985): Kommunikationstechnik und Bedienerakzeptanz, Bd. 6 des Forschungsprojekts Bürokommunikation, München

Schröder, G. A. (1993): Möglichkeiten und Grenzen von Anreizsystemen, in: B. Bl., 42. Jg., H. 7, S. 329-331

Schroth, M. (1997): Informationsinstrumente im Privatkundengeschäft, in: Die Bank, H. 10, S. 586-592

Schuster, L. (1973): Bankmanagement durch Profit Center, in: Holzach, R./Lehner, H./Schuster, L. (Hrsg.): Bankmanagement in Theorie und Praxis, Stuttgart, S. 29-43

Schuster, L. (1993): Erfolgsorientierte Vergütung von Bankmitarbeitern, in: ZfgK, H. 3, S. 124-127

Schuster, L. (1996): Theorie und Politik der Banken im Wandel, München

Siebertz, P. (1999): Der Mensch im Unternehmen: Schlüsselfaktor für den Erfolg, in: Siebertz, P./Stein, J. H. v. (Hrsg.): Handbuch Banken und Personal, Frankfurt a. M., S. 19-39

Singer, R. (1978a): Befragung, in: Singer, R./Willimczik, K. (Hrsg.): Grundkurs Datenerhebung 2, Bad Homburg v. d. H., S. 49-87.

Singer, R. (1978b): Einstellung und Einstellungsmessung, in: Singer, R./Willimczik, K. (Hrsg.): Grundkurs Datenerhebung 2, Bad Homburg v. d. H., S. 89-119.

Six, B. (1975): Die Relation von Einstellung und Verhalten, in: Zeitschrift für Sozialpsychologie, 6 Jg., S. 270-296

Six, B. (1980): Das Konzept der Einstellung und seine Relevanz für die Vorhersage des Verhaltens, in: Petermann, F. (Hrsg.): Einstellungsmessung - Einstellungsforschung, Göttingen/Toronto/Zürich, S. 55-84

Six, B./Eckes, T. (1994): Fakten und Fiktionen in der Einstellungs-Verhaltens-Forschung: Eine Meta-Analyse, in: Zeitschrift für Sozialpsychologie, 25. Jg., S. 253-271

Six, B./Eckes, T. (1996): Metaanalysen in der Einstellungs-Verhaltens-Forschung, in: Zeitschrift für Sozialpsychologie, 27. Jg., S. 7-17

Söllner, A. (1998): Grundriß des Arbeitsrechts, 12. neubearb. Aufl., München

Sold, W./Uepping, H. (1999): Strategische Unternehmenssteuerung durch Zielvereinbarungen und variable Vergütung, in: Personal, H. 10, S. 494-497

Specht, K. G. (1978): Rationalisierung und Humanisierung - Gegner oder Partner?, in: Intertext, S. 3-10

Sprenger, R. K. (1997): Mythos Motivation, Wege aus einer Sackgasse, 13. erw. u. aktualisierte Aufl., Frankfurt a. M./New York

Stachelsky, F. v. (1983): Typologie und Methodik von Akzeptanzforschungen zu neuen Medien, in: Publizistik, 24. Jg., H. 1, S. 46-55

Stadler, H. (1983): Mitbestimmung in Entlohnungsfragen, in: Angewandte Arbeitswissenschaft, H. 98, S. 19-26

Staehle, W. H. (1987): Management, Eine verhaltenswissenschaftliche Einführung, 3. verb. u. erw. Aufl., München

Staehle, W. H. (1999): Management, Eine verhaltenswissenschaftliche Perspektive, 8. überarb. Auflage, München

Stahlberg, D./Frey, D. (1996): Einstellungen: Struktur, Messung und Funktion, in: Stroebe, W./Hewstone, M./Stephenson, G. M. (Hrsg.): Sozialpsychologie, Eine Einführung, 3. erw. u. überarb. Aufl., Berlin etc.

Stehle, W. (1995): Mitarbeiterbeurteilung, in: Rosenstiel, L./Regnet, E./Domsch, M. (Hrsg.): Führung von Mitarbeitern, Handbuch für erfolgreiches Personalmanagement, 3. überarb. u. erw. Aufl., Stuttgart, S. 193-203

Stein, J. H. v./Gruber, D. (1999): Rahmenbedingungen der Bankenlandschaft, in: Siebertz, P./Stein, J. H. v. (Hrsg.): Handbuch Banken und Personal, Frankfurt a. M., S. 3-18

Stelzer, G. (1990): Flexible Vergütungssysteme, in: ZfgK, 43. Jg., S. 886-889

Stocker, K. G. (1978): Einflußfaktoren der Mitarbeitermotivation in Kreditinstituten, Berlin

Stöbe, F. (1991): Privates Sparverhalten in den neuen Bundesländern, in: Die Bank, H. 5, S. 248-252

Stöcker, H. (1999): Leistungsbeurteilungsverfahren in deutschen Banken, Eine empirische Untersuchung, Lohmar/Köln

Stolzenburg, J. H./Diemer, P. W. (1992): Cafeteria-Vergütungssysteme, in: Personalführung, H. 5, S. 370-375

Stracke, G. (1988): Financial Services in Deutschland (V): Marktstrategien der Banken, in: Die Bank, H. 11, S. 590-599

Straub, R. (1999): Vergütung nach Marktlage, nicht nach Hierarchie, in: Personalwirtschaft, H. 2, S. 12

Stroebe, W. (1980): Grundlagen der Sozialpsychologie I, Stuttgart

Strümpel, B./Scholz-Ligma, J. (1992): Werte und Wertewandel, in: Gaugler, E./Weber, W. (Hrsg.): HWP, 2. neubearb. u. erg. Aufl., Stuttgart, Sp. 2338-2349

Sturzenegger, M. (19XX): Lohnsysteme im rauhen Wind des Wechsels, in: persorama, S. 12-17

Süchting, J. (1998): Die Theorie der Bankloyalität – (immer noch) eine Basis zum Verständnis der Absatzbeziehungen von Kreditinstituten?, in: Süchting, J./Heitmüller, H.-M. (Hrsg.): Handbuch des Bankmarketing, 3. vollst. neu bearb. Aufl., Wiesbaden, S. 1-24

Süchting, J./Paul, S. (1998): Bankmanagement, 4. vollst. überarb. u. erw. Aufl., Stuttgart

Süllwold, F. (1969): Theorie und Methodik der Einstellungsmessung, in: Graumann (Hrsg.): Handbuch der Psychologie, Bd. 7: Sozialpsychologie, Göttingen, S. 475-514

Suffel, W. (1981): Widerstand von Geschäftsbereichsleitern im Entwicklungsprozeß der strategischen Planung, Thun/Frankfurt a. M.

Svoboda, M. (1999): Leistungs- und ergebnisorientierte Personalführung auf der Grundlage moderner Personalentwicklungs- und Vergütungspolitik in der Deutschen Bank, in: Clermont, A./Schmeisser, W. (Hrsg.): Betriebliche Personal- und Sozialpolitik, München, S. 363-378

Swoboda, U. C. (1997): Privatkundengeschäft der Kreditinstitute, Marketingstrategien und Managementprozesse, 2. veränd. Aufl., Frankfurt a. M.

Tannenbaum, R./Schmidt, W. H. (1958): How to choose a leadership pattern, in: HBR, 36 Jg., H. 2, S. 95-101

Tegeder, P. (1996): Business Reengineering als Grundlage eines ganzheitlichen Restrukturierungsprozesses in ostdeutschen Kreditinstituten, Bd. 8 der Schriftenreihe des Zentrums für Ertragsorientiertes Bankmanagement in Münster, Frankfurt a. M.

Teichmann, U. (1997): Grundriß der Konjunkturpolitik, 5. verb. u. erw. Aufl., München

Töpfer, A. (1992): Total Quality Management der Schlüssel zum Erfolg, in: Personalwirtschaft, H. 8, S. 12-16

Töpfer, A./Funke, U. (1985): Mitarbeiterbefragung als Analyseinstrument und Grundlage der Organisationsentwicklung, in: Töpfer, A./Zander, E. (Hrsg.): Mitarbeiter-Befragungen, Ein Handbuch, Frankfurt a. M./New York, S. 9-42

Torka, W. (1995): Leistungsorientiertes Vergütungssystem, in: Personal, H. 7, S. 328-334

Torka, W. (1999): Grundlagen der Vergütung, in: Siebertz, P./Stein, J. H. v. (Hrsg.): Handbuch Banken und Personal, Frankfurt a. M., S. 369-394

Triandis, H. C. (1975): Einstellungen und Einstellungsänderungen, Übersetzt und bearbeitet von Bernd Six und Karl-Heinz Steffens, Weinheim/Basel

Ueberschaer, N. (1998): Leistung, Motivation und Vergütung in der Team- und Gruppenarbeit, in: Personalführung, H. 4, S. 14-21

Veit, T. (1978): Führungssituation und Führungsstil in Kreditinstituten, Grundlagen und Strategie zur Durchsetzung eines sozialen Führungskonzepts, Bern/Stuttgart

Vetter, G. (1987): Verhalten, in: Grubitzsch, S./Rexilius, G. (Hrsg.): Psychologische Grundbegriffe, Mensch und Gesellschaft in der Psychologie, Ein Handbuch, Reinbeck, S. 1159-1169

Volk, H. (1986): Innere Kündigung von Mitarbeitern als Führungsproblem, in: ZfO, H. 6, S. 412-413.

Vorwerk, K. (1994): Die Akzeptanz einer neuen Organisationsstruktur in Abhängigkeit von Implementierungsstrategie und Merkmalen der Arbeitssituation, Eine Fallstudie aus der Versicherungswirtschaft, Frankfurt a. M.

Wagner, D. (1986): Möglichkeiten und Grenzen des Cafeteria-Ansatzes in der Bundesrepublik Deutschland, BFuP, H. 1, S. 16-27

Wagner, D./Grawert, A./Langemeyer, H. (1993): Cafeteria-Modelle, Möglichkeiten und Individualisierung und Flexibilisierung von Entgeltsystemen für Führungskräfte, Stuttgart

Watson, G. (1975): Widerstand gegen Veränderungen, in: Bennis, W. G./Benne, K. D./Chin, R. (Hrsg): Änderung des Sozialverhaltens, Übersetzung der amerikanischen Ausgabe: The planning of change, Stuttgart, S. 415-429

Weber, M. (1998): Herausforderungen im Retail Banking, in: Die Bank, H. 2, S. 74-77

Weber, W. (1993): Entgeltsysteme in personalwirtschaftlicher Perspektive, in: Weber, W. (Hrsg.): Entgeltsysteme, Lohn, Mitarbeiterbeteiligung und Zusatzleistungen, Stuttgart, S. 3-22

Weber, W./Mayrhofer, W./Nienhüser, W. (1993): Grundbegriffe der Personalwirtschaft, Stuttgart

Weidemann, J./Frey, D. (1992): Dissonanztheorie, in: Gaugler, E./Weber, W. (Hrsg.): HWP, 2. neubearb. u. erg. Aufl., Stuttgart, Sp. 727-738.

Weinert, A. B. (1992a): Anreizsysteme, verhaltenswissenschaftliche Dimension, in: Frese, E. (Hrsg.): HWO, 3. völlig neu gestaltete Aufl., Stuttgart, Sp.122-133

Weinert, A. B. (1992b): Lehrbuch der Organisationspsychologie, 3. Aufl., Weinheim

Weiss, U. (1997): Bankbetrieb im Umbruch - Herausforderungen an Human Resources, in: bum, H. 8, S. 14-19

Welge, M. K./Al-Laham, A. (1992): Planung, Prozesse - Strategien - Maßnahmen, Wiesbaden

Weltz, F./Lullies, V. (1983): Innovation im Büro, Das Beispiel Textverarbeitung, Frankfurt a. M.

Wicker, A. W. (1969): Attitudes versus Actions: The Relationship of Verbal and Overt Behavioral Responses to Attitude Objects, in: Journal of Social Issues, 25. Jg., H. 4, S. 41-78

Wiendieck, G. (1992): Akzeptanz, in: Frese, E. (Hrsg.): HWO, 3. völlig neu gestaltete Aufl., Stuttgart, Sp. 89-98

Wienkamp, H. (1996): Anreizförderung durch systematisches Gehaltsmanagement, in: Meier, H./Schindler, U. (Hrsg.): Human Resources Management in Banken, Strategien, Instrumente und Grundsatzfragen, Wiesbaden, S. 261-290

Wild, J. (1973): Organisation und Hierarchie, in: ZfO, 42. Jg., H. 1, 1973, S. 45-54

Wimmer, K./Bardens, R. E. (1999): Ansporn zum Endspurt, in: Bank Magazin, H. 11, S. 72-74

Winter, S. (1996): Prinzipien der Gestaltung von Managementanreizsystemen, Wiesbaden

Witte, E. H. (1977): Einstellung, in: Herrmann u. a. (Hrsg.): Handbuch psychologischer Grundbegriffe, München

Witte, E. H. (1994): Lehrbuch Sozialpsychologie, 2. Aufl., Weinheim

Witte, E. (1973): Organisation für Innovationsentscheidungen, Das Promotoren-Modell, Göttingen

Wöhe, G. (1996): Einführung in die Allgemeine Betriebswirtschaft, 19. überarb. u. erw. Aufl., München

Wollenschläger, M. (1999), Arbeitsrecht, Köln etc.

Wunderer, R. (1990): Mitarbeiterführung und Wertewandel, Variationen zum schweizerischen 3-K-Modell der Führung, in: Bleicher, K./Gomez, P. (Hrsg.): Zukunftsperspektiven der Organisation, Bern, S. 271-292

Wunderer, R./Grunwald, W. (1980): Führungslehre, Bd. 1, Grundlagen der Führung, Berlin/New York

Younger, W. F. (1986): The Hay Guide-chart Profile Method, in: Bowey, A. M. (Hrsg.): Handbook of Salary and Wage Systems, 2. Aufl., Hants, S. 235-248

Zander, E. (1990): Handbuch der Gehaltsfestsetzung, 5. vollst. neu bearb. Aufl., München

Zander, E. (1997): Entgeltgestaltung im Wandel, in: Personal, H. 1, S. 24-27

Zander, E./Knebel, H. (1993): Praxis der Leistungsbeurteilung, 3. neubearb. u. erw. Aufl., Heidelberg

Zimmermann, K./Campana, C./Schott, E. (1998): Leistungs- und Prämiensystem für Projektteams, in: Personalwirtschaft, Heft 5, S. 51-54

Zinn, E. (1999): Das Finanz- und Bankensystem im globalen Wettbewerb, in: Sparkasse, 116. Jg., H. 4, A. 150-153

Zülch, G. (1992): Arbeitsbewertung, in: Gaugler, E./Weber, W. (Hrsg.): HWP, 2. neubearb. u. erg. Aufl., Stuttgart, Sp. 70-83

FSC
www.fsc.org
MIX
Papier | Fördert
gute Waldnutzung
FSC® C083411

Kolibri 360 GmbH
Ferdinand-Jühlke-Straße 7
99095 Erfurt, Deutschland
produktsicherheit@kolibri360.de

Druck:
CPI Druckdienstleistungen GmbH
im Auftrag der
Kolibri 360 GmbH
Ferdinand-Jühlke-Str. 7
99095 Erfurt